U. C. Heckner, S. Bernstein · Handbuch Betriebsführung

de-FACHWISSEN

Die Fachbuchreihe
für Elektro- und Gebäudetechniker
in Handwerk und Industrie

Ulrich C. Heckner, Sabine Bernstein

Handbuch Betriebsführung

Praxiswissen für das Elektrohandwerk

Herausgegeben vom Landesinnungsverband
für das Bayerische Elektrohandwerk

Hüthig · München/Heidelberg

Bibliografische Information der Deutschen Nationalbibliothek
Die Deutsche Nationalbibliothek verzeichnet diese Publikation in der Deutschen Nationalbibliografie; detaillierte bibliografische Daten sind im Internet über https://portal.dnb.de/ abrufbar.

Möchten Sie Ihre Meinung zu diesem Buch abgeben?
Dann schicken Sie eine E-Mail an das Lektorat
im Hüthig Verlag:
buchservice@huethig.de
Autoren und Verlag freuen sich über Ihre Rückmeldung.

ISBN 978-3-8101-0645-2

Printed in Germany
Layout, Satz: Schwesinger, galeo:design
Titelbild: .shock – stock.adobe.com
Piktogramme: FourLeafLover – stock.adobe.com
Druck: Westermann Druck Zwickau GmbH

Vorwort

Qualität und Innovationskraft des deutschen Elektrohandwerks brauchen keinen internationalen Vergleich zu scheuen. In manchen Fällen klaffen jedoch handwerkliche Qualität und wirtschaftlicher Erfolg auseinander.

Die Autoren wollen mit dem vorliegenden kaufmännischen Handbuch die Qualitätsstandards der kaufmännischen Unternehmensführung definieren. Unternehmer, Führungskräfte und Existenzgründer werden erfahren, worauf es aus kaufmännischer Sicht ankommt, um erfolgreich zu wirtschaften.

Schon in den 90er-Jahren des letzten Jahrhunderts beschäftigten sich die Autoren mit den Belangen des Elektrohandwerks (**Bild V.1**). Der Hüthig Verlag, vertreten von *Andreas Stöcklhuber*, dem Chefredakteur von „de", lud 2013 zu einem Workshop ins Verlagsgebäude des Süddeutschen Verlages in München ein.

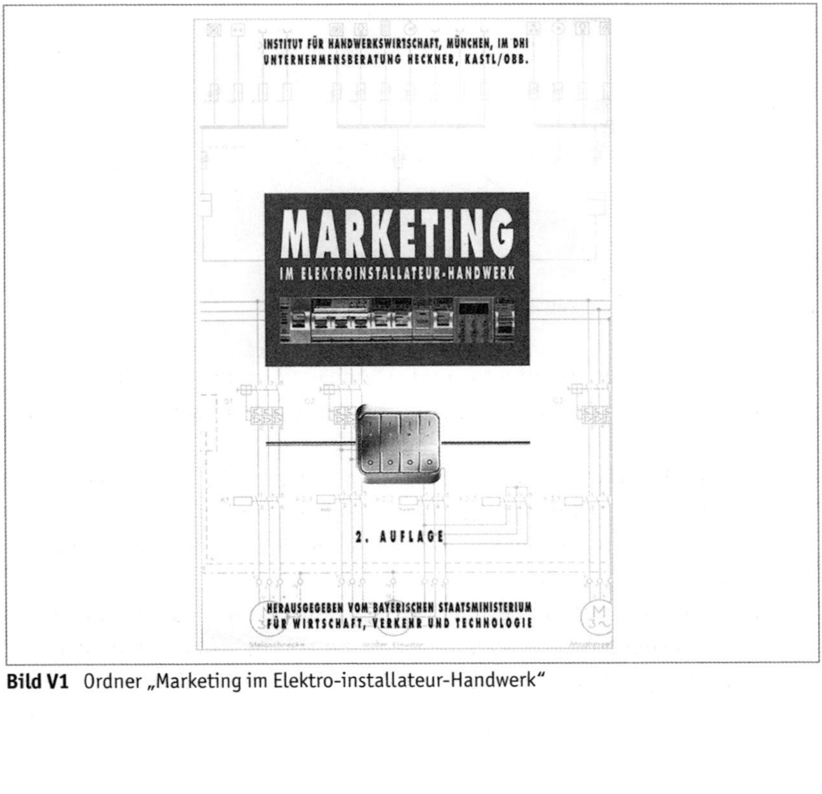

Bild V1 Ordner „Marketing im Elektro-installateur-Handwerk"

Den Teilnehmern wurde das Inhaltsverzeichnis des Buches zur Verfügung gestellt und in mehreren Stunden intensiver Diskussion mit den Autoren *Sabine Bernstein* und *Ulrich C. Heckner* die Wünsche der Praktiker aus unterschiedlichen Betriebsgrößen in dieses Buch integriert. Der kleinste teilnehmende Betrieb wies drei Mitarbeiter zzgl. Unternehmer auf, der größte nahezu 200 Mitarbeiter. Damit bildeten diese Praktiker alle Betriebsgrößen des Elektrohandwerks ab.

Das daraufhin 2016 erschienene kaufmännische Handbuch zur Betriebsführung **(Bild V.2)** wurde 2025 gründlich überarbeitet und ergänzt.

Bild V2 Das Handbuch der Betriebsführung (Vorauflage)

Mithilfe von Unternehmern und Geschäftsführern von Elektrohandwerksbetrieben wurden die Themenkreise der nun vorliegenden 2. Auflage erarbeitet.

Ein herzliches Dankeschön für die vielen Impulse, die wir erhielten und im Buch berücksichtigt haben, gilt folgenden Personen:

- Herrn *Wolfgang Nelhiebel* von der Nelhiebel Elektrotechnik GmbH aus München,
- Frau *Andrea Zanker* von der Elektro Saegmüller GmbH aus Starnberg,
- Herrn *Karl-Heinz Greiner* von der Karl Greiner GmbH aus München,
- Herrn *Ludwig Heinle* von Heinle Elektrotechnik aus Kaufbeuren,

- Frau *Karin Pittroff* und Herrn *Harald Pittroff* von der Pittroff Elektrotechnik GmbH aus München,
- Herrn *Albert Oberfuchshuber* von Oberfuchshuber Elektroanlagen aus Stephanskirchen,
- Herrn *Christian Stengl* von Stengl Elektro- & Datentechnik aus Mauern,
- Herrn *Martin Hennig* von der Zausinger GmbH & Co. KG aus München.

Dieses Buch wendet sich an

- Unternehmer, die ihr kaufmännisches Wissen und Management-Know-how auffrischen und erweitern wollen,
- technische und kaufmännische Führungskräfte des Elektrohandwerks, die mit kaufmännischem Wissen ihrer Führungsverantwortung besser gerecht werden wollen,
- Meisterschüler, die sich auf den kaufmännischen Teil der Meisterprüfung vorbereiten,
- Unternehmer, die planen, ihren Betrieb zu übergeben oder zu verkaufen sowie Führungspersönlichkeiten, die planen, einen Betrieb zu übernehmen oder fortzuführen,
- Geschäftspartner des Elektrohandwerks, die Einblick in die wirtschaftliche Situation des Elektrohandwerks erhalten wollen.

In diesem kaufmännischen Handbuch wurden viele neue Aspekte und Themen aufgenommen, die den Existenzgründern aufzeigen, welche Informationen sie benötigen, um eine fundierte Entscheidung für die Selbstständigkeit zu treffen.

Unternehmen und Führungskräften wird aufgezeigt, welche Zahlen, Fakten und Maßnahmen für eine erfolgreiche Unternehmensführung notwendig sind.

Hinsichtlich Unternehmensrisiken vom „Notfall Chef" bis hin zur Frage „Was tun, wenn der Zoll oder Betriebsprüfer kommt?" wird eine breite Palette an Themen und Lösungen angesprochen, mit deren Hilfe die Probleme des Tagesgeschäftes besser bewältigt werden können.

In der vorliegenden Auflage wird dem Thema „Unternehmensnachfolge" ein breites Kapitel gewidmet, da in den nächsten Jahren nahezu 10.000 Elektrohandwerksbetriebe vor dem Generationswechsel, Verkauf oder der Schließung stehen.

In betriebswirtschaftlicher Hinsicht bietet dieses Buch eine Vielzahl an Kennziffern und Vergleichswerten, um den eigenen Betrieb oder die geplante Existenzgründung besser beurteilen zu können.

Das Zahlenmaterial stammt aus dem Busch-Jaeger Betriebsvergleich 2024 und wurde von der Unternehmensberatung Heckner GmbH aus den Jahresabschlüssen 2022 von teilnehmenden Unternehmen ermittelt. Die Zahlen des Busch-Jaeger-Betriebsvergleichs werden im zweijährigen Rhythmus erhoben. Die Berater der Unternehmensberatung Heckner betreuen laufend etwa 1.000 Unternehmen in regelmäßig stattfindenden ERFA- und Netzwerkgruppen. Die Nähe zu den Unternehmen und den Herausforderungen der Branche ermöglichen einen hohen Praxisbezug in allen Kapiteln.

Ein herzliches Dankeschön dem Team der Unternehmensberatung Heckner, das uns bei der Entwicklung dieses Buches mit Tatkraft, Ideen und Praxisbeispielen unterstützt hat.

Danke an unsere Co-Autoren, die im Anhang 2 namentlich erwähnt werden. Mit ihrem fundierten Fachwissen konnten wir das Themenspektrum und die Qualität deutlich erweitern.

Wir danken auch dem Herausgeber, dem Landesinnungsverband für das Bayerische Elektrohandwerk, der uns mit der Erstellung des vorliegenden Buches beauftragte.

Die Wahl der männlichen Form in diesem Buch dient ausschließlich der Vereinfachung. Wir wollen alle Geschlechter gleichermaßen ansprechen.

Ihnen, lieber Leser, wünschen wir viel Spaß bei der Lektüre und bestmöglichen Erfolg bei der Umsetzung von Ideen, die wir in diesem Buch präsentieren.

Ulrich C. Heckner, Sabine Bernstein

Geleitwort

Die Autoren *Ulrich C. Heckner* und *Sabine Bernstein,* mit denen der Landesinnungsverband für das Bayerische Elektrohandwerk seit rund 30 Jahren sehr erfolgreich besonders im Bereich der Betriebswirtschaft und der Unternehmensführung zusammenarbeitet, wissen als auf das Elektrohandwerk spezialisierte und erfahrene Unternehmerberater um die kaufmännischen Anforderungen an Unternehmer und Unternehmerinnen. Diese stellen oftmals im betrieblichen Alltag die größte Herausforderung dar, hängt doch neben dem in der heutigen Zeit als selbstverständlich vorausgesetztem technischen Fachwissen der unternehmerische Erfolg entscheidend von der Unternehmensführung ab. Ohne vertieftes kaufmännisches und unternehmerisches Wissen lässt sich ein mittelständischer Betrieb nicht mehr langfristig erfolgreich führen. Nur mit entsprechendem Wissen und Verständnis in der Betriebsführung können langfristige Strategien und Visionen entwickelt werden.

Auch in der aktualisierten Auflage gelingt es Autor *Ulrich C. Heckner* mit seinem Verständnis für den betrieblichen Alltag, u. a. aus der langjährigen ERFA-Arbeit für den Landesinnungsverband, kaufmännisches Wissen strukturiert, praxisorientiert und auf den Punkt gebracht zu vermitteln.

Das Buch wendet sich nicht nur an gestandene Unternehmerinnen und Unternehmer sowie Führungskräfte, sondern auch an Betriebsgründer oder Nachfolger. Derzeit stehen über 100.000 Familienbetriebe zur Übergabe an. Gerade bei der Übernahme eines Betriebs ist vertieftes kaufmännisches Wissen unerlässlich. Gleichzeitig kann das Buch auch wieder sehr gut zur Vorbereitung auf die Meisterprüfung Teil III verwendet werden.

Als Herausgeber des „Handbuches Betriebsführung" wünschen wir uns, dass auch diese Ausgabe zur erfolgreichen Unternehmensführung, aber auch zum erfolgreichen Bestehen der Meisterprüfung beiträgt.

Reinhard Stiegler
Rechtsanwalt (Syndikusrechtsanwalt)
Geschäftsführer Landesinnungsverband
für das Bayerische Elektrohandwerk

Inhaltsverzeichnis

Erklärung der Piktogramme

Die im Buch verwendeten Piktogramme sollen den Lesern helfen, Prioritäten zu setzen, und machen auf spezielle Sachverhalte aufmerksam.

Sich austauschen und besprechen, egal, ob mit Mitarbeitern, Kollegen oder Geschäftspartnern

Achtung, Vorsicht, Risiko, Wichtig!

Laufend kontrollieren, selbst rechnen, selbst be- und/oder erarbeiten

Rat eines Experten einholen, Fachgespräch suchen

Weitere Informationen zu diesem Thema sind bei diesen Quellen zu erhalten

Querverweis auf andere Kapitel bzw. Abschnitte in diesem Buch

1 Die Situation und Entwicklung im Elektrohandwerk

Gibt man unter Google den Suchbegriff „Statistik zum Elektrohandwerk“ ein, landet man unter anderem bei „Statista“ oder beim „ZVEH“, dem Zentralverband der elektrotechnischen Handwerke, Frankfurt am Main.

Unter anderem geht aus den Statistiken hervor, dass die Anzahl der Elektrohandwerksbetriebe und der Betriebe für Informationstechnik sowie Elektromaschinenbau kontinuierlich sinkt.

Der ZVEH zählte für 2015 473.831 Mitarbeiter in 55.954 Betrieben des Elektrohandwerks. Im Durchschnitt ergab das eine Betriebsgröße von etwa neun Mitarbeitern.

2024 waren es 524.224 Mitarbeiter bei 48.225 Betrieben. Daraus ergibt sich eine durchschnittliche Betriebsgröße von etwa elf Mitarbeitern. Die durchschnittliche Mitarbeiterzahl stieg dabei bis 2022 von Jahr zu Jahr. 2023 ist erstmals ein Mitarbeiterrückgang in den Elektrohandwerken zu verbuchen gewesen. Trotzdem stieg der Umsatz der Handwerksbetriebe weiter (**Bild 1.1**).

Für alle Betriebe, die dem Elektrohandwerk zugerechnet werden, veröffentlichte der ZVEH im Frühjahr 2024 die in der **Tabelle 1.1** dargestellten Daten, in denen auch Unternehmen des informationstechnischen Handwerks (etwa 6.900) und der Elektromaschinenbauer (etwa 1.000) enthalten sind.

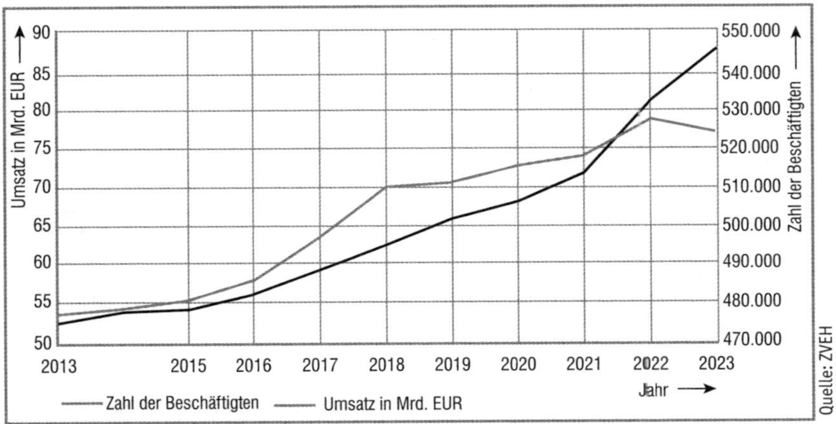

Bild 1.1 Entwicklung von Umsatz und Beschäftigung im Elektrohandwerk

	2024	2015
Unternehmen	48.225	55.954
Umsatz in Mrd.EUR (ohne MwSt.)	87,8	50,9
Beschäftigte	524.224	473.831
Auszubildende	45.967	38.831

Quelle: ZVEH, Stand März 2024

Tabelle 1.1 Statistik Elektrohandwerk

Der durchschnittliche Elektrohandwerksbetrieb erzielt einen Umsatz von etwa 1,8 Mio EUR; vor etwa zehn Jahren waren es knapp 910.000 EUR. Etwa 30 % der Unternehmen verfügen über mehr als eine Betriebsstätte. Je Betriebsstätte wird ein Umsatz von knapp 700.000 EUR erzielt.

Berücksichtigen wir, dass im Elektrohandwerk auch Unternehmen mit mehreren Hundert Mitarbeitern tätig sind, dann wird deutlich, dass immer noch sehr viele kleine Betriebe am Markt aktiv sind.

Die Anzahl der kleinen Unternehmen mit unter 800.000 EUR Jahresleistung geht jedoch deutlich zurück. Vereinfacht gesagt: Die „Kleinen" werden weniger, die „Großen" werden größer. Auffällig ist der hohe Anteil der kleineren Betriebe unter den Innungsmitgliedern, wie die Grafik des ZVEH zeigt (**Bild 1.2**).

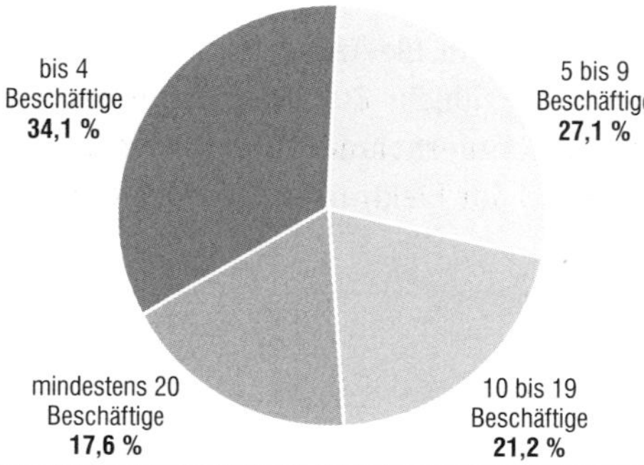

Quelle: ZVEH

Bild 1.2 Größenklasse der Innungsbetriebe

Weitere Informationen sind über die Webseite des ZVEH zu erhalten: www.zveh.de, Suchbegriff „Branchenkennzahlen"

Die Ausbildungsquote liegt laut ZVEH im Durchschnitt bei etwa 8 %. Auf etwa 12 bis 13 Mitarbeiter kommt lediglich ein Auszubildender. Viele mittlere und größere Unternehmen haben allerdings erkannt, dass dem Personalmangel der Branche nur durch die Intensivierung der eigenen Ausbildung begegnet werden kann. Bei manchen größeren Unternehmen liegt die Ausbildungsquote bei über 20 %.

Busch-Jaeger führt im zweijährigen Rhythmus einen Branchen-Betriebsvergleich durch. **Tabelle 1.2** zeigt die Ausbildungsquote laut Busch-Jaeger Betriebsvergleich 2024 mit de Zahlen des Jahres 2022 (Größenklasseneinteilung nach Leistung; Leistung = Umsatz +/– Bestandsveränderung der teilfertigen (HF) Aufträge).

Ausbildungsquote 2022 nach Größenklassen	Mitarbeiter gesamt (Köpfe)	davon Azubis (Köpfe)	Azubiquote 2022 in %
GK I und II (746.488 EUR)	7,70	1,50	19,43
GK III (1.705.039 EUR)	14,72	1,98	13,43
GK IV (4.387.461 EUR)	31,70	4,16	13,12
GK V (14.911.793 EUR)	101,99	13,33	13,07

Quelle: Busch-Jaeger Betriebsvergleich 2024, Stand 2022

Tabelle 1.2 Ausbildungsquote

In diesen Unternehmen wird weit mehr ausgebildet als im Durchschnitt des Elektrohandwerks und auf der Basis der Zahlen des ZVEH.

Das Zahlenmaterial dieses Betriebsvergleichs stammt von aktiven und engagierten Unternehmen, die an den Netzwerk- und ERFA-Gruppen der Unternehmensberatung Heckner teilnehmen.

Unternehmer oder Existenzgründer sollten sich intensiv überlegen, welche Rolle die Ausbildung im Unternehmen spielen soll. Wer über den Fachkräftemangel klagt, kann diesem nur durch Ausbildung und aktive Suche nach Mitarbeitern begegnen.

1.1 Die Marktteilnehmer im Elektrohandwerk

In der bereits erwähnten Statistik des ZVEH sind für das Elektrohandwerk drei Tätigkeitsfelder aufgeführt:

- das Elektrotechniker-Handwerk,
- das Informationstechniker-Handwerk,
- die Elektromaschinenbauer.

Im vorliegenden Buch konzentrieren wir uns überwiegend auf das Elektrotechniker-Handwerk.

Die Marktteilnehmer im Elektrohandwerk sind:

- die Industrie,

- der Großhandel,
- die Handwerksbetriebe,
- der Kunde.

Auf Seiten der Kunden bzw. des Marktes ist eine überraschende Entwicklung festzustellen. Vor 30 Jahren machte die Elektroinstallation 6 % der Baukosten eines Gebäudes aus – heute sind es nur 3 %. Andererseits benötigen Gewerke wie Lüftung, Klima und Sanitär das Elektrohandwerk, um ihre Anlagen in Gang setzen zu können.

Um herauszufinden, wo sich das Unternehmen engagieren will, kann das Ergebnis des Konjunkturbarometers herangezogen werden.

Betrachten wir die durchschnittliche Umsatzverteilung des ZVEH-Konjunkturbarometers wie in **Bild 1.3**, zeigen sich zwei zentrale Kundensäulen des Elektrohandwerks:

- die gewerbliche Wirtschaft und
- private Auftraggeber.

Die Grafik zeigt die Situation im Jahr 2024; die Entwicklung 2014 bis 2024 zeigt keine gravierenden Veränderungen in der Kundenstruktur.

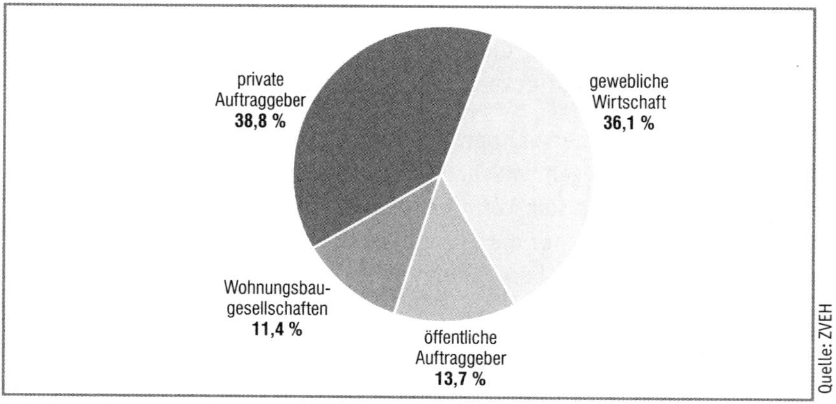

Bild 1.3 Umsatzverteilung gewerblich, öffentlich, privat 2024

1.2 Die aktuelle konjunkturelle Lage und die Perspektiven des Elektrohandwerks

Seit einigen Jahren herrscht im Elektrohandwerk eine gute Stimmung. In den Konjunkturumfragen bewerteten in den letzten Jahren über 90 % der Elektrohandwerker ihre Lage als „gut“ oder „befriedigend“.

Weitere aktuelle Branchen-Neuigkeiten gibt es im Internetportal der Fachzeitschrift „de“: www.elektro.net

Die ZVEH-Konjunkturumfrage im Zeitraum 2019 bis 2024 (**Bild 1.4**) zeigt einen massiven Einbruch der Konjunktureinschätzung – Corona-bedingt – im Frühjahr 2020. Doch die Befürchtungen und Ängste der Unternehmen waren unbegründet. Der Busch-Jaeger Betriebsvergleich, erstellt von der Unternehmensberatung Heckner GmbH, ergab für 2020 eines der wirtschaftlich erfolgsreichsten Jahre in der Geschichte der deutschen Elektrohandwerke.

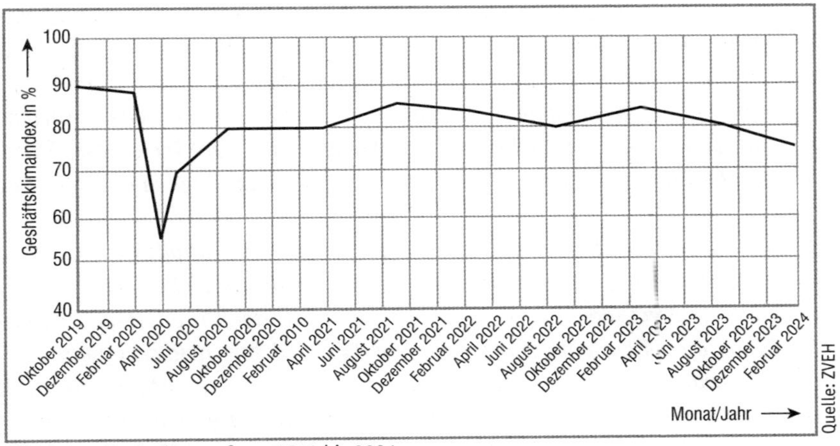

Bild 1.4 Konjunkturumfrage 2019 bis 2024

Der ZVEH führt in seinem Konjunkturbericht vom Frühjahr 2024 aus:

„Die Stimmung in den e-handwerklichen Betrieben bleibt trotz der angespannten konjunkturellen Lage in der deutschen Gesamtwirtschaft dank weiterhin solider Auftragspolster und steigender Umsätze vergleichsweise gut. Die aktuelle ZVEH-Frühjahrskonjunkturumfrage zeigt aber auch erste Eintrübungen: Der Anteil der Betriebe mit offenen Stellen ist leicht rückläufig, bleibt aber immer noch auf einem hohen Niveau. Zudem gehen weniger Betriebe von einer Verbesserung der Geschäftssituation in den nächsten sechs Monaten aus.

Trotz weiterhin sehr guter wirtschaftlicher Kennzahlen zeigen sich im E-Handwerk vermehrt Anzeichen einer konjunkturellen Abkühlung. Das zeigt die zwischen dem 12. und 23. Februar 2024 durchgeführte Frühjahrskon-

junkturumfrage des Zentralverbandes der Deutschen Elektro- und Informationstechnischen Handwerke (ZVEH), an der 1.762 Unternehmen teilgenommen haben."

Die Zukunftsaussichten trüben sich etwas ein. Der ZVEH führt im Frühjahr 2024 in seinem Konjunkturbericht des Weiteren aus: *„Der Blick auf die kommenden sechs Monate fällt verhalten aus. So gehen nur 15,5 Prozent von einer Verbesserung ihrer Geschäftssituation aus, während 23,5 Prozent eine Verschlechterung erwarten. Es ist davon auszugehen, dass diese Skepsis zumindest teilweise mit der Unsicherheit über die wirtschaftliche Entwicklung in Deutschland und den für das Elektrohandwerk bedeutenden Wirtschaftszweigen – z. B. der Bauwirtschaft – zusammenhängt. […]*

Die Zahl der Unternehmen, die offene Stellen melden, ist zwar leicht rückläufig, liegt aber mit 57,5 Prozent immer noch auf einem sehr hohen Niveau und verdeutlicht, dass der Großteil der Betriebe auch mittelfristig von einer guten Geschäftslage ausgeht. 27,7 Prozent der Betriebe erwarten zudem, dass sie in den nächsten sechs Monaten die Zahl ihrer Beschäftigten erhöhen können, nur 10,7 Prozent erwarten diesbezüglich einen Rückgang.

Dies ist umso erstaunlicher, als dass die Betriebe in Hinblick auf die tatsächliche Beschäftigungsentwicklung der vergangenen sechs Monate eine negative Tendenz melden. So gaben 23,4 Prozent der Unternehmen einen Rückgang ihrer Beschäftigtenzahl an. Nur 14,3 Prozent meldeten einen Anstieg. Hierin zeigt sich eine Diskrepanz zwischen der erwarteten und der tatsächlich eingetretenen Beschäftigungsentwicklung. Denn auch im Herbst 2023 hatten die Betriebe für das nachfolgende Halbjahr in Hinblick auf die Beschäftigung eine deutlich positivere Entwicklung prognostiziert (25,8 % Zunahme; 11,4 % Abnahme)."

Soweit zu den Ausführungen des ZVEH im Frühjahr 2024.

Die Elektrohandwerke konnten – so die Ergebnisse der Frühjahrsrunde in ERFA-Gruppen der Unternehmensberatung Heckner – die Rückgänge im Wohnbau durch vermehrte Umsätze im Segment der regenerativen Energien kompensieren.

Auch die Konjunkturumfragen in den ERFA-Gruppen zeigen, dass die prall gefühlten Auftragsbücher geringfügig abbröckeln, dass aber der Mangel an Fachkräften nach wie vor höhere Umsätze bremst.

Betrachten wir die aktuelle wirtschaftliche Lage der Unternehmen, kann diese als gut bis sehr gut eingestuft werden. Die Erwartungen der Unternehmen, was die Zukunft des Gewerkes betrifft, sind durchweg positiv. Die

Herausforderungen für das Elektrohandwerk liegen aus Sicht unserer Berater in vier zentralen Themenkreisen:

- Die Suche, Bindung und Fortbildung der Mitarbeiter stellt neue Herausforderungen an die Führungskräfte des Handwerks. Der Fachkräftemangel bremst schon heute viele Handwerksbetriebe in ihrer Entwicklung.
- Bei der sich schnell wandelnden Technik müssen die Unternehmen am Ball bleiben und sich technisch laufend fortbilden, um den Anforderungen des Marktes gerecht zu werden.
- Durch die sich abkühlende Konjunktur (vor allem im Wohnbau) müssen sich die Betriebe verstärkt um Akquise und Kundenbetreuung kümmern.
- In den nächsten zehn Jahren übergibt nahezu ein Drittel der Handwerker ihr Unternehmen an einen Nachfolger. Ein großer Teil der Betriebe wird keinen Nachfolger finden, weil das Unternehmen nicht übergabereif oder nicht übergabefähig ist. Diese Unternehmen hätten schon zehn Jahre vor dem geplanten Termin die Übergabe vorplanen sollen.

Die demographische Entwicklung stellt das Handwerk in Deutschland vor nie gekannte Herausforderungen.

Das **Bild 1.5** zeigt den Altersaufbau der Bevölkerung in der Bundesrepublik Deutschland im Jahr 2024.

Der Geburtstagsjahrgang 1964 – die Babyboomer – stellen den geburtenstärksten Jahrgang. Danach ging es mit den Geburten in Deutschland dramatisch bergab. Der Pillenknick forderte seinen Tribut. Gleichzeitig ist zu beobachten, dass die Deutschen immer älter werden. Aus dieser demographischen Entwicklung ergeben sich Chancen und Herausforderungen gleichermaßen.

Personal

Es wird immer schwieriger, Ersatz für Mitarbeiter zu finden, die sich in den Ruhestand verabschieden. Die Geburten gehen zurück, Azubis zu finden wird ebenfalls immer schwieriger. Deshalb müssen sich Unternehmen, die Mitarbeiter suchen, zur „Arbeitgebermarke" entwickeln.

Die Personalführung muss das Ziel haben, die Mitarbeiter an das Unternehmen zu binden und das Wissen in mehreren Köpfen zu verankern. Das Wissen der Senioren muss erhalten werden durch Teamarbeit (jung/alt) und systematischen Know-how-Transfer.

Unternehmensnachfolger finden

Wenn die geburtenstarken Jahrgänge ihren Betrieb übergeben wollen, stehen nur wenige potenzielle Nachfolger parat. Nur die attraktivsten und ren-

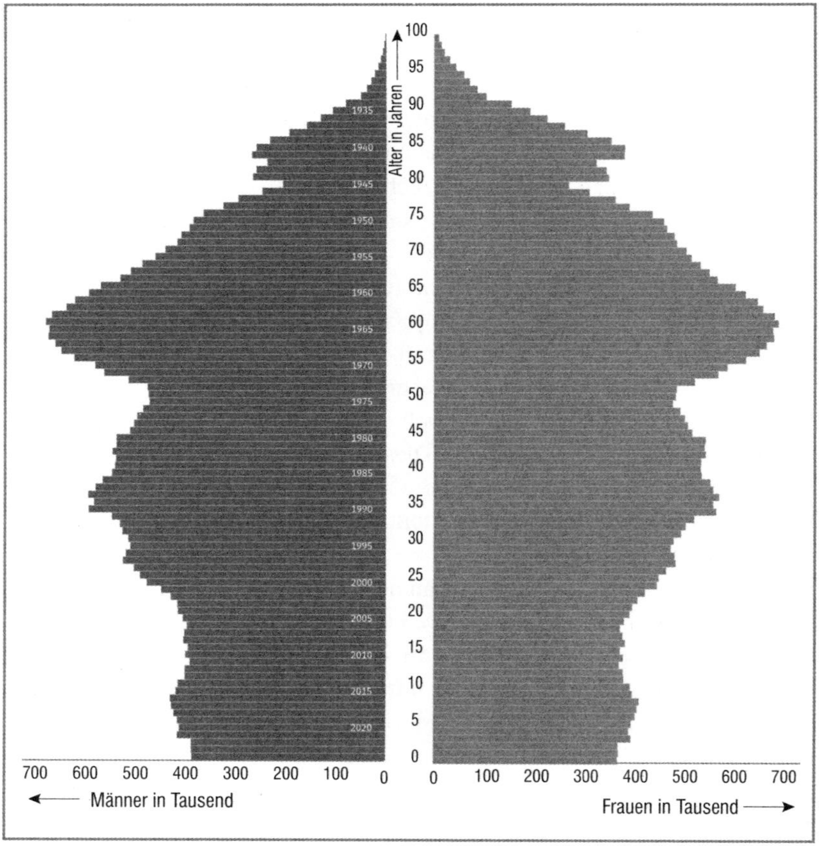

Quelle: www.destatis.de/bevoelkerungspyramide

Bild 1.5 Prognostizierter Altersaufbau der Bevölkerung von Deutschland

tabelsten Unternehmen werden einen Nachfolger finden. Wer sich selbstständig macht, findet eine große Auswahl an Unternehmen. Im Jahr 2030 wird diese Entwicklung ihren Höhepunkt erreicht haben. Die Verkaufspreise für Unternehmen werden sinken, da mehr Unternehmen verkaufen wollen als Interessenten zur Verfügung stehen.

Kunden

Mit zunehmender Überalterung der Gesellschaft steigen die Umsatzchancen mit Privatkunden, aber auch mit Hausverwaltungen, die Wohnungen seniorengerecht einrichten oder umbauen wollen.

Um den Anforderungen der Senioren gerecht zu werden, muss es dem Elektrohandwerk gelingen, mit diesen Kunden angemessen umzugehen.

> Die Gesellschaft für Gerontotechnik in Iserlohn verfügt über eine der attraktivsten Ausstellungen für seniorengerechtes Wohnen weltweit, die interessierten Handwerksbetrieben offensteht.
> www.gerontotechnik.de

Die Umsatzchancen liegen in der Renovierung von bestehenden Gebäuden deutlich höher als im Bereich des Neubaus. Die aktuellen Entwicklungen zeigen einen zunehmend härteren Preiswettbewerb beim Neubau. Das Segment „seniorengerechte Renovierungen“ wird auf absehbare Zeit eine wichtige Rolle spielen.

Industriepartner und die GGT in Iserlohn bieten Seminare zum „Fachbetrieb für Gerontotechnik“ an. Mithilfe dieser Qualifikation kann sich der Fachbetrieb vom Wettbewerb abheben und sich somit einen Wettbewerbsvorteil verschaffen.

Über das Statistische Bundesamt sind Daten abrufbar, die dem Elektrohandwerk helfen, seine Zukunftsperspektiven realistisch einzuschätzen. Über „Destatis“ unter dem Stichwort "Baugenehmigungen" sind u.a. folgende Informationen zu erlangen: „Baugenehmigung im März 2024: minus 24,6 %“.

> Destatis, die Plattform des Statistischen Bundesamtes, bietet diese und weitere statistische Daten auf www.destatis.de, Rubrik „Zahlen und Fakten“.
> Über die gleiche Webseite können aktuelle Publikationen heruntergeladen werden, z. B. „Ausgewählte Zahlen für die Bauwirtschaft“.

Trotz Rückgängen im Wohnungsbau sind die Rahmenbedingungen für das Elektrohandwerk sehr gut. Einem hohen Grad der Nachfrage steht ein Rückgang der Mitarbeiterzahlen gegenüber. Das sind ideale Rahmenbedingungen, um eine vernünftige Kalkulation am Markt durchzusetzen und gute Erträge zu erzielen.

1.3 Die Einschätzung des Gewerks durch die Kreditinstitute

Banken bewerten Branchen, um das Risiko der Kreditvergabe besser einschätzen zu können. Diese Einschätzung heißt „Rating". Dieses Rating umfasst mehrere Faktoren, wie z. B. die Unternehmerpersönlichkeit, das bisherige Verhalten in der Zusammenarbeit mit der Bank und die Bilanz- und Rentabilitätskennziffern.

Schließlich sind die Perspektiven der Branche ein weiteres entscheidendes Kriterium der Kreditvergabe. Die Brancheneinschätzung durch die Volksbanken und Raiffeisenbanken und durch die Sparkassen betrachten wir im Folgenden genauer.

Vor einigen Jahren wurde das „Branchen special der Volks- und Raiffeisenbanken für das Elektrohandwerk" durch das „VR-Branchen special für das Ausbaugewerbe" ersetzt (**Bild 1.6**).

Für das Jahr 2024 zeigt die Entwicklung für das Elektrohandwerk weiter nach oben (**Bild 1.7**). Gegenüber dem Durchschnitt der Ausbaugewerbe werden die Elektrohandwerke sehr positiv eingestuft. Dies bedeutet eine positive Brancheneinschätzung und damit eine vergleichsweise gute Kreditwürdigkeit.

Die Brancheninformationen der Kreditinstitute sollten für Elektrohandwerker zur Pflichtlektüre gehören. In der Regel werden die Brancheninfos zweimal pro Jahr und an gute Kunden kostenlos weitergegeben.

Wer die Branchen-Ratings beachtet, kann z. B. schnell erkennen, dass der Fachhandel mit Unterhaltungselektronik wegen der „angespannten" Ertragslage kaum kreditwürdig ist. „Angespannt" bedeutet in der Sprache der Banker, dass die Gewinne kaum ausreichen, um den Lebensunterhalt der Unternehmerfamilie abzudecken. Mit einer „zufriedenstellenden" Ertragslage stellt sich das Elektrohandwerk als kreditwürdig dar.

Das Muster eines Sparkassen-Branchenreports zeigt **Bild 1.8.** Neben den Volks- und Raiffeisenbanken und den Sparkassen bieten auch andere Kreditinstitute Branchenbewertungen an.

> Fragen Sie Ihren Bankberater nach Branchenreports und analysieren Sie die Chancen und Risiken, die Ihre Branche aktuell kennzeichnen.

In diesem Buch nehmen wir an unterschiedlichen Stellen Bezug zu Branchenrichtwerten. Seit 2010 erstellt die Unternehmensberatung Heckner

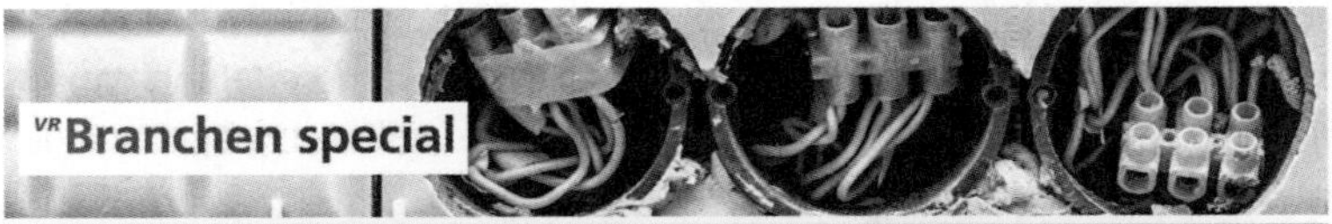

Ausbaugewerbe

+++ Ausbaugewerbe trotzt schlechter Baukonjunktur; Boom bei PV und Wärmepumpen +++

Auf einen Blick

Ausbaugewerbe

158 Mrd. € Umsatz [a]

240 100 Unternehmen

1 544 600 Beschäftigte

[a] Ohne Umsatzsteuer.
Quelle: Statistisches Bundesamt (Umsatzsteuerstatistik 2021 und Handwerkszählung 2020, 2021).

Abb. – Geschäftsentwicklung im Hochbau

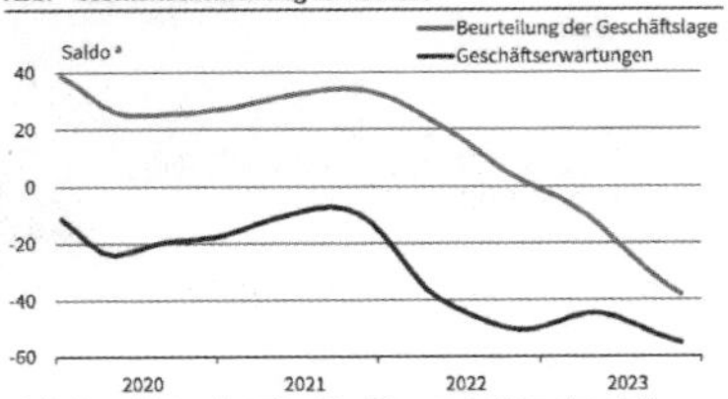

[a] Saldo der positiven und negativen Einschätzungen der Unternehmen in %.
Quelle: ifo Konjunkturumfragen. © ifo Institut

Zusammenfassung

- Gemäß der Winterprognose des ifo Instituts vom Dezember 2023 ist das deutsche Bruttoinlandsprodukt 2023 um 0,3% gesunken. 2024 wird ein Anstieg der Wirtschaftsleistung um 0,9% erwartet. Die für die Ausbaubranche wichtigen Investitionen im Hochbau sind weiterhin rückläufig.
- Das Ausbaugewerbe konnte den positiven Trend beim Umsatzwachstum 2023 trotz des schwierigen konjunkturellen Umfeldes im Bauhauptgewerbe fortsetzen. Im Vergleich der Berufsgruppen verzeichneten Elektrotechniker und Klempner besonders hohe Zuwächse. Sie profitierten einmal mehr vom steigenden Bedarf nach effizienterer und klimafreundlicher Energietechnik. Die Umsatzerwartungen der Gesamtbranche sind zurückgegangen, dennoch darf sie auch 2024 auf ein Umsatzplus hoffen.
- 2023 war ein gutes Geschäftsjahr, vor allem für die Bauinstallation. Rückläufige Energiekosten und Preisrückgänge bei vielen Materialien minderten den Kostendruck. 2024 planen weniger Handwerksbetriebe Absatzpreiserhöhungen. Dies dürfte eine Reaktion auf die reduzierte Nachfrage aus dem Hochbau sein und sich negativ auf die Marge auswirken. Die meisten Sparten werden 2024 voraussichtlich zufriedenstellende, Elektrotechniker und Heizungsbauer gute bis sehr gute Betriebsergebnisse erreichen.
- Am 1. Januar 2024 trat das neue Gebäudeenergiegesetz (GEG) in Kraft. Eine wesentliche Neuerung ist, dass jede neu eingebaute Heizung in Neubaugebieten zu 65% mit erneuerbaren Energien betrieben werden muss. Laut Branchenkennern werden Wärmepumpen die wesentlichen Erfüllungsoptionen des GEG-Beschlusses sein; deren Zahl könnte bis 2030 auf bis zu 4,8 Millionen steigen.

Quelle: Bundesverband der Deutschen Volksbanken und Raiffeisenbanken, Berlin, „VR Branchen special“

Bild 1.6 „Branchen special“ der Volksbanken und Raiffeisenbanken

Branche / Sparte	Umsatzentwicklung (nominal) 2023	Umsatzentwicklung (nominal) 2024	Konjunkturabhängigkeit	Konkurrenzintensität	Ertragslage 2023	Ertragslage 2024
Ausbaugewerbe	↗	↗	○	●	●	○
Elektrotechniker	↑	↗	●	○	●●	●●
Klempner, Installateure, Heizungsbauer	↑	↗	○	○	●	●
Stuckateure	↗	→	○	●	○	○
Tischler	↗	→	○	●	○	○
Fliesen-, Platten-, Mosaikleger	↗	→	○	●	○	○
Maler, Lackierer	↗	↗	●	●	○	○
Glaser	↗	↗	○	●	●	○
Estrich- und Parkettleger	↗	↗	●	●	○	○
Rollladen- und Sonnenschutztechniker	→	→	●	○	○	○
Raumausstatter	→	→	●	○	○	○

Legende:
↑ / ↓ stark steigende / stark sinkende Umsätze
● / ● geringe / hohe Konjunkturabhängigkeit
● / ● geringe / hohe Konkurrenzintensität
●● / ●● sehr gute / sehr schlechte Ertragslage

ifo INSTITUT
Volksbanken Raiffeisenbanken

Quelle: Bundesverband der Deutschen Volksbanken und Raiffeisenbanken, Berlin, „VR Branchen special“

Bild 1.7 „Branchen-Rating“ der Volksbanken und Raiffeisenbanken

GmbH mit Unterstützung von Busch-Jaeger in Zwei-Jahres-Rhythmus einen betriebswirtschaftlichen Zahlenvergleich im Elektrohandwerk. In vier Betriebsgrößenklassen werden alle relevanten betrieblichen Zahlen dargestellt (**Bild 1.9**). Dieser Betriebsvergleich kann über das Busch-Jaeger Exellence-Portal und über den Hüthig Verlag bestellt werden.

Quelle: Deutscher Sparkassenverlag, Stuttgart Branchenreport Elektroinstallation

Bild 1.8 Branchenreport der Sparkassen-Finanzgruppe

Quelle: Busch-Jaeger

Bild 1.9 Busch-Jaeger Betriebsvergleich 2024

Setzen Sie Ihre betrieblichen Zahlen in Relation zu Ihren Betriebsgrößenklassen und Sie werden erkennen, wo Sie sich positiv vom Branchendurchschnitt abheben (das motiviert) und wo ungenutzte Potenziale schlummern.

2 Der Schritt in die Selbstständigkeit und die sich daraus ergebenden Verpflichtungen

Die Selbstständigenquote in der Bundesrepublik Deutschland liegt bei etwa 8 % der Erwerbstätigen. In manchen Regionen Europas liegt diese Quote weit darüber. Die **Tabelle 2.1** zeigt die Selbstständigenquote ohne Landwirtschaft in einigen europäischen Ländern. Zum Vergleich: In den USA liegt die Quote bei lediglich 6,2 %.

Generell nimmt das Interesse an einer Selbstständigkeit in Deutschland ab. **Bild 2.1** stammt aus der Broschüre „Starthilfe" des Bundesministeriums für Wirtschaft und Energie.

Die Unternehmensberatung Heckner führte 2014 und 2024 eine Umfrage unter Selbstständigen durch. Die folgenden Ergebnisse bieten einen Einblick in wichtige Aspekte, die Personen kennen sollten, bevor sie sich für den Schritt in die Selbstständigkeit entscheiden (**Tabelle 2.2**). Etwa 40 % der Selbstständigen würden „vieles anders machen". Offensichtlich war die Vorbereitung auf die Selbstständigkeit nicht sorgfältig genug.

Land	Selbstständigenquote* in %
Deutschland	8,3
Frankreich	12,5
Österreich	11,8
Großbritannien	14,3
Tschechien	15,9

* der Erwerbstätigen

Quelle: Statistisches Bundesamt

Tabelle 2.1 Auszug Selbstständigenquote Europa 2021

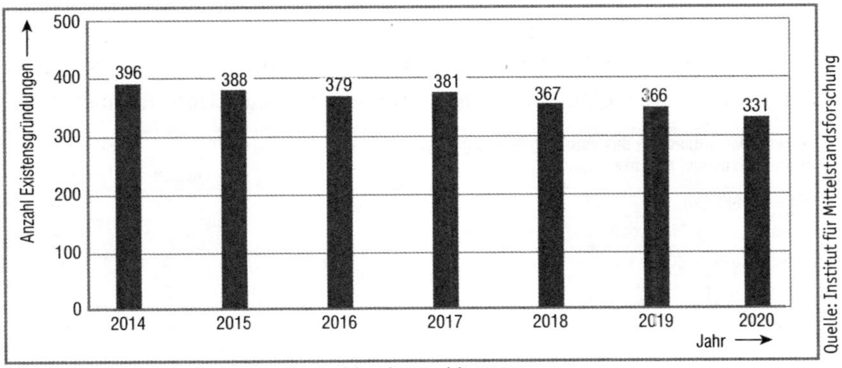

Bild 2.1 Existenzgründungen Deutschland 2014 bis 2020

Antwort auf die Frage „Bereuen Sie den Schritt in die Selbstständigkeit?“	Beschäftigte	
	Anzahl	Nennung in %
Ich bereue es nicht, würde aber vieles anders machen.	120	39,7
Ich bereue meine Entscheidung keinesfalls.	173	57,3
Wenn ich alle Einzelheiten gewusst hätte, würde ich das Vorhaben nicht noch einmal anpacken.	9	3,0
Summe	**302**	**100,0**

Tabelle 2.2 Wie stehen Sie zu Ihrer Entscheidung für die Selbstständigkeit?

Betrachten wir die Gruppe derer, die ihre Entscheidung für die Selbstständigkeit bereuen und werten diese nach weiteren statistischen Merkmalen aus, dann finden sich in dieser Gruppe besonders viele, die pro Woche 60 Stunden und mehr arbeiten (siehe **Tabelle 2.3**).

Um mit seiner Entscheidung für die Selbstständigkeit glücklich zu werden, muss der Betroffene über ein gutes Zeitmanagement verfügen, er muss in der Lage sein, auch mal „Nein“ zu sagen und er muss delegieren können.

In der Startphase muss sich der Existenzgründer im Klaren sein, dass man als Unternehmer nur in Ausnahmefällen mit einer 40-Stunden-Woche zurechtkommen wird. Der Schritt in die Selbstständigkeit erfordert darüber hinaus eine sorgfältige Vorbereitung, vor allem in kaufmännischen und betriebswirtschaftlichen Belangen.

Vergleicht man die Ergebnisse der Untersuchung mit denen aus dem Jahr 2014, so spielt die „Work-Live-Balance“ heute offensichtlich eine gewichtigere Rolle. Der Anteil derer, die über 60 Stunden arbeiten, wurde deutlich geringer. Gleichzeitig sank der Anteil der Selbstständigen, die nicht mehr als 40 Stunden pro Woche arbeiten.

Des weiteren wurde gefragt, welche Tipps Unternehmer haben und worauf ein Existenzgründer besonders achten soll, um als Selbstständiger erfolgreich zu werden (**Tabelle 2.4**).

Alle in Tabelle 2.4 aufgeführten Faktoren zeigen, wie wichtig aus Sicht der Unternehmer eine sorgfältige Vorbereitung einer Unternehmensüber-

Antwort der Gruppe, die das Vorhaben Selbstständigkeit nicht noch einmal anpacken würde	2024	
	Anzahl	Nennung in %
bis zu 40 Stunden	0	0,0
zwischen 41 und 50 Stunden	2	22,2
zwischen 51 und 60 Stunden	4	44,4
über 60 Stunden	3	33,3
Summe	**9**	**100,0**

Tabelle 2.3 Wie viele Stunden pro Woche arbeiten Sie?

Antwort	2024	
	Anzahl	**Nennung in %**
persönliche Einstellung / Arbeitsbereitschaft / Durchhaltevermögen	72	24,1
Unternehmensberater/Steuerberater/Rechtsanwalt hinzuziehen	49	16,4
Rückhalt der Familie / hohe Arbeitsbelastung / Work-Life-Balance	33	11,0
langfristige Vorbereitung/Planung	26	8,7
ausreichende/sichere Finanzierung	22	7,4
Mitarbeiter einbinden / positives Betriebsklima	20	6,7
Austausch mit Kollegen/Netzwerk	12	4,0
Detaillierte BWL-Analyse und Analyse der Mitarbeiter	10	3,3
klare Strukturen	10	3,3
Ziele setzen und verfolgen	10	3,3
Realistische Sichtweise behalten	9	3,0
Aneignung von fundiertem Basiswissen	7	2,3
Vorsicht vor schwarzen Schafen	0	0,0
Sonstiges	19	6,4
Summe	**299**	**100,0**

Tabelle 2.4 Wenn Sie jemand fragt, worauf es bei der Gründung/Beteiligung ganz besonders zu achten gilt, welche wichtigsten Tipps würden Sie ihm dann geben?

nahme oder -gründung ist und welche wichtige Rolle betriebswirtschaftliche Aspekte spielen.

An erster Stelle findet sich die Einstellung des Selbstständigen zu seiner Entscheidung. Dies kann auch als „Mindset" bezeichnet werden.

Häufiger als in der Untersuchung aus dem Jahr 2014 wird empfohlen, sich externe Experten zu bedienen. Ebenfalls wird das Thema „Mitarbeiter" häufiger genannt als in der 2014er-Umfrage.

Der Erfolg einer Unternehmensgründung wird ganz wesentlich von einer sorgfältigen und langfristigen Planung abhängen, bei der externe Experten zur Rate gezogen werden sollten.

2.1 Entscheidungsfindung für die Selbstständigkeit

Wer sich mit dem Schritt in die Selbstständigkeit beschäftigt, muss zwei Ziele erreichen:

- Er muss in der Lage sein, mit den Gewinnen des Unternehmens seinen Lebensunterhalt zu bestreiten und Geld für die Altersvorsorge zur Seite zu legen.

- Er muss genug Gewinn erwirtschaften, um die Kredite seiner Existenzgründung bzw. des Unternehmenskaufs planmäßig zurückzuzahlen.

Die Entscheidung, sich selbstständig zu machen, soll einerseits aus der persönlichen Lebensplanung erfolgen, anderseits aus kaufmännisch/betriebswirtschaftlicher Sicht. Als Lektüre im Entscheidungsprozess für die Selbstständigkeit empfehlen wir Broschüren der Kammern sowie die Broschüre „Starthilfe" des Bundesministeriums für Wirtschaft und Energie (**Bild 2.2**).

Betrachten wir zunächst die persönlichen Aspekte. Die Antworten auf die entsprechenden Fragen der Broschüre „Starthilfe“ werden von den Kreditinstituten als Entscheidungsgrundlage herangezogen, ob sie bereit sind, die Finanzierung des Vorhabens zu unterstützen.

Der Existenzgründer bzw. Übernehmer eines Betriebes muss darüber hinaus die sogenannte „Kapitaldienstfähigkeit“ nachweisen. Die Kapitaldienstfähigkeit ist gegeben, wenn das Unternehmen genug Gewinne abwirft, um dem Lebensunterhalt der Familie sowie die Rückzahlungen des Gründungskredits samt Zinsen sicherzustellen. Die Kapitaldienstfähigkeit wird nach dem Schema in **Tabelle 2.5** ermittelt und ist Bestandteil der Planungsrechnungen für den Existenzgründer bzw. Betriebsnachfolger.

Wenn die Deckung nach der in Tabelle 2.5 stehenden Berechnungsmethode gegeben ist, kann von Kapitaldienstfähigkeit gesprochen werden.

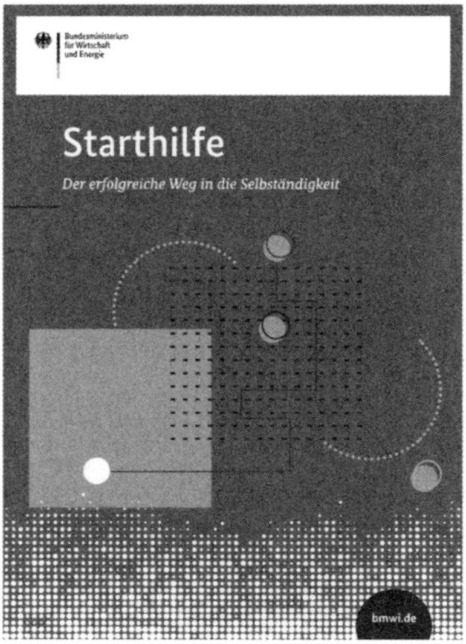

Bild 2.2 Deckblatt der Broschüre „Starthilfe“

Quelle: Bundesministerium für Wirtschaft und Energie

Jahresplan	Positiv[1] in EUR	Negativ[2] in EUR
Plangewinn	90.000	90.000
+ AfA	20.000	20.000
= Cash-Flow	**110.000**	**110.000**
./. Privatentnahmen	70.000	90.000
./. Tilgungen	30.000	30.000
= Deckung	**10.000**	**−10.000**

1 Kapitaldienstfähigkeit gegeben
2 Kapitaldienstfähigkeit nicht gegeben

Tabelle 2.5 Berechnung Kapitaldienstfähigkeit

Wenn nicht, so wie im Negativbeispiel, wird die Bank die Finanzierung ablehnen, weil das Unternehmen nicht genug Geld abwirft, um den Privatbedarf der Unternehmerfamilie abzudecken und die aufgenommenen Kredite zu tilgen.

2.2 Neue Firma gründen oder bestehenden Betrieb übernehmen?

Wenn die Entscheidung, sich selbstständig zu machen, getroffen ist, stehen dem Existenzgründer verschiedene Wege offen:

- Er gründet sein eigenes Unternehmen.
- Er übernimmt einen bestehenden Betrieb.
- Er beteiligt sich an einem Unternehmen mit der Option, es später gänzlich zu übernehmen.

Derzeit bestehen gute Chancen zur Übernahme eines Unternehmens, das aus Altersgründen abgegeben wird.

Nehmen wir einmal an, dass in der Bevölkerung selbstständige und potenzielle Nachfolger in jeder Altersgruppe relativ gleich vertreten sind. Wenn wir nun unterstellen, dass die Nachfolge eines Unternehmers, der sich in den Ruhestand verabschiedet, 30 Jahre jünger ist, ergibt sich eine Bevölkerungsstruktur wie in **Tabelle 2.6**. Es werden mehr Unternehmen zum Verkauf stehen, als potenzielle Gründer vorhanden sind. Dieser Sachverhalt wird auf die Preise drücken. Wer sich selbstständig machen möchte,

Unternehmer Jahrgang	Bevölkerung Deutschland TSD Einwohner	potenzielle Nachfolger TSD
1960	1.342	848
1965	1.430	816

Tabelle 2.6 Bevölkerungsstruktur

trifft in den nächsten Jahren auf zunehmend bessere Rahmenbedingungen.

Die Ergebnisse einer Befragung unter Selbstständigen über die Zeitschrift „de“ sind in **Tabelle 2.7** aufgeführt. Die eigene Gründung und die Übernahme des elterlichen Betriebes sind die am weitesten verbreiteten Wege in die Selbstständigkeit.

Das Elektrohandwerk ist ein gefahrbewehrtes Handwerk. Aus diesem Grund ist es erforderlich, für eine Existenzgründung die Meisterqualifikation vorweisen zu können.

Es gibt zwar die sogenannte „Altgesellenregelung“. Diese bedeutet, dass Mitarbeiter in Führungsfunktion, die keine Meisterausbildung haben, aber als Führungskraft im Elektrohandwerk lange Jahre tätig waren, auch ohne Meisterbrief ein Unternehmen führen dürfen. Jungen Menschen, die sich im Elektrohandwerk in Führungspositionen engagieren oder sich selbstständig machen wollen, kann an dieser Stelle dennoch dringend empfohlen werden, die Meisterqualifikation zu erwerben. I

In vielen Bundesländern gibt es einen Meisterbonus (**Tabelle 2.8**): Eine Prämie, die das Land denen zahlt, die ihre Prüfung erfolgreich absolviert haben. In den genannten Bundesländern werden 1.000 EUR ausgezahlt. In Thüringen erhalten die Jahrgangsbesten der Meisterprüfung zusätzlich zum Meisterbonus eine Einmalzahlung; in Mecklenburg-Vorpommern gibt es für die besten Meisterschüler eines Gewerks noch einmal 3.000 EUR extra. Wer also plant, seine Meisterausbildung zu absolvieren, dem wird dieser Schritt leichter gemacht als noch vor einigen Jahren. Weiterhin besteht die Möglichkeit, das Meister-BAföG zu beantragen.

Der ZDH (Zentral Verband des Deutschen Handwerks) hat ermittelt, dass in den kommenden fünf Jahren etwa 125.000 Unternehmen schließen müssen, wenn sie keinen Nachfolger finden. Die Erfahrungen der Unternehmensberatung Heckner zeigen, dass es nicht immer gelingt, die Tradition der Väter fortzuführen. Immer weniger Familienmitglieder interessieren

Was war Ihr Weg in die Selbstständigkeit?	**Beschäftigte**	
	Anzahl	**Nennung in %**
Ich habe den Betrieb selbst gegründet.	108	35,8
Ich habe den Betrieb von den Eltern übernommen.	107	35,4
Ich war früher selbst Mitarbeiter des Unternehmens.	51	16,9
Andere Form der Übernahme.	26	8,6
Ich habe den Betrieb aus dem Familienkreis übernommen.	10	3,3
Summe	**302**	**100**

Tabelle 2.7 Wie erfolgte die Übernahme/Beteiligung?

Bundesland	Zuschuss
Baden-Württemberg	1.500 EUR Meisterprämie bei bestandener Meisterprüfung im Handwerk
Bayern	3.000 EUR Meisterbonus bei bestandener Fortbildungsprüfung
Bremen	4.000 EUR Aufstiegsfortbildungsprämie bei bestandener Fortbildungsprüfung
Hamburg	1.000 EUR Meisterprämie bei bestandener Aufstiegsfortbildung
Hessen	3.500 EUR Meisterprämie bei bestandener Meisterprüfung im Handwerk
Mecklenburg-Vorpommern	2.000 EUR Meister-Extra bei bestandener Prüfung 3.000 EUR für die 50 Jahrgangsbesten
Niedersachsen	4.000 EUR Meisterprämie bei bestandener Meisterprüfung im Handwerk
Nordrhein-Westfalen	2.500 EUR Meisterprämie bei bestandener Meisterprüfung im Handwerk
Rheinland-Pfalz	2.000 EUR Aufstiegsbonus bei bestandener Fortbildungsprüfung
Saarland	1.000 EUR Meisterbonus bei bestandener Meisterprüfung
Sachsen	2.000 EUR Meisterbonus bei bestandener Meisterprüfung
Thüringen	1.000 EUR Meisterprämie bei bestandener Meisterprüfung im Handwerk sowie weitere 1.000 EUR zusätzlich für die Jahrgangsbesten

Quelle: Deutsche Handwerkszeitung

Tabelle 2.8 Meisterbonus Mai 2024

sich für die Fortführung des Unternehmens der älteren Generation. Die Erhebungen des ZVEH zeigen, dass es sich bei vielen Handwerksbetrieben um kleinere Unternehmen mit vier bis fünf Mitarbeitern handelt. Dadurch hat ein einzelner Meister durchaus eine Chance, ohne allzu große Investitionen den Schritt in die Selbstständigkeit zu wagen, indem ein kleineres Unternehmen übernommen wird.

Unternehmen, die fortbildungswillige Mitarbeiter an sich binden wollen, können die Kosten der Meisterarbeit für die verbleibenden Kosten der Meisterausbildung für ihre Mitarbeiter übernehmen. Im Gegenzug wird der Mitarbeiter verpflichtet, nach Abschluss der Fortbildungsmaßnahme (egal ob Meisterausbildung oder eine andere Qualifikation) noch zwei Jahre im Unternehmen zu bleiben. Es gibt viele Betriebe, die ihre Mitarbeiter für einen noch längeren Zeitraum binden möchten. Die aktuelle Rechtsprechung spricht aber dafür, dass nur eine Bindungsdauer von nicht mehr als zwei Jahren nach Abschluss der Ausbildung arbeitsrechtlich als angemessen eingestuft wird.

Tabelle 2.9 macht deutlich, welche Meistergründungsprämien zum Start in die Selbstständigkeit in verschiedenen Bundesländern beantragt werden können. Die Meistergründungsprämie wird bei Existenzgründung ausgezahlt.

Bundesland	Meistergründungsprämie
Baden-Württemberg	bis zu 10.000 EUR
Berlin	bis zu 25.000 EUR
Brandenburg	bis zu 12.000 EUR
Niedersachsen	7.500 EUR
Nordrhein-Westfalen	10.000 EUR
Rheinland-Pfalz	2.500 EUR (Aufstiegsbonus II)
Schlewig-Holstein	10.000 EUR
Sachsen-Anhalt	10.000 EUR
Thüringen	bis zu 7.500 EUR

Quelle: Deutsche Handwerkszeitung

Tabelle 2.9 Meistergründungsprämie

Asset-Deal

Bei der Übernahme eines Unternehmens besteht einerseits die Möglichkeit, den Betrieb mit allen Aktiva und Passiva zu übernehmen, also auch für die Bank- und Lieferantenverbindlichkeiten des Unternehmens einzustehen oder es besteht die Möglichkeit, einen sogenannten „Asset-Deal" durchzuführen.

Beim Asset-Deal werden lediglich die Vermögensgegenstände des Betriebes übernommen. Das sind die Lagerbestände und das Anlagevermögen (Fahrzeuge, Werkzeuge usw.).

Alle anderen Bilanzpositionen, auch die Kundenforderungen und Verbindlichkeiten, bleiben beim Verkäufer des Unternehmens. Nach Abwicklung des Asset-Deals wird das Nachfolgeunternehmen gegründet und der Altbetrieb existiert noch ein bis zwei Jahre weiter, um u. a. Forderungen einzutreiben, Lieferantenrechnungen zu zahlen. Das Nachfolgeunternehmen muss nicht für die Gewährleistungsansprüche aus der Vergangenheit geradestehen, da der Altbetrieb noch existiert.

In der Regel wird zwischen Verkäufer und Käufer vereinbart, dass der Käufer für die Abwicklung der Garantiefälle einen fix vereinbarten Stundensatz und eine bestimmte Materialkalkulation erhält.

Die Erfahrungen der Unternehmensberatung Heckner zeigen, dass mit dem Asset-Deal weniger Konfliktstoff zwischen Käufer und Verkäufer entsteht.

Dem Existenzgründer muss allerdings bewusst sein, dass er bei der Übernahme wesentlicher Vermögensgegenstände (und dies ist bei einem Asset-Deal meist der Fall) wie auch bei der Übernahme des kompletten Unternehmens in die Arbeitsverträge der Mitarbeiter mit allen Rechten und Pflichten eintreten muss.

Namensgebung für Unternehmen

Die Namensfindung für ein Unternehmen stellt für manchen Gründer eine Aufgabe dar, die ihm erhebliches Kopfzerbrechen bereitet. Immerhin ist der Name häufig der erste Eindruck, den ein Kunde vom Unternehmen erhält. Bisher wurden die Begriffe „Unternehmen“, „Betrieb“ und „Firma“ synonym benutzt. Hier müssen wir ein wenig differenzieren:

- Ein Betrieb dient zur Deckung eines fremden Bedarfs, seien es Güter oder Dienstleistungen. Der Begriff steckt beispielsweise in „Handwerksbetrieb“.
- Ein Unternehmen kann wiederrum aus einem oder mehreren Betrieben bestehen.
- Eine Firma ist nach § 17 HGB der Name eines Unternehmens, umgangssprachlich „Firmenname“ genannt.

Ob ein Gründer die Kaufmannseigenschaft und und damit im handelsrechtlichen Sinne einen Firmennamen für sein Unternehmen beantragen kann, muss geprüft werden. Rechtsgrundlage ist § 1 HGB, wonach jeder, der einen Gewerbebetrieb führt, der einen in kaufmännischer Weise eingerichteten Geschäftsbetrieb erfordert, einen Handelsbetrieb darstellt, der in Handelsregister eingetragen wird. Diesen Unternehmern bzw. dem Unternehmen steht ein Firmenname zu.

Nicht-Kaufleute (beispielsweise Einzelunternehmer, Gesellschaften bürgerlichen Rechts, Rechtsanwälte, Ärzte, Architekten etc.) sind teilweise kein Gewerbebetrieb und haben nur das Recht auf eine Geschäftsbezeichnung. Allerdings steht es ihnen zu, sich freiwillig im Handelsregister einzutragen und damit alle Rechte und Pflichten eines Kaufmanns einzugehen. Anders als bei einem Firmennamen dürfen Geschäftsbezeichnungen keine Fantasienamen sein und müssen die Inhaberschaft (Namen des Inhabers) verdeutlichen.

Der Firmenname bei Kaufleuten

Der Firmenname muss unter drei wesentlichen Gesichtspunkten ausgesucht werden:

- Der Unterscheidungskraft zu anderen Unternehmen innerhalb der gleichen Branche und Region,
- die Sichtbarkeit der Gesellschafterverhältnisse und
- der Offenlegung der Haftungsverhältnisse.

Gibt es beispielsweise in einer Region zwei Maximilian Maier und einer führt einen Elektroinstallationsbetrieb und der andere ist selbstständiger

Bäckermeister, so muss auch in den Firmennamen eine Unterscheidungsmöglichkeit für die Kunden bestehen. Üblicherweise schreibt man dann Maximilian Maier Elektroinstallationen bzw. Bäckerei Maximilian Maier.

Der Rechtsform-Zusatz ist anzuwenden: Bei einer offenen Handelsgesellschaft wird z. B. regelmäßig der Zusatz OHG genutzt. Die Gesellschaft mit begrenzter Haftung nutzt den Zusatz GmbH, die Kommanditgesellschaft KG und die Aktiengesellschaft AG.

Grundsätzlich muss der Firmenname des Unternehmens weiteren Regelungen folgen:

- Die Firmenwahrheit bzw. das Verbot der Irreführung nach § 18 Abs. 2 HGB sagt aus, dass der Firmenname einen Kunden und Geschäftspartner nicht in die Irre führen darf, was Art, Umfang und Verhältnisse des Handelsgeschäfts angeht. Es wäre also unzulässig, das Unternehmen Bäckerei Maier GmbH zu nennen, wenn das Unternehmen Haushaltsgeräte verkauft. Auch Zusätze, die die Größe betreffen, können unter das Irreführungsverbot fallen. Elektro Maier International GmbH ist irreführend, wenn sich das Verkaufsgebiet nur auf einen Landkreis beschränkt.
- Die Firmenbeständigkeit sagt aus, dass eine einmal angenommene Firma auch bei Änderung des Inhabers weitergeführt werden darf. Dies dient dem Erhalt des Firmenwerts durch kontinuierliche Fortentwicklung des Unternehmens, auch im Sinne der Kunden.
- Die Firmeneinheit besagt, dass ein Kaufmann für ein und dasselbe Unternehmen nur eine Firma führen darf.

Die Firmenunterscheidbarkeit ist in den § 18 Abs. 1 und § 30 Abs. 1 HGB geregelt und oben am Beispiel der Herren Maier beschrieben. Sollte das Registergericht zu der Meinung gelangen, dass der Name des Unternehmens sich nicht eindeutig genug von anderen Firmen unterscheidet, wird es die Eintragung verweigern. Insofern wäre es sinnvoll, sich als Käufer vorab mit der örtlichen Handwerkskammer zu beraten, da diese eine bundesweite Firmennamensrecherche durchführen kann. Um aber wirklich sicher zu gehen, dass der gewünschte Name verfügbar ist und nicht bereits durch einen anderen genutzt wird, empfiehlt sich eine Überprüfung des Namens beim deutschen Patent- und Markenamt.

Übernahme des Firmennamens beim Unternehmenskauf

Bei der Übernahme einer Kapitalgesellschaft (z. B. GmbH) ändert sich am Namen der Firma nichts. Immerhin hat sie einen eigenen Rechtscharakter – wer als Gesellschafter dahinter steht, ist im Register nachzulesen. Ähnliches gilt für Kommanditgesellschaften und Aktiengesellschaften.

Anders sieht die Sache beim Kauf eines Einzelunternehmens aus, das nicht im Handelsregister eingetragen ist (e.K.) und damit nur eine Geschäftsbezeichnung führt.

Da hier zwingend ein Vorname und der Nachname des vollhaftenden Eigentümers im Namen enthalten sein müssen, kann man die Geschäftsbezeichnung des Vorbesitzers nur mit Angabe seines eigenen Namens übernehmen. Viele kennen das beispielsweise von Wirtshäusern und anderen Einzelunternehmen: Elektro Herbert Strom, Inh. *Peter Kabel.*

Der Vorteil bei einer solchen Übernahme der Geschäftsbezeichnung liegt darin, dass die Kunden den alten Namen kennen und die Fähigkeiten des neuen Inhabers gleichsetzen mit denen des alten Eigentümers.

Für den Verkäufer spielt die Wahl des Firmennamens nur dann eine Rolle, wenn er einen Asset-Deal vereinbart hat und sein Altunternehmen weiterführt. In diesem Fall muss gewährleistet sein, dass es zu keiner Verwechslung der beiden Unternehmen kommt.

2.3 Investitionen und Finanzierungsplanung für die Gründung

In beiden Varianten muss meist zuerst Geld in das Vorhaben investiert werden. Wie viel investiert werden muss, kann man anhand einer Kapitalbedarfsplanung feststellen.

Ein Kapitalbedarfsplan gehört mit in den Businessplan (Abschnitt 2.4), unabhängig davon, ob das Vorhaben allein aus den Ersparnissen oder mithilfe von Darlehen finanziert wird. Wer auf eine genaue Planung verzichtet, riskiert, dass am Ende das Geld ausgeht.

Eine gründliche Kapitalbedarfsplanung gehört daher zu jeder Gründungsvorbereitung.

Das sollte in die Überlegungen mit einbezogen werden:

- Kapitalbedarf vor der Gründung,
- Kapitalbedarf für die betriebliche Anlaufphase,
- Kapitalbedarf zur Sicherung des Lebensunterhaltes,
- Finanzierung des Kapitalbedarfs,
- Fremdfinanzierung des Kapitalbedarfs.

Viele Existenzgründer und -gründerinnen kalkulieren zu knapp und die finanzielle Lage ist schnell angespannt. Sei es, weil die Geschäfte nicht so anlaufen, wie sie es sich erhofft haben oder weil etwas anderes unvorhergesehenes geschieht. Es sollte immer ein Polster bei der Finanzierung eingeplant werden.

Wie wird der Kapitalbedarf vor der Gründung ermittelt?

Man beginnt mit den Kosten, die während der Gründungsvorbereitung anfallen. Dazu zählen beispielsweise Beratungskosten, Notarkosten, Gebühren für Anmeldungen und Genehmigungen. In einem Gespräch mit dem Gründungsberater stellt man gemeinsam fest, in welcher Höhe Kosten anfallen.

Zunächst die Höhe der notwendigen Investitionen und Anlaufkosten ermitteln:

- Wie viel Geld wird langfristig gebraucht, z. B. für Grundstück, Gebäude, Maschinen, Fahrzeuge usw.?
- Wie viel Geld wird kurz und mittelfristig gebraucht, z. B. für die Einrichtung des ersten Material- und Warenlagers, für Außenstände und besondere Belastungen in der Gründungsphase?
- Es muss eine Reserve für Unvorhergesehenes eingeplant werden.
- Wie hoch sind die Betriebsmittel? Der Bedarf an Betriebsmitteln wird häufig unterschätzt. Wichtige Fragen sind hier in der Anfangsphase: Wann geht die erste Kundenzahlung ein? Wie groß muss also das erste finanzielle Polster sein?
- Wie teuer ist die Gründung selbst?
- Welche Kosten fallen eventuell schon in der Zeit vor dem Unternehmensstart an?

Wo kann gespart werden?

- Büroeinrichtungen, Geräte, Anlagen und Maschinen kosten mitunter nur ein Viertel des Neuwerts, wenn sie gebraucht gekauft werden. Aber: Eine ärmlich wirkende Ausstattung kann auch Kunden abschrecken.
- Leasing von Fahrzeugen, Maschinen und Geräten kann den Gründungsetat spürbar entlasten. Aber: Leasing ist in der Regel teurer. Das Angebot muss auf jeden Fall durchgerechnet werden.
- Man kann prüfen, ob man nicht mit anderen Unternehmen, die ähnliche Leistungen herstellen oder eine gleiche Handelsstufe aufweisen, kooperieren könnte, um dadurch u. a. günstigere Einkaufskonditionen zu erhalten. Wir empfehlen die Mitgliedschaft in der Innung, aber auch in Einkaufskooperationen, z. B. des Handels, die den Gründer in vielerlei Hinsicht unterstützen können.

- Die Mitarbeiter sollen zum umweltbewussten Umgang mit Energie und Rohstoffen animiert werden.
- Das Angebot von Dienstleistungsunternehmen: z. B. Empfangs- und Sekretariatsservice, Car- oder Gerätesharing kann genutzt werden.

Kapitalbedarf zur Sicherung des Lebensunterhaltes

Bei den Investitionen in ein Unternehmen ist zu unterscheiden zwischen

- einer kompletten Neugründung oder
- der Übernahme eines bestehenden Betriebes.

Wie viel muss mit der beruflichen Selbstständigkeit verdient werden, um davon leben zu können? Dazu zählen alle monatlichen Ausgaben, die für den privaten Lebensunterhalt benötigt werden. Bei der Kalkulation sollten auch unvorhergesehene Ereignisse wie Krankheit, Unfall oder notwendige Reparaturen eingeplant werden.

Die Höhe der privaten Ausgaben ist die Grundlage für das monatliche „Gehalt“, das der Unternehmer bezieht. Bei Einzelunternehmen und Personengesellschaften empfiehlt es sich, einen monatlichen Betrag vom Geschäftskonto auf das Privatkonto zu überweisen. Private Überweisungen oder Entnahmen vom Geschäftskonto sind dann Tabu.

Der Geschäftsführer einer GmbH darf sich keinesfalls Gelder vom Geschäftskonto auf das Privatkonto überweisen. Mit der strikten Trennung Privat und Geschäft ist es viel leichter, den finanziellen Überblick zu behalten.

Um zu erkennen, welche Investitionen für eine Existenzgründung notwendig sind, können Branchenrichtwerte herangezogen werden. Orientierungshilfen bietet dabei der Busch-Jaeger Betriebsvergleich.

Dazu können wir ein kleineres Unternehmen mit etwa vier bewerteten Mitarbeitern heranziehen, das einen durchschnittlichen Jahresumsatz von etwa 360.000 EUR erzielt.

In diesem Unternehmen liegt das Anlagevermögen für Werkzeuge, Maschinen, Fahrzeuge usw. bei etwa 42.000 EUR, der Lagerbestand bei etwa 17.000 EUR und Forderungen bei etwa 33.000 EUR.

Alle diese Positionen müssen vorfinanziert werden und aus diesem Grund benötigt das Unternehmen ein Startkapital in dieser Größenordnung.

Im Einzelfall muss dieses Startkapital, d. h. der Finanzbedarf, genauer berechnet werden, insbesondere dann, wenn ein Betrieb übernommen wird.

Die **Tabelle 2.10** soll helfen, keine Position für die Planung der Selbstständigkeit zu vergessen.

Investitionsobjekt	**Investition in EUR**
bestehende Fahrzeuge	70.000
Fahrzeugbeschriftung	4.000
Werkzeuge, Maschinen, Messgeräte	7.800
Lagerbestand	54.000
Investitionen in das Gebäude	1.000
Firmenschriftzug an der Fassade	1.500
Bestehende EDV	4.000
Neue Investitionen EDV	2.000
Büromöbel, Einrichtung	7.000
Telekommunikation	2.000
Wert des Kundenstammes	40.000
Zusätzliche Werkzeuge, Messgeräte	10.000
Neues Firmenfahrzeug	35.000
Regale im Fahrzeug, Ladungssicherung	2.400
Summe Investitionen	**240.700**

Tabelle 2.10 Investitionen bei Übernahme – Beispiel

Ein Investitionsplan muss sehr detailiert aufgestellt werden, um einerseits der Bank die Ernsthaftigkeit des Vorhabens zu dokumentieren. Andererseits muss die Investitionsaufstellung komplett sein, um nicht nach der Gründung zusätzliche Kredite beantragen zu müssen.

Kreditinstitute erwarten vom Existenzgründer, dass er die notwendigen Investitionen rechtzeitig und genau plant.

Die Tabelle 2.10 zeigt eine branchenübliche Investition in die Übernahme eines Elektrohandwerksbetriebes mit fünf Köpfen inkl. Chef und Azubi.

Zu prüfen ist im Einzelfall auch, ob das Leasen von Fahrzeugen, Maschinen, EDV etc. nicht als Alternative zu einem Bankkredit in Frage kommt.

Bei der Entscheidung „kaufen oder leasen“ müssen die jeweils aktuellen Zinsen für öffentliche und zinsverbilligte Kredite in die Betrachtungen einbezogen werden.

Wenn ein bestehender Betrieb übernommen wird, empfehlen wir dem Verkäufer den Betrieb in einem Stück zu verkaufen und damit alle Risiken in die Hände des Käufers zu geben.

Für den Käufer bietet der Asset-Deal größere Vorteile, da unterschiedliche Haftungsaspekte, wie z.B. Gewährleistungsansprüche, beim Verkäufer bleiben. Von einer Teil- oder Ratenzahlung sollte Abstand genommen werden.

Für den Verkäufer allerdings kann es durchaus sinnvoll sein, dass er gewisse Vermögensgegenstände des Unternehmens, wie z.B. Fahrzeuge,

Messgeräte, EDV etc. in seinem Eigentum für z.B. drei Jahre belässt. Der Nachfolger zahlt eine monatliche „Leasingrate“. Nach Ende der Laufzeit geht das Wirtschaftsgut in den Besitz des Nachfolgers über.

Der Vorteil für den Nachfolger ist der geringere Kaufpreis. Wenn der Käufer nach kurzer Zeit scheitert, muss sich der Verkäufer einen neuen Nachfolger suchen.

Die unterschiedlichsten Mischformen der Betriebsübernahme müssen vom Käufer/Existenzgründer sorgsam gegeneinander abgewogen werden.

Wer sich selbstständig macht, muss auch wissen, dass es mit der Gründungsinvestition nicht getan ist. In einem sorgfältigen Finanzplan sind auch Anlaufkosten zu berücksichtigen. Lange bevor Rechnungen geschrieben werden, muss Material für aktuelle Aufträge eingekauft werden. Mieten, Zinsen und Löhne sind zu zahlen. Alle diese Aufwendungen müssen vorfinanziert werden.

Bei einer Neugründung muss dem Gründer bewusst sein, dass die Lieferanten nur in Ausnahmefällen bereit sind, Material in größerem Umfang auf Rechnung, d.h. ohne Sicherheiten, zu liefern. Oft verlangen Lieferanten von ihren Neukunden eine persönliche Haftung für die noch offenen Lieferantenrechnungen.

Um den Finanzierungsbedarf neben den Gründungsinvestitionen zu ermitteln, kann die Musterrechnung in **Tabelle 2.11** helfen. Das Beispiel-Unternehmen hat folgenden Mitarbeiterstamm: ein Inhaber, drei Gesellen, zwei Auszubildende, eine Halbtagskraft Büro.

Nicht nur die Planung des Ergebnisses stellt für ein Unternehmen eine Herausforderung dar, sondern auch die Planung der Liquidität. Zwar werden schon 14 Tage nach Geschäftseröffnung erste Rechnungen an Kunden geschrieben, diese werden aber erst nach etwa vier bis sechs Wochen bezahlt. Bis der Kunde bezahlt hat, erhalten die Mitarbeiter ihren Lohn, die Lieferanten ihr Geld und die sonstigen Kosten sind zu zahlen.

Monatsplanung	**EUR**
Ziel-Monatsumsatz	40.000
./. Materialeinkauf	11.000
= Rohertrag	**29.000**
./. Personalkosten	12.000
./. alle anderen Kosten	9.000
= Plan-Ergebnis	**8.000**

Tabelle 2.11 Monatsplanung

Die Aufwendungen eines Monats, in unserem Beispiel 21.000 EUR plus Wareneinkauf in Höhe von 11.000 EUR, sind mindestens als Liquiditätsreserve einzuplanen; entweder

- die Gründungsinvestition wird um diesen Betrag aufgestockt

oder

- ein Kontokorrentrahmen zusätzlich eingerichtet.

Nicht nur die Planung des Ergebnisses stellt für ein Unternehmen eine Herausforderung dar, sondern auch die Planung der Liquidität.

Grundsätzlich sollen Gründer oder Übernehmer eines Unternehmens mit den Kunden verhandeln, dass bei Auftragserteilung von Aufträgen über z. B. 5.000 EUR mindestens ein Drittel der Auftragssumme als Vorauszahlung fällig ist und die weiteren Zahlungstermine im Vorfeld vereinbart werden. In anderen Branchen ist das üblich, auch Elektrohandwerker arbeiten mit Vorauszahlungen, um nicht Bankkredite in Anspruch nehmen zu müssen.

Welche Finanzierungsformen für Gründer und bestehende Unternehmen in Frage kommen, ist dem Abschnitt 2.6 zu entnehmen.

2.4 Der Businessplan

Wie setzt man seine Geschäftsidee in die Tat um? Genau diese Frage wird mit einem Geschäftskonzept oder Businessplan beantwortet. Ein Businessplan beinhaltet die Planung des Unternehmens vom Kunden bis zur Ergebnisrechnung und ist für Gründer und Hausbank gleichermaßen wichtig. Aus dem Businessplan gehen Chancen und Risiken hervor.

Businessplan – darauf kommt es an

Nur ein klarer und verständlicher Businessplan ist ein guter Businessplan. Der potenzielle Geldgeber darf nicht mit technischen Details abgeschreckt werden. Besser ist es, mit unternehmerischem Wissen zu überzeugen.

Jedes Konzept sollte eine klare Gliederung sowie eine einfache und verständliche Ausdrucksweise aufweisen. Außerdem ist eine überschaubare optische Aufbereitung hilfreich. Vor allen Dingen sollte eine Zusammenfassung am Anfang stehen.

Angebot und Kundennutzen hervorheben

Die Erläuterungen im Businessplan sollten vor allem das Neue, das Besondere des Gründungsvorhabens hervorheben. Besonderen Wert sollte man darauf legen, den Nutzen der Produkte bzw. Dienstleistungen für die Kunden herauszuarbeiten. Dabei geht man auch ausführlich auf die Kosten der Dienstleistungen ein und darauf, zu welchem Preis diese angeboten werden sollen.

Wettbewerb und Kunden darstellen

Man benennt die Konkurrenten und macht deutlich, wodurch sich die Produkte bzw. Dienstleistungen von der Konkurrenz abheben. Es wird erläutert, welche Kunden Aufträge erteilen könnten, die Auswahl des Standortes wird begründet und erläutert, wie die Dienstleistung dem Kunden bekanntgemacht wird.

Folgende Fragen sollten im Businessplan beantwortet werden:

1. Gründerperson(en)

- Welche Qualifikationen/Berufserfahrungen und ggf. Zulassungen sind vorhanden?
- Wer ist Konzessionsträger im Unternehmen?
- Welche Branchenkenntnisse sind vorhanden?
- Welche kaufmännischen Kenntnisse sind vorhanden?
- Welche besonderen Stärken liegen in der Person des Gründers?
- Welche Defizite gibt es? Wie werden diese ausgeglichen?

2. Geschäftsidee: Produkt/Dienstleistung

- Was ist der Zweck des Vorhabens?
- Was ist das Besondere an der Geschäftsidee?
- Was ist das kurz- und langfristige Unternehmensziel?
- Welches Produkt/welche Leistung werden angeboten?
- Wann soll es losgehen – Starttermin?
- Welche Voraussetzungen müssen bis zum Start noch erfüllt werden?
- Welche gesetzlichen Formalitäten (z. B. Zulassungen, Genehmigungen) sind zu erfüllen?

3. Markt und Wettbewerb/Kunden

- Wer sind die Kunden?
- Wo sind die Kunden?
- Wie setzen sich die einzelnen Kundensegmente zusammen (z. B. Alter, Geschlecht, Einkommen, Beruf, Einkaufsverhalten, Privat- oder Geschäftskunden)?
- Existieren bereits Referenzkunden? Wenn ja, welche?
- Ist eine Abhängigkeit von wenigen Großkunden gegeben?
- Welche Bedürfnisse/Probleme haben die Kunden?
- Wie sieht die Konkurrenz aus?

- Wer sind die Konkurrenten?
- Was kosten die Dienstleistungen bei der Konkurrenz?
- Welches sind die größten Stärken und Schwächen der Konkurrenten?
- Welche Schwächen hat das Unternehmen gegenüber dem wichtigsten Konkurrenten?
- Wie kann man diesen Schwächen begegnen?

4. Standort
- Wo wird das Angebot angeboten?
- Warum hat man sich für diesen Standort entschieden?
- Welche Nachteile hat der Standort?
- Wie kann man diese Nachteile ausgleichen?

5. Marketing/Angebot
- Welchen Nutzen hat das Angebot für potenzielle Kunden?
- Was ist besser gegenüber dem Angebot der Konkurrenz?
- Welche Preisstrategie wird verfolgt und warum?
- Zu welchem Preis sollen die Dienstleistungen angeboten werden?
- Welche Kalkulation liegt diesem Preis zugrunde?

6. Werbung
- Wie erfahren die Kunden von der angebotenen Dienstleistung?
- Welche Werbemaßnahmen sind wann geplant?

7. Organisation/Mitarbeiter
- Das geplante Unternehmen soll vorgestellt werden (Gründungsdatum, Gesellschafter, Geschäftsführer, Mitarbeiter, Sitz, Geschäftszweck).
- In welcher Phase befindet sich das Unternehmen (Entwicklung, Gründung, Markteinführung, Wachstum)?
- Es soll immer ein Unternehmens-Organigramm beigelegt werden und dieses mit den Angaben zu den einzelnen Führungspersonen (Alter, Firmenzugehörigkeit, Qualifikation, Ausbildung) ergänzt werden.
- Wann bzw. in welchen zeitlichen Abständen sollen wie viele Mitarbeiter eingestellt werden?
- Welche Qualifikationen sollten die Mitarbeiter haben?
- Welche Schulungsmaßnahmen sind für die Mitarbeiter vorgesehen?

8. Rechtsform
- Für welche Rechtsform hat man sich entschieden? Aus welchen Gründen?
- Welche Gesellschafterstruktur ist geplant und wie verteilen sich die Gesellschaftsanteile?
- Berücksichtigt die Rechtsform die Interessen der Gesellschafter?

9. Risiken/Chancen

- Welches sind die drei größten Chancen, die die weitere Entwicklung des Unternehmens positiv beeinflussen könnten?
- Welches sind die drei wichtigsten Probleme, die eine positive Entwicklung des Unternehmens behindern könnten?
- Wie will man eventuellen Risiken/Problemen begegnen?

10. Finanzplan

- Wie hoch ist der Gesamtkapitalbedarf für Anschaffungen und Vorlaufkosten für den Unternehmensstart und für eine Liquiditätsreserve während der Anlaufphase?
- Wie hoch ist der Eigenkapitalanteil?
- Wie hoch ist der Fremdkapitalbedarf?
- Welche Sicherheiten kann man für Kredite einsetzen?
- Welche Förderprogramme könnten in Frage kommen?
- Welche Beteiligungskapitalgeber könnten ggf. in Frage kommen?
- Könnte man bestimmte Objekte leasen? Zu welchen Konditionen?
- Wie hoch werden die monatlichen Einzahlungen (verteilt auf drei Jahre) geschätzt?
- Wie hoch werden die monatlichen Kosten (Material, Personal, Miete u. a.) geschätzt?
- Wie hoch werden die Investitionskosten (verteilt auf die ersten zwölf Monate) geschätzt?
- Wie hoch wird der monatliche Kapitaldienst (Tilgung und Zinszahlung) geschätzt?
- Mit welcher monatlichen Liquiditätsreserve kann man rechnen?
- Wie hoch wird der Umsatz für die nächsten drei Jahre geschätzt?
- Wie hoch werden die Kosten für die nächsten drei Jahre geschätzt?
- Wie hoch wird der Gewinn für die nächsten drei Jahre geschätzt?

11. Unterlagen

- tabellarischer Lebenslauf,
- Gesellschaftervertrag,
- Pachtvertrag,
- Kooperationsverträge,
- Leasingvertrag,
- ggf. Gutachten,
- Übersicht der Sicherheiten,
- Markanalysen,
- Branchenkennzahlen.

Eine betriebswirtschaftliche Planungsrechnung gehört zu einem Businessplan. Im Abschnitt 8.11 wird dargestellt, wie eine Planungsrechnung erstellt wird.

2.5 Die Rechtsform

2.5.1 Welche Rechtsformen kommen für das Elektrohandwerk in Frage?

Die Merkmale der verschiedenen Rechtsformen

Wir verweisen an dieser Stelle auf den Steuerberater des Unternehmensgründers, der detaillierte Informationen und Empfehlungen zur Wahl der richtigen Rechtsform im individuellen Fall aussprechen kann.

Einzelunternehmen

Wer eine selbstständige Tätigkeit aufnimmt, ist in der Regel Einzelunternehmer. Er haftet alleine für seinen gesamten Geschäftsbetrieb und persönlich gegenüber den Kreditinstituten und allen weiteren Gläubigern. Die Gründung erfolgt durch die Gewerbeanmeldung. Die Anmeldung erfolgt auf Vor- und Familiennamen des Unternehmers. Zum Gläubigerschutz (Schutz derer, denen das Unternehmen Geld schuldet) müssen auf allen Geschäftsbriefen auch der Familienname sowie wenigstens ein ausgeschriebener Vorname angegeben werden.

Ergänzende Zusätze sind zulässig. Bei Erreichen einer kaufmännischen Betriebsgröße hat die Eintragung ins Handelsregister zu erfolgen. Diese Größe ist erreicht, wenn ein Jahresumsatz von etwa 250.000 EUR erreicht wird. Auch ein freiwilliger Eintrag ist möglich. Der Unternehmer führt dann als Einzelkaufmann eine Firma mit dem Rechtsformzusatz „e. K.".

Gesellschaft bürgerlichen Rechts (GbR)

Diese wird automatisch begründet, wenn mehr als eine Person ein Unternehmen gründet. Es gelten ähnliche Grundsätze wie für das Einzelunternehmen. Der Gesellschaftsvertrag sollte unbedingt schriftlich gefasst werden. Es ist eine gemeinsame Gewerbeanmeldung vorzunehmen.

Auf Geschäftsbriefen sind, analog dem Einzelunternehmen, der Familienname und ein ausgeschriebener Vorname jedes Gesellschafters anzugeben. Ein einseitiger, formularmäßiger Haftungsausschluss, z. B. durch den Zusatz „GbR mbh“, ist nicht zulässig.

Das BGB (Bürgerliches Gesetzbuch) sieht grundsätzlich für alle Gesellschafter gemeinschaftlich die Geschäftsführerbefugnis vor. Scheidet ein Gesellschafter aus, führt dies nach BGB zur Auflösung der GbR. Ein Gesellschaftsvertrag kann etwas anderes regeln, z. B. dass der verbleibende Gesellschafter das Unternehmen alleine weiterführen darf.

Analog zum Einzelunternehmen gilt auch hier, dass bei Erreichen einer kaufmännischen Betriebsgröße eine Eintragung ins Handelsregister erforderlich wird – die GbR wird dann zur OHG (Offene Handelsgesellschaft).

Bei der überwiegenden Anzahl der Unternehmensgründungen kommen diese beiden Rechtsformen in Frage. In beiden Fällen muss den handelnden Personen bewusst sein, dass sie neben dem Geschäftsvermögen auch mit ihrem Privatvermögen haften. Bei der GbR und OHG gilt dies gesamtschuldnerisch, d. h. jeder haftet für den anderen.

> Bei jeder Gesellschaft gilt besonders:
> **Drum prüfe, wer sich ewig bindet!**

Kommanditgesellschaft (KG)

Eine Kommanditgesellschaft (KG) bietet einem Selbstständigen die Möglichkeit, Kapitalgeber als Gesellschafter, sprich Kommanditisten, an seinem Unternehmenserfolg zu beteiligen, ohne seine Entscheidungsmacht abgeben zu müssen. Der Selbstständige ist dabei als Komplementär weiterhin voll haftbar für alle Verbindlichkeiten der KG. Für den Kommanditisten liegt der große Vorteil in einem finanziellen Engagement, das rein auf seine Einlage beschränkt ist. Weitergehende Verpflichtungen hat er nicht.

Um eine Kommanditgesellschaft wirksam zu gründen, bedarf es eines notariellen Gesellschaftsvertrages und der Eintragung ins Handelsregister.

Der Gesellschaftsvertrag gibt unter anderem an, welchen Zweck das Unternehmen verfolgt, welche Rechte und Pflichten die Beteiligten haben, wie hoch die individuellen Einlagen sein sollen und wie mit den Überschüssen verfahren werden soll. In der Regel vertritt der Komplementär die KG nach innen und außen in allen Angelegenheiten. Die Kommanditisten haben dieses Recht nicht. Allerdings kann vertraglich vereinbart werden, dass ein

Kommanditist mit besonderen Kenntnissen innerhalb der KG bestimmte Aufgaben übernimmt, wie z. B. Prokura.

Die individuelle Höhe der Einlage in Relation zur Gesamteinlage gibt den individuellen Anteil am Gewinn wieder, wobei eine Mindesteinlage nicht vorgeschrieben ist.

Die Entscheidungsrechte der Kommanditisten sind eingeschränkt, allerdings haben sie ein Recht auf Einsicht in den Jahresabschluss und alle damit zusammenhängenden Unterlagen inklusive Handelsbücher und Geschäftspapiere.

Sieht der Gesellschaftsvertrag nichts anderes vor, kann jeder Kommanditist mit einer Frist von mindestens sechs Monaten seine Gesellschaftsanteile zurückgeben.

Gesellschaft mit beschränkter Haftung (GmbH)

Eine Gesellschaft mit beschränkter Haftung (GmbH) ist eine selbstständige juristische Person. Sie bietet dem Gründer den Vorteil, dass seine persönliche Haftung auf seine Einlage begrenzt ist.

Auf den ersten Blick eine phantastische Möglichkeit seine Risiken zu begrenzen. Spätestens beim ersten Bankgespräch wird deutlich, dass die Kreditinstitute sehr wohl eine persönliche Bürgschaft für gewährte Kredite vom Gründer verlangen.

Unter Berücksichtigung dieser Verfahrensweise erscheint bei Existenzgründungen für kleinere Unternehmen die GmbH nicht unbedingt als notwendige Rechtsform.

Ähnlich der Kommanditgesellschaft bedarf es eines formellen, notariell beurkundeten Gesellschaftsvertrages, in dem unter anderem der Zweck der Gesellschaft festgelegt ist, welcher Gesellschafter wie viel am Mindestkapital von 25.000 EUR einbringt, welchen Firmennamen die GmbH hat und wo der Sitz des Unternehmens ist. Erst mit der Eintragung ins Handelsregister ist die GmbH rechtsfähig.

Das Stammkapital kann, neben Geldeinlagen, auch in Form von Sacheinlagen eingebracht werden.

Da die GmbH als juristische Person betrachtet wird, ist ihre Handlungsfähigkeit nur durch einen Geschäftsführer gegeben. Dieser vertritt die GmbH nach innen und außen. Allerdings hat er sich nach dem Gesellschaftsvertrag zu richten und muss Gesellschafterbeschlüsse umsetzen. Dabei können auch mehrere Geschäftsführer bestellt werden, wobei die fachliche Abgrenzung festgelegt werden muss.

Der Geschäftsführer haftet persönlich für die Umsetzung von gesetzlichen Vorschriften. Das heißt unter anderem, dass er ohne schuldhaftes Zögern bei mangelnder Liquidität der GmbH Insolvenz anmelden muss. Das schließt auch die Zahlung von Sozialversicherungsbeiträgen ein. Unterlässt er diese Zahlungen, kann er auch hier persönlich haftbar gemacht werden.

Die strafrechtliche Haftung eines GmbH-Geschäftsführers geht über die Haftung eines Einzelunternehmers hinaus.

Gerade bei größeren GmbHs mit über 500 Mitarbeitern ist die Einführung eines Aufsichtsrats gefordert. Er muss per Satzung eingerichtet werden und kontrolliert die Tätigkeiten und Entscheidungen bezüglich der Rechtsform der Geschäftsführung.

Einen weiteren Aspekt zur Entscheidungsfindung bezüglich der Rechtsform bietet der Steuerbelastungsvergleich, der vom Steuerberater erstellt werden kann, da Kapitalgesellschaften anders besteuert werden als Personengesellschaften und Einzelunternehmen. Außerdem unterliegt die GmbH der Publizitätspflicht, d. h. sie muss ihre betrieblichen Zahlen jährlich veröffentlichen.

Unternehmergesellschaft, haftungsbeschränkt (UG)

Als Gegenstück zur englischen Limited wurde in Deutschland 2008 die Unternehmergesellschaft (haftungsbeschränkt), kurz UG, eingeführt. Als „Mini-GmbH“ unterliegt sie ähnlichen Anforderungen wie eine normale GmbH, allerdings braucht man zur Gründung kein Eigenkapital von 25.000 EUR, sondern mindestens 1 EUR.

Besonderheiten betreffen die Kapitaleinlage und die Gewinnverwendung. Bei einer UG sind Sacheinlagen nicht erlaubt. Möchte ich als Gesellschafter das Stammkapital erhöhen, geht dies nur über Bareinlagen.

Außerdem müssen 25 % des Jahresüberschusses des Unternehmens in eine Rücklage eingestellt werden. Erreicht diese Rücklage das Mindesteigenkapital einer GmbH, dann kann die UG (haftungsbeschränkt) in eine reguläre GmbH umgewandelt werden. Eine Pflicht dazu besteht indes nicht.

Ansonsten gilt für die UG das GmbH-Recht, einschließlich des Insolvenzrechts. Im Elektrohandwerk ist diese Rechtsform selten anzutreffen.

GmbH & Co. KG

Die GmbH & Co. KG ist ein Unternehmen in der Rechtsform der KG. Der in einer KG notwendige Komplementär, also derjenige der unbeschränkt haftet, ist die GmbH. Die GmbH wiederum entsendet ihren Geschäftsführer und beauftragt ihn mit der Führung der KG.

Eine GmbH & Co. KG wird gerne dann gegründet, wenn die Vorteile der Kommanditgesellschaft mit den geringen Mitbestimmungsrechten sowie einer günstigen Aufnahme neuer Kommanditisten mit den Vorteilen einer GmbH mit der begrenzten Haftung auf das Eigenkapital verknüpft werden sollen. Die GmbH-rechtlichen Pflichten zur Insolvenzanmeldung gelten für die GmbH & Co. KG nicht.

Bei Situationen, in denen eine eigene Immobilie in Zusammenhang mit dem Geschäftsbetrieb genutzt wird, kann die GmbH & Co. KG eine geeignete Rechtsform darstellen.

Der Nachteil einer solchen Rechtsform ist, dass sowohl die KG als auch die GmbH je einen Jahresabschluss anfertigen müssen, mit entsprechenden Kosten für die laufende Buchführung und den Jahresabschluss.

Aktiengesellschaft (AG)

Eine Aktiengesellschaft (AG) bedarf mindestens eines Gründers. Per notarieller Satzung werden u.a. der Zweck der Gesellschaft, der Sitz, die Höhe des Stammkapitals, die Nennwerte der auszugebenden Aktien etc., festgelegt. Erst mit Eintragung ins Handelsregister ist die Aktiengesellschaft formal existent und rechtsfähig. Gesetzliches Mindestkapital sind 50.000 EUR.

Eine AG braucht zwingend drei Organe: Die Hauptversammlung, den Vorstand und den Aufsichtsrat.

Die Hauptversammlung setzt sich aus den Aktionären zusammen und wird mindestens einmal im Jahr eingeladen. Ihre Aufgabe als beschließendes Organ besteht darin, den Vorstand und den Aufsichtsrat zu entlasten, über die Gewinnverwendung zu entscheiden, Änderungen der Satzung und die Auflösung der Gesellschaft zu beschließen etc.

Der Vorstand als leitendes Organ hat die Aufgabe, die Aktiengesellschaft nach innen und außen zu vertreten und entsprechende Entscheidungen zu fällen. Er ist gegenüber niemand Weisungsempfänger, muss seine Tätigkeiten jedoch dem Aufsichtsrat gegenüber verantworten.

Der Aufsichtsrat mit mindestens drei Mitgliedern hat die Aufgabe, den Vorstand zu beaufsichtigen und zu ernennen bzw. zu entlassen. Außerdem vertritt er die Interessen der Aktionäre gegenüber dem Vorstand.

Sind mehrere Personen an der Gründung einer Gesellschaft beteiligt und legen die Gründer Wert auf die Rechtsform einer AG, z.B. aus Imagegründen, kann diese Rechtsform durchaus geeignet sein, auch weil Beteiligungen von Mitarbeitern in Form von Aktien leichter zu bewerkstelligen sind als bei einer GmbH.

Die „kleine" AG

Eine „kleine AG" gibt es als eigenständige Rechtsform in der Form nicht, allerdings hat der Gesetzgeber 1994 einige Bestimmungen erlassen, die Unternehmen mit überschaubarer Größe Vereinfachungen im Rahmen der AG anbieten. Somit können auch mittelständische Unternehmen in der Rechtsform der AG geführt werden. So ist es beispielsweise möglich, auf eine Bekanntmachung der Einberufung der Hauptversammlung in einschlägigen Gesellschaftsblättern zu verzichten, wenn alle Aktionäre namentlich bekannt sind. In dem Fall genügt eine Einladung per Brief.

Fazit

Für kleinere Unternehmen kommt vor allem das Einzelunternehmen bzw. eine GbR bei mehreren Gründern in Frage.

In risikobehafteten Gewerken kann die GmbH oder GmbH & Co. KG eine sinnvolle Rechtsform sein, je nach individuellem Risikoempfinden.

Viel mehr als auf die Rechtsform kommt es auf Engagement, betriebswirtschaftliche Fähigkeiten und den richtigen Umgang mit Kunden und Mitarbeitern an.

Bei mehreren Partnern: Schon bei der Gründung an die Trennung denken

Bei einer Gesellschaft mit mehreren Gesellschaftern empfiehlt es sich, für den Fall der Trennung oder des Todes eines Gesellschafters die Antworten auf die folgenden Fragen bereitzuhalten:

- Kann der Anteil vererbt/verkauft werden oder haben die anderen Gesellschafter (oder einer davon) das Vorrecht, den Anteil zu übernehmen?
- Wie sollen die Gesellschaftsanteile bewertet werden? Bei einer GmbH mit mehreren Gesellschaftern geht man Konflikten am ehesten aus dem Weg, wenn im Vertrag definiert wird, dass sich der Wert nach dem Nominalwert der Gesellschaftsanteile bestimmt.

Häufig ist festzustellen, dass in Verträgen das Ertragswertverfahren oder Stuttgarter Verfahren zur Wertermittlung der Anteile festgelegt wird. Diese Verfahren sind nicht mehr zeitgemäß und können zu nicht mehr marktgerechten Ergebnissen führen. Ein aktuelles Verfahren zur Wertermittlung der Anteile ist das AWH-Verfahren, der wertermittelnden Berater im Handwerk, das auch von der Unternehmensberatung Heckner GmbH eingesetzt wird.

Wenn sich kein Nachfolger im Familienkreis anbietet, werden immer wieder Mitarbeiter am Unternehmen beteiligt. In einem solchen Fall sollte die Beteiligung auf die aktive Mitarbeit im Unternehmen gegründet sein.
Falls der beteiligte Mitarbeiter ausscheidet, muss er seine Anteile zurückgeben.

Von einem Passus, nach dem die Anteile vererbbar sind, raten wir ab. Man muss nur 30 Jahre in die Zukunft denken. Unternehmen, in denen Anteile vererbt werden können, sind meist nicht zu führen.

Ehevertrag bei der Firmengründung

Einen Ehevertrag abschließen? Die meisten denken nicht daran, weil sie bei der Hochzeit im siebten Himmel schweben. Den Eheleuten und den Gesellschaftern eines Unternehmens sei aber geraten, gerade zum Beginn einer Partnerschaft auch an eine mögliche Trennung zu denken. Gerade dann kann das Thema noch emotionsfrei und damit sachlich diskutiert werden.

Wer keine besonderen Verträge zur Eheschließung eingeht, für den gilt der sogenannte „gesetzliche Güterstand“. Bei den Vermögensverhältnissen gilt: Die in die Ehe zu Beginn eingebrachten und im Laufe der Ehe geerbten Vermögensgegenstände werden dem jeweiligen Partner zugerechnet.

Der Vermögenszuwachs in der Ehe wird im Falle einer Ehescheidung wertmäßig geteilt.

In vielen Fällen werden Eheverträge geschlossen, in dem bei einer Ehescheidung der Vermögenszuwachs aus dem Unternehmen beim Unternehmer verbleibt und nicht in das gemeinschaftliche Vermögen einfließt (modifizierter Zugewinn).

Diese Regelung kann durchaus sinnvoll sein. Sie ermöglicht dem Unternehmer den Betrieb auch nach einer Scheidung weiterzuführen und ihn nicht zerschlagen zu müssen, um den finanziellen Forderungen des Partners nachkommen zu können.

2.5.2 Die Haftung des Unternehmers in den verschiedenen Rechtsformen

Bei der Gründung eines Unternehmens kann es den Existenzgründern oder Betriebsübernehmern in den Sinn kommen, eine Rechtsform mit beschränkter Haftung zu wählen.

Wer allerdings glaubt, damit sämtlichen Haftungsrisiken aus dem Weg zu gehen, wird schnell eines Besseren belehrt.

Unabhängig von der Rechtsform des Unternehmens fordert die Bank eine persönliche Haftung des Unternehmers für die Kredite und Kreditrahmen, die dem Unternehmen eingeräumt werden.

Auch die Lieferanten schätzen das Risiko eines Unternehmens ein und richten danach die Entscheidung, ob der Betrieb beliefert wird und die Höhe der nicht gesicherten Warenlieferung.

Oft verlangen Lieferanten auch persönliche Bürgschaften des Unternehmers, bevor sie auf Rechnung liefern.

Sind nicht kalkulierbare Risiken vorhanden, wie z. B. im Baugewerbe, muss der Existenzgründer bzw. Betriebsübernehmer selbst entscheiden, ob ihm die Absicherung dieser Risiken die Gründung einer GmbH wert ist. Jeder Übernehmer und Existenzgründer muss sich im Klaren sein, dass er mit der Gründung einer Kapitalgesellschaft und als Geschäftsführer erheblich strengeren gesetzlichen Bestimmungen unterworfen ist als der Inhaber eines Einzelunternehmens.

So verweisen wir auf die Bestimmungen des GmbH-Gesetzes und die darin festgelegten Pflichten zur Insolvenzanmeldung. Wenn ein Unternehmen überschuldet oder nicht mehr zahlungsfähig ist, muss laut GmbH-Gesetz der Geschäftsführer dieser Kapitalgesellschaft unverzüglich handeln, d. h. Insolvenz anmelden. Bei jeder Insolvenz einer Kapitalgesellschaft prüft die Staatsanwaltschaft, ob sich der Geschäftsführer der Gesellschaft der Insolvenzverschleppung schuldig gemacht hat. Kommt das Gericht zu dieser Auffassung, sieht sich der Geschäftsführer der Kapitalgesellschaft mit weitreichenden persönlichen strafrechtlichen Konsequenzen konfrontiert.

2.6 Die Finanzierung des Gründungsvorhabens

Erste Voraussetzung, um bei der Bank eine Entscheidung über die Finanzierung des Kaufpreises eines Unternehmens zu erlangen, ist eine Wirtschaftlichkeits- und Ertragsvorschau. Diese muss eine Analyse der Wirtschaftlichkeit des bestehenden Unternehmens und eine Planungsrechnung über mindestens drei Jahre beinhalten.

Auch im Rahmen einer Übernahme ist es förderlich, wenn darüber hinaus auch ganz konkrete Maßnahmen dargestellt werden, die der Nachfolger ergreifen wird, um die Rentabilität des Unternehmens langfristig zu sichern oder zu verbessern. Diese Maßnahmen können eine Bereinigung der Leistungspalette, organisatorische Veränderung oder Marketingaktivitäten zur Erschließung neuer Kundenzielgruppen umfassen. Diese Erkenntnisse sollten letzten Endes wieder in einem umfassenden Businessplan münden (siehe Abschnitt 2.4)

Wie kann der Kaufpreis im Rahmen einer Firmenübernahme finanziert werden?

Zur Finanzierung des Kaufpreises kann der Nachfolger u. a. öffentliche zinsverbilligte Mittel aus den speziellen Förderprogrammen für Existenzgründer in Anspruch nehmen. Diese und andere Förderkredite werden grundsätzlich über die Hausbank beantragt.

Diese Form der Existenzgründungsfinanzierung kommt nur in Frage, wenn der Gründer nicht bereits selbstständig tätig war und mit dieser Selbstständigkeit seinen Lebensunterhalt bestreiten konnte. Für einen angestellten Meister, der nebenbei noch 20.000 EUR Umsatz im angemeldeten Nebenerwerb erzielt, wird diese Form der Gründungsfinanzierung möglich sein, da die bisherige selbstständige Tätigkeit als „Nebenerwerb" einzustufen ist.

Wir gehen in **Tabelle 2.12** von einem Kaufpreis in Höhe von 200.000 EUR aus. Die in Tabelle 2.12 aufgeführten Kredite werden über die Hausbank beantragt.

Der Existenzgründer darf vor Beantragung der öffentlichen Kredite keinerlei Verpflichtungen im Zusammenhang mit der Existenzgründung haben.

Finanzierung	**EUR**
benötigtes Eigenkapital (15 %)	30.000
ERP-Kredit KMU	100.000
Unternehmerkredit KfW-Mittelstandsbank oder Hausbankkredit oder Landeskredit	70.000
Summe/Kaufpreis	**200.000**

Tabelle 2.12 Finanzierungsbeispiel Existenzgründung
KfW Kreditanstalt für Wiederaufbau ERP European Reparation Program

So kann z. B. die Unterschrift unter dem Mietvertrag, die vor Beantragung des Kredites bei der Hausbank erfolgt, dazu führen, dass das Vorhaben von öffentlichen Geldgebern nicht finanziert wird. Gleiches gilt für Anzahlungen auf den Kaufpreis oder Bestellungen von Investitionen, wie z. B. einem neuen Fahrzeug.

> Zuerst zur Bank, um die Finanzierung in trockene Tücher zu bringen, dann erst Verträge schließen, Bestellungen tätigen usw.

Gründerprämie

In einigen Bundesländern können junge Handwerksmeister, die sich selbstständig machen, einen Zuschuss in Form einer Gründerprämie beantragen. Dies gilt auch bei der Übernahme eines Unternehmens. Auskünfte dazu erteilen die Handwerkskammern, Innungen und Verbände.

> Aktuelle Informationen über die Förderprogramme können der Webseite der KfW (www.kfw.de) sowie www.foederdatenbank.de entnommen werden.
> Informationen zur Gründerprämie sind bei den regionalen Handwerkskammern zu erhalten.

Soll der Verkäufer für den Nachfolger haften oder bürgen?

Nicht jeder fachlich und unternehmerisch geeignete Nachfolger ist in der Lage, den Kaufpreis zu finanzieren. Es können Sicherheiten fehlen oder die Hausbank steht dem Vorhaben grundsätzlich kritisch gegenüber.

In so einer Situation ist der Verkäufer auch geneigt „mit zu unterschreiben". Er muss dann für die Kredite mithaften.

Unabhängig von der zwischen Käufer und Verkäufer getroffenen Vereinbarung, wird sich die Hausbank im Falle einer Bürgschaft in einer Krisensituation am Verkäufer schadlos halten. Der Käufer dürfte, da seine Mittel begrenzt waren, nur in geringem Umfang in die Haftung genommen werden.

Der Schaden, d. h. die Zahlungsverpflichtung des Verkäufers, kann weit über den verbürgten Betrag hinausgehen. Wenn z. B. der Käufer das Konto überzieht – die Bank lässt das zu – haftet der Verkäufer u. U. auch für den entstandenen Schaden und damit für mehr als den ursprünglichen Kaufpreis.

Wenn der Verkäufer den Käufer finanziell unterstützen will, damit das Unternehmen weitergeführt wird, sind zwei sinnvolle Varianten zu überlegen:

- eine Höchstbetragsbürgschaft oder
- ein Darlehen.

Letzteres erscheint unter Risikoaspekten für den Verkäufer als die bessere Lösung.

Der Verkäufer stellt dem Käufer einen Kredit zur Verfügung, der z. B. in sechs Jahren getilgt werden muss, und zwar am Besten in monatlichen Raten. Kommt der Käufer mit den Monatsraten in Verzug, dann weiß der Verkäufer rechtzeitig, worauf er sich einstellen muss.

Die Höhe des Kredites durch den Verkäufer sollte ein Drittel der Gesamtsumme der Existenzgründungsfinanzierung nicht übersteigen.

Der Königsweg zur Kaufpreiszahlung

Die beste Lösung wäre eine Einmalzahlung des Kaufpreises, dann kann sich der Verkäufer auch leichter emotional von seinem Unternehmen lösen.

In Augenhöhe mit dem Banker

Wenn der Handwerker direkt von der Baustelle in Arbeitskleidung zum Bankgespräch erscheint, kann nicht von Augenhöhe gesprochen werden. Wer Krawatten grundsätzlich ablehnt, dem empfehlen wir zumindest Hemd und Sakko.

Wenn Termine exakt eingehalten werden und geforderte Unterlagen zeitnah vorgelegt werden, sind dies weitere Bausteine, um darauf ein Vertrauensverhältnis mit der Hausbank aufzubauen.

Nicht jeder Banker ist begeistert, öffentliche Kredite zu gewähren, denn die Marge für die Hausbank liegt meist in einer Größenordnung von 0,25 %. Da ist es für die Bank schon günstiger, eigene Mittel anzubieten. Einkaufspreis des Geldes 1,0 %, Zinssatz für den Gründer 3,0 %. Mit dieser 2,0%igen Spanne kann die Hausbank meist besser leben.

Der Vorteil der öffentlichen Kredite für Gründer liegt meist in den Sicherheiten, die durch Ausfallbürgschaften oder wie im Fall des ERP-Kredites KMU für Gründer durch Absicherung des Bundes dargestellt werden können.

Wenn aus verschiedenen Gründen keine öffentlichen Kredite beantragt werden, obwohl die Inanspruchnahme auch bei Übergabe im Familienkreis möglich ist, sollten Risiken von Zinsschwankungen möglichst reduziert werden.

Laufzeit der Kredite

Es ist darauf zu achten, dass die Zinsbindung bei mehreren eingesetzten Krediten nicht zum gleichen Zeitpunkt ausläuft. Sonst könnte die Belastung für den Existenzgründer in Zeiten einer Hochzinsphase unangenehm werden.

Eine Koppelung an den Euribor, den Zinssatz, zu dem sich Banken untereinander Geld leihen, kann ebenfalls vereinbart werden. Der Euribor für Zwölfmonatsgeld (Kreditlaufzeit 12 Monate) unterlag in den letzten Jahren allerdings deutlichen Schwankungen. So lag der Zins 2022 bei – 0,5 % und ein Jahr später schon bei 3,32 %. **Bild 2.3** zeigt die Entwicklung des Euribors seit 2020.

Sollte ein Verkäufer seinem Nachfolger einen Kredit gewähren, könnte sich der Zinssatz dafür am Euribor zuzüglich Zuschlag, z. B. 1 % bis 2 %, orientieren.

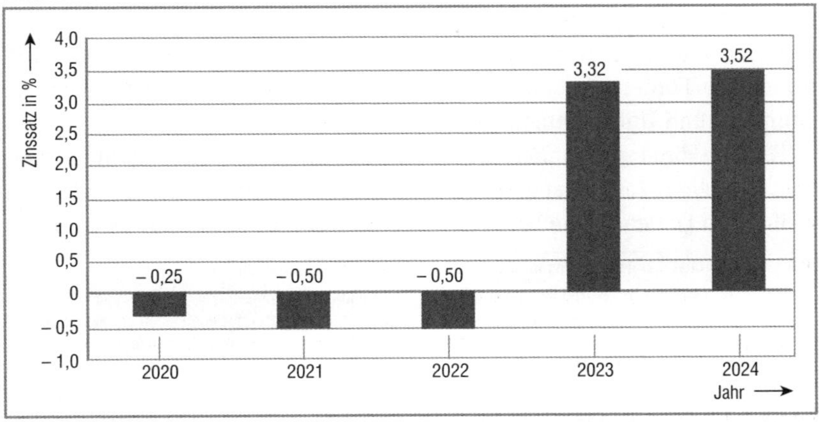

Bild 2.3 Euribor-Raten für Zwölfmonatsgeld, jeweils am 01.01. des Jahres

2.6.1 Die passende Hausbank finden

Zu den wichtigsten Geschäftspartnern von Unternehmen zählen Banken, Sparkassen oder Volksbanken und Raiffeisenbanken. Sie erledigen den Zahlungsverkehr mit Kunden und Lieferanten, stellen Kredite zur Verfügung und bearbeiten Anträge für z. B. öffentliche Fördermittel. Es ist deshalb wichtig, sich bereits in der Gründungsphase nach einem geeigneten Kreditinstitut umzusehen.

Bei der Hausbank handelt es sich um das Kreditinstitut, bei der das Geschäftskonto geführt und ggf. Kredite aufgenommen werden.

Grundsätzlich kann der Gründer seine Bank für die Gründungsfinanzierung heranziehen. Im Rahmen einer Unternehmensübernahme kann es aber auch sinnvoll sein, die Bank des Unternehmens, das übernommen wird, in Betracht zu ziehen. Diese kennt den Betrieb und kann demnach die wirtschaftliche Entwicklung beurteilen.

In **Tabelle 2.13** werden die Vor- und Nachteile gegenübergestellt.

Bei der Suche nach einer geeigneten Hausbank sollte man auf folgende Punkte achten:

- Gibt es in meiner Branche bzw. bei meinen Geschäftspartnern eine Bank, die besonders häufig genutzt wird?
- Ist mir mein Ansprechpartner in der Bank/Sparkasse sympathisch?
- Kennt mein Ansprechpartner in der Bank/Sparkasse das Elektrohandwerk bzw. kann er auf entsprechende Informationen zurückgreifen?
- Ist mein Ansprechpartner in der Lage und auch bereit, mich über öffentliche Förderprogramme zu informieren?

In vielen Bundesländern gibt es auch Landes-/Investitionsbanken. Sie verwalten die Förderprogramme des jeweiligen Bundeslandes und stellen sie Gründern und Unternehmen zur Verfügung.

Für die Förderprogramme des Bundes ist die KfW zuständig. Sie fördert den deutschen Mittelstand sowie Existenzgründerinnen und -gründer mit vielfältigen Darlehen wie beispielsweise dem ERP-Kredit KMU.

Hausbank des bestehenden Unternehmens	Hausbank des Nachfolgers
Sofern der bestehende Betrieb erfolgreich gearbeitet hat, kann es sinnvoll sein, dort die Existenzgründungsfinanzierung zu beantragen. Der Verkäufer muss darauf achten, aus jeglicher Haftung entlassen zu werden.	Der Kunde ist der Bank schon lange bekannt und hat seine finanziellen Angelegenheiten und die seiner Familie jederzeit ohne Beanstandung geregelt.

Tabelle 2.13 Wahl der Bank bei Unternehmensübernahme

2.6.2 Das Bankgespräch

Je besser man vorbereitet ist, desto größer sind die Chancen, das Ziel zu erreichen. Damit man die Bank für das Vorhaben gewinnen kann, muss der Banker von der Rentabilität des Unternehmensplanes überzeugt werden. Man schildert, warum die geplanten Investitionen notwendig sind und begründet, welches Umsatz- und Ertragspotenzial die Investition schafft und wie man sich von der Konkurrenz abhebt.

Es ist zu empfehlen, einen Berater zum ersten Bankgespräch mitzunehmen. Reden sollte man jedoch hauptsächlich selbst. Die vom Berater erstellte Rentabilitätsberechnung sollte man selbst erläutern können. Ein Banker würde einem kaum abnehmen, dass man die Planungen umsetzen wird, wenn man diese nicht selbst erklären kann.

Viele Gründerinnen und Gründer verhalten sich im Bankgespräch wie unsichere Bittsteller. Wenn man nicht zeigt, dass man hundertprozentig hinter der geplanten Investition steht, wird man die Bank nicht überzeugen können. Je mehr Informationen über die geplante Investition präsentiert werden, desto besser sind die Chancen. Man macht der Bank klar, dass diese auch künftig gut informiert wird und man an einer vertrauensvollen Zusammenarbeit interessiert ist.

Man sollte sich fragen, welche Probleme die Bank sehen könnte. Wird man auf diese angesprochen, zeigt man am besten Lösungsansätze auf. Damit beweist man Kompetenz. Man sollte das Vorhaben und die Situation des Bankgesprächs mit Freunden oder Familienangehörigen durchsprechen. Deren Fragen und Einwände können Hinweise auf Schwachstellen im Konzept sein.

Man muss das Ziel des Gesprächs im Auge behalten: Zunächst muss die Bank überzeugt werden, das Vorhaben zu finanzieren. Dann sucht man gemeinsam nach der günstigsten Lösung. Diese lautet in der Regel: öffentliche Förderprogramme, ergänzt um ein Hausbankdarlehen. Es hat sich bewährt, wenn der Unternehmer die in Frage kommenden Programme kennt. Dann kann einem auch niemand weismachen, dass kein Förderprogramm für die Investition in Anspruch genommen werden kann.

Wenn das Finanzierungsgespräch erfolgreich verläuft, lässt man den Kontakt zum Bankberater nicht abbrechen. Die Pflege der Bankbeziehungen sichert eine langfristig gute Zusammenarbeit.

Im Gespräch werden natürlich auch die wirtschaftlichen Erfolgsaussichten des Unternehmens und die persönliche finanzielle Lage des Unternehmens thematisiert. Dazu bringt man Unterlagen mit, die die Argumentation unterstützen. Hilfestellungen bietet dabei die folgende Auflistung:

- Lebenslauf mit beruflichem Werdegang,
- Arbeits- und Prüfungszeugnisse,
- Businessplan (Abschnitt 4.4),
- Kapitalbedarfsplan (wenn möglich, mit Kostenvoranschlägen oder Angeboten hinterlegt),
- noch nicht unterschriebene Verträge (Miet-/Pacht-, Leasing, Franchise-Verträge u. a.),
- Nachweis über vorhandenes Eigenkapital,

- Liquiditätsplan mit den voraussichtlichen Einnahmen und Ausgaben,
- Kapitaldienstberechnung: Liste der voraussichtlichen Zins- und Tilgungskosten über die zu beantragende Kreditsumme,
- Rentabilitätsvorschau,
- Liste über Sicherheiten und ggf. Bürgschaften.

> Wer ein Unternehmen übernimmt, sollte sich vom Verkäufer eine Negativbescheinigung des Finanzamtes vorlegen lassen.
> Da beim Unternehmenskauf (nicht aber beim Asset-Deal) die Verbindlichkeiten an den Käufer übergehen, hilft diese Bescheinigung der Finanzbehörde, nach der keinerlei Steuerverbindlichkeiten bestehen oder laufende Verfahren anhängig sind.

2.6.3 Die Belastung durch Tilgungsleistung für den Käufer

Wie bekannt, reicht es nicht aus, die Zinsen für die Kredite zur Existenzgründung zu zahlen. Auch der Kredit an sich muss zurückgezahlt werden.

Der Kapitaldienst, der aus Zins- und Tilgungsleistungen besteht, soll schon von Anfang an so angelegt sein, dass dieser aus den Gewinnen des Unternehmens zu leisten ist.

Ein wichtiger betriebswirtschaftlicher Grundsatz lautet, die Höhe der Tilgungsleistungen an der Höhe der Abschreibungen zu orientieren. Dies verdeutlicht ein Beispiel:

Angenommen, ein Unternehmer erwirbt ein Firmenfahrzeug im Wert von 30.000 EUR (ohne MwSt), das über fünf Jahre abgeschrieben wird. Die jährliche Abschreibung (AfA) beträgt 6.000 EUR. Wenn ein Kreditvertrag für dieses Fahrzeug auf den Abschreibungszeitraum ausgerichtet ist, muss der Kredit, der für den Kauf des Fahrzeugs aufgenommen wird, am Ende des fünften Jahres getilgt sein.

Würde ein Unternehmen einen Kreditvertrag über acht Jahre abschließen, und der Abschreibungszeitraum beträgt fünf Jahre, müsste der Betrieb die Tilgungsleistungen der letzten drei Jahre aus bereits versteuerten Gewinnen leisten, da die AfA ausgelaufen ist, der Kapitaldienst jedoch bis zur vollständigen Rückzahlung des Kfz-Kredites zu leisten ist.

Abschreibungen sind nicht liquiditätswirksame steuerlich anzusetzende Kosten. Das heißt, die Höhe der Abschreibung mindert den Betriebsgewinn und damit die Steuerlast. Tilgungen sind steuerlich nicht anzusetzen, belasten aber die Liquidität. Viele öffentliche Finanzierungen sind darauf ausgelegt, in einem sehr kurzen Zeitraum, in der Regel acht Jahre, zu tilgen, wobei die ersten Jahre oftmals tilgungsfrei sind. Dies führt nach Ablauf der tilgungsfreien Zeit oftmals zu einer angespannten Liquiditätssituation, da die Gewinne oft nicht ausreichen, die dann hohen Tilgungsleistungen zu erbringen. In solchen Fällen kann mit der Hausbank eine Teilumschuldung vereinbart werden.

Im folgenden Beispiel (**Tabelle 2.14**) hat die Hausbank dem Existenzgründer empfohlen, zwei tilgungsfreie Jahre für seine Existenzgründungsfinanzierung einzuplanen. Man muss also die aufgenommenen 200.000 EUR in sechs Jahren zurückzahlen.

Wenn das Unternehmen sich anders entwickelt, als ursprünglich geplant, und damit die Tilgungsleistungen nicht in diesem Umfang erwirtschaftet werden können, bleibt die Möglichkeit, mit der Bank ein neues Auffangdarlehen abzuschließen. Dieses neue Auffangdarlehen umfasst z. B. die Hälfte der Tilgungsleistungen (siehe **Tabelle 2.15**).

So ein Auffangdarlehen ist aus Sicht des Verfassers jedoch eine äußerst problematische Angelegenheit, denn nach der kompletten Rückzahlung der Existenzgründungskredite steht ein Auffangdarlehen in Höhe von 99.996 EUR zu Buche, das anschließend getilgt werden muss. Wenn die Tilgungen des Auffangdarlehens beginnen, müssen die Wirtschaftsgüter, die bei der Existenzgründung angeschafft werden, längst wieder erneuert sein.

Auch wenn es für einen Existenzgründer verlockend klingt, dass ein Teil der aufgenommenen Kredite erst ab dem dritten Jahr zu tilgen sind, muss genau überlegt werden, ob von Seiten des Gründers nicht auf diese Tilgungsfreiheit verzichtet wird. Wir empfehlen deshalb maximal ein Jahr Tilgungsfreiheit einzuplanen.

Jahr	Kreditstand Jahresanfang in EUR	Jahrestilgung in EUR	Kreditstand Jahresende in EUR
2016	200.000	0	200.000
2017	200.000	0	200.000
2018	200.000	33.333	166.667
2019	166.667	33.333	133.334
2020	133.334	33.333	100.001
2021	100.000	33.333	66.668
2022	66.668	33.333	33.335
2023	33.335	33.335	0

Tabelle 2.14 Muster Tilgungsplan zur Existenzgründungsfinanzierung

Jahr	Neues Auffangdarlehen in EUR	Kumuliertes Auffangdarlehen Kredithöhe am Jahresende in EUR
2018	16.666	16.666
2019	16.666	33.332
2020	16.666	49.998
2021	16.666	66.664
2022	16.666	83.330
2023	16.666	99.996

Tabelle 2.15 Muster Auffangdarlehen für Existenzgründer

2.7 Die persönliche und betriebliche Absicherung

Gegen welche Risiken soll sich ein Unternehmer oder Existenzgründer absichern? Die Antwort darauf kann die folgende Checkliste (**Tabelle 2.16**), die unser Experte *Jochen Klooß* erarbeitet hat, bieten.

Art der Gefahr/ biometrische Risiken	Wie groß ist das Risiko?			Art des Versicherungsschutzes	Selbst tragen	Risiko versichern
	Groß	Mittel	Klein			
Berufsunfähigkeit	❑	❑	❑	Berufsunfähigkeitsversicherung	❑	❑
Erwerbsunfähigkeit	❑	❑	❑	Erwerbsunfähigkeitsversicherung	❑	❑
Grundfähigkeits-versicherung	❑	❑	❑	funktionale Invaliditäts-versicherung	❑	❑
Sschwere Krankheiten	❑	❑	❑	Dread-Disease-Versicherung	❑	❑
Unfall	❑	❑	❑	Unfallversicherung/BG	❑	❑
Krankheitskosten	❑	❑	❑	Krankenversicherung GKV/PKV	❑	❑
Verdienstausfall, Lohn-fortzahlung	❑	❑	❑	Krankengeldversicherung, Krankentagegeldversicherung	❑	❑
Pflegefallrisiko	❑	❑	❑	Pflegeversicherung bzw. Zusatzversicherung	❑	❑
Todesfall	❑	❑	❑	Risiko-/Kapitallebensversicherung	❑	❑
Langlebigkeit, Altersarmut	❑	❑	❑	Altersvorsorge 3-Schichten-Modell	❑	❑

Tabelle 2.16 Checkliste Absicherung

In Tabelle 2.16 ist auf der linken Seite durch Ankreuzen anzugeben, wie hoch das Risiko eingeschätzt wird; rechts daneben erfolgt die Entscheidung, ob das Risiko selbst getragen oder durch eine Versicherung abgedeckt werden soll.

Die ausgefüllte Checkliste sollte danach mit einem Versicherungsexperten des Vertrauens besprochen und entschieden werden, welche Versicherungen in Frage kommen.

Einige Anmerkungen zu den einzelnen Versicherungen.

Personenrisiken

Unter Personenrisiken (auch biometrische Risiken genannt), fallen die in ***Tabelle 2.17*** *genannten Risiken.*

Risiko	Versicherungsschutz
Tod	Risiko-/Kapitallebensversicherung
Berufs-/Erwerbsunfähigkeit	Berufs-/Erwerbs-/Grundfähigkeitsversicherung
Invalidität	Private Unfallversicherung
Krankheit	Gesetzliche oder private Krankenversicherung
Pflegefall	Gesetzliche oder private Pflegeversicherung
Langlebigkeit (Alter)	Gesetzliche Rente oder private Vorsorge (siehe unten)

Tabelle 2.17 Personenrisiken

Todesfall

Eine Risikolebensversicherung dient ausschließlich der Absicherung des Todesfalls. Um die Höhen des Todesfallschutzes zu bemessen, gibt es zwei Möglichkeiten. Die Faustformel orientiert sich am drei- bis fünffachen Bruttojahresgehalt. Es ist aber auch der tatsächliche individuelle Finanzbedarf zu berücksichtigen (bestehen Kreditverpflichtungen, wann könnten die Kinder eigenes Geld verdienen?).

Absicherung der Arbeitskraft

Der Erfolg der Firma hängt in den meisten Fällen zu 100 % von der Arbeitskraft des Inhabers ab. Also den Kenntnissen, Fähigkeiten und Erfahrungen. Als berufsunfähig gilt, wer wegen Krankheit oder Behinderung voraussichtlich dauerhaft außerstande ist, seine bisherige Tätigkeit/Beruf auszuüben.

Die Höhe der versicherten monatlichen Rente sollte beim Unternehmer mehr als 2.000 EUR bis 3.000 EUR betragen, da sonst die staatlichen Sozialleistungen (Hartz IV) höher wären und die Leistungen der privaten Versicherung angerechnet werden würden. Zudem sollten Unternehmer darauf achten, dass viele private Lebensversicherungsgesellschaften, die einen Berufsunfähigkeitsschutz anbieten, im Schadensfall eine Umorganisation des Betriebs verlangen. In einzelnen Fällen kann dies soweit führen, dass Leistungen erst ausgezahlt werden, wenn der Betrieb nicht mehr vom Inhaber angemeldet ist. Somit ist die individuelle Situation ausschlaggebend für den Abschluss eines Berufsunfähigkeitsschutzes. Bei einem Ein-Mann-Betrieb ist eine Berufsunfähigkeitsversicherung wichtiger als bei einem Unternehmer, der eine Personalverantwortung für 20 Mitarbeiter trägt.

Weitere Möglichkeiten, die Arbeitskraft abzusichern, sind Erwerbsunfähigkeitsversicherungen (die Person ist außerstande überhaupt irgendeine Erwerbstätigkeit auszuführen) und Grundfähigkeitsversicherungen. Diese werden auch als funktionale Invaliditätsversicherungen bezeichnet und sind nicht auf den „Beruf" der versicherten Person, sondern auf den „Körper" bezogen. Leistungsbeispiele sind: Invalidität aufgrund eines Unfalls, Schäden an Organen, Verlust von Fähigkeiten wie Sprechen, Hören, Eintritt einer Pflegebedürftigkeit. Als weiteres Angebot der Versicherungswirtschaft gibt es Schwere-Krankheiten-Versicherungen. Hier wird eine einmalige Kapitalleistung von z.B. 300.000 EUR beim Eintritt von im Versicherungsschein definierten Krankheiten wie Krebs oder Schlaganfall geleistet. Dies unabhängig davon, ob der Betrieb weiter im Eigentum des Unternehmers ist oder er andere Einkünfte erhält.

Die älteste Form der Arbeitskraftabsicherung ist die Unfallversicherung. Hier kann der Unternehmer entscheiden, ob er sich freiwillig – wie seine Mitarbeiter – bei der Berufsgenossenschaft versichert, oder ob er eine private Unfallversicherung abschließt. Hier sollte auch berücksichtigt werden, ob eine der o.g. Verträge besteht und welches das höchste Risiko für die jeweilige Person ist (wird körperlich gearbeitet, besteht Personalverantwortung, wie ist die Führung des Betriebs organisiert).

Krankheit

Sollte nur eine vorübergehende Erkrankung eingetreten sein, z.B. für eine Dauer von zwei Monaten, wird eine Leistung aus einer Krankengeld- (gesetzliche Versicherung) oder Krankentagegeldversicherung (private Versicherung) ausgezahlt. Die Krankentagegeldversicherung ist praktisch die Verdienstausfallversicherung. Die Höhe kann bis zum Nettoeinkommen vereinbart werden. Es ist empfehlenswert Karenzzeiten zu vereinbaren. Diese richten sich nach den vorhanden liquiden Rücklagen. Deshalb sollte ein Tagesgeldkonto in Höhe von zwei bis drei Monatsnettoeinkommen vorhanden sein. Tagegeldversicherungen, die erst nach dieser längeren Karrenzeit leisten müssen, sind erheblich günstiger als die Frist von sechs Wochen, die bei sozialversicherungspflichtigen Angestellten üblich ist.

Für die Kosten der Ärzte und Krankenhäuser kommt die Krankenversicherung auf. Hier kann sich der Selbstständige ebenfalls entscheiden, ob er sich als freiwilliges Mitglied in der gesetzlichen Krankenversicherung

(GKV) oder in einer privaten Krankenversicherung (PKV) absichern möchte. Die Leistungserbringung der Behandler richtet sich stark nach den möglichen Abrechnungsmöglichkeiten. Etwa 90 % der Bundesbürger sind in der GKV und nur 10 % in der PKV versichert. Die Leistungen der GKV sind zu über 95 % gesetzlich geregelt. Ein Leistungsunterschied zwischen den gesetzlichen Kassen gibt es deshalb kaum. Bei einer privaten Gesellschaft können die Leistungen individuell definiert werden. Wie z. B. freie Krankenhauswahl oder Chefarztbehandlung. Welches der beiden Systeme gewählt wird, hängt wiederum von der individuellen Situation ab. Zudem unterliegt dieser Versicherungsbereich auch politischen Grundstimmungen. Die Beitragsentwicklung wird für gutverdienende Selbstständige in beiden Systemen ähnlich verlaufen. (Höchstbeitrag in der GKV ohne Pflege 942,64 EUR pro Monat). Selbst wenn die Inflationsrate bei ca. 1 % liegt, wird im Gesundheitssektor durch neue Behandlungsmethoden eine höhere Inflationsrate zu verzeichnen sein. Es sollte ein jährlicher Anstieg der Beiträge von 3 % bis 5 % einkalkuliert werden.

Pflege

Vor ca. 30 Jahren wurde in Deutschland die Pflegeversicherung als Pflichtversicherung eingeführt. Die demographische Entwicklung und der damit verbundene höhere Bedarf an Pflegeleistung machten diese Versicherung notwendig. Die Leistungen der Pflegepflichtversicherung sind bei der GKV und PKV identisch. Der Gesetzgeber hat erst kürzlich eine Anhebung der monatlichen Leistungen beschlossen, was naturgemäß zu höheren Beiträgen führt. In der Praxis hat sich gezeigt, dass die Leistungen häufig nicht ausreichen, um eine stationäre Pflege, die zwischen 2.000 EUR und 5.500 EUR kosten kann, zu finanzieren. Dass in diesem Fall nicht staatliche Leistungen oder Kinder die Differenz zahlen müssen, sollte in der privaten Finanzplanung dieser Punkt miteinbezogen werden.

Das 3-Schichten-Modell der Altersvorsorge zeigt, wie sich Unternehmer absichern können. In den folgenden Tabellen 2.18 und 2.19 gehen wir auf wichtige Aspekte bei den jeweiligen Schichten der Altersvorsorge ein, z. B.:

- *steuerliche Grenzen,*
- *Auszahlungszeitpunkt,*
- *Kapital oder Rente, die Form der Auszahlung,*
- *Verfügbarkeit vor Ablauf,*
- *Pfändungsschutz im Falle einer Insolvenz,*
- *Subvention in der Ansparphase durch z. B. Steuerbegünstigung,*

- *steuerliche Behandlung der Rente – was muss vom Rentner versteuert werden?*
- *Hinterbliebenenregelung im Todesfall des Rentners,*
- *Rente im Ausland für den Fall, dass der Rentenbezieher seinen Wohnsitz dorthin verlagert.*

Altersvorsorge (Langlebigkeitsrisiko)

Sollten all die obengenannte Risiken gemeistert worden sein (neben der eigentlichen unternehmerischen Tätigkeit) und der Unternehmer seinen Ruhestand genießen möchte, ist eine ausreichende Altersvorsorge notwendig.

Seit 2005 ist das 3-Schichten-Modell eingeführt worden.

1. *Schicht:*
   gesetzliche Rentenversicherung, Versorgungswerke (Ärzte, Rechtsanwälte und Andere) und die private Basis-Rente (auch Rürup-Rente genannt);
2. *Schicht:*
   betriebliche Altersvorsorge (mit fünf Durchführungswegen, die wir im Folgenden erklären, und die Riester-Rente);
3. *Schicht:*
   private Vorsorge.

Wer als selbstständiger Handwerksmeister 216 Beiträge in die staatliche Rentenversicherung (= 18 Jahre) eingezahlt hat, kann einen Antrag auf Befreiung stellen. Er muss dann keine Beiträge in das gesetzliche System einbezahlen und bekommt für seine 216 Beiträge ab dem 67. Lebensjahr eine Altersrente im Bereich von aktuell ca. 500 EUR bis 600 EUR.

Dies ist die Ausgangsituation für die Überlegungen zum Themenbereich Altersvorsorge.

1. *Schicht:*
   Hier finden sich die staatliche Rentenversicherung und die seit 2005 eingeführte „Rürup-Rente". Alle Einzahlungen bis zu einer Grenze von 29.344 EUR pro Jahr, bei Verheirateten 58.688 EUR, können zu 100 % als Sonderausgaben steuerlich geltend gemacht werden.
2. *Schicht:*
   Wenn der Betrieb in der Rechtsform einer GmbH geführt wird, besteht die Möglichkeit, für den Geschäftsführer eine betriebliche Altersvorsorge einzurichten. Es gibt fünf Durchführungswege (Direktversicherung, Pensionskasse, Pensionsfonds, Unterstützungskasse, Pensionszusage) die einzeln oder in Kombination abgeschlossen werden. Zudem gibt es

die Möglichkeit, dass die Beiträge arbeitgeberfinanziert oder durch Entgeltumwandlung arbeitnehmerfinanziert in die Versorgung gezahlt werden. Eine Riester-Rente ist für Selbstständige lediglich als „Huckepack-Vertrag" sinnvoll und nur möglich, wenn die Ehefrau einen förderfähigen Riestervertrag abgeschlossen hat.

3. Schicht:

Hier sind die privaten Rentenversicherung, Kapitallebensversicherung und Investmentsparpläne angesiedelt. Diese Vorsorgeformen sind die flexibelsten, da hier keine festen Laufzeiten notwendig sind und die Verträge auch als Sicherheit an eine Bank abgetreten werden können. Im Gegenzug besteht hier im Falle einer Privatinsolvenz keine Pfändungssicherheit, was zu dem Verlust der Altersvorsorge führen kann.

Den ***Tabellen 2.18*** *und* ***2.19*** *können die einzelnen Kriterien entnommen werden.*

Zu den steuerlichen Rahmenbedingungen gilt es unbedingt zu bedenken, wie das Vermögen in den Altersvorsorgeverträgen angelegt ist. Wie ist die Aufteilung auf die einzelnen Vermögensklassen Anleihen, Immobilien, Aktien, Rohstoffe? Sind Garantien vereinbart, und wie sind die Garantien gültig? Greift die Garantie erst zum Laufzeitende?

Kriterium	**1. Schicht** **Basis-Rente (Rürup)**	**2. Schicht** **Direktversicherung, Pensionskasse, Pensionsfonds**	**2. Schicht** **U-Kasse, Pensionszusage**
Grenzen steuerlich	jeder Einkommensteuerpflichtige, Einzahlungsgrenze 29.344 EUR; verheiratet: 58.688 EUR	bis 322 EUR mtl. ist die Einzahlung, steuer- und sozialversicherungsfrei	keine Begrenzung der Einzahlungen, jedoch Angemessenheit beachten
Auszahlungszeitpunkt	ab Abschluss 01.01.2012 62. Lebensjahr	ab Abschluss 01.01.2012 62. Lebensjahr	ab Abschluss 01.01.2012 62. Lebensjahr
Kapital oder Rente	ausschließlich Rente	DV und PK bis 100 % Kapital; PF nur bis 30 %	Kapital oder Rente
Verfügbarkeit	keine	keine	keine
Pfändungsschutz	ja	ja	ja
Subvention in der Ansparphase	Sonderausgabenabzug, 80 % der Beiträge max. 29.344 EUR; verheiratet: 58.688 EUR	Steuerfreiheit der Beiträge bis 4 % der BBG = 322 EUR mtl. im Jahr 2025, zusätzlich Aufstockungsbetrag von 150 EUR möglich	Steuerfreiheit der Beiträge, SV-Freiheit bis 4 % der BBG
steuerliche Behandlng der Rente	nachgelagerte Besteuerung (Übergangsregelung: 100 % ab 2058)	100 % nachgelagerte Besteuerung	100 % nachgelagerte Besteuerung
Hinterbliebenenregelung	nur Ehegatten und kindergeldberechtigte Kinder in Form von Rente	nur Ehegatten und Lebensgefährte und kindergeldberechtigte Kinder	nur Ehegatten und Lebensgefährte und kindergeldberechtigte Kinder
Rente im Ausland	keine Einschränkung	keine Einschränkung	keine Einschränkung

Quelle: Jochen Klooß

Tabelle 2.18 Kriterien Altersvorsorge I

Kriterium	2. Schicht Riester-Rente	3. Schicht private Leibrente	3. Schicht private Investmentanlage (offene Wertpapierfonds)
Grenzen steuerlich	max. 2.100 EUR als Sonderausgaben absetzbar	keine Begrenzung der Einzahlungen	keine Begrenzung
Auszahlungszeitpunkt	ab Abschluss 01.01.2012 62. Lebensjahr; bei Kündigung vorher: Rückzahlung aller Förderungen	keine Laufzeit	keine Laufzeit
Kapital oder Rente	grundsätzlich Rente; bei Kapital: Rückzahlung aller Förderungen	Kapital bei Laufzeit mind. 12 Jahre und Endalter 62; steuerliche Begünstigung oder Rente	Kapital oder als Auszahlplan
Verfügbarkeit	möglich bei Rückzahlung aller Förderungen	Rückkaufswert	jederzeit verfügbar
Pfändungsschutz	ja	nur wenn Verwertungsausschluss vereinbart	kein Pfändungsschutz
Subvention in der Ansparphase	Förderung in Form von Grund- und Kinderzulage und ggf. Sonderausgabenabzug	kein Sonderausgabenabzug der Beiträge	in der Regel keine Steuerbegünstigung in der Ansparphase
steuerliche Behandlung der Rente	100 % nachgelagerte Besteuerung	günstige Ertragsanteilbesteuerung	Abzug der Teilfreistellung von bis zu 80 %, 25 % Abgeltungssteuer + Soli. + ggf. Kirchensteuer
Hinterbliebenenregelung	grundsätzlich vererbbar, Förderanteil nur an den nicht getrennt lebenden Ehepartner vererbbar, andere Erben zahlen den Förderanteil zurück	freie Begünstigung	freie Begünstigung
Rente im Ausland	keine Einschränkung im EU-Ausland	keine Einschränkung	keine Einschränkung

Quelle: Jochen Klooß

Tabelle 2.19 Kriterien Altersvorsorge II

Besteht für den Unternehmer Sozialversicherungspflicht?

Wann ist ein Unternehmer sozialversicherungspflichtig, was bedeutet, dass er wie ein abhängig Beschäftigter behandelt wird?

Es wird für ihn eine Lohnabrechnung durchgeführt und ihm werden Lohnsteuer und Sozialversicherung abgezogen, der Arbeitgeber führt für ihn die Arbeitgeberanteile zur Sozialversicherung ab und zahlt einmal pro Jahr den Anteil zur Berufsgenossenschaft. Es ist in diesen Fällen dringend zu empfehlen, ein Statusfeststellungsverfahren über die Clearingstelle der Deutschen Rentenversicherung Bund in Berlin durchführen zu lassen.

Wer als GmbH-Geschäftsführer tätig ist und gleichzeitig als Gesellschafter weniger als 50 % der GmbH-Anteile hält, wird sozialversicherungstechnisch wie ein Mitarbeiter behandelt. Hier gibt es Ausnahmen, im Einzelfall ist es bei Familien-GmbHs möglich, dass Gesellschafter/Geschäftsführer, die weniger als 20 % Gesellschaftsanteile halten, trotzdem sozialversicherungstechnisch als Unternehmer eingestuft werden.

> Bei Unklarheiten über den sozialversicherungstechnischen Status eines Gesellschafters bzw. Geschäftsführers empfiehlt es sich dringend, eine verbindliche Auskunft bei der Clearingstelle der Deutschen Rentenversicherung Bund (www.deutsche-rentenversicherung.de) einzuholen.

Wer als GmbH-Geschäftsführer 50 % und mehr Anteile an der GmbH hält, wird wie ein Selbstständiger behandelt.

Wer ein Einzelunternehmen führt oder an einem beteiligt ist (OHG, Einzelunternehmen, GbR) wird unabhängig von seinem Einkommen als selbstständig behandelt, gleiches gilt für die Vorstände einer AG.

Private oder gesetzliche Krankenversicherung

Für eine Krankenversicherung bedeutet dies die Wahlfreiheit, ob man sich privat versichern will oder freiwillig in der gesetzlichen Krankenversicherung.

Das Pro und Kontra zur privaten oder gesetzlichen Krankenversicherung ist der **Tabelle 2.20** *zu entnehmen.*

Was tun, wenn die Beiträge der privaten Krankenversicherung ins uferlose steigen?

Nachfolgend in Auszügen ein Artikel des Autors in der Fachzeitschrift „de" zum Thema private Krankenversicherung.

Ein Fall aus der Praxis zeigt die Problematik mit dem kontinuierlichen Anstieg der Beiträge zur privaten Krankenversicherung.

Elektromeister Franz P. erfreut sich bester Gesundheit, muss allerdings bei Durchsicht seiner Kontoauszüge feststellen, dass sich seine private Krankenversicherung im Jahr 2025 inzwischen mit einem monatlichen Betrag von 770 EUR in seinen Privatentnahmen niederschlägt. Aufgrund eines Hinweises, den er in der ERFA-Gruppe erhalten hat, macht er sich auf den Weg bei diesen Ausgaben deutlich zu sparen.

Seit dem Jahr 1990, als er sich selbstständig gemacht hat, ist Franz P. bei der gleichen privaten Krankenkasse versichert. Jetzt im Alter von 55 Jahren ist er frustriert, denn die letzte Mitteilung seiner Krankenversicherung kündigt ihm eine weitere monatliche Beitragserhöhung von nahezu 10 % für das Folgejahr an.

Wenn er an seine Zukunft denkt, wird es ihm regelrecht übel. Wenn die Erhöhungen so weiterlaufen, dann wird er mit dem Eintritt ins Rentenalter

Pro private Krankenversicherung	Kontra private Krankenversicherung
– PKV kann Ihre Leistungen nicht kürzen, individualvertraglich festgelegt – individuelle Vereinbarung über die Leistungen (Grund-Schutz bis Top-Schutz) – freie Arztwahl – Privatpatientenstatus – Teilhabe am medizinischen Fortschritt – Die Abrechnung des behandelnden Arztes erfolgt auf Basis von Gebührenordnungen. Damit befindet sich der PKV-Patient in einer „budgetfreien“ Zone, aufgrund derer behandelnde Ärzte mehr Zeit für die Behandlung investieren können.	– Durch die Finanzierungsform Kapitaldeckungsverfahren haben auch die Zinsen an den Kapitalmärkten Einfluss auf die Beitragshöhe. – Die vorhandenen Alterungsrückstellungen (im Jahr 2024 ca. 340 Mrd. EUR) sind für den Versicherungsnehmer nicht transparent. – Geschlossene Tarife überaltern und haben hierdurch überdurchschnittliche Beitragssteigerungen. – Private Versicherungsgesellschaften erhalten keine staatlichen Zuschüsse, sondern müssen Steuern auf die Gewinne zahlen. – Jedes Familienmitglied muss separat in einem individuellen Vertrag versichert werden.
Pro freiwillige Versicherung in der gesetzlichen Krankenversicherung	**Kontra freiwillige Versicherung in der gesetzlichen Krankenversicherung**
– Familienversicherung: nichtarbeitende Ehefrau und Kinder sind kostenlos mitversichert – GKV erhält staatliche Zuschüsse aus den Steuereinnahmen, im Jahr 2024 ca. 14 Mrd. EUR.	– eingeschränkte Teilhabe am medizinischen Fortschritt – GKV kann Ihre Leistungen kürzen oder Selbstbeteiligung einführen. – Leistungen sind nahezu für alle Versicherten in allen Kassen einheitlich. – Beitragsentwicklung ist von der demographischen Entwicklung und der Zahl der Erwerbstätigen abhängig. Es wird kein Kapital für Alterungsrückstellungen gebildet. – Bei versicherungsfreien Rentnern werden alle Einkunftsarten (Rente, Zinsen, Mieten, Arbeitseinkommen etc.) mit Beiträgen belegt.

Tabelle 2.20 Pro und Kontra private und gesetzliche Krankenversicherung

mehr als 1.000 EUR monatlich für seine private Krankenversicherung bezahlen müssen.

Er muss sich darauf einstellen, dass sich sein Einkommen im Alter reduziert.

Franz P. nimmt zunächst Kontakt zu seinem regionalen Versicherungsvertreter auf. Das erste Gespräch bringt aber kein Ergebnis. Der örtliche Versicherungsvertreter erklärt sich nicht als Experte für dieses Thema, und er werde den Wunsch nach einer Alternative für die Krankenversicherung von Franz P. weitergeben.

Wieder ziehen einige Wochen ins Land, und es passiert nichts. Franz P. nimmt Kontakt mit der Zentrale seiner Versicherungsgesellschaft auf und fragt sich durch das Call-Center, mit dem Ergebnis: „Ja, wir haben da einen Spezialisten und werden veranlassen, dass Sie kontaktiert werden.“

Weitere drei Monate streichen ins Land und nichts geschieht.

Erst als Franz P. massiver nachfragt, zum Teil per Mail, zum Teil telefonisch, gelingt es ihm schließlich einen Termin mit einem Krankenversicherungsexperten wahrzunehmen. In dem Gespräch mit diesem Versicherungsexperten wird deutlich, dass sein Tarif im Jahr 2010 vom Markt genommen wurde. Die Folge daraus: Es treten keine Jüngeren mehr in diesen Tarif ein. Das Durchschnittsalter der Versicherten steigt und die Inanspruchnahme der Versicherungsleistungen ebenfalls. Dies schlägt sich in einer Steigerung der Versicherungsbeiträge nieder.

Im finalen Gespräch mit der Versicherung wurde schließlich deutlich, dass er von einem sogenannten „schlafenden" oder „geschlossenen" Tarif in einen „geöffneten" Tarif umsteigen wird, schließlich liegt die jährliche Einsparung bei dem neuen Tarif bei nahezu 4.000 EUR.

> Fragen Sie bei Ihrer Versicherung nach, ob der für Sie zutreffende Krankenversicherungstarif ein sogenannter „offener" oder „geschlossener" Tarif ist. Wechseln Sie ggf. in einen offenen Tarif und Sie werden schnell eine Menge Geld sparen.

Nicht empfohlen werden kann der Wechsel der Versicherungsgesellschaft, weil damit die Ansparungen, die über viele Jahre geleistet wurden und die dazu dienen, dass die Beiträge im Alter nicht weiter ansteigen, verloren wären.

Und schließlich auch noch der Tipp analog zu unserem Beispiel von *Franz P.:* Bleiben Sie hartnäckig gegenüber Ihrer Versicherungsgesellschaft.

Freiwillige Versicherung des Unternehmers bei der Berufsgenossenschaft (BG)

Die BG versichert Unfälle während der Ausübung der beruflichen Tätigkeit und Wegeunfälle zwischen Arbeitsplatz und Wohnort.

Es handelt sich für Mitarbeiter um eine Pflichtversicherung. Unternehmer können sich freiwillig versichern. In Anbetracht der Risiken sollte diese freiwillige Versicherung für den Unternehmer ins Auge gefasst werden.

Betriebliche Absicherung

Wie bei der persönlichen Absicherung soll auch bei der betrieblichen Absicherung vorgegangen werden.

Auf der linken Seite der **Tabelle 2.21** wird das persönliche Risikoempfinden eingetragen, auf der rechten Seite die Entscheidung getroffen, welche Risiken selbst getragen und welche versichert werden sollen.

Art der Gefahr	Wie groß ist das Risiko?			Art des Versicherungsschutzes	Selbst tragen	Risiko versichern
	Groß	Mittel	Klein			
Feuer, Explosion	❑	❑	❑	Gebäude-/Sachinhaltsversicherung	❑	❑
Sturm, Hagel	❑	❑	❑	Gebäude-/Sachinhaltsversicherung	❑	❑
Leitungswasserschaden, Rohrbruch	❑	❑	❑	Gebäude-/Sachinhaltsversicherung	❑	❑
Einbruchdiebstahl, Vandalismus	❑	❑	❑	Gebäude-/Sachinhaltsversicherung	❑	❑
Elementarschäden (Überschwemmung)	❑	❑	❑	Gebäude-/Sachinhaltsversicherung	❑	❑
Betriebsunterbrechung bei den o. g. Gefahren	❑	❑	❑	Anhang der Sachinhaltsversicherung	❑	❑
Warentransporte (eigene oder per Spedition)	❑	❑	❑	Transportversicherung	❑	❑
Maschinenschaden	❑	❑	❑	Maschinenbruchversicherung	❑	❑
Schadenersatzansprüche Dritter	❑	❑	❑	Betriebshaftpflichtversicherung	❑	❑
Computerausfall	❑	❑	❑	Elektronikversicherung	❑	❑
Kfz-Kasko (Eigenschaden, Diebstahl etc.)	❑	❑	❑	Kfz-Versicherung	❑	❑
Forderungsausfall	❑	❑	❑	Warenkreditversicherung	❑	❑
Prozesskosten	❑	❑	❑	Rechtsschutzversicherung	❑	❑
Unfall	❑	❑	❑	Gruppenunfallversicherung	❑	❑

Tabelle 2.21 Checkliste Risikoeinschätzung

Quelle: Jochen Klooß

2.8 Verbände und Innungen

Ein Elektrohandwerksbetrieb muss in die Handwerksrolle eingetragen werden. Voraussetzung für die Eintragung in der Handwerksrolle ist der Qualifikationsnachweis, der über die erfolgreich absolvierte Meisterausbildung erbracht wird.

Wer über keine Meisterqualifikation verfügt, kann trotzdem und ausnahmsweise die Eintragung erhalten, wenn er langjährige Praxiserfahrung in leitender Position nachweisen kann.

Die Handwerkskammern bieten ihren Mitgliedern eine Fülle von Vorteilen, u.a. Unterstützung in der Aus- und Weiterbildung. Der kaufmännische Teil der Meisterausbildung ist bei den Kammern angesiedelt.

Die Kammern machen unter dem Stichwort „Handwerk“ Werbung für die Berufsausbildung im Handwerk und geben eine Hilfestellung, wenn Endverbraucher einen Handwerker suchen.

Mit der Eintragung in der Handwerksrolle ist der Betrieb Pflichtmitglied seiner Handwerkskammer und damit beitragspflichtig. Unternehmen, die überwiegend im Handelsbereich tätig sind, werden Mitglieder der Industrie- und Handelskammer (IHK).

Die Mitgliedschaft in einer Innung ist freiwillig. Die Innung vertritt die Unternehmen in Tarifverhandlungen und bietet Wettbewerbsvorteile durch folgende Unterstützungsmaßnahmen:

- Gemeinschaftswerbung,
- Nutzung des Verbandszeichens e-Marke,
- Nutzung des E-CHECK,
- Rahmenabkommen zu Vorzugskonditionen im Bereich Versicherung und Beschaffung,
- Schulungen, ERFA-Gruppenarbeit
- und weitere Vorteile.

Der Zentralverband der Elektrohandwerke, der ZVEH, übernimmt die generelle Interessensvertretung und bietet den Innungsmitgliedern u. a. Filme zum Thema E-Zubi an, die bei allen Mitgliedsbetrieben, die ausbilden, auf der Webseite platziert werden sollen.

2.9 Unternehmerpflichten

2.9.1 Die Unternehmerpflichten, die sich aus dem Unternehmermodell der Berufsgenossenschaft ergeben

Aus § 13 des Arbeitsschutzgesetzes (ArbSchG) ergibt sich die Verantwortung für die Sicherheit der Mitarbeiter, die grundsätzlich vom Arbeitgeber zu erfüllen sind.

Zu dieser Führungsverantwortung gehören u. a.

- Erstellung einer Gefährdungsbeurteilung,
- Erstellung von Betriebsanweisungen zur Gewährleistung der Sicherheit der Mitarbeiter,
- Bereitstellung einer persönlichen Sicherheitsschutzausrüstung (PSA),
- jährliche Unterweisung der Mitarbeiter,
- Organisation von Vorsorgeuntersuchungen für die Mitarbeiter.

Zur Verantwortung des Arbeitgebers gehört es auch, dass die Nutzung der persönlichen Sicherheitsausstattung (PSA) kontrolliert wird.

Der Arbeitgeber muss die Mitarbeiter in den richtigen Gebrauch einweisen, und er muss seinen Mitarbeitern regelmäßig Schulungen zur Sicherheit während der Arbeit bieten.

Für die Gefährdungsbeurteilung stellt die Berufsgenossenschaft Musterbeispiele zur Verfügung, die auf das eigene Unternehmen bezogen werden können.

In vielen Fällen berichten Elektrohandwerksbetriebe, dass bei einem Arbeitsunfall die Polizei schneller zur Stelle ist und den Schuldigen für diesen Arbeitsunfall sucht, als der Krankenwagen, der den Verletzten versorgen soll.

Die Haftung des Arbeitgebers geht so weit, dass er durch Tun oder Unterlassen die Ursache für Unfallfolgen setzt und wegen fahrlässiger Körperverletzung oder Tötung nach dem Strafgesetzbuch verurteilt werden kann. Das kann zu einer Gefängnisstrafe für den Arbeitgeber führen.

Wenn der Arbeitgeber vorsätzlich oder grob fahrlässig handelt, kann sich die Berufsgenossenschaft beim verantwortlichen Unternehmer schadlos halten. Im Falle einer Rentenzahlung für den verletzten Mitarbeiter kann dieser Regress für den Unternehmer existenzbedrohliche Größenordnungen annehmen, denn im Fall einer Rentenzahlung wird die Berufsgenossenschaft die geleistete Rentenzahlung vom Arbeitgeber zurückfordern.

Werner von Siemens, einer der großen deutschen Wirtschaftspioniere, hat im Jahr 1880 eine Aussage getroffen, die auf die Pflichten des Arbeitgebers zur Sicherstellung der Unversehrtheit seiner Mitarbeiter auch heute noch höchst aktuell ist.

„Das Verhüten von Unfällen darf nicht als eine Vorschrift des Gesetzes aufgefasst werden, sondern als Gebot menschlicher Verpflichtung und wirtschaftlicher Vernunft."

> Ein Muster für Gefährdungsbeurteilungen, die als erster Schritt zur Verhütung von Arbeitsunfällen dienen, kann über die zuständige Berufsgenossenschaft angefordert und danach auf die Bedürfnisse des Unternehmens angepasst werden.

Eine Alternative zur Verantwortlichkeit und Haftung des Arbeitgebers ist die Beauftragung einer externen Sicherheitsfachkraft, die regelmäßige Schulungen für die Mitarbeiter durchführt und die Verantwortung anstatt des Unternehmers übernimmt.

Die Verpflichtungen, die sich aus dem § 13 des ArbSchG ergeben, können damit an die externe Sicherheitskraft delegiert wird.

Wer im Internet das Stichwort „externe Sicherheitsfachkraft" eingibt, erhält eine Fülle von Angeboten und Anbietern.

So gibt es auch Verbände und Kooperationen, die mit solchen Sicherheitskräften zusammenarbeiten. Innungsmitglieder sollten sich über ihren Innungsverband informieren. Leistungen, die von einer externen Sicherheitsfachkraft übernommen werden können, sind u. a.

- Erstellung einer Gefährdungsanalyse und Gefährdungsbeurteilung,
- Vorbereitung und Durchführung von Mitarbeiterunterweisungen,
- Gefahrstoffberatung,
- Prüfung von Betriebsmitteln und Anlagen,
- Erstellung von Betriebsanweisungen,
- Beratung zur Ergonomie am Arbeitsplatz.

Mitarbeiter, die mit Gabelstaplern im Unternehmen unterwegs sind, müssen eine sog. Gabelstaplerführerscheinprüfung absolvieren. Entsprechende Schulungen werden auch von den Berufsgenossenschaften angeboten. Wir wissen aber, dass manche Hersteller, die diese Schulungen bieten, die Gültigkeit des jeweiligen Führerscheins auf drei bzw. fünf Jahre befristen. Bei Führerscheinprüfungen, die durch die Berufsgenossenschaft abgenommen werden, entfällt die zeitliche Befristung.

Fahrsicherheitstrainings gehören ebenfalls zum Repertoire der Angebote durch die zuständige Berufsgenossenschaft. Neben der Schulung der Fahrsicherheit der Mitarbeiter beinhalten solche Veranstaltungen auch Kurse zum Thema Ladungssicherung.

Die Berufsgenossenschaft Energie, Textil, Elektro, Medienerzeugnisse ist für das Elektrohandwerk zuständig. Unter www.bgetem.de sind Informationen zu den Pflichten des Arbeitgebers zu finden.

2.9.2 Mindestlohn und die damit verbundenen Verpflichtungen

Seit dem 01.01.2015 gilt der gesetzliche Mindestlohn in Deutschland. Alle Arbeitgeber sind verpflichtet, ihren Mitarbeitern diesen Mindestlohn zu zahlen. Wird weniger als der Mindestlohn gezahlt, können Geldbußen bis zu 500.000 EUR festgesetzt werden.

Niedergelegt sind diese Bestimmungen im „MiLoG".

Im Internet sind die Bestimmungen unter „Gesetze im Internet“ und „MiLoG“ zu finden sowie über die Innungsverbände.

Für folgende Personengruppen und Tätigkeiten gilt der Mindestlohn nicht! (§ 22 MiLoG, gekürzt):

- Ein Schul- oder Studienpraktikum, sofern dieses zur Ausbildung gehört.
- Ein Praktikum von bis zu drei Monaten zur Orientierung für eine Berufsausbildung oder zur Aufnahme eines Studiums.
- Für Mitarbeiter im Rahmen einer von der Agentur für Arbeit geförderten Eingliederungsmaßnahme bis zu sechs Monaten.
- Für Azubis und Jugendliche unter 18 Jahren.

Der Zoll prüft die Einhaltung des gesetzlichen Mindestlohns.

Für das Elektrohandwerk gelten Tarifverträge, die deutlich höhere tarifliche Mindestlöhne ausweisen als im MiLoG festgelegt. Zudem gilt ein Branchenmindestlohn, der über dem allgemeinen Mindestlohn liegt. Auf der Webseite des ZVEH kann der aktuell geltende Mindestlohn abgefragt werden. Dieser gilt für alle Mitarbeiter, die elektro- und informationstechnische Tätigkeiten verrichten. 2025 liegt dieser Mindestlohn bei 14,41 EUR.

Für alle Mitarbeiter (Ausnahme oberste Führungsebene) muss eine sorgfältige Dokumentation des Arbeitsbeginns und -endes und der Dauer der Pausen erfolgen.

Der genaue Prüfungsumfang ist dem folgenden Abschnitt zu entnehmen.

2.9.3 Was der Zoll prüft

Besucht man die Webseite des Zolls, so geht daraus hervor, dass eine der Hauptaufgaben in diesem Segment in Deutschland tätigen Zöllner die Bekämpfung der Schwarzarbeit darstellt.

Für das Elektrohandwerk gelten in einigen Bundesländern Stundenlöhne, die weit über dem gesetzlichen Mindestlohn liegen. Gilt der Tarifvertrag für den Elektrohandwerksbetrieb, prüft der Zoll, ob der tarifliche Mindestlohn eingehalten wird. Unabhängig vom Tarif wird auch die Einhaltung des Elektromindestlohns geprüft, der in den letzten Jahren und auch für mindestens die nächsten vier Jahre jährlichen Steigerungen unterliegt (siehe auch www.zveh.de).

Der Zoll beschränkt sich jedoch nicht nur darauf, die Einhaltung des Mindestentgeltes zu prüfen. Er prüft zusätzlich:

- ob die notwendigen Ausweispapiere vorgelegt werden können,
- ob die tägliche Arbeitszeit dokumentiert wird (Beginn-Arbeitszeit-Ende) – Pausenzeiten müssen nicht nach Uhrzeit aufgeführt werden, jedoch deren Dauer.
- ob der Arbeitgeber seine sozialversicherungsrechtlichen Pflichten erfüllt hat, z. B. die Zahlung der Beiträge zur Sozialversicherung,
- ob der Arbeitnehmer zu Unrecht Arbeitslosengeld bezogen hat,
- ob die vom Arbeitgeber in der Arbeits- oder Nebeneinkommensbescheinigung gemachten Angaben zutreffend sind,
- ob ausländische Arbeitnehmer nicht ohne die erforderliche Arbeitsgenehmigung oder den erforderlichen Aufenthaltstitel und nicht zu ungünstigeren Arbeitsbedingungen als vergleichbare deutsche Arbeitnehmer beschäftigt werden oder wurden,
- ob der Steuerpflichtige seinen sich aus der Erbringung von Werks- oder Dienstleistungen ergebenden steuerlichen Pflichten nachgekommen ist.

Bei Prüfungen des Zolls können diesbezügliche Verstöße schnell auffliegen, denn die Zöllner dürfen die Mitarbeiter befragen und werden dann besonders hartnäckig, wenn der Vorgesetzte das zu verhindern versucht.

Tauchen die Mitarbeiter des Zolls auf der Baustelle oder in den Büroräumen auf, gilt die Devise „Ruhe bewahren“. Viele Betriebe berichten darüber, dass sich die Zollkontrolleure oft wie der Elefant im Porzellanladen benehmen. Wer mit entsicherter Waffe im Büro eines deutschen Handwerksbetriebes die Einsicht in Unterlagen einfordert, hat die Spielregeln der Verhältnismäßigkeit nicht verstanden. Viele Handwerker berichten von ähnlichen Vorfällen, in denen ein Zöllner auf seine gezogene Waffe klopft und sagt: „Wir kriegen immer raus, was wir rauskriegen wollen“.

Die Zöllner dürfen im Unternehmen Personalunterlagen einsehen, es ist zu empfehlen, diese auf Verlangen vorzulegen.

In der Regel reicht den Zöllnern die Einsichtnahme in Unterlagen. Es ist ungewöhnlich, wenn sie Unterlagen mitnehmen wollen. Dazu haben sie erst das Recht, wenn ein Beschlagnahmebeschluss vorliegt.

> Bereiten Sie sich gut auf eine mögliche Kontrolle vor. Auf der Webseite des Zolls (www.zoll.de) können entsprechende Informationen eingesehen werden – dann werden Sie von einer Kontrolle nicht so sehr überrascht.

Negativ ist bei den Kontrollen sicherlich, dass viele Kunden den Einsatz des Zolls mitbekommen. Wenn drei Transporter vor dem Handwerksbetrieb vorfahren und bewaffnete Männer aussteigen, so wird in der Nachbarschaft schnell ein Gerücht geboren, das dem Unternehmen massiv schaden kann.

Kontrolliert werden die Mindestlöhne von der Finanzkontrolle Schwarzarbeit (FKS), dies ist eine Abteilung des Zolls. Die FSK überprüft nicht nur, ob Arbeitnehmer angemeldet sind, sondern auch, ob Subunternehmer in Wahrheit scheinselbstständig sind.

Nachdem die Beamten sich grundsätzlich ausweisen müssen, kann der Handwerksbetrieb ohne weiteres einen Ausweis verlangen. Ob er sich damit einen Gefallen tut und ob die FSK danach nicht besonders hartnäckig prüft, sei dahingestellt.

Die Konsequenzen von Bußgeldern

Wenn ein Unternehmen wegen des Verstoßes gegen das Mindestlohngesetz (MiLoG) oder das Arbeitnehmerentsendegesetz (AEntG) mit einer Geldbuße belegt wurde, kann dieses Unternehmen zeitweise von öffentlichen Ausschreibungen ausgeschlossen werden.

Geldbußen wegen Verstoßes gegen die o.a. Gesetze und das Arbeitnehmerüberlassungsgesetz (AÜG) werden in der Regel in das Gewerbezentralregister eingetragen.

2.9.4 Wem muss das Unternehmen Informationen liefern?

Finanzamt

Allen voran fordert das Finanzamt vom Unternehmen Zahlen, aus denen eine Verpflichtung zur Steuerzahlung abgeleitet werden kann.

Wer sich weigert, die Zahlen zu liefern, wird von den Finanzbehörden geschätzt. Der wahrscheinliche Gewinn des Unternehmens wird behördlich festgelegt und die darauf anfallenden Steuern vom Unternehmen eingefordert. Im Abschnitt 2.10 geben wir an, welche Informationen und Anforderungen die Finanzbehörden stellen.

Statistische Ämter

Auch an die statistischen Ämter müssen Informationen geliefert werden. Im § 11 des Bundesstatistikgesetzes (BStatG) (ja, das gibt es wirklich), wird festgelegt, dass Unternehmen Daten auch in elektronischer Form übermitteln müssen.

Wer von einem statischen Landes- oder Bundesamt nach einem Zufallsverfahren ausgewählt wurde, kann sich nicht weigern, seine Zahlen zur Verfügung zu stellen. Wir kennen aber Kollegen, die einige Jahre Zahlen liefern mussten und danach mit Rücksprache des Statistikamtes aus der Verpflichtung entlassen wurden.

Wer sich weigert Daten abzugeben, kann nach § 23 Bußgeldvorschrift des BstatG mit einer Geldbuße bis zu 5.000 EUR belegt werden.

Wer Kredite in Anspruch nimmt, sollte dem Wunsch seiner Hausbank nach Informationen stattgeben.

Wirtschaftsauskunftereien

Creditreform und Co wünschen auch Informationen vom Unternehmer und versenden häufig Fragebogen. Zwar besteht keine Verpflichtung, diesen Fragebogen auszufüllen, es besteht aber dann das Risiko, dass die Kreditwürdigkeit des Unternehmens drastisch herabgestuft wird.

Hierzu gibt es mehrere Beispiele von Elektrohandwerkern, die sich weigerten, der Creditreform Auskunft zu geben. Die Daten der Creditreform wurden routinemäßig vom Großhandel des Elektrohandwerks angefragt. Nachdem die Creditreform dem Auftraggeber, nämlich dem Elektrogroßhandel, mitteilen musste, dass keine Zahlen über das Unternehmen vorliegen, wurde der Kreditrahmen eines Betriebes, der bisher bei 100.000 EUR lag, auf 10.000 EUR Einkaufsvolumen zurückgestuft.

Die Konsequenz daraus war, dass der Elektrohandwerker plötzlich offene Lieferantenrechnungen von 90.000 EUR innerhalb kürzester Zeit begleichen musste.

> Wenn die Creditreform oder andere Auskunfteien vom Unternehmen Informationen haben wollen, empfiehlt es sich, diese Informationen weiterzugeben. Wer geschickt ist, stellt sein Unternehmen in dieser Auskunft positiv dar. Diese Auskünfte werden von den Auskunfteien oft unverändert an den Anfrager, im vorliegenden Fall den Großhandel, weitergegeben. Auf diese Art und Weise kann sich das Unternehmen sogar positiv profilieren. Weiterhin empfehlen wir bei der Wirtschaftsauskunftei die dort hinterlegten Informationen über das Unternehmen anzufordern – diese werden in der Regel schnell zur Verfügung gestellt. Eventuelle Fehleintragungen oder Ergänzungen sind dann zu korrigieren.

Die Auskunftsdienste wünschen sich nicht nur Informationen über das Unternehmen, sondern oft auch Informationen über die privaten Vermögensverhältnisse. Alles in allem gilt auch hier: Eine offene Kommunikation bringt das Unternehmen erheblich weiter, als wenn in diesem Zusammenhang „gemauert" wird.

Kreditinstitute

Im § 18 des Kreditwesengesetzes (KWG) wird das Kreditinstitut verpflichtet, *„... sich von dem Kreditnehmer die wirtschaftlichen Verhältnisse, insbesondere durch die Vorlage des Jahresabschlusses, offenlegen"* zu lassen. Bei einer Neuausreichung oder Aufstockung eines Kredites fordern alle Kreditinstitute wirtschaftliche Zahlen und meist auch eine Planungsrechnung, aus der die wirtschaftliche Sinnhaftigkeit der geplanten Investition hervorgeht. Wer diese Information nicht liefert, dem wird auch kein (zusätzlicher) Kredit gewährt.

Wer sich bei seiner Hausbank positiv profilieren möchte und per 31.12. bilanziert, sollte bis spätestens 15. Februar des Folgejahres die BWA des Vorjahres und bis 31.03. den Jahresabschluss vorlegen.

Auskunfteien wie die Creditreform werden auch von Kreditinstituten genutzt, da diese nicht mehr über das Personal verfügen, um ein tiefgreifendes Rating durchzuführen.

Auskunfteien stellen den Unternehmen auf Anfrage die gespeicherten Daten zur Verfügung. Es empfiehlt sich, diese abzurufen, um zu erkennen, ob falsche Informationen über das Unternehmen vorliegen.

Im Abschnitt 10.2 wird am Beispiel Creditreform aufgezeigt, wie Unternehmen erfahren, wie sie von Ratingagenturen bewertet werden.

Zoll und Finanzamt

Dem Zoll müssen Informationen, so wie im Abschnitt 2.9.3 des vorliegenden Buches beschrieben, vorgelegt werden.

Betriebsprüfer des Finanzamtes und der Sozialversicherung stellen bei ihren Prüfungen Fragen, deren Beantwortung am besten mit dem Steuerberater abgestimmt wird.

Weitere Verpflichtungen
Nach einem Arbeitsunfall ist der Arbeitgeber verpflichtet, diesen umgehend der Berufsgenossenschaft (BG) zu melden. Bei einer schweren Körperverletzung prüft die Polizei die Schuldfrage.

> Inhaber eines Einzelunternehmens oder einer Personengesellschaft sollten prüfen, ob sie sich nicht freiwillig bei der BG versichern wollen. Im Fall des Falles zahlt die BG eine Rente, auch an Hinterbliebene.

Jeder Arbeitgeber muss die bei ihm beschäftigten Mitarbeiter bei der Sozialversicherung anmelden.

Die Anmeldung eines neu eingestellten Mitarbeiters übernimmt in der Regel das Steuerbüro, das auch die Lohnabrechnung erstellt und auf die Einhaltung gesetzlicher Vorschriften wie die Abführung von Lohnsteuer und Sozialversicherungsbeiträgen achtet.

Wer eine GmbH führt, muss seinen Jahresabschluss in verkürzter Form im Bundesanzeiger (www.bundesanzeiger.de) veröffentlichen. Dies erfolgt in der Regel durch das Steuerbüro.

2.10 Die wichtigsten steuerlichen Bestimmungen und Forderungen des Finanzamts an das Unternehmen

2.10.1 Steuern, denen das Unternehmen unterliegt

Ein Unternehmen unterliegt zwei wesentlichen Steuerarten:
- den Ertragssteuern und
- der Umsatzsteuer.

Ertragssteuern
Für Gewinne, die das Unternehmen erzielt, werden Steuern fällig. Bei Einzelunternehmen und Personengesellschaften muss der Unternehmer alle seine Einkünfte versteuern, die Gewinne aus dem Geschäftsbetrieb gehören dazu.

Kirchensteuer
Wer Mitglied einer katholischen oder evangelischen Religionsgemeinschaft ist, zahlt als Privatperson zusätzlich Kirchensteuer, die sich an der Höhe des Einkommens orientiert.

Körperschaftssteuer

Bei Kapitalgesellschaften, z. B. einer GmbH, muss der Ertrag der Körperschaftssteuer unterworfen werden.

Diese liegt derzeit bei 15 %, zzgl. Solidaritätszuschlag, also insgesamt 15,825 % des zu versteuernden Gewinnes.

Gewerbesteuer

Wer Gewinne aus einem Gewerbebetrieb erzielt, muss zusätzlich Gewerbesteuer an die Gemeinde/Stadt des Betriebsstandortes zahlen.

Die Gewerbesteuer stellt die wichtigste Einnahmequelle der deutschen Kommunen dar.

Im Wesentlichen ist es der Gewinn des Unternehmens, der zu versteuern ist unter Berücksichtigung von Hinzurechnungen und Kürzungen. Steuerfrei sind die ersten 24.500 EUR des Gewinns, darüber liegt die Steuerlast dann bei 3,5 %, die mit dem Hebesatz (siehe **Tabelle 2.22**) am Betriebsstandort multipliziert werden muss.

Kommune	**Hebesatz**	**Hebesatz x 3,5 % = Steuerbelastung in %**
München	490	17,150
Bernau/Brandenburg	350	12,250
Losheim am See	395	13,825

Tabelle 2.22 Beispiel Hebesätze Gewerbesteuer

Wer sich für den Hebesatz seiner Gemeinde interessiert, kann sich unter dem Stichwort „Gewerbesteuerhebesatz" im Internet informieren.

Solidaritätszuschlag

Zusätzlich zur Körperschafts- und Einkommensteuer ist der Soli (Solidaritätszuschlag) zu zahlen.

Körperschafts- und Gewerbesteuer werden durch das Unternehmen gezahlt. Die Einkommensteuer durch den oder die Unternehmer.

Nach aktueller Rechtslage wird der Unternehmer (bei Einzelunternehmen und Personengesellschaften) nach § 35 EStG von der Gewerbesteuer entlastet. Die Einkommensteuer von Gewerbetreibenden wird um einen Teil der gezahlten Gewerbesteuer ermäßigt. Das gilt nicht für Kapitalgesellschaften wie z. B. GmbHs.

Steuerberater *Klaus Schacherbauer* aus Neuötting gibt nachfolgend Tipps zur Umsatzsteuer.

Umsatzsteuer

Auf alle Lieferungen und sonstige Leistungen, die ein Unternehmer im Inland gegen Entgelt erbringt, wird Umsatzsteuer erhoben.

Die Umsatzsteuer wird umgangssprachlich auch als Mehrwertsteuer (MwSt) bezeichnet. Der Unternehmer hat die Umsatzsteuer monatlich, vierteljährlich oder jährlich in einer Umsatzsteuer-Voranmeldung beim zuständigen Finanzamt anzumelden.

Der Voranmeldezeitraum ist von der Höhe des Betriebsumsatzes abhängig. Unternehmer, die selbst Umsatzsteuer beim Einkauf von Waren oder der Inanspruchnahme von Dienstleistungen bezahlen, dürfen die ihnen in Rechnung gestellte Umsatzsteuer (= Vorsteuer) mit der zu zahlenden Umsatzsteuer verrechnen.

Sonderfall Bauleistungen – Übergang der Steuerschuldnerschaft

Erbringt der Unternehmer eine Bauleistung (z.B. Elektroinstallation) und handelt es sich beim Leistungsempfänger ebenfalls um einen Unternehmer, der selbst nachhaltig Bauleistungen erbringt, ist bei der Rechnungsstellung darauf zu achten, dass die Rechnung ohne Umsatzsteuer gestellt wird und auf den Übergang der Steuerschuld auf den Leistungsempfänger nach § 13b UStG hingewiesen wird.

Der Handwerker stellt an einen anderen Handwerker eine Rechnung über z.B. 10.000 EUR netto, ohne MwSt. Der Empfänger zahlt die MwSt. in Höhe von 1.900 EUR an das Finanzamt und kann diese wiederum als Vorsteuer in seiner Umsatzsteuererklärung ansetzen.

Weitere Hinweise zur praktischen Abwicklung bei §-13b-Leistungen sind aus Abschnitt 4.5.1 zu entnehmen.

2.10.2 Was tun, wenn sich der Betriebsprüfer anmeldet?

Nachfolgende Hinweise hat unser Experte *Klaus Schacherbauer* zusammengestellt.

Für die meisten Unternehmen stellt die Ankündigung einer Betriebsprüfung durch das Finanzamt eine nicht gerade willkommene Abwechslung dar.

In den meisten Fällen findet der Betriebsprüfer heraus, dass der Betrieb zu wenig Steuern abgeführt hat, und fordert eine Steuernachzahlung.

In einem Schreiben des Bundesministeriums der Finanzen werden Betriebsgrößenklassen definiert und Kategorien eingeteilt, siehe ***Tabelle 2.23.***

Nach denen auf die Wahrscheinlichkeit einer Betriebsprüfung geschlossen werden kann.

Betriebsart	Merkmal	Betriebsmerkmale in EUR		
		Großbetrieb	Mittelbetrieb	Kleinbetrieb
Handelsbetrieb	Umsatzerlös oder	14.000.000	8.600.000	1.100.000
	steuerlicher Gewinn über	800.000	335.000	68.000
Fertigungsbetrieb	Umsatzerlös oder	12.000.000	5.200.000	610.000
	steuerlicher Gewinn über	950.000	300.000	68.000

Tabelle 2.23 Einordnung nach steuerlichen Betriebsgrößenklassen

Nur die Gruppe der Großbetriebe wird von den Finanzbehörden lückenlos geprüft.

Ein Fertigungsunternehmen erwirtschaftet einen Umsatz von 9,9 Mio. EUR (also unter der Grenze der Großbetriebe), jedoch einen Jahresgewinn von 960.000 EUR und fällt damit unter die Rubrik „Großbetrieb" und wird lückenlos geprüft.

Bei Mittelbetrieben dürfte der Prüfungsturnus bei etwa 15 Jahren liegen und bei Kleinbetrieben bei ca. 30 Jahren. Wer die Vorgaben eines Kleinbetriebes nicht erreicht, kann 100 Jahre von einer Betriebsprüfung verschont werden.

Die Betriebsprüfung bei einem Unternehmer wird durch Zustellung einer Prüfungsanordnung angekündigt. Diese soll dem Unternehmer jedoch mindestens 14 Tage vor Beginn der Prüfung schriftlich zugestellt werden.

In der Prüfungsanordnung sind der Name des Prüfers, der genaue Prüfungsumfang, die zu prüfenden Veranlagungsjahre und die Steuerarten zu benennen. Der regelmäßige Prüfungszeitraum von 3 Jahren kann in Ausnahmefällen auch während des Prüfungsverfahrens erweitert werden, die Gründe sind jedoch vom Finanzamt anzugeben.

Bei Erscheinen muss sich der Betriebsprüfer ausweisen. Der Beginn der Außenprüfung ist mit Datum und Uhrzeit aktenkundig zu machen – dies ist wichtig für Verjährungsbeginn und Selbstanzeige.

Geprüft werden die tatsächlichen und rechtlichen Verhältnisse der Besteuerungsgrundlagen, wobei der Betriebsprüfer auch zugunsten des Unternehmers prüfen und Feststellungen treffen muss.

Darüber hinaus muss der Prüfer den Unternehmer während der Prüfung über die festgestellten Sachverhalte und die möglichen steuerlichen Auswirkungen unterrichten.

Sobald strafrechtliche Verdachtsmomente auftauchen, muss der Prüfer den Unternehmer sofort darüber informieren. Dieser hat dann ein Auskunftsverweigerungsrecht.

Bei Feststellungen von steuerrechtlichen Sachverhalten treffen den Unternehmer gesteigerte Mitwirkungspflichten. So hat er Auskünfte bis zur Grenze der Zumutbarkeit zu erteilen. Er hat dem Prüfer Aufzeichnungen, die Buchführung, Geschäftspapiere und andere Urkunden zur Einsicht vorzulegen.

Der Prüfer hat sich grundsätzlich zuerst an den Steuerpflichtigen selbst zu wenden. Erst wenn dessen Auskünfte unzureichend sind oder keinen Erfolg versprechen, darf der Prüfer sich an Betriebsangehörige wenden.

Der Prüfer ist berechtigt, Grundstücke und Betriebsräume zu betreten und zu besichtigen. Dabei soll er den Betriebsinhaber oder seinen Beauftragten hinzuziehen.

Die festgestellten Sachverhalte und steuerlichen Auswirkungen werden in einer gemeinsamen Schlussbesprechung rechtlich beurteilt. Darauf folgt ein schriftlicher Prüfungsbericht, der vor Auswertung durch die Veranlagungsstelle dem Unternehmer übersandt werden muss. Zum Prüfbericht kann der Steuerpflichtige noch Stellung nehmen.

Erst dann ergehen berichtigte Steuerbescheide von der Veranlagungsstelle mit Festsetzung der sich aus der Prüfung ergebenden neuen und geänderten Steuerberechnung.

Sobald die Ankündigung einer steuerlichen Betriebsprüfung eintrifft, sollte der Unternehmer unverzüglich seinen Steuerberater informieren. In vielen Fällen findet die Betriebsprüfung in den Räumen des Steuerbüros statt.

Der Investitionsabzugsbetrag

Aus der Vergangenheit ist die sogenannte „Investitionsrücklage" bekannt. Der Investitionsabzugsbetrag (IAB), so wie er heute bezeichnet wird, soll die Investitionsfähigkeit speziell kleiner und mittlerer Unternehmen fördern. Es ermöglicht kleinen und mittleren Betrieben die Vorverlagerung von Abschreibungen in Wirtschaftsjahre vor Anschaffung eines Wirtschaftsgutes. Auf diese Weise kann eine Steuerstundung erreicht werden und es ergeben sich darüber hinaus Zins- und Liquiditätsvorteile.

Begünstigt sind insbesondere kleine und mittlere Betriebe, deren steuerlicher Gewinn unter 100.000 EUR liegt.

Die Bildung eines Investitionsabzugsbetrags (IAB) nach § 7g EStG setzt voraus, dass ein bestimmtes abnutzbares, bewegliches Wirtschaftsgut des Anlagevermögens (z. B. Maschine) in den folgenden drei Wirtschaftsjahren voraussichtlich angeschafft werden soll. Ferner muss er beabsichtigen, das Wirtschaftsgut mindestens bis zum Ende des dem Wirtschaftsjahr der Anschaffung folgenden Wirtschaftsjahr in einer inländischen Betriebsstätte des Betriebs ausschließlich oder fast ausschließlich (= 50 %) zu nutzen.

Von den voraussichtlichen Anschaffungskosten können bis zu 50 % als Investitionsabzugsbetrag in Anspruch genommen werden.

Die Summe aller am Bilanzstichtag nach § 7g EStG gebildeten Rücklagen darf höchstens 200.000 EUR betragen.

Unterbleibt die geplante Investition, ist der Investitionsabzugsbetrag wieder rückgängig zu machen mit allen sich daraus ergebenden Konsequenzen, nämlich der Nachzahlung der eingesparten Steuern.

Wer gute Gewinne erzielt und die Voraussetzungen erfüllt und eine größere Investition plant, sollte mit seinem Steuerberater sprechen, ob er den IAB in Anspruch nehmen kann.

2.11 Wie läuft eine Unternehmensgründung ab?

Mit dem Entschluss, den Schritt in die Selbstständigkeit zu wagen, beginnt der Verwaltungsapparat zu laufen.

In einem ersten Schritt muss sich der Existenzgründer entweder über das Internet oder über die Kommune seines Betriebsstandortes das Formular zur Gewerbeanmeldung besorgen.

In diesem Fragebogen wird auch die Rechtsform des neu zu gründenden Unternehmens abgefragt – diese sollte also spätestens zur Gewerbeanmeldung feststehen.

Ein Elektrohandwerker muss auch seine Handwerkerkarte vorlegen, um zu beweisen, dass er die Konzessionen zur Führung eines Handwerksbetriebes aufweisen kann.

Nachfolgend zeigen wir Auszüge der Gewerbeanmeldung, durch die sich ein Existenzgründer kämpfen muss. Starten wir mit dem Fragebogen, der bei der Gemeinde des Betriebsstandortes abgegeben werden muss, siehe **Bild 2.4**.

Die Kommune leitet die Informationen aus dem Formular der Gewerbeanmeldung an das zuständige Finanzamt weiter. Dieses meldet sich beim

Gründer und schickt den „Fragebogen zur steuerlichen Erfassung“, siehe **Bild 2.5.**

Name der entgegennehmenden Stelle	Gemeindekennzahl der Gemeinde des Sitzes der Betriebsstätte	**GewA 1**

Gewerbe-Anmeldung
nach § 14 oder § 55c der Gewerbeordnung

Bitte die nachfolgenden Felder vollständig und gut lesbar ausfüllen sowie die zutreffenden Kästchen ankreuzen

Angaben zum Betriebsinhaber

Bei Personengesellschaften (z. B. OHG) ist für jeden geschäftsführenden Gesellschafter ein eigener Vordruck auszufüllen. Bei juristischen Personen sind in den Feldern 4 bis 11, 30 und 31 die Angaben zum gesetzlichen Vertreter einzutragen (bei inländischer AG wird auf diese Angaben verzichtet). Bei weiteren gesetzlichen Vertretern sind die Angaben auf Beiblättern zu machen.

1 Im Handels-, Genossenschafts- oder Vereinsregister, ggf. im Stiftungsverzeichnis eingetragener Name mit Rechtsform (bei GbR: Angabe der weiteren Gesellschafter)

2 Ort und Nummer des Eintrages im Handels-, Genossenschafts- oder Vereinsregister, ggf. Nummer im Stiftungsverzeichnis

3 Name des Geschäfts, wenn er vom eingetragenen Namen in Feld 1 abweicht (Geschäftsbezeichnung; z. B. Gaststätte zum grünen Baum, Friseur Haargenau)

Angaben zur Person

4 Name

5 Vornamen

6 Geschlecht (Angabe ist entsprechend der Eintragung in der Geburtsurkunde zu machen)
männlich ☐ weiblich ☐ divers ☐ ohne Angabe ☐

7 Geburtsname (nur bei Abweichung vom Namen)

8 Geburtsdatum

9 Geburtsort und -land

10 Staatsangehörigkeit(en) deutsch ☐ andere:

11 Anschrift der Wohnung (Straße, Hausnummer, Postleitzahl, Ort)
(Mobil-)Telefonnummer
Telefaxnummer
E-Mail-Adresse
Internetadresse

Angaben zum Betrieb

12 Zahl der geschäftsführenden Gesellschafter (nur bei Personengesellschaften) / Zahl der gesetzlichen Vertreter (nur bei juristischen Personen)

13 Liegt eine Beteiligung der öffentlichen Hand vor? ja ☐ nein ☐ nicht bekannt ☐

14 Vertretungsberechtigte Person/Betriebsleiter (nur bei inländischen Aktiengesellschaften, Zweigniederlassungen und unselbstständigen Zweigstellen)
Name, Vornamen

Anschriften (Straße, Hausnummer, Postleitzahl, Ort)

15 Betriebsstätte
(Mobil-)Telefonnummer
Telefaxnummer
E-Mail-Adresse
Internetadresse

16 Hauptniederlassung (falls die Betriebsstätte lediglich Zweigniederlassung oder unselbstständige Zweigstelle ist)
(Mobil-)Telefonnummer
Telefaxnummer
E-Mail-Adresse
Internetadresse

17 Frühere Betriebsstätte
(Mobil-)Telefonnummer
Telefaxnummer
E-Mail-Adresse
Internetadresse

Seite 1 von 2

Quelle: BayernPortal

Bild 2.4 Gewerbeanmeldung

Das Finanzamt will auch die Kontoverbindung des neuen Betriebes erfassen, um die anfallenden Steuern gleich vom Konto abbuchen zu können (siehe **Bild 2.6**).

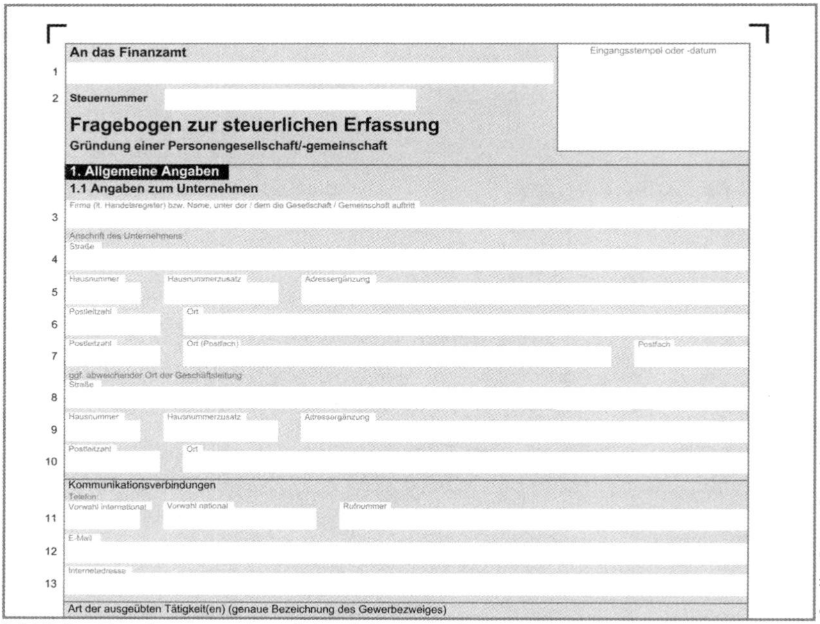

An das Finanzamt

Eingangsstempel oder -datum

1

2 Steuernummer

Fragebogen zur steuerlichen Erfassung

Gründung einer Personengesellschaft/-gemeinschaft

1. Allgemeine Angaben

1.1 Angaben zum Unternehmen

Firma (lt. Handelsregister) bzw. Name, unter der / dem die Gesellschaft / Gemeinschaft auftritt

3

Anschrift des Unternehmens

Straße

4

Hausnummer | Hausnummerzusatz | Adressergänzung

5

Postleitzahl | Ort

6

Postleitzahl | Ort (Postfach) | Postfach

7

ggf. abweichender Ort der Geschäftsleitung

Straße

8

Hausnummer | Hausnummerzusatz | Adressergänzung

9

Postleitzahl | Ort

10

Kommunikationsverbindungen

Telefon:

Vorwahl international | Vorwahl national | Rufnummer

11

E-Mail

12

Internetadresse

13

Art der ausgeübten Tätigkeit(en) (genaue Bezeichnung des Gewerbezweiges)

Quelle: BayernPortal

Bild 2.5 Fragebogen zur steuerlichen Erfassung – Auszug

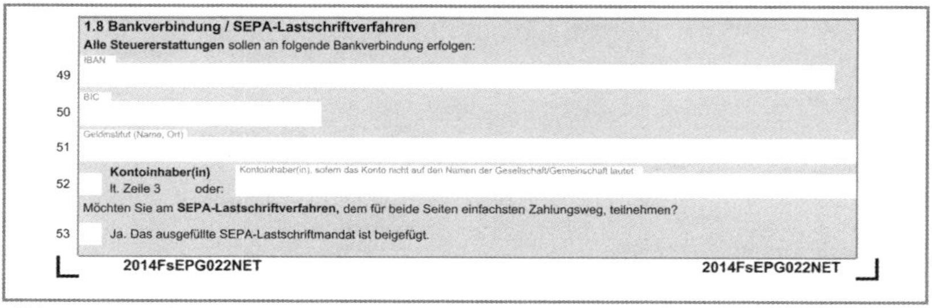

1.8 Bankverbindung / SEPA-Lastschriftverfahren

Alle Steuererstattungen sollen an folgende Bankverbindung erfolgen:

IBAN

49

BIC

50

Geldinstitut (Name, Ort)

51

52 Kontoinhaber(in) lt. Zeile 3 oder: Kontoinhaber(in), sofern das Konto nicht auf den Namen der Gesellschaft/Gemeinschaft lautet

Möchten Sie am SEPA-Lastschriftverfahren, dem für beide Seiten einfachsten Zahlungsweg, teilnehmen?

53 Ja. Das ausgefüllte SEPA-Lastschriftmandat ist beigefügt.

2014FsEPG022NET 2014FsEPG022NET

Quelle: BayernPortal

Bild 2.6 Fragebogen zur steuerlichen Erfassung – Auszug

In einem Punkt der Gewerbeanmeldung ist Vorsicht geboten. Die Finanzbehörden wollen im Fragebogen zur steuerlichen Erfassung wissen, welche Gewinne das Unternehmen voraussichtlich erwirtschaften wird.

Wer bei dieser Frage seinem Optimismus freien Lauf lässt, wird schnell merken, dass das Finanzamt schon bald die Steuern auf die voraussichtlichen Gewinne fordert.

Also sollte man seine Gewinnerwartungen eher realistisch einschätzen und keinen zu hohen Gewinn in den Vordruck (siehe **Bild 2.7**) eintragen.

Die Form der Gewinnermittlung wird ebenfalls erhoben. Kleineren Betrieben empfehlen wir, auch um Buchhaltungskosten zu sparen, ggf. die Gewinne nach der „Einnahmenüberschussrechnung" (siehe **Bild 2.8**) zu ermitteln. Bei dieser, auch „4/3-Rechnung" genannten Form der Gewinnermittlung werden Forderungen an Kunden und Verbindlichkeiten nicht erfasst. Wer alleine oder mit einem sehr kleinen Personalstamm starten möchte, kann diese Form der Gewinnermittlung wählen (siehe auch Abschnitt 5.1.2).

Wer sein Gewerbe als Nebengewerbe starten möchte, kann die Kleinunternehmer-Regelung (siehe **Bild 2.9**) anwenden, die ebenfalls im Fragebogen der Finanzbehörden abgefragt wird.

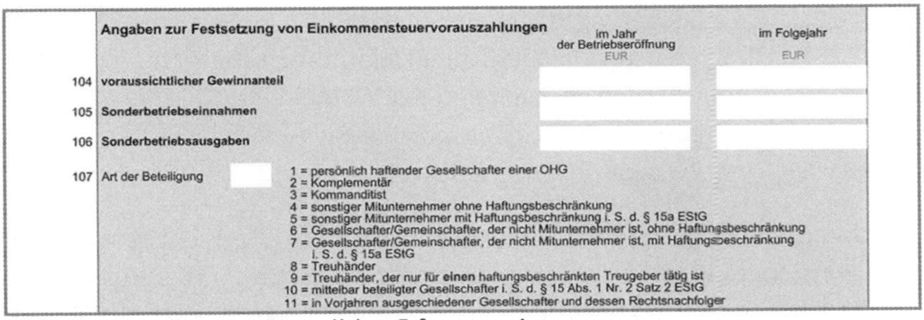
Angaben zur Festsetzung von Einkommensteuervorauszahlungen — im Jahr der Betriebseröffnung EUR — im Folgejahr EUR

104 **voraussichtlicher Gewinnanteil**

105 **Sonderbetriebseinnahmen**

106 **Sonderbetriebsausgaben**

107 Art der Beteiligung

1 = persönlich haftender Gesellschafter einer OHG
2 = Komplementär
3 = Kommanditist
4 = sonstiger Mitunternehmer ohne Haftungsbeschränkung
5 = sonstiger Mitunternehmer mit Haftungsbeschränkung i. S. d. § 15a EStG
6 = Gesellschafter/Gemeinschafter, der nicht Mitunternehmer ist, ohne Haftungsbeschränkung
7 = Gesellschafter/Gemeinschafter, der nicht Mitunternehmer ist, mit Haftungsbeschränkung i. S. d. § 15a EStG
8 = Treuhänder
9 = Treuhänder, der nur für **einen** haftungsbeschränkten Treugeber tätig ist
10 = mittelbar beteiligter Gesellschafter i. S. d. § 15 Abs. 1 Nr. 2 Satz 2 EStG
11 = in Vorjahren ausgeschiedener Gesellschafter und dessen Rechtsnachfolger

Quelle: BayernPortal

Bild 2.7 Fragebogen zur steuerlichen Erfassung – Auszug

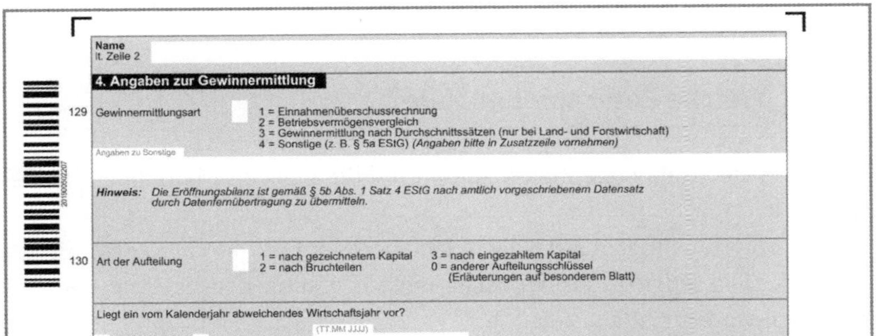
Name lt. Zeile 2

4. Angaben zur Gewinnermittlung

129 Gewinnermittlungsart

1 = Einnahmenüberschussrechnung
2 = Betriebsvermögensvergleich
3 = Gewinnermittlung nach Durchschnittssätzen (nur bei Land- und Forstwirtschaft)
4 = Sonstige (z. B. § 5a EStG) *(Angaben bitte in Zusatzzeile vornehmen)*

Angaben zu Sonstige

Hinweis: *Die Eröffnungsbilanz ist gemäß § 5b Abs. 1 Satz 4 EStG nach amtlich vorgeschriebenem Datensatz durch Datenfernübertragung zu übermitteln.*

130 Art der Aufteilung

1 = nach gezeichnetem Kapital
2 = nach Bruchteilen
3 = nach eingezahltem Kapital
0 = anderer Aufteilungsschlüssel (Erläuterungen auf besonderem Blatt)

Liegt ein vom Kalenderjahr abweichendes Wirtschaftsjahr vor?

131 Nein Ja, Beginn (TT.MM.JJJJ)

5. Freistellungsbescheinigung gemäß § 48b Einkommensteuergesetz (EStG) („Bauabzugsteuer")

Das Merkblatt zum Steuerabzug bei Bauleistungen steht Ihnen im Internet unter www.bzst.de zum Download zur Verfügung. Sie können es aber auch bei Ihrem Finanzamt erhalten.

132 Wir beantragen die Erteilung einer Bescheinigung zur Freistellung vom Steuerabzug bei Bauleistungen gemäß § 48b EStG.

Quelle: BayernPortal

Bild 2.8 Fragebogen zur steuerlichen Erfassung – Auszug

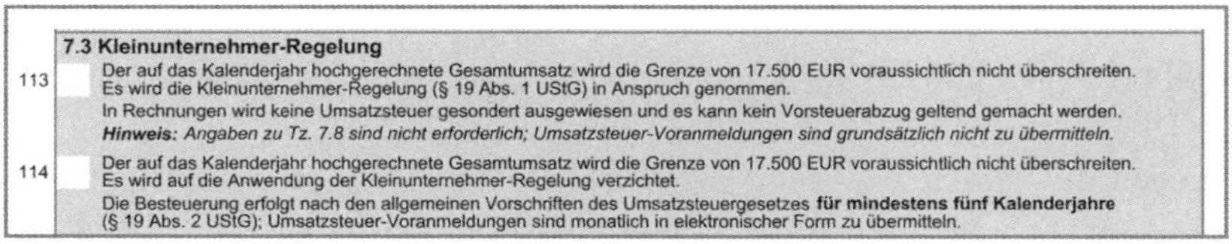

7.3 Kleinunternehmer-Regelung

113 Der auf das Kalenderjahr hochgerechnete Gesamtumsatz wird die Grenze von 17.500 EUR voraussichtlich nicht überschreiten. Es wird die Kleinunternehmer-Regelung (§ 19 Abs. 1 UStG) in Anspruch genommen.

In Rechnungen wird keine Umsatzsteuer gesondert ausgewiesen und es kann kein Vorsteuerabzug geltend gemacht werden.

Hinweis: *Angaben zu Tz. 7.8 sind nicht erforderlich; Umsatzsteuer-Voranmeldungen sind grundsätzlich nicht zu übermitteln.*

114 Der auf das Kalenderjahr hochgerechnete Gesamtumsatz wird die Grenze von 17.500 EUR voraussichtlich nicht überschreiten. Es wird auf die Anwendung der Kleinunternehmer-Regelung verzichtet.

Die Besteuerung erfolgt nach den allgemeinen Vorschriften des Umsatzsteuergesetzes **für mindestens fünf Kalenderjahre** (§ 19 Abs. 2 UStG); Umsatzsteuer-Voranmeldungen sind monatlich in elektronischer Form zu übermitteln.

Quelle: BayernPortal

Bild 2.9 Fragebogen zur steuerlichen Erfassung – Auszug

Wir empfehlen, den umfangreichen Fragebogen des Finanzamtes nicht selbst auszufüllen, sondern sich der Hilfe eines Steuerberaters zu bedienen.

Nach § 192 Sozialgesetzbuch VII ist jeder, der ein Unternehmen gründet, verpflichtet, dieses innerhalb einer Woche beim zuständigen Unfallversicherungsträger anzumelden.
Ein entsprechendes Anmeldeformular kann sich der Existenzgründer von der Webseite der DGUV (Deutsche Gesetzliche Unfallversicherung) www.dguv.de herunterladen.

Für Unternehmer besteht die Möglichkeit, sich freiwillig in der gesetzlichen Unfallversicherung zu versichern. Diese auch als „BG" (Berufsgenossenschaft) bezeichnete Versicherung leistet, wenn auf dem Weg zur Arbeit, während der Arbeit oder auf dem Heimweg Unfälle geschehen.

2.12 Welche Rolle spielen Ziele?

Auf die Frage „Haben Sie Ziele?" antworten die meisten Menschen „Ja, Ziele habe ich."

Hinterfragt man jedoch die Ziele genauer, wird oft deutlich, dass die genannten Ziele lediglich als Wünsche oder Hoffnungen bezeichnet werden können, jedoch nicht als Ziele.

Die Formulierung „Der Betrieb soll Gewinne abwerfen" bringt mich zum Schmunzeln. Welcher Unternehmer führt sein Unternehmen, um Verluste zu erwirtschaften? Gewinne zu erwirtschaften, ist der Zweck der Unternehmensgründung, nicht das Ziel!

Bevor sich ein Unternehmer oder Existenzgründer Gedanken über die Ziele seines Unternehmens macht, sollte er sich zunächst die Frage stellen, welche Ziele er für sein Leben formuliert hat. Die Reihenfolge der Zielformulierung sollte lauten:

- Zuerst das private Ziel,
- dann die Ziele des Unternehmens.

Zur privaten Zielsetzung können folgende Themen und Fragestellungen gehören:

- Wie sieht es mit meiner Familienplanung aus – bis wann und wie groß soll meine Familie sein?
- Welche finanziellen Wünsche habe ich, welche Rolle spielt das Materielle für mich?
- Wie viele Stunden bin ich bereit, pro Woche zu arbeiten?
- Wie wichtig sind mir Hobbys und Freunde?
- Was will ich für meine Gesundheit tun?
- Welche konkreten Ziele verfolge ich mit meinen Hobbys oder im Sport?

Wie viel Zeit und Energie will ich in diese Bereiche investieren und wie konsequent verfolge ich diese privaten Säulen meines Lebens?

Steht der Termin für den Sport oder die Verabredung mit Freunden genauso in meinem Terminkalender wie ein geschäftlicher Termin?

Wenn dem so ist, wird der private Termin auch stattfinden. Werden Versprechen gegenüber den Kindern auch eingehalten – wie „Morgen Nachmittag fahren wir zusammen ins Schwimmbad" – oder werden die privaten Termine kurzfristig wegen betrieblicher Prioritäten wieder über den Haufen geworfen?

Wer es schafft, sein Leben in Ordnung zu halten, dazu gehören auch die Finanzen – der wird es auch schaffen, ein Unternehmen zu führen. Wenn im Privatleben Chaos herrscht, wird sich dieses im Unternehmen fortsetzen. Die Konsequenz wird Misserfolg sein. Wer sein Privatleben im Gleichgewicht hält, hat gute Chancen auch als Unternehmer erfolgreich zu sein.

Zunächst sollte das persönliche Wohl im Privatleben gesichert sein – erst dann stellt sich die Frage: „Welche Ziele sollen mit dem Unternehmen erreicht werden?" Klare private Zielvorstellungen ermöglichen es, geschäftliche Vorhaben gezielt darauf abzustimmen und deren Vereinbarkeit regelmäßig zu überprüfen.

In **Bild 2.10** sind die Eigenschaften aufgeführt, die Ziele aufweisen sollen.

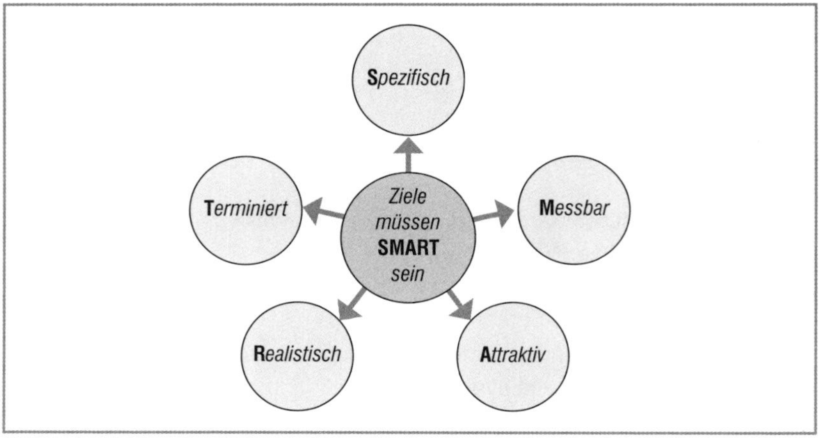

Bild 2.10 Ziele müssen SMART sein

Spezifisch

Ziele müssen eindeutig und so präzise definiert sein, dass sie auch kontrolliert werden können. Je spezifischer das Ziel, umso größer die Motivation, wenn Fortschritte auf dem Weg zum Ziel erkennbar sind. Ein spezifisches Ziel wäre es, daran zu arbeiten den Lagerbestand des Unternehmens um monatlich 1.000 EUR zu reduzieren oder die Bankverbindlichkeiten um 1.500 EUR wöchentlich abzubauen.

Messbar

Ein Ziel benötigt einen Inhalt, z. B. einen Betrag, für das Gewinnziel des Unternehmens oder die Reduzierung der Verbindlichkeiten um 10.000 EUR oder den monatlichen Lagerabbau von 1.000 EUR. Fehlt der Inhalt, handelt es sich um kein Ziel.

Attraktiv

Der englische Begriff heißt „achievable", was so viel wie „erreichbar" bedeutet. So wäre es unangemessen, für ein Fünf-Mann-Unternehmen einen Jahres-Zielgewinn von 250.000 EUR auszurufen oder sich vorzunehmen, in den nächsten vier Wochen jeweils sechs Kilo abzunehmen. Attraktiv bedeutet ein Ziel zu formulieren, das Emotionen weckt und Energie mobilisiert, sich anzustrengen, es zu erreichen.

Realistisch

Es muss möglich sein, das Ziel zu erreichen, analog zum Beispiel unter der Rubrik „Attraktiv".

Terminiert

Ein klarer Termin oder ein Zeitrahmen für die Zielerreichung gehören ebenfalls zur Zieldefinition. Oft werden Ziele nur dann erstgenommen, wenn ein Termin fixiert ist, bis zu dem das Ziel erreicht wird.

Je präziser ein Ziel formuliert wird (siehe **Tabelle 2.24**), desto größer die Wahrscheinlichkeit, es zu erreichen.

Ein Existenzgründer braucht nicht nur einen Businessplan, sondern weitere Ziele. Die Antworten auf folgende Fragen helfen, die Formulierung von Zielen vorzubereiten (**Tabelle 2.25**).

Wenn Ziele konkret formuliert sind, kann es sinnvoll sein, sich diese Ziele ständig vor Augen zu führen, z. B. an der Pinnwand des eigenen Büros. Ein Ziel zu visualisieren, bedeutet: Es sich ständig vor Augen zu halten.

Wer über Ziele verfügt, kann anhand der Ziele prüfen, welche Entscheidungen helfen, das Ziel zu erreichen und welche nicht. Wer Ziele hat, kann „nein" sagen – wer keine Ziele hat, muss viel ausprobieren und wird häufiger in einer Sackgasse landen.

Zwei Unternehmen in der gleichen Region haben unterschiedliche Ziele formuliert (siehe **Tabelle 2.26**). Ein Kollege aus dem gleichen Landkreis mit fünf Mitarbeitern und vielen Stammkunden bietet beiden Unternehmen seinen Betrieb zum Preis von 250.000 EUR an. Wie werden sich Unternehmer A und Unternehmer B entscheiden?

Unter Berücksichtigung der Ziele der Unternehmen A und B wird der Unternehmer B schnell absagen und sich mit dem Angebot nicht weiter beschäftigen – und Unternehmer A?

Falsch, nur „wischiwaschi"	Richtig = smart
Ich möchte, wenn's geht, mit schwarzen Zahlen abschließen.	Mein Zielgewinn für 2025: 80.000 EUR und mindestens ein um 3 % höherer Rohertrag als 2024.
Ich möchte Schulden abbauen.	In der Zeit vom 01.07.2025 bis 30.06.2026 baue ich den Saldo aus Bank- und Lieferantenschulden um 80.000 EUR ab.
Es wäre schön, wenn sich mein Lagerbestand um 30.000 EUR reduzieren würde.	Durch den Einsatz des Mobilen Monteurs dauert es nur noch zwei Tage und nicht mehr vier Wochen, bis die Rechnungen verschickt werden
Man sollte endlich mehr Gewinn erwirtschaften.	Ich kontrolliere jede Kundendienstrechnung, bevor sie verschickt wird, und werde erkennen, wie viel Geld wir bisher zum Fenster hinausgeworfen haben.

Tabelle 2.24 Beispiele für falsche und für richtige Zielsetzung

Fragestellung	Meine Antwort = Ziel, smart formuliert
Mit welchen Leistungsbereichen will ich mich vom Wettbewerb abheben?	
Was kann ich (besser), was andere nicht (gut) können?	
Am Ende des zweiten Jahres nach Gründung verfüge ich über folgende Mitarbeiterzahl mit dieser Qualifikation.	
Was ist mein wichtigstes Argument, um Kunden anzusprechen und Aufträge zu erhalten? Warum soll der Kunde gerade mir den Auftrag erteilen?	
Welche Arten von Aufträgen will ich nicht ausführen?	
Welche Fortbildungen benötige ich, um meine Ziele zu erreichen?	
Wie hoch muss der Monats- und Jahresgewinn vor Steuern sein, damit ich mein Ziel erreiche?	
Welcher Jahresgewinn vor Steuern ist erforderlich, um meine Kredite planmäßig zu tilgen?	
Welche Kalkulationssätze sind notwendig, um die Gewinnziele zu erreichen?	

Tabelle 2.25 Zielformulierung

Unternehmer A	Unternehmer B
Ich will in meiner Region auf den Umsatz und auf die Mitarbeiterzahl bezogen die Nr. 1 in meinem Gewerk werden.	Mein Ziel ist es, meine Bankverbindlichkeiten bis zum 31.12.2025 abzubauen und keine weiteren Schulden zu machen. Ich will eine überschaubare Betriebsgröße.
Der Betrieb verfügt über 25 Mitarbeiter inkl. Unternehmer.	Der Betrieb verfügt über 7 Mitarbeiter inkl. Unternehmer.

Tabelle 2.26 Beispiel von zwei Zielformulierungen

Dieses Beispiel verdeutlicht, wie sich Ziele auf die Entscheidungen im Tagesgeschäft auswirken.

Wer keine Ziele definiert, muss alles ausprobieren. Wer Ziele hat, kann schnell einmal „nein“ sagen (wie Unternehmer B) und seine Energie anderweitig einsetzen.

Existenzgründer sollten ihre Ziele unbedingt mit dem Lebenspartner besprechen und die Frage klären: „Welche Auswirkungen hat die Gründung des Unternehmens auf unser Privatleben und unsere privaten Ziele?“

Wenn sich der Lebenspartner nicht mit den Zielen des Existenzgründers identifizieren kann, stellt sich die Frage, ob die Existenzgründung überhaupt erfolgreich sein kann.

Sollten den Mitarbeitern Ziele kommuniziert werden? Ja, sofern es sich um betriebliche Ziele handelt. Auch Mitarbeiter wollen wissen, wofür das Unternehmen steht, in dem sie arbeiten. Der Unternehmer kann seine Entscheidungen leichter erklären, wenn er diese anhand der Unternehmensziele begründet. Ziele, so wie im vorangegangenen Beispiel A und B (Tabelle 2.26), sollten also kommuniziert werden.

Unternehmer, die ihren 55. Geburtstag hinter sich gebracht haben, sollten ihren Mitarbeitern die Planungen für den Ruhestand erläutern und folgende Fragen beantworten können:

- Wann ziehe ich mich zurück?
- Wird das Unternehmen weitergeführt oder geschlossen?
- Wer soll Nachfolger werden? Mitarbeiter, Existenzgründer, Wettbewerber?

Wer Ziele setzt, wird schnell merken, wie viel leichter Entscheidungen fallen.

Ziele sind etwas Persönliches. Bei der Entwicklung der Ziele muss die betroffene Person in sich gehen. Unternehmer, die ihre Mitarbeiter fragen, welche Ziele das Unternehmen verfolgen soll, werden Chaos auslösen.

Ziele muss die Person an der Spitze des Unternehmens allein entwickeln. Die Wege zum Ziel können dann gemeinsam mit den Mitarbeitern z. B. in einem Workshop erarbeitet werden.

3 Marketing: Kunden gewinnen und binden

3.1 Grundlagen des Marketings

Der Markt eines Unternehmens lässt sich durch den Einsatz verschiedener Werkzeuge gezielt bearbeiten. Erstaunlicherweise setzen aber immer noch viel zu viele Unternehmen ihre Werbeaktionen ohne konkrete Zielsetzung ein.

- Eine Webseite wird unterhalten, weil es sich in den letzten Jahrzehnten so durchgesetzt hat.
- Autos werden beschriftet, weil die anderen Handwerksbetriebe ebenfalls beschriftete Fahrzeuge haben.
- Die Anzeige in der Zeitung wird geschaltet, weil unter Umständen ein Auftraggeber dazu auffordert.
- Ein Flyer wird erstellt, weil gerade ein günstiges Angebot dafür unterbreitet wurde.

An erster Stelle der strategischen Marktbearbeitung sollte die Frage stehen:

WAS möchte ich erreichen?

Wir empfehlen, ein klares Ziel zu definieren, das durch eine gezielte Ansprache des Marktes erreicht werden soll. Nur wenn ein Ziel definiert wird, kann auch hinterher die Kontrolle stattfinden, ob die gewählte Maßnahme den gewünschten Erfolg gebracht hat.

Mögliche Zielvorstellungen können lauten:

- Erhalt von Bestandskunden,
- Optimierung des Images in der Öffentlichkeit,
- Gewinnung von Neukunden,
- Transparenz des Leistungsspektrums des eigenen Unternehmens,
- Steigerung des Bekanntheitsgrades,
- klares Profil gegenüber dem Wettbewerb,
- Etablierung eines neuen Leistungsbereichs bei Kunden.

Wie bereits an anderer Stelle erörtert, sieht eine konkrete Zielformulierung anders aus:

- „Durch die gezielte Akquise von 25 Neukunden werden wir im kommenden Geschäftsjahr den Umsatz um 100.000 EUR steigern."
- „Durch Erhöhung der Transparenz unseres Leistungsspektrums gegenüber den Bestandskunden werden wir im kommenden Geschäftsjahr den Umsatz mit unseren Bestandskunden um 10 % erhöhen."

- „Wir wollen in unserer Region die absolute Nummer eins im Bereich regenerative Energien und Speicher werden."
- „Wir werden für unsere gewerblichen Kunden ein Energieeffizienz-Paket ausarbeiten und damit den Absatz von Energiespar-Technologie um 10 % im Vergleich zum Vorjahr steigern."

Anschließend wenden wir uns der nächsten Frage zu:

WEN möchte ich erreichen?

Das Angebot richtet sich nicht an eine anonyme, homogene Masse, genannt „Kunde". Die Bedürfnisse eines Gewerbekunden sind anders gelagert als die Bedürfnisse eines Privatkunden. Der erste Schritt besteht in der Unterteilung der Kunden in Zielgruppen.

Kunden eines Elektroinstallationsbetriebes lassen sich für gewöhnlich in folgende Gruppen einteilen, wobei die genaue Definition und Abgrenzung jedem Betrieb selbst überlassen ist:

- Gewerbekunden,
- Industrie,
- Bauträger, Architekten,
- öffentliche Auftraggeber,
- Privatkunden,
- Kunden aus dem Bereich Kundendienst, Kleinaufträge,
- Konsumenten aus dem Bereich Handel.

Je aussagekräftiger das CRM-System (Kundendatei) strukturiert ist, desto einfacher ist es, Kunden in Gruppen zu strukturieren. Verfügt das Unternehmen über ein gutes CRM-System oder wird lediglich eine unstrukturierte Vielzahl von Adressen verwaltet?

Wer noch nicht über eigene aussagekräftige und strukturierte Kundendaten verfügt, kann weitere Möglichkeiten nutzen, um bestimmte Zielgruppen in der Region zu identifizieren. Durch Zuhilfenahme des Internets, z. B. die Suchmaschine Google, erhält man durch wenige Klicks eine Auflistung einzelner Zielgruppen. Es kann ausprobiert werden, indem eine Branche zusammen mit der entsprechenden Region in die Suchleiste eingegeben wird.

Zum Beispiel:

Von A wie „Arzt Mönchengladbach", „Autowerkstatt Gera", „Apotheke Sindelfingen", „Anwaltskanzlei Kassel", über „Bauträger Regensburg", „Hotel Lübeck", bis Z wie „Zahntechniker Oberursel".

Die Fragen, die sich jeder stellen sollte: Gibt es einen Wunschkunden (Kundengruppe), der besonders wünschenswert ist? Und lässt sich gezielt Einfluss darauf nehmen, diese(n) für die eigenen Leistungen zu begeistern?

WELCHES Angebot möchte ich an die entsprechende Zielgruppe richten?

Man sollte sich von der Idee, Produkte zu verkaufen, verabschieden! Was der Elektroinstallationsbetrieb dem Kunden bietet, ist stets eine Kombination aus Produkt und Dienstleistung (Service). Damit der Kunde das Angebot als Möglichkeit erkennt, seine Bedürfnisse zu befriedigen, bzw. da Kundenbedürfnisse teils erst durch das Angebot entstehen, ist es notwendig, die richtige Sprache zu sprechen. Und die Sprache, die beim Kunden ankommt, lautet: Nutzen. Eine Nutzenargumentation ist immer wichtiger als technische Details. Es gilt der provokative Satz: „Fachidiot schlägt Kunde tot.“

> In jedem Mittelklassewagen sind heutzutage ein „Bus-System“ und eine Vielzahl von Elektromotoren verbaut. Damit macht jedoch kein Hersteller gezielt Werbung. Im Angebot wird stets der Nutzen, den die technischen Systeme bieten, hochgehalten – niemals die Technik selbst.

Für die Kunden sind individuell zusammengestellte Nutzen:

- Nicht der Verkauf von Rauchmeldern, sondern von Sicherheit.
- Nicht das technisch ausgefeilte Türkommunikationssystem, sondern Komfort.
- Nicht die technisch-verwirrenden Vorzüge eines „Bus-Systems“, sondern das Versprechen zeitgemäßen Komforts und Wertsteigerung bzw. Werterhalt.
- Nicht der E-Check als Mittelpunkt des Verkaufsgesprächs, sondern das beruhigende Gefühl von Sorgenfreiheit, Zuverlässigkeit und Langlebigkeit.

Es sollten keine Fachbegriffe verwendet werden, die im schlimmsten Fall sogar mit Vorurteilen behaftet sind, wie Photovoltaik, Energiespeicher, LED-Technik oder regenerative Energien. Dem Kunden sollten stattdessen Energieeinsparung, Umweltbewusstsein, längere Lebensdauer, Autarkie oder gar ein neues Lebensgefühl (z. B. Elektromobilität) angeboten werden.

Schnüren Sie Pakete, die auf die Bedürfnisse der definierten Zielgruppen zugeschnitten sind.

WIE erreiche ich die Zielgruppe?

Aus der Vielzahl an Möglichkeiten, die das Marketing bietet, sollte der kürzeste Weg zum (Wunsch-) Kunden ausgewählt werden. Dabei wird oft vergessen, dass der direkteste Weg zum Kunden der persönliche Verkauf darstellt.

Beispiel
Es gibt viele Hotelrezeptionen, hinter denen in den Wintermonaten der kleine weiße Heizlüfter rattert. Wer sich mit dem Thema Infrarot-Wärmesysteme auskennt, der hat an dieser Stelle schon eine genaue Idee davon, wie eine zuvor definierte Zielgruppe konsequent bearbeitet werden kann.

Um diesen Umsatz generieren zu können, stehen unterschiedliche Werkzeuge des Marketings zur Verfügung.

- Variante 1
  Was spricht dagegen, bei einem persönlichen Termin ein entsprechendes Angebotspaket zu unterbreiten?
- Variante 2
  Warum kein gezieltes Mail an die in Frage kommenden Kunden verschicken?
- Variante 3
  Wieso die potenziellen Kunden nicht explizit in die eigenen Räumlichkeiten einladen, damit sie sich (ggf. sogar im eigenen Showroom) die Technik in der Praxis vorführen lassen können?

Verkaufen ist auch immer eine Sache der Wahrscheinlichkeit. Wird über Variante 1 gezielt auf 50 potenzielle Kunden zugegangen, stellt sich die Frage, bei wie vielen davon sich tatsächlich ein Auftrag generieren lässt.
Wie hoch ist die Wahrscheinlichkeit bei Variante 2 bzw. Variante 3?

Die eigene Webseite bietet ebenfalls eine Möglichkeit, das Angebot an potenzielle Kunden zu richten. Wäre dies für unser Beispiel der geeignete Weg? Anders gefragt: Wie hoch ist die Wahrscheinlichkeit, dass sich ein Kunde die Information über das Angebot zum Thema „wohlige Wärme" von selbst auf der Webseite sucht?

Und: Gibt es für dieses Produkt lediglich den Bedarf an Hotelrezeptionen? Nein, denn es gibt genügend weitere Zielgruppen, die für eine ansprechende Lösung zum Thema „wohlige Wärme" empfänglich wären, z. B. Arztpraxen, Kanzleien, Apotheken, Kassenbereiche usw.

Keine Kundengruppe, ob Bestands- oder Neukunden, empfindet eine professionelle, auf Bedürfnisse abgestimmte Beratung als „lästige Verkaufsbemühung". Im Gegenteil: Viele empfinden die Tatsache, über aktuelle Themen, Verbesserungsvorschläge und zeitgemäße Lösungen informiert zu werden als Service, den sie von einem kompetenten Ansprechpartner einer Branche erwarten.

3.2 Offline-Marketing

Die Werbe- und Reiseaufwendungen für das klassische Elektrohandwerk und Fachgeschäfte sind der **Tabelle 3.1** zu entnehmen. Es handelt sich um die Auswertung der betrieblichen Zahlen der Jahresabschlüsse nahezu 200 Unternehmen.

	Gemeinkosten				
	Gesamt (GK I – IV)	GK I + II	GK III	GK IV	GK V
Gesamtleistung in EUR	2.647.088	746.488	1.705.039	4.337.461	14.911.793
Rohertrag in EUR 2022	1.496.949	463.695	1.002.968	2.230.077	7.732.453
Werbe-/Reisekosten in EUR	21.907	6.960	13.617	35.582	137.108
in % des Rohertags	1,5		1,4	1,6	1,8

Tabelle 3.1 Werbe- und Reiseaufwendungen

Vergleichen Sie die Werbe- und Reiseaufwendungen Ihres Unternehmens mit den Orientierungswerten aus Tabelle 3.1.

Kleinanzeigen

Manche Unternehmer berichten uns, dass Zeitungsanzeigen bei bestimmten Zielgruppen weiterhin Interesse wecken. Während die jüngeren Generationen Online-Medien präferieren, sieht man doch immer wieder, dass sich innerhalb der älteren Generation weiter traditionelle Zeitungsleser finden. Solche Anzeigen funktionieren dann besonders gut, wenn sie eine klare Handlungsempfehlung beinhalten, wie z. B.:

- „Kommen Sie am Samstag, den 10.08. zu unserem Tag der offenen Türe von 10:00 bis 14:00 Uhr."
- „Sichern Sie sich jetzt 10 % Frühbucherrabatt für unsere Türsprechanlage."
- „Schlafen Sie ruhig durch unsere Sicherheitstechnik – jetzt Online-Angebot in 30 Sekunden einholen mit diesem QR-Code."

Die Nutzung von (humorvollen) Bildern, um Emotionen zu wecken, ist heute unabdingbar. Laut verschiedener Studien ist die Aufmerksamkeitsschwelle der Menschen in den letzten Jahren merklich gesunken.

Hinweiskarte auf Reparaturarbeiten und Gutscheine

Beispiel

Die Firma Tippmann aus Brand Erbisdorf im Erzgebirge bestückt alle Briefkästen in Gebäuden, in denen gearbeitet wird, mit der Karte „ETWAS SÜSSES“ (**Bild 3.1**). An diese Karte wird eine kleine Tüte mit Gummibärchen getackert.

Bild 3.1 Hinweiskarte auf Reparaturarbeiten, die in benachbarte Briefkästen geworfen wird

Welche Botschaften empfängt der Kunde, wenn er die Karte in seinem Briefkasten findet?

Sicherlich die folgenden:

- Fachfirma,
- rücksichtsvoll,
- Die Firma interessiert sich für mich, da eine Telefonnummer für Rückfragen angegeben ist.

Was spricht dagegen, diese Karten auch bei kleineren Kundendiensteinsätzen, also auch dort, wo keine Stemmarbeiten anfallen oder Lärm verursacht wird, in den Briefkästen des Hauses und der Nachbarschaft zu verteilen?

Magnet-Kundendienstfahrzeug als Werbeinstrument im Haushalt des Privatkunden

Der Techniker überreicht dieses magnetische Fahrzeug (**Bild 3.2**) beim Einsatz vor Ort und platziert es ggf. in der Küche des Kunden auf einer magnetischen Unterlage.

Auch Meta Handelsgesellschaft mbH stellt den Innungsfachbetrieben eine Vielzahl an Werbemitteln (teilweise kostenfrei!) zur Verfügung. Darunter Produkte wie beispielsweise Aufkleber, Einkaufschips oder Taschen (**Bild 3.3**).

Bild 3.2 Magnet als Werbeträger

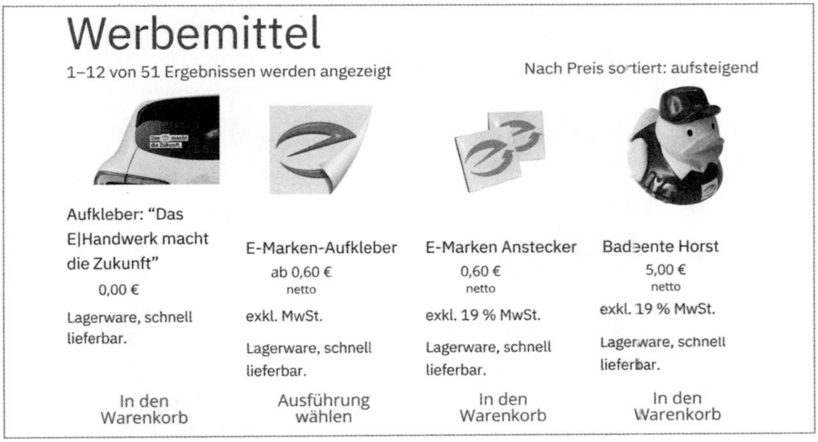

Bild 3.3 Meta-Werbeartikel

Firmenauto als Werbeinstrument

Das Firmenauto gehört zu den wichtigsten Werbeträgern des Elektrohandwerks. Ein abschreckendes Beispiel zeigt **Bild 3.4.** Den richtigen Weg, einen nachhaltig positiven Eindruck zu hinterlassen, zeigt die Fa. Tietz (**Bild 3.5**). Eines der originellsten Firmenfahrzeuge, das auf deutschen Straßen unterwegs ist, stammt von der Koll Kälte-Klima-Lüftung GmbH & Co.KG aus Rendsburg (**Bild 3.6**).

Bilder auf den Firmenfahrzeugen sind im Trend und erzielen eine deutlich höhere Aufmerksamkeit als Fahrzeuge mit einer „normalen" Beschriftung. *Olli Möhlmann* aus Rosengarten in Niedersachen hat sich entschieden, sein Firmenfahrzeug als Werbebotschaft für das gesamte Handwerk zu gestalten (**Bild 3.7**).

Bild 3.4 Abschreckendes Beispiel für Servicefahrzeug-Werbung

Quelle: Elektrotechnik Tietz, Sinzig-Franken

Bild 3.5 Vorbildlich beschriftetes Firmenauto

Quelle: Koll Kälte, Klima, Lüftung, Rendsburg

Bild 3.6 Bilder haben eine Botschaft

Bild 3.7 Fahrzeugwerbung für das Handwerk insgesamt

3.2.1 Bedarfsermittlung Kunde

Zu einem guten Angebot gehört auch die gezielte Ermittlung der Kundenwünsche. Dabei helfen Checklisten, die im Kundengespräch verwendet werden. Elektrohandwerkern kann es in Kundengesprächen passieren, dass sie mit ihren Fachkenntnissen eine andere Sprache als die Kunden sprechen. Zum Beispiel sind für den Kunden Fragen nach EIB, KNX oder Smart Home in der Regel böhmische Dörfer.

Tobias Schedel, Inhaber der Elektro Schedel GmbH aus Altenstadt in Hessen, setzt auf seine Checkliste für die Angebotserstellung (**Bild 3.8**).

3.2.2 Argumente für Zusatzverkäufe richtig formulieren

Mit dem Angebot zusätzlicher Leistungen kann der Mitarbeiter seine Kompetenz beweisen, indem er z. B. beim Thema „Rauchmelder" auf die aktuellen gesetzlichen Bestimmungen hinweist. Gleiches gilt in diesem Zusammenhang für den E-Check und die VDE-Vorschriften. Entscheidend für den Zusatzverkauf ist aber auch hier wieder die richtige Nutzenargumentation. Nur wer Argumente kennt, kann auch gezielt verkaufen.

1. Rollladensteuerung mit Timer
   - Komfort/Bequemlichkeit
   - Sicherheit
   - längere Lebensdauer durch gleichmäßige Belastung

Checkliste zur Angebotserstellung

Name		Datum
Anschrift		Bearbeiter
Telefon		Erledigt
E-Mail		
Bauvorhaben:		
Angebot erstellen bis:		
Baubeginn		
Budget		
Festehende Firmen		

			X
Bauart (Ziegel/Holz/Holzständer)	Ziegel	Holz	Holzständer
Baustrom	Bauseits	Elektro Schedel	
Potentialasugleich Fundament	Bauseits	Elektro Schedel	
Zwischendecken (Beton/Holz)	Beton	Holz	
Dachstuhl (Sicht/Verkleidet)	Sicht	Verkleidet	
konventionell			
Smart Home Loxone			
Heizungsanlage	Wärmepumpe	Pellet/Hacks.	Öl/Gas
Wärmeabgabe	Fußbodenheizung	Wandheizung	Deckenheizung
Lüftungsanlage	Zentral	Dezentral	
Dezentrale Lüftung anbieten			
Verschattung	Rollo	Raffstore	
Sprechanlage	Audio	Video	
Netzwerk			
Netzwerkschrank Technikraum			
TV-Empfang	SAT	Kabel-TV	
Beleuchtung	Einbauspots	Deckenauslass	Stromschiene
Treppenbeleuchtung	über Stufe	Wandauslass	
dimmbar	alles	Esstisch	Wohnen
	Schlafen	Kinder	Büro
Bewegungsmelder	Eingang	Flure	
Außenbeleuchtung	Terrasse	Eingang	Garten
PV-Anlage	installieren	vorbereiten	Notstrom
Stomspeicher	3-6 KW	6-10 KW	
Ladestation	installieren	vorbereiten	11 KW
Starkstom	CEE 16A	CEE 32A	Steckdosen-VT
Schalterprogramm	BJ Balance	Merten D-Life	
Farbe Schalterprogramm	weiß	anthrazit	
Kinderschutzsteckdose			
Musik	Loxone	UP-Radio	Dolby Surround
Rauchmelder	Einzelmelder	Vernetzt	Loxone
Außenanlage	Gartenhaus	Sauna	Pool
Besondere Verbraucher	Sauna	Whirlpool	Durchlauferhitzer
Terrasse/Balkon	Markiese	Überdachung	Wintergarten
CAD-Planung			
Abrechnugsart	Leistung	Regie	Pauschal
Sonstiges:			

1

Bild 3.8 Checkliste Kunden der Firma Schedel

2. Alarmanlagen
   - Schutz der im Haus lebenden Personen
   - Schutz vor Vandalismus
   - Schutz von Eigentum
   - Abschreckung von Einbrechern
3. Rauchmelder
   - Schutz der im Haus lebenden Personen
   - Schutz von Eigentum
   - Sicherheitsgefühl (weniger Sorgen)
4. Wireless-LAN/Multimedia
   - kabellose Verbindung
   - Mehrfachnutzung des Internetzugangs
   - höhere Sicherheit durch Firewall
   - Kostenkontrolle durch DSL
5. Moderne Türsprechanlagen
   - Komfort
   - Haussteuerung von unterwegs über Mobiltelefon
   - Bildüberwachung der Haustür
   - Videoaufzeichnung: man sieht, wer an der Tür war
6. Fußbodenheizung
   - Komfort
   - gleichmäßige Wärmeverteilung
   - Kostenkontrolle
   - fußwarmer Wohnraum
   - Schutz vor Erkältung
7. „Gemütliches Licht"
   - Besonderheiten im Wohnraum werden ins „rechte Licht" gerückt
   - Wellnessgefühl durch atmosphärisches Licht
   - Licht-Szenario für besondere Anlässe
8. Garagentorsteuerung
   - Komfort, nicht „im Regen stehen" zu müssen
   - Bequemlichkeit und Schnelligkeit
   - längere Haltbarkeit durch gleichmäßige Belastung
9. Individuelle Schalter
   - Farbengleichheit mit den Wänden
   - edel
   - modernes Design
   - individuell anpassbar

Hilfestellung bei der Vermarktung des „E-Check" liefern Innungen und Verbände. Hintergründe und Marketingunterstützung sind dem Beitrag auf der Webseite des ZVEH zu entnehmen.
https://www.zveh.de/e-marke/e-check.html

3.3 Online-Marketing zur Mitarbeiter- und Kundengewinnung

3.3.1 Grundlagen der Mitarbeiter- und Kundengewinnung

Jedes Unternehmen hat heute mit vielen einfach umsetzbaren Werkzeugen die Möglichkeit, sich professionell online darzustellen. Die meisten Aspekte, die nachfolgend beschrieben werden, üben Einfluss sowohl auf die Mitarbeiter-, als auch auf die Kundengewinnung aus.

Noch immer sucht man einen bestimmten Elektrohandwerkbetrieb im Internet und wird möglicherweise nicht fündig, weil kein Internetauftritt vorhanden ist. Solche Betriebe brauchen sich nicht zu wundern, wenn Spontanbewerbungen von Mitarbeitern ausbleiben, denn der Internetauftritt richtet sich bekannterweise nicht nur an potenzielle Kunden, sondern auch an potenzielle Mitarbeiter.

Fragt man Handwerksunternehmer nach den besonderen Herausforderungen, vor denen ihre Betriebe heute stehen, so lautet die Antwort in den meisten Fällen: „Personalprobleme, zu wenig Mitarbeiter, zu viel Arbeit" oder „Schwierigkeiten, qualifiziertes Personal zu finden".

Wo man vor einigen Jahren mit bezahlter Werbung für Mitarbeitergewinnung im Elektrohandwerk noch ein Exot war, ist dies heute eine übliche Vorgehensweise. Von den allermeisten Unternehmern im Elektrohandwerk wird auch nicht mehr hinterfragt, ob dies sinnvoll ist. Die klassische Tageszeitung als Mittel der Mitarbeitergewinnung wird von den meisten mittlerweile eher belächelt; allerdings zeigt die Erfahrung, dass beispielsweise für Bürotätigkeiten eine Anzeige in der Lokalzeitung in manchen Regionen tatsächlich immer noch gut funktioniert.

Nichtsdestotrotz muss der Fokus einer erfolgreichen Mitarbeitergewinnung im Online-Marketing liegen. Die wichtigsten Erkenntnisse aus den letzten Jahren sind:

- Wer regelmäßig Bewerbungen erhält, signalisiert den Mitarbeitern, dass sie sich nicht benehmen können, wie sie möchten – sie sind prinzipiell ersetzbar. Dies lässt den Unternehmer viel konsequenter und souveräner führen.
- Das Marketing sollte beginnen, bevor ein dringender Mitarbeiterbedarf eintritt. Damit wird mehr Zeit für die Suche gewonnen und nicht aus einer Notlage heraus agiert.
- Die Zeitverzögerung ist zu beachten, da vom Zeitpunkt der Aktivierung einer Online-Kampagne bis zum ersten Arbeitstag eines neuen Mitarbeiters üblicherweise mehrere Monate vergehen. Das Mitarbeiter-Marketing sollte niemals vollständig eingestellt werden, da es zur Stärkung der Arbeitgebermarke beiträgt und gleichzeitig einen positiven Einfluss auf potenzielle Kunden hat.

Kunden-Marketing darf ebenfalls nicht erst starten, wenn eine aktuelle Notlage eintritt (Auftragsflaute). Es muss als kontinuierlicher Prozess gesehen werden, um ein positives Image des Unternehmens zu erzeugen. Die Praxis zeigt, dass je nach gesuchter Zielgruppe sowohl Offline- als auch Online-Marketing erfolgreich eingesetzt werden kann.

3.3.2 Der Online-Marketing-Funnel

Der englische Begriff „Funnel“, kann auf Deutsch mit „Trichter“ übersetzt werden. Dieses Konzept existiert in der Marketing-Welt schon seit Jahrzehnten und ist heute für den Handwerks-Unternehmer gerade im Online-Marketing so wichtig wie nie zuvor. Denn speziell in der Online-Welt verfügen wir über einen unglaublich hohen Zugang zu Interessenten, die nach vielfältigen Kriterien selektiert werden können.

Das Grundprinzip ist sehr einfach. Durch bezahlte Marketing-Maßnahmen „kauft“ sich der Unternehmer Aufmerksamkeit bei Interessenten, die dann zu Mitarbeitern oder Kunden umgewandelt werden sollen. Ein „Interessent“ kann z. B. eine Person sein, die sich auf eine Anzeige in den sozialen Medien hin gemeldet hat.

Das Funnel-Prinzip funktioniert so: Je größer der Input in den Trichter ist, desto mehr passende Kunden oder Mitarbeitende können gewonnen werden (**Bild 3.9**). Auf dem Weg von oben nach unten können Filter genutzt werden, um Personen auszuschließen, die nicht in das Schema passen. Manche Interessenten sind ausgezeichnet geeignet (z. B. potenzieller Kunde, der Budget hat, sofort umsetzen will und seinen Bedarf bereits kennt) und andere sind eher weniger geeignet (z. B. Mitarbeiter, die nur wegen eines höheren Stundenlohns wechseln wollen).

Interessenten werden am häufigsten von Werbeanzeigen der Meta-Portale (Facebook und Instagram) sowie Google Ads angesprochen. Auch TikTok gewinnt immer mehr an Relevanz, wird aber eher von jüngeren, weniger kaufkräftigen Zielgruppen genutzt. Von diesen Plattformen gelangt der Interessent auf eine Landingpage (eine eigens konzipierte Seite für einen singulären Zweck, z. B. ein Angebot für eine bestimmte Dienstleistung), oder ein sogenanntes „Lead-Formular" der sozialen Medien. Jeder, der schon einmal auf eine Werbeanzeige in den sozialen Medien geklickt hat, hat diesen Prozess bereits selbst durchlaufen.

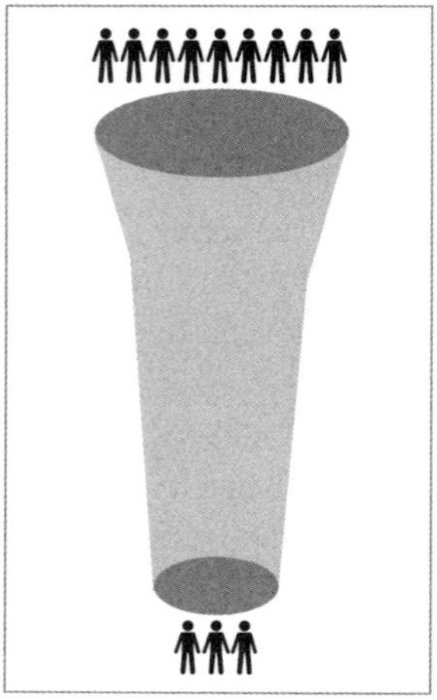

Bild 3.9 Marketing Funnel

3.3.3 Klare Positionierung

Zu Beginn muss die Positionierung klar sein. Dazu muss man folgende Fragen kurz und prägnant beantworten können:

- Welche spezifischen Kunden und Mitarbeiter möchte ich erreichen und welches Problem löse ich für wen? (z. B. „Sicherheitstechnik für Privathaushalte in Oldenburg und Umgebung")
- Wie muss ich kommunizieren, damit der Interessent den Nutzen meines Angebots wirklich versteht? (z. B. „Ruhig schlafen können und keine Angst haben müssen vor fehlhaftem Auslösen der Anlage.")
- Welches Ziel verfolgt meine Webseite? (z. B. muss für das Ziel „mehr Anfragen generieren" auch einfaches Online-Formular zur Verfügung stehen oder ein klar platzierter Aufruf zu sehen sein, z. B. „Rufen Sie uns jetzt für ein unverbindliches Angebot an".)

Damit kommen wir wieder zurück, auf die drei Grundfragen des Marketings, die immer zu stellen sind, bevor eine Kampagne gestartet wird (siehe Abschnitt 3.1).

- *WAS möchte ich erreichen?*
- *WEN möchte ich erreichen?*
- *WELCHES Angebot möchte ich an die entsprechende Zielgruppe richten?*

3.3.4 Webseiten- und SEO-Optimierung

Eine attraktive und ansprechende Webseite ist für den Unternehmer so wichtig wie die saubere Arbeitskleidung der Monteure. Nur wenn der erste Eindruck passt, fasst der Interessent (Kunde) auch Vertrauen und zieht eine Zusammenarbeit in Erwägung.

Gleichermaßen ist eine gut gestaltete Webseite notwendig, um Vertrauen bei Bewerbern aufzubauen. Es ist kaum vorstellbar, dass sich ein Bewerber vor einem Gespräch nicht im Detail mit der Webseite des Unternehmens auseinandersetzt. Deshalb spielen die menschlichen Faktoren auf der Webseite eine entscheidende Rolle. Aus diesem Grund sollte sich der Unternehmer fragen: Vermittelt die aktuelle Webseite ein Gefühl dafür, wie es ist, im Unternehmen zu arbeiten? Hilfreich sind z. B. positive Statements von Mitarbeitern, aussagekräftige Fotos vom Team oder die Darstellung der Benefits des Unternehmens.

Design

Beim Design von Webseiten sollen die folgenden Punkte berücksichtigt werden:

- Alle wichtigen Informationen „*above the fold*“, also auf der Startseite, sichtbar ohne Scrollen
- *Menschen zeigen.* Wer ist der Unternehmer und das Team? Menschen kaufen immer von Menschen!
- *Vermeiden von vielen Unterseiten.* Könnte die Seite auch als sogenannter „Onepager“ funktionieren?

Inhaltlicher Aufbau

Da die Aufmerksamkeitsspanne der meisten Webseitenbesucher unter zehn Sekunden liegt, ist klar, dass weniger in diesem Fall definitiv mehr ist. Lange Texte sind nicht nur Zeitverschwendung in der Generierung – sie schrecken Besucher geradezu ab. Die Gestaltung muss daher folgenden Grundlagen folgen:

- *Nur so viel Text wie absolut notwendig!* Wenn es sich anstrengend anfühlt, den Text zu schreiben, wird er wahrscheinlich auch anstrengend zu lesen sein.
- Mit *Stichpunkten* und *Fettungen* arbeiten, um das *Querlesen* zu ermöglichen.
- *Details reduzieren* (Sind z. B. alle Hersteller und Zertifikate für den Kunden wichtig?)

Eine aussagekräftige und gutaussehende Webseite muss keine 10.000 EUR kosten. *René Hadrian* der Elektro Wagner GmbH aus Passau nutzt ein einfaches Baukastensystem für seine Webseite und generiert dadurch regelmäßige Kundenanfragen (**Bild 3.10**).

Bild 3.10 Die Webseite von *René Hadrian* der Elektro Wagner ist über den Link https://elektrowagner-pa.de zu erreichen

Die Gestaltung einer Webseite stellt die eine Seite der Medaille dar. Die zweite Seite: das Unternehmen muss über Schlagworte zu speziellen Suchanfragen auch gefunden werden.

Die Search Engine Optimisation (SEO) der Webseite bewirkt ein höheres Ranking bei Suchmaschinen wie Google und sichert somit, dass man sie leichter findet. Suchanfragen lauten z. B. „Elektriker München" oder „PV-Anlage Köln". Bevor die Webseite aufgebaut wird, sollte sich der Unternehmer Gedanken dazu machen, zu welchen Suchanfragen er gefunden werden möchte. Diese wichtigsten Begriffe dürfen auf einer Webseite nicht fehlen. Weiterhin sind unter anderem folgende Faktoren für SEO relevant: Ladezeiten, effektive Nutzung von Überschriften, mobil-optimierte Seite, interne Verlinkungen. Der Unternehmer ist gut beraten, sich hier Expertenrat einzuholen und den Aufbau der Seite unter den genannten Aspekten zu prüfen.

Mit dem kostenlosen Tool Google Lighthouse können Sie die SEO-Effektivität mit dem einfachen Ampel-System auf den Prüfstand stellen. Sind sie nicht in allen Bereichen „grün", so besteht Handlungsbedarf. Mit Google Analytics können die Verhaltensweisen der Webseitenbesucher und deren Quellen (auch Suchbegriffe) unter die Lupe genommen werden.

3.3.5 Darstellung mit Google Business Profile

Grundlegendes

Jedes Unternehmen erhält automatisch ein Unternehmensprofil, das von Google auf Basis öffentlich zugänglicher Informationen aus dem Internet erstellt wird. Dieses Google Business Profile (früher Google My Business) sollte unbedingt auf Richtigkeit überprüft werden.

Nur Unternehmen, die die Inhaberschaft ihres Profils anfordern, haben die Möglichkeit, Informationen zu ergänzen, zu aktualisieren oder zu korrigieren. Eine regelmäßige Pflege des Profils trägt dazu bei, die Sichtbarkeit und das Vertrauen der Zielgruppen zu erhöhen.

Folgende Punkte gilt es zu überprüfen:

- Öffnungszeiten
- Adresse/Telefonnummer
- aktuelle Bilder
- korrekte Beschreibung von Betrieb/Tätigkeiten/Leistungspalette

Google Bewertungen

Auch die Nutzerbewertungen des Unternehmens auf Google sind regelmäßig zu überprüfen. Alle Wertungen unter 4,0 können schädlich für den Ruf und das Marketing des Unternehmens sein.

Es gibt vielfältige Möglichkeiten, die Bewertungen positiv zu beeinflussen. Es sollte zur Gewohnheit werden, Kunden nach jedem erfolgreichen Einsatz um eine Bewertung zu bitten und einen QR-Code auf der Rechnung zu platzieren, der direkt zum Bewertungsportal führt.

Für unzutreffende schlechte Bewertungen sollte bei Google eine Löschung beantragt werden. Auf Kritik am Unternehmen sollte kurzfristig mit einer Antwort reagiert werden, die den Autor des kritischen Beitrags dazu veranlasst, mit dem Unternehmen in Kontakt zu treten.

3.3.6 Marketing durch Meta-Werbung

Aktuell liefern Facebook und Instagram (Konzernmutter: Meta Platforms, Inc. – nicht zu verwechseln mit der META Handelsgesellschaft mbH!) sehr gute Resultate bei der Mitarbeiter- und Kundengewinnung. In Zukunft wird auch die Bedeutung von TikTok weiter zunehmen.

Durch gezielte bezahlte Werbung in den Sozialen Medien können Unternehmer im Elektrohandwerk die Anzahl ihrer Kundenanfragen sowie auch die Anzahl an Bewerbern deutlich erhöhen. Um eine Flut von „falschen" Interessenten zu vermeiden, müssen präzise Einstellungen (z. B. im Facebook Business Manager) vorgenommen werden.

- *Tagesbudget*
- *Interessen der Zielgruppe*, die angesprochen werden sollen
- *Radius* der Ausspielung
- *Destinations-Link* für die Interessenten, z. B. Webseite oder besser eine Landing Page

Patrick Botzenhard von Elektrotechnik Botzenhard konnte 2024 mit Meta-Werbeanzeigen (**Bild 3.11**) innerhalb von zehn Wochen vier qualifizierte Mitarbeiter einstellen.

Jens Fischer von Fischer Technik im Haus konnte 2024 mit Meta-Werbeanzeigen (**Bild 3.12**) innerhalb von 12 Monaten 13 qualifizierte Mitarbeiter einstellen.

Bild 3.11 Meta-Werbeanzeige zur Mitarbeitergewinnung

Bild 3.12 Meta-Werbeanzeige zur Mitarbeitergewinnung

3.3.7 Marketing durch Google

Google Ads

Das Konzept „Google Ads“ (früher „Google AdWords“) ermöglicht es, ganz oben in den Suchergebnissen auf Google in Erscheinung zu treten. Das Unternehmen kauft sich bestimmte häufig genutzte Suchbegriffe (Keywords). Damit verfolgen Google Ads gleiche Ziele wie eine SEO-optimierte Webseite.

Allerdings werden Treffer von Google Ads als „gesponsert“ gekennzeichnet. SEO-optimierte Inhalte erscheinen dagegen „organisch“ (nicht als Werbung erkennbar) höher bei einer Suche. Studien zeigen, dass die meisten Menschen viel höheres Vertrauen in organisch gerankte Inhalte setzen als in gesponsorte Inhalte. Der Aufbau einer SEO-Strategie ist mit viel Arbeit verbunden, wohingegen eine Google Ads-Strategie schnell Resultate liefern kann.

Google Lokale Dienstleistungen

Bei diesem Konzept kann das Google Business Profile im Rahmen einer lokalen Suche hervorgehoben werden. Google bietet lokalen Unternehmen eine Werbeplattform, die ausschließlich für Haushaltsdienstleistungen (wie beispielsweise Elektrotechnik) vorbehalten ist.

Die Abrechnung erfolgt nicht wie bei klassischen Plattform-Anzeigen über Anzeigenschaltungen oder Klicks. Stattdessen wird ausschließlich für qualifizierte Anfragen bezahlt. Kosten fallen demnach nur an, wenn ein potenzieller Kunde ernsthaftes Interesse zeigt, wie zum Beispiel das Ausfüllen eines Kontaktformulars oder das Anfordern eines Angebots. Dieses System sorgt für eine effizientere Nutzung des Budgets, da die Werbeausgaben direkt an die Generierung wertvoller Kontakte (Leads) gekoppelt sind.

Des Weiteren muss sich ein Unternehmen für diesen Dienst erst bewerben und qualifizieren, um darüber Werbung zu schalten, da Google hier u.a. einen Käuferschutz anbietet.

Google Local Ads

Auch bei dieser Werbeform wird das Google Business Profile hervorgehoben – allerdings mit dem wesentlichen Unterschied, dass dem Nutzer hier mehr Einstellungsmöglichkeiten (z.B. Keywords, Art der Anzeigengestaltung) geboten werden. Des Weiteren wird bei dieser Art der Werbeanzeigen nach Klicks und nicht nach Anfragen abgerechnet.

Google Local Ads sowie Google Ads sollten strategisch eingesetzt werden – abhängig von der Art der angebotenen Dienstleistung und der Region, die der Betrieb ins Auge gefasst hat. So eignen sich Google Ads vor allem für erklärungsbedürftige/hochpreisige Dienstleistungen, bei denen sich Interessenten zuerst mit der Website und dem Anbieter vertraut machen müssen. Google Local Ads eignen sich vor allem für „ad hoc"-Dienstleistungen (z. B. Kundendienst), bei denen ein Interessent sofort Hilfe benötigt und schnell einen Anruf tätigen möchte, um einen Reparaturauftrag zu erteilen.

„Google Lokale Dienstleistungen" kann den Marketing-Mix abrunden: Es ist aber aufgrund des mitunter sehr langwierigen Verifizierungsverfahrens sowie der monatlichen Fixkosten, um am Google-Käuferschutz teilzunehmen, keine schnelle Lösung.

Arbeitgebermarke und Kununu

Um die Arbeitgebermarke zu stärken, empfiehlt es sich ein *Kununu*-Profil anzulegen. Bestehende Mitarbeiter sollte man bitten, dort wahrheitsgemäße Bewertungen des Arbeitgebers abzugeben. Die Erfahrung zeigt, dass sich Interessenten sehr häufig diese Bewertungen ganz genau ansehen, bevor sie sich bewerben.

Zudem bieten sich auch Testimonials an, bei denen Mitarbeiter, die abgebildet werden, persönliche Erfahrung, Eindrücke und Vorteile ihrer Arbeit im Unternehmen teilen.

3.3.8 Datenschutz und Rechtliches

Es ist wichtig, den Datenschutz auch im Online-Marketing zu berücksichtigen. Jede Unterseite der Webseite sowie bezahlte Werbeanzeigen müssen einen Link zu den Datenschutzhinweisen und dem Impressum enthalten. Überall dort, wo Cookies eingesetzt werden, muss der Nutzer auf diese hingewiesen werden.

Online-Portale wie z. B. www.e-recht24.de können helfen, die rechtlichen Bestimmungen zu diesen Punkten einzuhalten. Wer die rechtlichen Vorschriften ignoriert, riskiert eine Abmahnung oder ein Bußgeld.

3.4 Bewerbergespräche

Sobald eine Bewerbung im Betrieb eingetroffen ist, stellt sich die Frage, wie mit dem Bewerber umgegangen werden soll. Ein professioneller Ablauf des Bewerbungsgesprächs von der Einladung bis zur Einstellung spielt eine wesentliche Rolle, wie sich der Bewerber entscheidet.

Bewerbungsgespräche haben als Grundsatz drei Ziele:

- Herauszufinden, ob der Bewerber für das Unternehmen fachlich geeignet ist.
- Herauszufinden, ob der Bewerber menschlich ins Team passt.
- Den Bewerber vom Unternehmen und dem Unternehmer zu begeistern.

Um diesen Fragen auf den Grund zu gehen, empfiehlt es sich in mindestens zwei Stufen vorzugehen.

1. Erstgespräch

Hier spricht man mit dem Bewerber ca. 15 Minuten per Telefon. In diesem Gespräch möchte man herausfinden, ob jemand grundsätzlich geeignet ist und ihn für das Unternehmen begeistern. Ein solches Erstgespräch kann auch von einem Mitarbeiter / späteren Kollegen durchgeführt werden, um diese in den Auswahlprozess einzubinden und gleichzeitig für eine angenehme Gesprächsatmosphäre unter „Kollegen" zu sorgen. Ist eine grundsätzliche Eignung erkennbar, sollte in der nächsten Stufe ein Vor-Ort-Gespräch erfolgen.

2. Vor-Ort-Gespräch

Für dieses Gespräch sind ca. ein bis zwei Stunden zu veranschlagen. Hier geht es deutlich mehr in die Tiefe. Zu diesem Gespräch sollte der Bewerber dann auch relevante Unterlagen, etwa einen Lebenslauf oder den Gesellenbrief mitbringen.

Das Vor-Ort-Gespräch ist in folgende Phasen aufgebaut:

- Begrüßung und Smalltalk,
- Darstellung des Unternehmens,
- Motiv des Bewerbers,
- beruflicher Werdegang des Bewerbers,
- Kompetenzen des Bewerbers,
- Darstellung der Entwicklungsmöglichkeiten im Unternehmen,
- Beantwortung von Fragen des Bewerbers,
- Darstellung des Ablaufs des weiteren Auswahlprozesses und der Einarbeitung im Unternehmen.

Für einen gute Vorbereitung sollte der Ideal-Kandidat skizziert und die Mindestanforderungen definiert werden. Dabei steht die Frage im Raum: Auf welche 80 % der Anforderungen kann auf keinen Fall verzichtet werden?

In einem Bewerbungsgespräch sollten viele offene Fragen an den Bewerber gestellt werden. Die Grunddevise lautet: Wer fragt, führt das Gespräch! Beispielfragen, die sehr effektiv in Bewerber-Gesprächen gestellt werden können:

- Was muss passieren, damit du in zwölf Monaten sagst: „Hierher gewechselt zu haben, war eine der besten Entscheidungen in meinem Leben“?
- Wie sieht der perfekte Arbeitstag bei dir aus?
- Was war bei dir der Auslöser, dass du gesagt hast: „Hier bewerbe ich mich“?
- Was möchtest du in Zukunft auf keinen Fall mehr machen?
- Welche Erfahrungen kannst du in unser Unternehmen einbringen?

4 Auftragsdurchlauf – vom Angebot bis Zahlungseingang

4.1 Softwareeinsatz und Kundendatei

Die heutigen Softwarelösungen für das Elektrohandwerk bieten umfangreiche Möglichkeiten die Auftragsabwicklung, Kalkulation und das Unternehmenscontrolling zu unterstützen. Vielen Betrieben ist aus unserer Erfahrung oftmals gar nicht bewusst, was ihre Software leistet und was nicht. Der richtige Softwareeinsatz, angepasst an die eigenen Unternehmensabläufe, soll den Arbeitsalltag unterstützen und vereinfachen. Hört man einige Unternehmer, hat man oft das gegenteilige Gefühl. Aussagen wie: „Ich nutze unsere Software vielleicht zu 30 Prozent“ oder „So etwas geht mit der Software?“ hört man von Unternehmern der Branche häufig.

> Definieren Sie vor der Anschaffung der Software den konkreten Bedarf in Form eines Lastenheftes. Schauen Sie sich, wenn möglich, unterschiedliche Softwarelösungen bei Kollegenbetrieben im Tageseinsatz an und nicht nur auf den Branchenmessen.
> Haben Sie an dieser Stelle auch immer das Thema KI im Blick, es wird in unmittelbarer Zukunft die komplette digitale Welt verändern.

Ein Lastenheft lässt sich auf verschiedene Weise gliedern. Folgende Angaben werden typischerweise berücksichtigt:

1. Einführung
2. Beschreibung der Auftragsarten: Kundengruppe und deren Anforderungen (z. B. E-Rechnung oder Aufmaß als GAEB-Datei)
3. Beschreibung des Ist-Zustands (Welche Funktionen sollen auf jeden Fall auch mit der neuen Software nutzbar sein – und welche sind aktuell eher ein Hindernis?)
4. Beschreibung des Soll-Zustands (Was ist am wichtigsten, was soll die Software können?)
5. Beschreibung von Schnittstellen (z. B. Übernahme alter Kundendaten, Schnittstellen zur Finanzbuchhaltung etc.)
6. Funktionale Anforderungen (z. B. Mobiler Monteur, Schnittstellen zum Elektrogroßhandel oder zur CAD-Software)

7. Nichtfunktionale Anforderungen (z. B. Wartung, Updates, Schulungen; Dokumentation, revisionssichere Ablage etc.)
8. Einsatz und Entwicklung von KI (Wie weit wird in der aktuellen Version schon KI eingesetzt und was ist geplant?)

Das CRM/ERP-System als Schlüssel einer qualitativen Kundenbeziehung: Ein gut gepflegtes System sichert zum einen eine nachhaltige Kundenbeziehung, zum anderen vereinfacht es aber auch die betrieblichen Abläufe und verbessert das eigene Controlling. Wichtigste Aufgabe ist die aktive Nutzung und Auseinandersetzung mit der Software und die fortlaufende Aktualisierung aller Daten. Hier sind alle Beteiligten im Unternehmen gefragt. Jedes System ist nur so gut, wie die Nutzer dieses System auffordern und mit „Leben füllen". Wir erleben in der Praxis häufig, dass Softwarelösungen sich permanent weiterentwickeln und umfangreiche Anwendungen integrieren, die Nutzer dieser Entwicklung aber nicht standhalten können bzw. ihre Hausaufgaben schon im Vorfeld nicht gemacht haben. Daher sind folgende Punkte von besonderer Bedeutung:

- Fortlaufende Updates und Schulungen des Teams zu den Neuerungen der Software sind entscheidend. Oftmals bieten Softwarehersteller auch Schulungen inhouse an, um die Anwendungen im Praxisfeld des Unternehmens zu integrieren.
- Alle Kalkulationsparamenter der Software (z. B. Einstellungen der Lohnkosten, Zuschlagssätze, Datanorm, Kalkulationshilfen) müssen regelmäßig aktualisiert werden.
- Verständnis der Abläufe, die die Software vorgibt, statt das System um bestehende Abläufe „zu biegen". In welche Schritten muss vorgegangen werden, um den bestmöglichen Nutzen zu ziehen? Oftmals stellen Unternehmen sonst schnell fest, dass bestimmte weitere Anwendungen nicht möglich sind, weil andere Schritte im Vorfeld nicht erfolgten.
- Auch diese Informationskategorien des Kunden sollten vervollständigt werden:
  - Name und Position des Ansprechpartners,
  - Geburtsdatum (wenn verfügbar),
  - bisherige Aufträge/Käufe – mit Datum und Menge,
  - besondere Bedürfnisse des Kunden,
  - individuelle Abneigungen und Vorlieben,
  - Reklamationen – Grund und Datum,
  - Hobbys und Informationen zum familiären Umfeld.

Speziell der letzte Punkt ist der Schlüssel zur hohen Qualität in einer Kundenbeziehung. Sympathie entsteht, wenn ein Gespräch mit der Nachfrage eröffnet wird, wie der letzte Angelurlaub verlaufen ist oder wie es der Tochter in ihrer Ausbildung geht.

4.2 Angebotsmanagement

4.2.1 Form des Angebotes

Rein rechtlich betrachtet handelt es sich bei einem Angebot im Handwerk um „eine einseitig abgegebene Willenserklärung“. Willigt der Adressat in das Angebot ein – sind Angebot und Annahme deckungsgleich – so kommt es zum Auftrag.

Um die Chance auf einen Auftrag zu erhöhen und damit auch die Zeit für die Kalkulation zu reduzieren, sollten sich Angebote von denen Ihrer Mitbewerber abheben. Hierzu empfiehlt es sich, keine formlosen PDF-Dokumente per Mail, sondern stets visuell ansprechende und persönliche Angebote zu versenden. Auch erklärungsbedürftige Sachverhalte und Produkte sollten im Angebot bereits erklärt bzw. mit Bildern veranschaulicht werden.

Hier ein paar Vorschläge, wie Angebote attraktiver gestalten werden können:

- Es sollte ein persönliches Anschreiben verfasst werden.
- Auf korrekte Rechtschreibung ist besonders zu achten.
- Der Briefkopf mit Firmenlogo sollte auf allen Seiten des Angebotes vorhanden sein.
- Welche Art von Angebotstext ist für den Kunden am verständlichsten – Kurztext oder Langtext?
- Gegebenenfalls sollten Angebotstexte zu den einzelnen Positionen überarbeitet werden, um das Angebot zu schützen.
- Es sollte ein Textbaustein in das Angebot aufgenommen werden, der dem Empfänger untersagt, das Angebot ohne Einwilligung weiterzugeben.
- Eindeutige Artikelnummern sind zu vermeiden, um zu verhindern, dass das Angebot an Dritte weitergeleitet wird, die lediglich den kalkulierten Preis unterbieten.
- Einzelne Positionen sollten zusammengefasst werden, sodass ein Mitbewerber nicht ohne Weiteres einen niedrigeren Preis unter das Angebot setzen kann, ohne sich zuvor genauer mit den Gegebenheiten auseinandergesetzt zu haben.

- Sofern Art und Umfang des Angebotes es zulassen, könnten auch Produktbilder integriert werden.
- Empfohlen wird, das Angebot durch Referenzbilder aufzulockern. So bekommt der Kunde (Interessent) ein genaueres Bild von der fertigen Lösung.
- Falls sinnvoll (z. B. bei PV-Anlagen) sollten dem Angebot auch Wirtschaftlichkeitsberechnungen angefügt werden.
- Am Ende des Angebots sind Eventualpositionen als zusätzliche Optionen in Form von Paketen mit einzubauen.
- Ein persönlicher Schlusstext rundet das Angebot ab.
- Angebote sollten befristet werden.
- Eine Einladung des Privatkunden (Interessenten) in die eigenen Räumlichkeiten ermöglicht eine ruhige Angebotspräsentation. Zudem kann Technik anschaulich vorgeführt werden, beispielsweise anhand von Mustertafeln oder eigenen Installationen.
- Ausführliche und zeitintensive Angebote sollten vom Kunden vergütet werden.

Zur Vorbereitung von Angeboten und Aufträgen nutzen einige Unternehmen Checklisten, mithilfe derer alle relevanten Informationen gesammelt werden, um das Angebot schnell zu erstellen und den Auftrag zur Zufriedenheit des Kunden abzuwickeln. Ein Muster ist auch dem Abschnitt 3.2.2 zu entnehmen.

4.2.2 Angebotsverfolgung

Die Angebotsquote sagt aus, wie viele der verfassten und abgegebenen Angebote zu einem Auftrag führen. Wer seine Angebote nachverfolgt und nachfasst, kann die Quote erhöhen.

> Rufen Sie konsequent jeden Interessenten, dem Sie ein Angebot zukommen lassen, nach spätestens einer Woche an. Fragen Sie, ob das Angebot angekommen ist, es den Anforderungen des Kunden entsprochen hat und ob es noch zu klärende Fragen gibt. Selbst wenn Sie den Auftrag nicht bekommen, fragen Sie nach den Gründen. Nur so können Sie dazulernen und ihre Angebote immer besser auf die Bedürfnisse Ihrer Kunden abstimmen.

Geschwindigkeit als Erfolgsfaktor

Je schneller das Unternehmen auf die Anfrage des Kunden reagiert, desto höher die Wahrscheinlichkeit, einen Auftrag zu generieren. In vielen Fällen fragt der Kunde zu Beginn nur ein oder wenige Unternehmen an. Melden diese sich nicht zeitnah zurück, fragt er zwangsläufig weitere Unternehmen an. Dies sorgt für einen unnötig erhöhten Konkurrenzkampf um den Auftrag.

4.2.3 Vom Angebot zum Vertrag – Rechtliche Grundlagen

Wie kommt der Vertrag mit dem Kunden zustande?

Ein Vertrag kommt durch Angebot und Annahme dieses Angebotes zustande. Dabei spielt es zunächst keine Rolle, in welcher Form diese Willenserklärungen (ob mündlich oder schriftlich) erfolgen.

Entscheidend hierbei ist, dass das Angebot konkret ist, d.h., es muss mindestens die Sache bzw. die Leistung, um die es geht und den Preis bzw. die Gegenleistung enthalten.

Ein einfaches Beispiel eines Angebotes für einen Kaufvertrag:

„Ich kann Ihnen diese Waschmaschine für 500 EUR anbieten“.

Die Annahme muss sich nun direkt auf dieses Angebot beziehen. Wird das Angebot nur mit Abänderung des Angebots angenommen („Ja, aber ...“), kam noch kein Vertrag zustande. Vielmehr hat nun der Andere ein neues, geändertes Angebot abgegeben, das der zuerst Anbietende auch wieder annehmen kann oder nicht.

Beispiel für ein neues, geändertes Angebot durch den Käufer:

„Ich nehme die Waschmaschine, aber nur für 500 EUR inkl. Liefern und Anschließen“.

Sobald sich die Vertragspartner auf die Eckpunkte Leistung und Gegenleistung geeinigt haben, ist der Vertrag geschlossen. Hierbei spielt zunächst keine Rolle, in welcher Form, d.h. ob mündlich oder schriftlich, diese Willenserklärungen geäußert wurden.

Ein Vertrag ist schon durch ein mündliches Angebot und eine mündliche Annahme dieses Angebots entstanden. Ein schriftlicher Vertrag ist rein rechtlich nicht erforderlich.

> Wir empfehlen dennoch dringend, Angebote schriftlich zu erstellen und vom Vertragspartner unterschreiben zu lassen. In erster Linie ist dies zu Beweiszwecken erforderlich. Oftmals will sich bei Streitigkeiten die Gegenseite nämlich an bestimmte mündliche Vereinbarungen plötzlich nicht mehr erinnern.

BGB oder VOB-Vertrag?

Wenn keine andere Vereinbarung getroffen worden ist, gelten immer die Regelungen des Bürgerlichen Gesetzbuches (BGB) – Stichwort Werkvertragsrecht.

Die VOB ist vom Charakter her eine Allgemeine Geschäftsbedingung (AGB). Sie ist daher für beide Seiten nur dann bindend, wenn sie bereits vor oder bei Vertragsabschluss ausdrücklich vereinbart wurde.

Nach § 305 Abs. 2 BGB kann eine allgemeine Geschäftsbedingung nur dann Bestandteil des Vertrages werden, wenn dem anderen Vertragspartner die AGB bekannt war oder er sich davon Kenntnis verschaffen konnte.

Von Bauunternehmern, Bauhandwerkern, Architekten und Sonstigen, die gewerblich damit zu tun haben, kann davon ausgegangen werden, dass diese Kenntnis von der VOB haben müssen.

Gegenüber Privatpersonen wird die VOB nur dann wirksam, wenn diese von dieser Person als Vertragsgrundlage selbst und ohne Hinweis vorgeschlagen wird.

Auswahl einiger Vor- und Nachteile im Überblick

Wenn in der **Tabelle 4.1** „keine Angabe" aufgeführt ist, gibt es keine Bestimmungen dazu, der Auftragnehmer kann frei entscheiden.

Bereich	Werkvertrag BGB	Bauvertrag VOB
Risiko für Beschädigungen vor Abnahme	liegt beim Unternehmer (entspricht Auftragnehmer)	liegt beim Auftraggeber
Einsatz Subunternehmer	keine Angabe	nur mit Zustimmung des Bauherrn
zusätzliche Leistungen	Müssen durch Unternehmer (Auftragnehmer) nicht erbracht werden	Auftragnehmer muss auch nicht vereinbarte Leistungen erbringen, die zur Ausführung der vereinbarten Leistungen erforderlich sind
Stundenlohnarbeiten	keine Angabe	Sind vor Beginn der Leistungsausführung zu vereinbaren, Stundenzettel sind einzureichen.
Abnahme	sofort nach Fertigstellung	12 Werktage Zeit für Auftraggeber nach Abnahmeverlangen durch Auftragnehmer, schriftlich zu verlangen
Teilabnahme	nur wenn vorher vertraglich vereinbart	sind für abgeschlossene Teilleistungen möglich
Abschlagszahlungen	Abschlagszahlung nur für abgeschlossene Leistungsteile	Recht auf Abschlagszahlung nach Baufortschritt
Fälligkeit der Zahlung	sofort mit Abnahme der Leistung	30 bis max. 60 Kalendertage nach Zugang der prüfbaren Schlussrechnung (bei Vorliegen der Abnahme)
Sicherheitsleistung	keine Angabe	Auftraggeber kann vom Auftragnehmer die Leistung einer Sicherheit verlangen. Auftraggeber muss Bareinbehalt auf ein Sperrkonto hinterlegen.
Mängelansprüche Verjährung	5 Jahre	4 Jahre

Quelle: Uwe Nestler, UB Heckner

Tabelle 4.1 Werkvertrag vs. Bauvertrag VOB

4.2.4 Wann gilt ein Auftrag als erteilt?

Auftragsbestätigung oder kaufmännisches Bestätigungsschreiben – wo liegen die Unterschiede?

Mit einem kaufmännischen Bestätigungsschreiben werden mündlich besprochene Vereinbarungen zu Papier gebracht und der anderen Vertragspartei zugesandt. Das Schreiben dient dem Zweck, bei späteren Konflikten den Vertrag und seinen Inhalt zu beweisen. Schweigt der Empfänger des Bestätigungsschreibens, so kommt der Vertrag zu den im Schreiben genannten Bedingungen zustande.

> Das kaufmännische Bestätigungsschreiben gilt nur unter Kaufleuten und Personen, die im größeren Umfang am Geschäftsverkehr teilnehmen.
> Wenn Sie regelmäßig die Baubesprechungen schriftlich festhalten und an die Teilnehmer verschicken, auch an den Auftraggeber, so handelt es sich ebenfalls um ein kaufmännisches Bestätigungsschreiben!

Die Voraussetzungen für ein kaufmännisches Bestätigungsschreiben sind:

- Beide Parteien müssen Kaufleute sein oder jedenfalls in größerem Umfang am Geschäftsleben teilnehmen.
- Dem Schreiben müssen Vertragsverhandlungen vorausgehen und es muss zum Ausdruck kommen, dass der Bestätigende von einem bereits erfolgten Vertragsschluss ausgeht.
- Das Schreiben muss unmittelbar nach den Vertragsverhandlungen abgeschickt worden und muss dem Empfänger zugegangen sein.
- Der Inhalt muss dem Gegenstand der Vertragsverhandlungen entsprechen.
- Schließlich darf der Empfänger nicht unverzüglich widersprochen haben.

Ein Muster für ein kaufmännisches Bestätigungsschreiben könnte zum Beispiel so aussehen:

„Sehr geehrter Herr Mustermann,

zunächst vielen Dank für das angenehme Gespräch gestern. Gerne bestätige ich Ihnen die getroffenen Absprachen:

...

Für die Ausführung haben wir die KW 14 für Sie reserviert.

Mit freundlichen Grüßen“

Oder auch:

„Vielen Dank für Ihren Auftrag aus unserem Telefonat am 05. Februar 2025, dessen Inhalt ich Ihnen kurz bestätigen möchte: Wir haben vereinbart, dass …“

Die Auftragsbestätigung ist die schriftliche Willenserklärung zur Annahme eines Angebotes.

Weicht die Auftragsbestätigung vom Antrag bzw. Angebot ab, so ist die Auftragsbestätigung nicht als Annahme eines vorgeschlagenen Vertrages zu verstehen, sondern als Ablehnung verbunden mit einem neuen Vertragsangebot (Gegenangebot) des Verhandlungspartners zu werten (§ 150 II BGB). Nur wenn das Gegenangebot (in der Regel die Bestellung) unverändert und ohne Verspätung angenommen wird, kommt ein Vertrag zustande.

In der Zusammenarbeit mit dem Privatkunden reicht ein kaufmännisches Bestätigungsschreiben nicht aus, da Stillschweigen (kein Widerruf durch den Kunden) nicht automatisch zum Vertrag führt. Wir empfehlen hier immer, eine schriftliche Auftragsbestätigung einzuholen.

Wer ist unterschriftsberechtigt?

In der Praxis erlebt man immer wieder, dass z. B. Planer oder Architekten Arbeiten in Auftrag (insbesondere bei Änderungs- und Zusatzarbeiten) geben, ohne das eine konkrete Vollmacht von Seiten des Bauherren vorliegt. Dies führt regelmäßig zu Streitigkeiten bis hin zu Zahlungsausfällen, die sich durch eine vorherige Abklärung der Unterschriftsberechtigungen vermeiden lassen.

Klären Sie bereits zu Beginn mit Ihrem Auftraggeber schriftlich, wer in seinem Namen unterschriftsberechtigt ist. Dies beugt späteren Streitigkeiten vor.
Teilen Sie diese Informationen vor allem auch den Mitarbeitern auf der Baustelle mit.

Umsetzung der Verbraucherschutzrichtlinie der EU

Am 13. Juni 2014 sind die vom Bundestag beschlossenen Regeln für Verbraucherverträge (= Verträge mit Privatkunden) in Kraft getreten (§§ 312b bis 312h BGB). Sie setzen eine EU-Verbraucherrechterichtlinie um. Davon ist auch das Handwerk betroffen. Die wichtigsten Punkte für das Handwerk sind Informationspflichten und ein Widerrufsrecht bei außerhalb der Geschäftsräume des Unternehmers geschlossenen Verträgen.

Unternehmer müssen Verbraucher umfassend und rechtzeitig informieren, und zwar bei allen Verbraucherverträgen, unabhängig davon, ob dem Verbraucher ein Widerrufsrecht zusteht. Im Rahmen der Informationspflichten ist zu empfehlen, den Kunden so umfassend als möglich zu informieren. In der Praxis bedeutet dies, da die Erfüllung der Informationspflichten schriftlich zu dokumentieren ist, dass es nur noch schriftliche Angebote und Verträge gibt (was dem Unternehmer bei der Durchsetzung von Zahlungsforderungen durchaus zum Vorteil gereicht!). Und ein ordentlich gestaltetes schriftliches Angebot beeindruckt den Kunden.

Auszug aus den Informationspflichten bei Verbraucherverträgen:
„Die nachfolgenden Informationen müssen dem Verbraucher mit dem Kostenvoranschlag oder Angebot in Papierform ausgehändigt werden. Die Informationen sind zum Teil Bestandteil des Geschäftspapiers. Die anderen Angaben müssen auftragsbezogen enthalten sein.

- *Firma und Adresse des E-Handwerksbetriebes,*
- *Telefon und ggf. Fax und E-Mail,*
- *wesentliche Eigenschaften der Ware oder Vertragsleistung,*
- *Gesamtpreis der Ware oder Vertragsleistung inkl. Steuern und Abgaben oder wenn der Preis nicht im Voraus berechnet werden kann, die Art der Preisberechnung (pro Stunde, pro lfd. Meter ...),*
- *Fracht-, Liefer- oder Anfahrtskosten, oder wenn diese nicht berechnet werden können, der Hinweis, dass solche Kosten anfallen können,*
- *Zahlungs-, Liefer- und Leistungsbedingungen,*
- *Termin, bis zu dem der Betrieb die Ware liefern oder die Vertragsleistung erbringen muss."*

Mit der Umsetzung der Verbraucherrechterichtlinie können Verbraucher, also Privatkunden, Verträge, die außerhalb der Geschäftsräume des Unternehmers geschlossen worden sind, z.B. in den Räumen des Privatkunden, innerhalb von 14 Tagen nach Vertragsschluss ohne Kostenfolge widerrufen. Über dieses Widerrufsrecht ist der Privatkunde vor Vertragsschluss schriftlich zu informieren („erweiterte Informationspflichten"). Unterbleibt diese Belehrung, verlängert sich die Frist auf 12 Monate und 14 Tage.

Wenn auf ausdrücklichen Wunsch des Privatkunden, nach entsprechender Belehrung („Genehmigung zum vorzeitigen Beginn") über die Folgen, vor Ablauf der 14-tägigen Frist mit der Ausführung begonnen werden soll, hat der Privatkunde die dann schon erbrachten Leistungen bei Widerruf zu bezahlen. Dieser Verzicht auf den Widerruf („Genehmigung zum vorzeitigen Beginn") muss der Kunde durch Unterschrift bestätigen (**Bild 4.1**).

Allerdings sieht das Recht auch Ausnahmen beim Widerrufsrecht vor. So gilt es z. B. nicht bei Neubauten, erheblichen Umbaumaßnahmen oder Notdienst.

> Tipp: Informationspflichten erfüllen. Alle Situationen vermeiden, in denen dem Privatkunden ein Widerrufsrecht zusteht. Versuchen Sie immer, den Vertrag in Ihren Geschäftsräumen abzuschließen. Lässt sich der Vertragsschluss außerhalb der Geschäftsräume nicht vermeiden, oder bestehen Zweifel, ob überhaupt ein Widerrufsrecht besteht, immer ordnungsgemäß schriftlich belehren.

Bild 4.1 zeigt Mustertexte des LIV Bayern – diese müssen extra in Ergänzung zum Auftrag vom Verbraucher unterzeichnet werden.

Widerrufsrecht

Sie haben das Recht, binnen vierzehn Tagen ohne Angabe von Gründen diesen Vertrag zu widerrufen.

Die Widerrufsfrist beträgt vierzehn Tage
a.) ab dem Tag des Vertragsabschlusses bei Dienst- oder Werkverträgen.

b.) bei einem Kaufvertrag ab dem Tag an dem Sie oder ein von Ihnen bevollmächtigter Dritter, der nicht Beförderer ist, die Ware, die letzte Ware, die letzte Teilsendung oder das letzte Stück in Besitz genommen haben bzw. hat.

Um das Widerrufsrecht auszuüben, müssen Sie uns
(Firmenbezeichnung des Betriebes,
Anschrift des Betriebes und, soweitt vertügbar,
Telefonnummer, Tefefrsrnummer und E-Mail- Adresse)
mittels einer eindeutigen Erklärung, z. B. per Post versandter Brief, Telefax oder E-Mail über Ihren Entschluss, diesen Vertrag zu widerrufen, informieren.

Zur Wahrung er Widerrufsfrist reicht es aus, dass Sie die Mitteilung über die Ausübung des Widerrufsrechts vor Ablauf der Widerrufsfrist absenden.

Folgen des Widerrufs

Wenn Sie diesen Vertrag widerrufen, haben wir Ihnen alle Zahlungen, die wir von Ihnen erhalten haben, einschließich der Lieferkosten (mit Ausnahme der zusätzlichen Kosten, die sich daraus ergeben, dass Sie eine andere Art der Lieferung als die von uns angebotene, günstigste Standardlieferung gewählt haben), unverzüglich und spätestens binnen vierzehn Tagen ab dem Tag zurückzuzahlen, an dem die Mitteilung über Ihren Widerruf dieses Vertrags bei uns eingegangen ist. Für diese Rückzahlung verwenden wir dasselbe Zahlungsmittel, das Sie bei der ursprünglichen Transaktion eingesetzt haben, es sei denn, mit Ihnen wurde ausdrücklich etwas anderes vereinbart; in keinem Fall werden Ihnen wegen dieser Rückzahlung Entgelte berechnet.

Haben Sie verlangt, dass die Vertragsleistung während der Widsrrufsfrist beginnen soll, so haben Sie uns einen angemessenen Betrag zu zahlen, der dem Anteil der bis zu dem Zeitpunkt, zu dem Sie uns von der Ausübung des Widerrufsrechts hinsichtlich dieses Vertrags unterrichten, bereits erbrachten Vertragsleistung im Vergleich zum Gesamtumfang der im Vertrag vorgesehenen Vertragsleistung entspricht.

Datum / Unterschrift

Quelle: Landesinnungsverband für das Bayerische Elektrohandwerk, München

Bild 4.1 Mustertext Widerrufsrecht (Teil 1/2)

Ausdrückliche Zustimmung zur sofortigen Ausführung von Vertragsleistungen

Ich bestätige, der sofortigen Ausführungen der Vertragsleistung, vor Beendigung der Widerrufsfrist von vierzehn Tagen, zugestimmt zu haben. Meine Zustimmung habe ich in der Kenntnis erteilt, dass mein Widerrufsrecht nach Beendigung der Vertragsleistung erlischt. Bei Erklärung des Widerrufe vor Beendigung der Vertragsleistung besteht die Pflicht zur Leistung von Wertersatz für die bis zum Zeitpunkt des Widerrufs entstandenen Kosten zur ausgefü°hrten Vertragsleistungen.

Datum / Unterschrift

Quelle: Landesinnungsverband für das Bayerische Elektrohandwerk, München

Bild 4.1 Mustertext Widerrufsrecht (Teil 2/2)

4.2.5 Absicherung für den Auftraggeber

Nach dem VOB/B und dem BGB (§§ 631 ff. BGB) hat der Auftragnehmer, also das Unternehmen, allen Pflichten nachzukommen, die im Vertrag aufgeführt sind. Viele Werkverträge sehen dafür zwei Absicherungen des Auftraggebers gegenüber dem Auftragnehmer vor:

- eine Absicherung der Erfüllung der Vertragspflichten vor Abnahme (Vertragserfüllung),
- eine für etwaige Mängelbeseitigungsansprüche nach der Abnahme (Gewährleistung).

Diese Sicherheiten können, sofern nichts anderes vereinbart ist, auf zweierlei Art geleistet werden: durch das Einbehalten von Geld oder durch eine Bürgschaft.

Bei einem Sicherheitseinbehalt muss der Kunde die offene Summe bei einer Bank auf ein sogenanntes „Sperrkonto“ einzahlen, über das beide nur gemeinsam verfügen können. Zu beachten ist, dass gerade dieser Einbehalt die Liquidität des ausführenden Unternehmens empfindlich verschlechtern kann. Daher stellt eine Bürgschaft unter Liquiditätsgesichtspunkten die bessere Variante dar. Bürgschaften können sowohl von Banken als auch von entsprechenden Versicherern ausgestellt werden.

Oft wird vertraglich die Stellung von Sicherheiten in Standardklauseln niedergelegt. Hier gilt es, insbesondere im Bereich der Vertragserfüllung aufzupassen. In der Praxis wird z. B. formuliert, dass die Vertragserfüllungsbürgschaft sämtliche Ansprüche aus dem Vertrag in Höhe, der für die Vertragserfüllungsbürgschaft an sich üblichen und zulässigen 10% der Auftragssumme, absichern soll.

Eine solche Formulierung ist nach einem BGH Urteil aus dem Jahr 2014 (Bundesgerichtshof, Urteil vom 20. März 2014 – AVII ZR 248/13) unzulässig. Die Begründung des Bundesgerichtshofes liegt im Wesentlichen in einer klaren Unterscheidung zwischen Vertragserfüllungs- und Gewährleistungsabsicherung. Letztere soll Ansprüche aus Werkmängeln nach der Abnahme abdecken, und zwar höchstens bis 5 % der Auftragssumme. Bei der Vertragserfüllung geht es dem Gegenüber nur um Ansprüche vor der Abnahme (bis max. 10 % der Auftragssumme). Demnach ist genau zu prüfen, wie weit sich eine Vertragserfüllung erstrecken soll.

Nach den Vorgaben des BGH muss eine Vertragserfüllungsabsicherung auf Ansprüche vor Abnahme begrenzt werden. Ansonsten ist die Klausel im Vertrag unwirksam.

4.2.6 Absicherung für den Auftragnehmer

Bauhandwerker sind nur ungenügend abgesichert, wenn sie Materialien einbauen und der Besteller insolvent wird. So verlieren sie ihre Eigentumsrechte an den eingebauten Materialien und bei Insolvenz bleibt für ihre Ansprüche oft nichts mehr übrig.

Um dem entgegenzuwirken, können Bauhandwerker nach § 648 a BGB eine Sicherheitsleistung für ihre zu erbringenden Vorleistungen und Nebenforderungen in Höhe von 10 % des Vergütungsanspruches vom Auftraggeber verlangen. Hier spricht man von der sogenannten „Bauhandwerkersicherung“.

Ein Anspruch auf Sicherung besteht mit Abschluss des Vertrags. Es ist hierbei unerheblich, ob der Auftragnehmer bereits Arbeiten erbracht hat. Auch nach der Abnahme hat der Handwerker das Recht eine Sicherheit für die noch nicht geleistete Vergütung zu verlangen. Wird diese Sicherheitsleistung von Seiten des Auftraggebers nach Ablauf einer Fristsetzung nicht gestellt, kann der Auftragnehmer seine Leistungen einstellen oder vom Vertrag zurücktreten.

Die Ausnahme bilden hier Verträge mit Privatkunden für ihr Eigentumshaus/Eigentumswohnung. Nach § 632a Abs. 4 BGB gilt sogar die Maßgabe: Ist der Besteller ein Verbraucher, dann ist diesem bei der ersten Abschlagszahlung eine Sicherheit für die rechtzeitige Herstellung des Werkes ohne wesentliche Mängel in Höhe von 5 % des Vergütungsanspruches zu leisten. Eine weitere Ausnahme sind Verträge mit juristischen Personen des öffentlichen Rechts, das heißt zum Beispiel Gemeinden oder Kirchen. Hier können keine Sicherheitsleistungen verlangt werden.

> Bei allen Aufträgen empfehlen wir daher, einen konkreten und für beide Seiten stimmigen Zahlungsplan im Vertrag zu verankern. Auch eine Vereinbarung einer Vorauszahlung evtl. als Gegenleistung zu einer Vertragserfüllungsbürgschaft ist eine Möglichkeit, die Sicherheit für beide Seiten gleichermaßen zu gewährleisten.

4.2.7 Einsatz von Subunternehmern und Leiharbeitern

Der Einsatz von Subunternehmern und Leiharbeitern ist ein oft genutztes Instrument, um Leistungsspitzen abzufedern, z. B. Kabelzug, Sicherheitstechnik, die das Unternehmen nicht bieten kann oder will.

Die Ergebnisse des Busch-Jaeger-Betriebsvergleichs zeigen die Bedeutung der Subunternehmerleistungen in den untersuchten Betriebsgrößenklassen (siehe **Tabelle 4.2**).

Subunternehmer und Fremdleistungen spielen bei den kleineren Unternehmen kaum eine Rolle. Bei den größeren Unternehmen werden oft mehr als zehn Prozent der Leistung durch Subunternehmer erbracht.

Für eine aussagefähige Buchhaltung müssen folgende Regeln zur korrekten Verbuchung der Zahlen beachtet werden:

- Sub- und Nachunternehmerleistungen werden im Wareneinsatz gebucht,
- Leiharbeiter in der Rubrik Personalkosten.

Subunternehmer erbringen eine Leistung, ein Werk und arbeiten auf der Grundlage eines Werksvertrages.

Leiharbeiter sind weisungsgebunden und rechtlich so wie eigene Mitarbeiter gestellt und deshalb sind deren Aufwendungen unter Personalkosten zu buchen.

Wareneinsatz und Fremdleistung	GK I + II		GK III		GK IV	
	in EUR	in %	in EUR	in %	in EUR	in %
Leistung	746.488	100,0	1.705.039	100,0	4.387.461	100,0
./. Wareneinsatz	271.899	36,4	625.174	36,7	1.704.471	38,9
./. Subunternehmer	10.895	1,5	76.898	4,5	402.912	9,2
= Rohertrag	**463.695**	**62,1**	**1.002.968**	**58,8**	**2.280.077**	**52,0**

Wareneinsatz und Fremdleistung	GK V	
	in EUR	in %
Leistung	14.911.793	100,0
./. Wareneinsatz	5.544.618	37,2
./. Subunternehmer	1.634.723	11,0
= Rohertrag	**7.732.453**	**51,9**

Tabelle 4.2 Subunternehmerleistung gemäß Busch-Jaeger-Betriebsvergleich 2024

Bei der Ermittlung von Leistungskennziffern eines Unternehmens, wie z. B. Rohertrag pro Kopf, wird dieser Wert unter Einbeziehung von Leiharbeitern berechnet. Subunternehmer werden bei Berechnung dieser Kennziffer nicht berücksichtigt.

Haftung für die Abführung von Sozialversicherungsbeiträgen

Wer Leiharbeiter und Subunternehmer einsetzt, haftet, wenn die Leiharbeitsfirma oder der Subunternehmer seine Sozialversicherungsbeiträge nicht abführt. So mancher, der Sub- und Leiharbeiter einsetzte, musste schmerzhafte Erfahrungen machen. Aus dieser Haftung kann der Elektrohandwerker nicht entkommen. Im Gegenteil: Der Auftragnehmer haftet mit, ob die Entsendefirma den (tariflichen) Mindestlohn zahlt.

> Wer Subunternehmer oder Leiharbeiter einsetzt, sollte sich von der Entsendefirma die Bestätigung der Krankenkasse vorlegen lassen, dass für die eingesetzten Mitarbeiter deren Sozialversicherungsbeiträge abgeführt werden.

Scheinselbstständigkeit

Scheinselbstständigkeit liegt vor, wenn ein Mitarbeiter als selbstständiger Geschäftspartner auftritt, in Wirklichkeit jedoch im Unternehmen wie ein abhängig Beschäftigter eingesetzt wird.

Für den Elektrobetrieb, der einen Scheinselbstständigen einsetzt, kann dies sehr teuer werden. Wird bei einer Zollkontrolle die Scheinselbstständigkeit festgestellt, hat der Auftragnehmer, also der Elektrobetrieb, auf die in Rechnung gestellten Beträge den Arbeitgeber- und Arbeitnehmeranteil zur Sozialversicherung zu leisten.

Diese Kriterien sprechen für ein abhängiges Beschäftigungsverhältnis und für eine scheinselbstständige Tätigkeit:

- Eine weisungsgebundene Tätigkeit in Hinblick auf Zeit, Dauer, Ort und Ausführung der Tätigkeit liegt vor. Dies bedeutet, dass sich der Auftragnehmer bei Arbeiten nach den zeitlichen und örtlichen Wünschen des Auftraggebers richten muss.
- Die Eingliederung in die Arbeitsorganisation des Weisungsgebers besteht. Eine Eingliederung in die Arbeitsorganisation des Unternehmens liegt vor, wenn Selbstständige mit dem Firmenfahrzeug des Auftraggebers, mit seinem Werkzeug, an seinem Schreibtisch tätig sind.
- Die damit verbundene persönliche Abhängigkeit. Es wird nicht im

Rahmen eines Werkvertrages gearbeitet, in dem ein Ergebnis geschuldet wird, sondern nach individuellen Anweisungen des Auftraggebers, d. h., der Auftragnehmer schuldet seine Anwesenheitspflicht.

- Die Person beschäftigt im Zusammenhang mit ihrer Tätigkeit keinen versicherungspflichtigen Arbeitnehmer.
- Er betreibt keine Eigenwerbung.
- Der Auftraggeber oder ein vergleichbarer Auftraggeber lässt entsprechende Tätigkeiten regelmäßig durch von ihm beschäftigte Arbeitnehmer verrichten, z. B. Serviceleistungen.
- Die Tätigkeit lässt typische Merkmale unternehmerischen Handelns nicht erkennen.
- Er war vorher beim Auftraggeber sozialversicherungspflichtig beschäftigt.
- Mehr als fünf Sechstel des Umsatzes eines Subunternehmers werden mit einem Auftraggeber abgerechnet.

Zur Absicherung: Statusfeststellungsverfahren

Im Rahmen eines Statusfeststellungsverfahrens kann zur Absicherung des Auftraggebers und Auftragnehmers eine Entscheidung durch die Sozialversicherung getroffen werden, ob es sich im vorliegenden Fall um ein abhängiges Beschäftigungsverhältnis oder eine tatsächliche selbstständige Tätigkeit im Rahmen eines Subunternehmervertrages handelt.

Die Durchführung eines Statusfeststellungsverfahrens nach § 7a SGB/IV muss bei der Clearingstelle der DRV gestellt werden.

Was passiert, wenn im Rahmen einer Prüfung festgestellt wird, dass der Subunternehmer in Wirklichkeit scheinselbstständig ist?

Dann behandelt die Sozialversicherung diesen Arbeitnehmer so, als wäre er als Angestellter beschäftigt gewesen.

Hat z. B. der Subunternehmer im Prüfungsjahr 50.000 EUR Honorare, zzgl. Mehrwertsteuer an den Auftraggeber gestellt, wird dieser Betrag so behandelt, als ob es sich um Bruttoarbeitsentgelt handeln würde. Die Sozialversicherung fordert die Arbeitgeber- und Arbeitnehmerbeiträge auf der Basis dieser Bruttolohnsumme von 50.000 EUR ein. Dies sind nach grober Schätzung etwa 23.000 EUR an Nachzahlung. Hinzu addieren sich die Lohnsteuern, die ebenfalls nicht entrichtet wurden. Hat das Beschäftigungsverhältnis über einen längeren Zeitraum bestanden, kann es gut sein, dass diese Prüfung bei nur einem einzigen Subunternehmer über einen Zeitraum von fünf Jahren (bis zu vier laut Gesetz) eine Nachzahlung von weit über 100.000 EUR nach sich zieht.

Noch nicht berücksichtigt sind die Ansprüche, die sich aus Urlaub, Lohnfortzahlung und anderen Sozialleistungen ergeben.

Weitere Konsequenzen ergeben sich bei der Umsatzsteuer. Die Vorsteuer, die der Auftragnehmer von den Rechnungen seines Geschäftspartners abgezogen hat, muss zurückerstattet werden.

Zu diesen Zahlungen sind Säumniszuschläge zu leisten. Als Auftraggeber von Scheinselbstständigen sind außerdem strafrechtliche Konsequenzen zu tragen (Veruntreuen und Vorenthalten von Arbeitsentgelt mit eventuellem Freiheitsentzug).

Grundlage ist dafür der § 7 des Sozialgesetzbuches SGB, viertes Buch. Im § 7 wird der Begriff „Beschäftigung“ geklärt.

Vor diesem Hintergrund ist dringend anzuraten, sich an die Bestimmungen des Arbeits- und Sozialversicherungsrechtes zu halten und genau zu prüfen, ob ein Subunternehmer tatsächlich auf Basis eines Werksvertrages beschäftigt wird.

Sonderfall Existenzgründer

Der Gesetzgeber räumt ein, dass ein Selbstständiger nach der Gründung eine gewisse Zeit nur für einen Auftraggeber tätig sein könnte. Dennoch empfiehlt man den Existenzgründern, sich innerhalb von drei Monaten nach Beginn der Geschäftstätigkeit an die Deutsche Rentenversicherung Bund (vormals BfA) zu wenden und dort den Status feststellen zu lassen.

Deutsche Rentenversicherung (DRV)
Clearingstelle für sozialversicherungsrechtliche Statusfragen
10704 Berlin
Service-Telefon: 0800 333-1919

Antragsvordrucke und Infomaterial zur Statusfeststellung finden Sie auf der Seite www.deutsche-rentenversicherung.de unter dem Stichwort „Statusfeststellung“.

4.3 Vorbereitung der Auftragsdurchführung

Der optimale Auftragsdurchlauf und der wirtschaftliche Erfolg des Auftrags fangen bereits mit der Vorbereitung an. Die Fragen in diesem Zusammenhang lauten: Sind alle Ressourcen (Personal, Material, Maschinen) aufeinander abgestimmt? Sind alle relevanten Informationen vorhanden und an alle Betreffenden kommuniziert?

Die nachfolgende **Tabelle 4.3** zeigt im Überblick, welche Themen für die Vorbereitung des Auftrags relevant sind.

Sind die dargestellten Punkte alle geklärt, empfehlen wir, sich ausreichend Zeit für eine Kick-off-Besprechung mit dem bauleitenden Monteur zu nehmen, um gemeinsam alle wesentlichen Informationen und Besonderheiten in Bezug auf den Auftrag zu besprechen.

Bereich	Anforderung	erledigt
Material/ Maschinen	Sind im Vorfeld Preisanfragen bei Lieferanten erfolgt? Wurden die Preise ggf. nachverhandelt?	
	Sind die Mengen konkret ermittelt?	
	Sind die Liefertermine abgestimmt? Welche Lieferfristen bestehen? Was muss wann bestellt/abgerufen werden?	
	Gibt es eine Möglichkeit, Material bauseits zu lagern?	
	Sind die Lieferorte definiert? Was wird direkt vor Ort geliefert, was kommt zunächst ins Lager?	
	Ist abgestimmt, bei welchem Großhandel das Material bestellt wird.	
	Ist eine Erstbestückung der Baustelle geklärt?	
	Werden Sondermaschinen etc. benötigt und sind diese rechtzeitig verfügbar?	
Personal	Sind die eigenen Mitarbeiter koordiniert? Sind die freien Kapazitäten berücksichtigt?	
	Ist der Leiharbeiterbedarf ermittelt und abgestimmt?	
	Ist der Subunternehmerbedarf ermittelt und abgestimmt?	
	Sind die Vor- und Nachgewerke bekannt und liegen die, eventuell benötigten, Kontaktdaten vor? Erfolgt, wenn möglich, eine Abstimmung mit den Vor- und Nachgewerken zur zeitlichen Abstimmung?	
	Ist ein Bauzeitenplan vorhanden?	
Informationen, Hilfsmittel	Wurden im Rahmen des Erstkontaktes (z. B. Anruf im Büro) alle wesentlichen Informationen des Kunden abgefragt und dokumentiert?	
	Sind die kundenbezogenen Daten richtig und vollständig?	
	Wurden Vorabbesprechungen mit dem Kunden in einer Gesprächsnotiz zusammengefasst und ggf. Fotos vor Ort erstellt?	
	Liegen Leistungsverzeichnis und Pläne vollständig vor?	
	Ist geklärt, wer von Seiten der Kunden unterschriftsberechtigt ist?	
	Gibt es Zeitvorgaben für die Mitarbeiter?	
	Werden alle benannten Informationen den Mitarbeiter in Form einer Baustellenmappe/Projektordner zur Verfügung gestellt.	
	Wurde eine „Projekt-Start-Besprechung“ bzw. „Projekt-Übergabe“ terminiert?	

Tabelle 4.3 Vorbereitung des Auftrags

Nur aus informierten Mitarbeitern können mitdenkende Mitarbeiter werden. Wir erleben es immer wieder, dass Mitarbeiter mit den Worten losgeschickt werden: „Fahr schon mal los, es ist wie immer." Wer so agiert, braucht hinterher nicht verwundert sein, wenn der Auftrag Verluste einbringt und letztlich auch der Unternehmenserfolg ausbleibt.

Gehen Sie gemeinsam mit Ihrer Mannschaft die in der Tabelle 4.3 dargestellten Punkte durch und klären Sie, welche Informationen im Unternehmen noch fehlen oder besser kommuniziert werden müssen, um die Grundlage für eine optimale Auftragsdurchführung zu schaffen.
Sie können den „Spieß" aber auch umdrehen und von den verantwortlichen Bauleitern eine Art „Pflichtenheft" fordern, nach dem Motto „Welche Informationen benötige ich *vor* Beginn eines Bauvorhabens?"

Kennen Sie easyCalc-e? Ein einfaches und effizientes System zur Baustellenorganisation, das bereits von vielen Elektroinstallationsbetrieben in der Praxis verwendet wird. Autor ist Elektromeister und Leadauditor *Andreas Dörflinger*, ein Praktiker und Spezialist für den Bereich Betriebsorganisation.
Weitere Infos: www.easycalc-e.de

Sollten Informationen (z. B. Pläne) vom Kunden nicht vorliegen, müssen diese schriftlich angefordert werden. Falls die Pläne durch den Auftragnehmer erstellt werden müssen, ist zu prüfen, ob Kosten verrechnet werden können. Alle Anforderungen sollten immer schriftlich dokumentiert werden.

Zum Baustellenstart hat die Firma Dörflinger Elektrotechnik GmbH eine Checkliste (**Bild 4.2**) erarbeitet.

Auch für Serviceaufträge gilt, je besser die Vorbereitung und Übergabe, desto reibungsloser die Durchführung. Weniger unproduktive Zeiten und zufriedene Kunden sind die Folgen. Die Zeiten eines Schmierzettels mit einem Kundennamen sind auch hier lange vorbei. Die Handwerkerprogramme stellen heute alle einen Mobilen Monteur zur Verfügung. Er dient nicht nur dazu, die Arbeiten vor Ort zu erfassen, sondern erlaubt auch Zugriffe auf Dokumentationen zu Kundenabsprachen und Fotos. Die „digitale Auftragsmappe“ mit allen Kundeninformationen gehört damit zur guten Vorbereitung im Büro.

Baustellenstart	**Dörflinger Elektrotechnik GmbH**

Projekt-Nr.:	Baustelle:	Weisungsbefugt ist::	Bereich/Etage:

Ausführungsvorgaben:

☐ Freigegebene Ausführungsunterlagen sind vorhanden	☐ Die Installation erfolgt nach Angabe des Bauherrn	☐ Es sinc keine Planunterlagen vorhanden
☐ Alle Schalt-/Steckgeräte sind vor Ort angezeichnet	☐ Grundrisspläne des Architekten liegen vor	☐

Folgende Schemas liegen vor:

☐ Klingel-/Sprechanlage	☐ Telefon-/Datennetz	☐ Brandmeldeanlage
☐ Antenne	☐ Jalousie/Rollo	☐ Einbruchmeldeanlage
☐	☐	☐

Folgende Checklisten werden abgearbeitet:

RM = Checkliste Rohmontage, EM = Checkliste Endmontage, ANT = Checkliste Antenne, MP = Messprotokoll

Checkliste	Bereich:	Checkliste	Bereich:	Checkliste	Bereich:
RM		RM		RM	
EM		EM		EM	
ANT		ANT		ANT	
MP		MP		MP	

Rücklaufvorgaben:

Tagesbrichte	☐ täglich	☐ wöchent.	Arbeits-/Materialnachweis	☐ täglich	☐ wöchent.
Aufmaß	☐ täglich	☐ wöchent.	Gesprächsnotizen	☐ täglich	☐ wöchent.

Aufmaßvorgaben:

☐ Etagenweise	☐ Raumweise	☐ Eintrag in Ausführungspläne	☐

Einweisung/Besonderheiten:

☐ Einweisung vor Ort erfolgt	☐ Vorstellung beim Kunden	☐ LV/Vorbemerkungen besprochen	☐

Lieferzeiten

Titel	Artikelbezeichnung	Lieferzeit ca.	Titel	Artikelbezeichnung	Lieferzeit ca.

Besonderheiten:

Bauzeitenvorgabe: | **Aufgabenstellung klar und eindeutig:**

Bauzeit gesamt:	Bauzeit Rohmontage:	Bauzeit Endmontage:	Verantwortlich für Baustellenordner, Aufmaß etc - Datum/Unterschrift:	Datum/Unterschrift Projektleiter:

Quelle: Dörflinger Elektrotechnik GmbH, Liederbach

Bild 4.2 Checkliste Baustellenstart

4.4 Durchführung der Arbeiten

Bis zur Abnahme der Leistung durch den Kunden hat der Handwerker die Beweislast für die Mängelfreiheit seiner Leistungen. Das erstreckt sich auch auf die Sicherungspflicht der Elektroinstallation. Wenn vor der Abnahme die Anlage beschädigt wird, haftet trotzdem der Elektriker.

Nach der Abnahme haftet der Bauherr. Treten anschließend Schäden auf, die durch Dritte verursacht wurden, ist es Sache der Bauherren, die Schäden zu beseitigen und die für den Schaden Verantwortlichen zu ermitteln (§ 644 BGB).

4.4.1 Verhalten vor Ort / Spielregeln

Mitarbeiter möchten die Rahmenbedingungen kennen, die für ihre Arbeit gelten. Das sind einerseits juristische Grundlagen und Basiswissen der VOB/B, aber auch Spielregeln zur Kommunikation mit Kunden und das Auftreten des Mitarbeiters. Werden Mitarbeiter an der Erstellung solcher Rahmenbedingungen beteiligt, stehen sie hinter den vereinbarten Spielregeln.

Deshalb empfiehlt es sich, den Mitarbeitern in einem Workshop Spielregeln wie im nachfolgenden Beispiel in Form eines Betriebshandbuches vorzulegen und danach die Frage zu stellen, welche dieser Spielregeln auch im eigenen Betrieb zur Anwendung kommen sollen.

Hier die Überpunkte, die in Spielregeln für Mitarbeiter in Form eines Betriebshandbuches beschrieben werden sollen:

- Körperpflege, Kleidung,
- Umgang mit Kollegen und Kunden,
- Arbeitszeit: Beginn – Pausen – Ende,
- privates Handy, Verbot von privater Nutzung der Firmen-EDV,
- Raucherpausen,
- Reklamationsbearbeitung,
- Umgang mit Werkzeug und Firmenauto,
- Was tun, wenn der Zoll auf der Baustelle erscheint?
- Sicherheit bei der Arbeit,
- Reaktion bei Unfällen,
- Verhalten in der Öffentlichkeit,
- Verschwiegenheitspflicht, Datenschutz.

Eine komplette Liste der Themen soll im Rahmen einer Mitarbeiterbesprechung erarbeitet werden. Die Mitarbeiter erarbeiten mit dem Vorgesetzten, welche der Spielregeln eingeführt und damit gelten sollen.

Eine Liste mit Spielregeln, die in ERFA-Gruppen der Unternehmensberatung Heckner durch Unternehmer erarbeitet wurden, kann zur Orientierung dienen, wie Spielregeln gestaltet werden können.

Die erarbeiteten Spielregeln dienen für zukünftige Schulungen als Grundlage. Bei Neueinstellungen, auch von Azubis und Praktikanten, bieten hilfreiche Orientierung.

Erstkontakt / am Telefon

- Digitale Auftragsannahme (vollständige Adresse mit Telefonnummer erfassen),
- ggf. Gerätetyp erfassen,
- genaue Auftrags- bzw. Fehlerbeschreibung,
- Termin- und Montagewunsch des Kunden,
- Terminvereinbarung (es empfiehlt sich, dem Kunden alternative Termine vorzuschlagen, z. B. heute Nachmittag zwischen 16 Uhr und 18 Uhr oder morgen Vormittag zwischen 8 Uhr und 10 Uhr),
- Erkundigen, ob der Kundenoch zusätzliche Wünsche hat (z. B. E-Check).

Arbeitsvorbereitung

- Das Firmenauto ist komplett mit den gängigen Ersatzteilen bestückt. Es liegt eine Bestückungsliste vor, in der jederzeit kontrolliert werden kann, ob die Grundausstattung im Fahrzeug enthalten ist.
- Das Material muss bestellt werden und zur richtigen Zeit am richtigen Ort und in der richtigen Menge zur Verfügung stehen.
- Firmenautos werden am Vorabend beladen.
- Sofort bei Erkennung: Terminverschiebung mit dem Kunden absprechen. Der Kunde wird bei Verspätungen vor dem vereinbarten Termin angerufen.

Körperpflege

- Saubere Schuhe und einheitliche Firmenkleidung mit Namensschild, ggf. eingestickt.
- Rasiert, gekämmt, geputzte Brille, neutraler Geruch.
- Saubere Hände.
- Bei Bedarf Überschuhe und Handschuhe benutzen.

Auto

- Gewaschen und aufgeräumt (Waschtag und Verantwortlichen festlegen).
- Kein unnötiges Material herumfahren („kaputt transportieren").
- Keine Brotzeitreste oder leere Flaschen im Auto. Wer mit einem schmutzigen Auto fährt (innen und außen), reinigt es nach der regulären Arbeitszeit.
- Schäden sofort reparieren lassen.

Werkzeug

- Werkzeugtasche muss sauber und geordnet sein (bei Bohrarbeiten Tasche schließen).
- Werkzeuge sicher und funktionstüchtig halten.
- Nach jedem Auftrag säubern.
- Unterlagen mitnehmen (Filz etc.), 1 × für Werkzeugkoffer, 1 × für Werkzeug.
- Fragen, wo Werkzeug abgestellt werden darf.

Ausführung

- Der Monteur zieht in Gegenwart des Kunden Schutzüberzieher über seine Arbeitsschuhe und hinterlässt somit keinen Schmutz.
- Dem Kunden genau zuhören, dann Lösung vorschlagen.
- Auftrag unterschreiben lassen.
- Arbeitsbereiche abklären (wo kann Material gelagert, wo darf geflext werden).
- Abdeckungen auslegen und verkleben (ggf. die auch die Wege auslegen).
- Möbel, Teppiche: Nur nach Rücksprache mit dem Kunden verrücken.
- Bei geräuschintensiven Arbeiten: Kunden über Zeitpunkt und Dauer informieren.
- Keine Smartphone-Nutzung beim Kunden.
- Fachgerecht und sauber arbeiten (Staubsauger).
- Abfall, Bauschutt wieder mitnehmen.

4.4.2 Auftragsdurchlauf und Dokumentation

Basis für einen optimalen Auftragsdurchlauf sind einheitliche Regeln. Alle Aufträge sollten nach einem einheitlichen Schema ablaufen. Feste Regeln schaffen Strukturen. Entsprechende Checklisten können auch helfen, diese Abläufe zu optimieren. Wichtig ist bei der Gestaltung der Prozesse, die jeweils an der Ausführung beteiligten Mitarbeiter zu involvieren. Zur besseren Übersicht lohnt es sich, ein Flussdiagramm anzufertigen, das den kompletten Projektablauf im Unternehmen darstellt. In der Praxis hat sich die Implementierung des Kernprozesses für das Projektgeschäft bewährt, wie im folgenden Beispiel (**Bilder 4.3** und **4.4)** dargestellt.

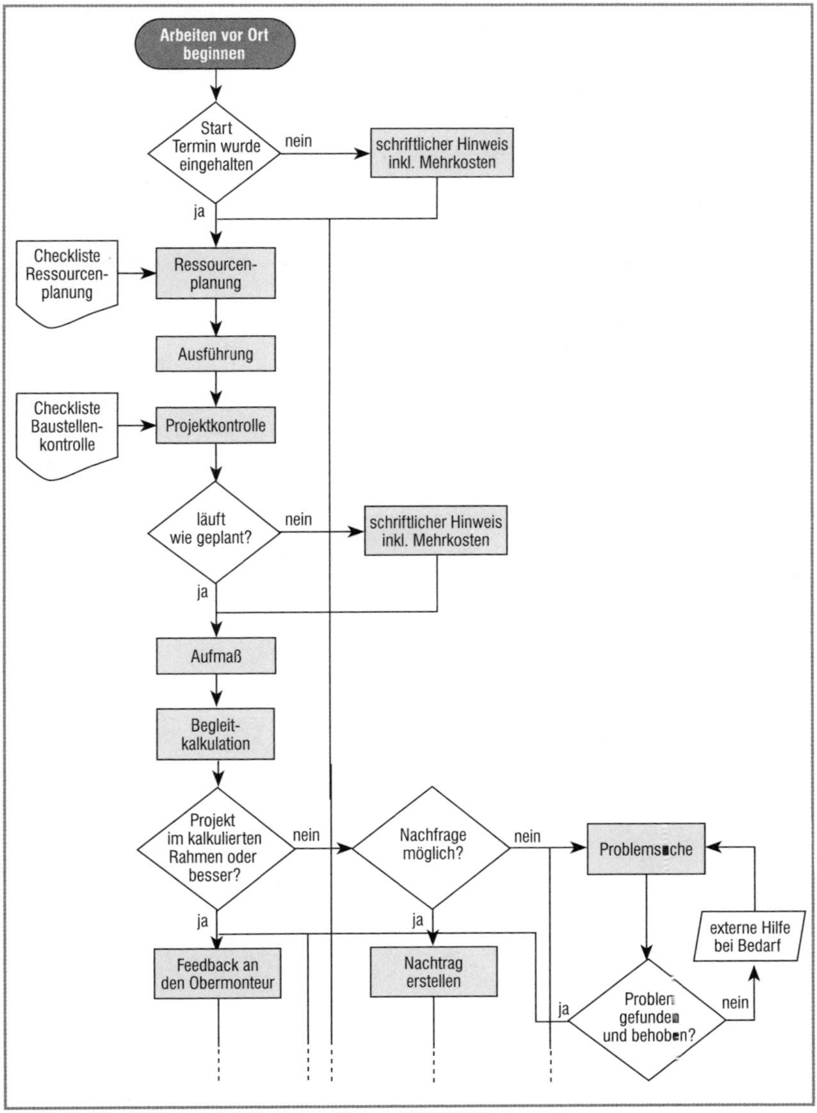

Bild 4.3 Flussdiagramm Auftragsausführung (Teil 1/2)

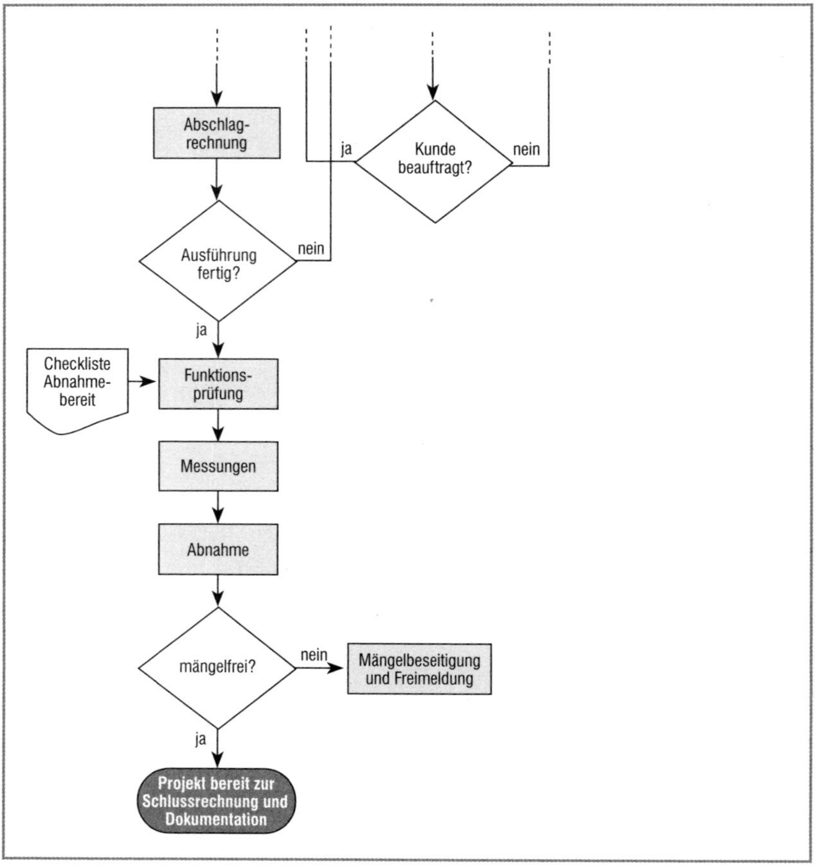

Bild 4.3 Flussdiagramm Auftragsausführung (Teil 2/2)

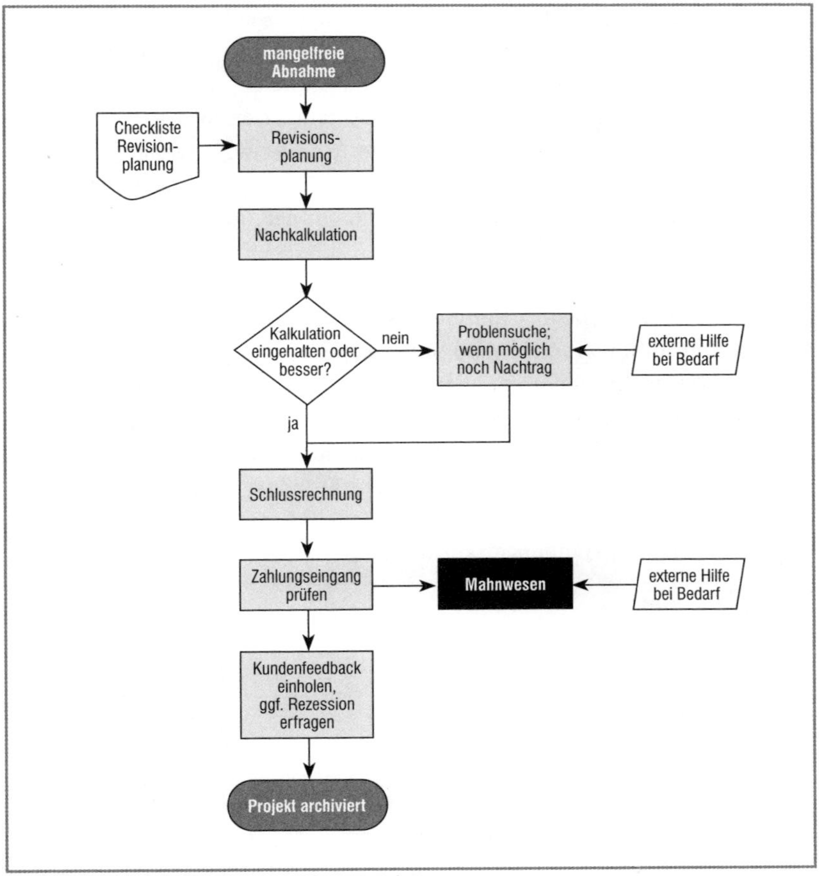

Bild 4.4 Flussdiagramm Projektdokumentation

Wer seine Mitarbeiter auch in kaufmännische Zusammenhänge einweiht und ihnen z. B. vermittelt, wie sich die Kosten einer Arbeitsstunde zusammensetzen (siehe Abschnitt 7.2) und warum Kunden nicht zahlen müssten, wenn Unterschriften und Dokumentationen fehlen, schafft das Verständnis für die Notwendigkeit der Dokumentation.

Die **Bilder 4.5** bis **4.11** zeigen Beispiele von Kollegen zur Dokumentation im Rahmen der Auftragsdurchführung.

Die gezeigten Beispiele beziehen sich auf analoge Ausführungen. In der heutigen Zeit verweisen wir selbstverständlich auf die Erfassung der Leistungen, Stunden und Materialien usw. auf digitalem Wege (z.B. Mobiler Monteur, ERP-System oder Zeiterfassungssystem). Dennoch gilt: Wer schon analog nicht dokumentieren kann und die Abläufe nicht schafft, wird auch digital seine Schwierigkeiten erleben. Daher gilt erst die Frage, was zu dokumentieren ist, und dann die Frage nach dem Medium.

Materialerfassung

Beispiel der Fa. Heinle aus Kaufbeuren zur Materialerfassung

1. Für einen Auftrag/Projekt wird in der Regel ein Angebot erstellt. Bei Auftragseingang wird aus dem Angebot ein Auftrag erzeugt und die Materialliste (als Beispiel siehe **Bild 4.5**) aus dem Auftrag, der bereits fertig ist, generiert. In der Materialliste sind die Artikelnummer und die Menge/Stückzahl des Artikels enthalten. Auf dieser Basis können Erstbestückungen für die Baustelle festgelegt und das passende Material bestellt oder im Lager zusammengestellt werden.

Materialliste

Projekt: 2002805
Auffrag: Erneuerung Netzwerk
Kunde: 20009

Stand: 11.02.2024
Seite: 1/10

Position	Artikel-nummer	Menge	Artikelbezeichnung	Einzel-preis in EUR	Gesamt-preis in EUR
01.01.01	5010576		DRAKA-M UC900 HS23 C7 S/FTP Kat 7 S/FTP AWG23 8P LSHF 500m	1.200,00	
01.01.02	5010580		DRAKA-M UC900 HS23 C7 S/FTP Kat 7 S/FTP AWG23 4P LSHF 500m	220,00	
01.01.03	1002000		KAB+LTG NYM-J 3x2,5 Kunststoffmantelleitung-T500	350,00	
01.01.04	1124556		KAB+LTG NYM-J 1x16 Kunststoffmantelleitung-T500	80,00	

Quelle: Heinle Elektrotechnik, Kaufbeuren

Bild 4.5 Materialliste

2. Sollte in dem Auftrag weiteres Material hinzukommen, wird ein weiterer Materialschein (siehe **Bild 4.6**) zur Anforderung und Ausgabe des Materials erzeugt.
3. Alle zwischenzeitlich ausgegebenen Artikel werden fortlaufend im Auftrag gebucht. Es lässt sich nun mit einem Knopfdruck eine Rückgabeliste (**Bild 4.7**) generieren, in der alle Artikel aufgeführt sind und bei Mehrfachverwendung eine Addition und Zusammenfassung erfolgen kann. Somit haben wir gleichzeitig eine Aufmaßkontrolle erstellt.

Materialabgabe ☐
Materialbestellung ☐
Materialrückgabe ☐

heinle elektrotechnik

Projekt/Auftrag ________ Proj/Auftr-Nr. ________
Verantwortlicher Monteur: ________
Mat. angefordert durch: ________ am: ________
Anschrift: ________

☐ Mitnahme aus Lager
☐ Lieferung zur Baustelle
☐ ________

Projektleiter: ________

Benötigte Menge	Artikelbezeichnung	Artikelnummer	Mat. auf Baustelle: ausgegeben	Mat. auf Baustelle: Rückgabe	Mat. auf Baustelle: Verbrauch	bitte bestellen	bestellt wo / wer

Quelle: Heinle Elektrotechnik, Kaufbeuren

Bild 4.6 Materialbestellung

Rückgabeliste
Projekt: 2002805
Auffrag: Erneuerung Netzwerk
Kunde: 20009

Stand: 11.02.2024
Seite: 1/10

Lief.	Artikel-nummer	Beleg	Artikelbezeichnung	Ausgabe	Rückgabe	Verbrauch
3	1001107	12820	KAB+LTG H07V-K 2,5 HBL Aderleitung R100	– 3,000		
3	1001107	12820	KAB+LTG H07V-K 2,5 HBL	– 3,00	______	______
3	2907664	12572	NIEDAX FLM6x20 FG Flachrundkopfschraube M6, ähnlich DIN	60,000		
3	2907664	12572	NIEDAX FLM 6x20 FG	60,00	______	______
3	5034354	12891	RITTAL DK 5501 070 Seitenwand geteilt BHT 2200x1200 RAL7035	1,000		
3	5034354	12891	RITTAL DK 5501 070	1,00	______	______
3	5034414	12612	RITTAL DK 5501.110 TS IT RAL7035 BHT 800x2200x1200	1,000		
3	5034414	12612	RITTAL DK 5501.110	1,00	______	______
5	008410 20	12589	SHR-ZYL-ISO4762-8.8-1S8-(A2K)-M10x20 Zylinderschrauben	200,000		
5	008410 20	12787	SHR-ZYL-ISO4762-8.8-1S8-(A2K)-M10x20 Zylinderschrauben	– 180,000		
5	008410 20	12787	SHR-ZYL-ISO4762-8.8-1S8	20,00	______	______
		12588	Schrauben M10x25	20,000		
		12588	Beilagscheiben	40,000		
		12588	Rigipsdübel	200,000		

Quelle: Heinle Elektrotechnik, Kaufbeuren

Bild 4.7 Material-Rückgabeliste

4. In der Materialübersicht (**Bild 4.8**) sind die erfassten Materialscheine aufgeführt. Diese Liste dient bei der Abrechnung zur Kontrolle, um evtl. Eingabefehler korrigieren zu können.

Materialübersicht
sortiert nach Belegnummer
Info: Ausdruck über Waren/Stunden
→ Nachkalkulation drucken mit Index Belegnummer

Lief.	Artikel-nummer	Beleg	Datum	Artikelbezeichnung	Menge	Einzel-preis in EUR	Gesamt-preis in EUR
Eingangsnummer		**12509**		**LS HM 2693901**			
3	2693901	12509	04.09.14	RITTAL TS 8601.805 Sockel-Elemente vorne und hinten RAL	1,000		
3	5010703	12509	04.09.14	DRAKA-M CAT7ECO/DX B WhiteLa WhiteLabel Datenkabel Cat7 1000Mhz AWG23	1000,000		
Summe Eingangsnummer		**12509**					
Eingangsnummer		**12533**		**Materialausgabe**			
5	0903252	12533		DBL-(W-GS/Z)-ZD-14,5x33 Dübel Gipskarton	20,000		
6	0490877	12533		TOX-Dubel Allzweckdübel TRI 6/36	100,000		
5	0153045040	12533		HR-PANHD-HO-AW20-(A2K)-4,5x40/37.0 Spannplattenschraube Panhead	250,000		
3	2572962	12533		HAGER LF4006009010 LF-Kanal aus PVC LF 40x60mm	12,000		

Quelle: Heinle Elektrotechnik, Kaufbeuren

Bild 4.8 Materialübersicht

5. Nach Abschluss der Materialrückgabe und Kontrolle der Materialübersicht (Bild 4.8) ergibt sich nun neue Materialübersicht (**Bild 4.9**) mit dem tatsächlich verbrauchten Material und zugleich wird hier der Aufwand der Lohn- und Materialkosten mit aufgeführt. Insofern ist es möglich, die Abrechnung auf Basis der neuen Materialübersicht zu erstellen. Die Materialübersicht (Bild 4.9) kann durch die tägliche Eingabe der Stunden und Materialien zugleich als tägliche Begleitkalkulation genutzt werden. Insofern ist mit einem Knopfdruck eine Orientierung (ohne Prüfung der Materialscheine) für den entsprechenden Auftrag oder Projekt gegeben.

Materialübersicht

Projekt: **2002805**
Auffrag: **Erneuerung Netzwerk**
Kunde: **20009**

Stand: 11.02.2024
Seite: 1/10

Lief.	Artikel-nummer	Beleg	Artikelbezeichnung	Menge	Einzelpreis in EUR	Gesamtpreis in EUR
3	1001107	12820	KAB+LTG H07V-K 2,5 HBL Aderleitung R100	– 3,000		
3	**1001107**	**12820**	**KAB+LTG H07V-K 2,5 HBL**	**– 3,00**		
3	2907664	12572	NIEDAX FLM6x20 FG Flachrundkopfschraube M6, ähnlich DIN	60,000		
3	**2907664**	**12572**	**NIEDAX FLM 6x20 FG**	**60,00**		
3	5034354	12891	RITTAL DK 5501 070 Seitenwand geteilt BHT 2200x1200 RAL7035	1,000		
3	**5034354**	**12891**	**RITTAL DK 5501 070**	**1,00**		
3	5034414	12612	RITTAL DK 5501.110 TS IT RAL7035 BHT 800x2200x1200	1,000		
3	**5034414**	**12612**	**RITTAL DK 5501.110**	**1,00**		

Quelle: Heinle Elektrotechnik, Kaufbeuren

Bild 4.9 Materialübersicht

Diese Übersichten sind ohne großen Aufwand in jedem Handwerkerprogramm zu generieren und führen zu einem vollständigen Erfassen aller Materialien und Stunden.

Bautagebuch

Im Bautagebuch werden die täglichen Arbeiten im Projekt erfasst (siehe **Bild 4.10**). Diese Dokumentation dient zum einen der Nachweispflicht gegenüber dem Auftraggeber. Zum anderen werden aber auch die geleisteten Zeiten und der Stand des Projektes festgehalten. Die geleisteten Stunden können auf Basis dieser Dokumentation im Handwerkerprogramm auf das Projekt gebucht werden und ermöglichen damit eine Begleit- und Nachkalkulation.

Wochenberichte

Bereits im Abschnitt 2.9.3 haben wir behandelt, worauf der Zoll bei der Dokumentation der täglichen Arbeitszeit Wert legt. In der Praxis führte dies dazu, dass der Wochenbericht (Beispiel in **Bild 4.11**) wieder an Bedeutung gewann.

SCHMIDT
Elektro GmbH

Bau-Tagesbericht

Nr. ______ Datum: ______

Bauvorhaben/ Bauteil ______

______

______

Witterung ☐ Sonne ☐ Regen ☐ Frost Temperatur ______ C

☐ Wind ☐ Schnee ☐ ______

Anzahl der beschäftigten Arbeiter ______ Arbeitszeit von/ bis ______

___ Polier	___ Std.	___ gehob. Baufacharb.	___ Std.	___ Maschinisten	___ Std.	Fremdfirmen
___ Werkpolier	___ Std.	___ Baufacharbeiter	___ Std.	___ Kraftfahrer	___ Std.	______
___ Bauvorarbeiter	___ Std.	___ Baufachwerker	___ Std.	______	Std.	______
___ Spezialbaufacharb.	___ Std.	___ Bauwerker	___ Std.	______		______ Std.

Leistungsergebnisse

______

Behinderungen/ Erschwernisse

______

Leistungsänderungen

______

Besondere Vorkommnisse
(Begehungen/Abnahmen/...)

Ort/ Datum ______ Ort/ Datum ______

Unterschrift des Bauherren/ Stellvertreters ______ Unterschrift des Bauführers/ -leiters ______

Für Tagelohnarbeiten bzw. außervertragliche Arbeiten ist der gesonderte Lohnarbeits-Nachweis 3fach einzureichen.

Quelle: Schmidt Elektro GmbH, Bindlach

Bild 4.10 Bau-Tagesbericht

Quelle: Elektro Mauser, Heroldsbach

Tagesbericht											wird im Büro ausgefüllt	
Ort Kunde (Vor-, Zuname)	Tätigkeit	Regie		Pauschal		Unproduktiv		Pause		Fahrt-anteil	Arbeits-zeit	Stunden gesamt
		von	bis	von	bis	von	bis	von	bis			

Bild 4.11 Tages-/Wochenbericht

Darüber hinaus bietet sich der Wochenbericht aber auch an, um die unproduktiven Zeiten zu erfassen und damit auch die Ursachen dafür analysieren zu können. Alternativ bietet sich an, die Zeiterfassung des Handwerkerprogramms zu nutzen und damit zum einen die Stunden zollkonform zu dokumentieren, zum anderen aber auch die projektbezogene Erfassung der geleisteten Stunden zu digitalisieren.

Gesprächsnotizen

Alle Besprechungen auf der Baustelle sollten in Form einer Gesprächsnotiz festgehalten und ggf. von den Beteiligten unterzeichnet werden. Auch hier gilt: Wer schreibt, kann nichts vergessen und später Beweise vorlegen.

Zusatzarbeiten

Um sich vor zukünftigen Streitigkeiten zu schützen oder gar keine Vergütung für erbrachte Zusatzleistungen zu erhalten, sollten alle zusätzlichen Leistungen dokumentiert und vom Auftraggeber unterschrieben werden. Zu beachten ist hierbei erneut die Unterschriftsberechtigung (siehe Abschnitt 4.2.4) und bei Sonderarbeiten auch die Unterschrift „Auftrag erteilt“.

In § 2 Abs. 6 VOB/B wird ausgeführt:

„Wird eine im Vertrag nicht vorgesehene Leistung gefordert, so hat der Auftragnehmer Anspruch auf besondere Vergütung. Er muss jedoch den Anspruch dem Auftraggeber ankündigen, bevor er mit der Ausführung der Leistung beginnt.

Die Vergütung bestimmt sich nach den Grundlagen der Preisermittlung für die vertragliche Leistung und den besonderen Kosten der geforderten Leistung. Sie ist möglichst vor Beginn der Ausführung zu vereinbaren.“

Behinderungsanzeige

Wann liegt überhaupt eine Behinderung vor? Nachfolgendes Schema des Weka-Verlags (**Bild 4.12**) zeigt, in welchen Fällen eine Behinderung vorliegt und angezeigt werden sollte.

Gemäß § 6 Nr. 1 VOB/B hat der Auftragnehmer dem Auftraggeber unverzüglich schriftlich anzuzeigen, wenn er sich in der ordnungsgemäßen Ausführung seiner Leistung behindert glaubt. **Bild 4.13** zeigt ein Muster einer Behinderungsanzeige der Fa. Schmidt Elektro GmbH, Bindlach.

Es sehr wichtig, in jeder Form der Behinderungsanzeige den Willen zu äußern, nach wie vor kooperativ mit dem Auftraggeber zusammenarbeiten zu wollen.

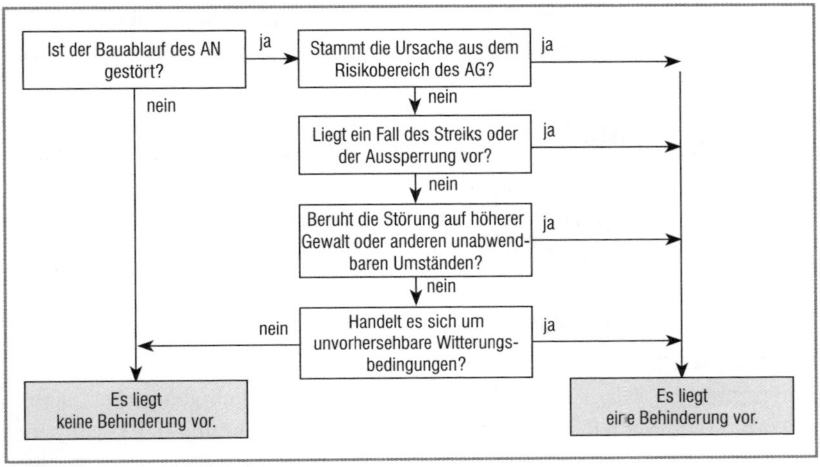

Quelle: http://shop.weka.de/bau-immobilien/vob-ausschreibung-vergabebauvertrag/vob-handwerk

Bild 4.12 Liegt eine Behinderung vor?

Baubehinderungsanzeige

BV; Regeneration der USV-Anlage

Sehr geehrte Damen und Herren,

gemäß § 6 Ziffer 1 VOB/B ist der Auftragnehmer verpflichtet, dem Auftraggeber anzuzeigen, wenn er sich in der ordnungsgemäßen Ausführung der Leistung behindert glaubt. Dementsprechend zeigen wir hiermit an, dass durch folgende, von uns nicht zu vertretende Umstände die Ausführung der uns obliegenden Leistung behindert wird.

Begründung:

Zur fristgerechten Fertigstellung der Elektroinstallation werden folgende Vorleistungen umgehend benötigt:

1. Pläne für KG bis 1. OG und DG liegen nicht vor.
2. Montagepläne für Verteiler wurden noch nicht freigegeben

Vorsorglich weisen wir auf die nachstehenden Rechtsfolgen hin:

– Nach § 6 Ziffer 2 VOB/B werden die Ausführungsfristen verlängert.
– Nach § 6 Ziffer 6 VOB/B hat der Auftragnehmer Schadensersatzansprüche, wenn die Behinderung in der Risikosphäre des Auftragnehmers angesiedelt ist.
– Nach § 2 Ziffer 5 VOB/B kann dem Auftragnehmer ein Anspruch auf Preisänderung zustehen.

Freundliche Grüße

Quelle: Schmidt Elektro GmbH, Bindlach

Bild 4.13 Baubehinderungsanzeige

Bedenkenanmeldung

Wenn Vorgaben zur Ausführung oder Vorleistungen anderer Unternehmer mangelhaft sind – oder wenn der Auftraggeber etwas verlangt, das nicht den allgemein anerkannten Regeln der Technik entspricht –, ist der ausführende Unternehmer verpflichtet, Bedenken anzumelden, sofern er sich von daraus resultierenden Mängeln freisprechen möchte.

Die Bedenkenanmeldung umfasst sowohl die eigenen Leistungsbereiche, als auch beigestelltes Material und Stoffe, Planvorgaben der Architekten und Ingenieure sowie Leistungen anderer am Bau tätiger Unternehmer.

Gemäß §4, Nr. 3 VOB/B ist die Bedenkenanmeldung schriftlich gegenüber dem Auftraggeber vorzunehmen.

4.4.3 Leistungserfassung

Leistungserfassung im Projekt

In den meisten Fällen ist die Feststellung der tatsächlich geleisteten Menge in Form eines Aufmaßes die Grundlage für die Verrechnung der Leistungen. Aber auch für die interne Überwachung der Aufträge während der Bauleistung ist die Erstellung eines Aufmaßes eine unerlässliche, wenn auch von den Mitarbeitern oftmals ungeliebte, Aufgabe.

Ein zeitnahes, regelmäßiges Aufmaß ist nicht nur aus Gründen der Abrechnung, sondern auch zur Projektüberwachung ein notwendiges Hilfsmittel.
Einige Unternehmer mögen jetzt glauben: „Ein wöchentliches Aufmaß ist unmöglich." Die Praxis zeigt jedoch, mit entsprechenden organisatorischen Voraussetzungen und Mitarbeitern, die wissen, was von ihnen verlangt wird und die die Erstellung eines Aufmaßes ‚trainieren', kann auch diese Hürde genommen werden.

Folgende Voraussetzungen gelten für ein zeitnahes Aufmaß:

- Für jeden Auftrag kann im Mobilen Monteur ein Aufmaß erstellt werden.
- Möglicherweise sind im Baustellenordner bereits fertige Aufmaßblätter mit LV-Nummern vorbereitet.
- Der bauleitende Monteur erfasst täglich auf der Baustelle alle Stunden seiner Mitarbeiter, bestenfalls gleich digital im ERP-System. Alternativ werden die analogen Daten im Büro zeitnah ins System übertragen.
- Mit der Buchung der Stunden wird das Projekt mit der Zeit belastet und gleichzeitig die Zeiten der Mitarbeiter auf ihr Zeitkonto gebucht.
- Jeder Monteur erstellt sein Aufmaß selbstständig. Auch hier gilt: bestenfalls gleich digital über den Mobilen Monteur. Sonst müssen die Aufmaße in der Verwaltung übertragen werden.

- Die im Aufmaß erfasste Arbeitsleistung ist den aufgezeichneten Anwesenheitsstunden des Mitarbeiters und den kalkulierten Stunden gegenüberzustellen.
- Ergeben sich Abweichungen zwischen den kalkulierten und geleisteten Zeiten, werden diese rechtzeitig erkannt und es kann gegengesteuert werden.

> Im Vorfeld sollte geklärt sein, in welcher Form das Aufmaß erfolgen soll (raumweise, etagenweise, stromkreisweise).

Regelmäßiges Feedback an den Obermonteur bzw. Bauleiter trägt elementar dazu bei, dass dieser den Sinn in der kontinuierlichen Erfassung des Aufmaßes sieht und diese durchführt.

Leistungserfassung im Kundendienst

Die Leistungserfassung im Kundendienst erfolgt anhand des Regieberichtes. Dies geschieht heute vorzugsweise ebenfalls digital im Mobilen Monteur der Handwerkersoftware. Hier dokumentiert der Monteur, welche Arbeiten ausgeführt, welches Material und wie viel Stunden benötigt wurden. Besonders wichtig: Die Erstellung des Regieberichtes erfolgt noch vor Ort beim Kunden. Somit ist ...

- die Zeit zur Erstellung der Dokumentation dann in der verrechenbaren Zeit enthalten,
- es möglich, zwei Unterschriften des Kunden einzuholen (zur Auftragserteilung und zur Bestätigung der ordnungsgemäßen Leistungserbringung), wodurch die Rechtssicherheit gewährleistet ist,
- das Risiko, dass im Nachgang Material und Stunden vergessen werden, geringer.

Wer seinen Mitarbeitern die Kosten einer Arbeitsstunde vor Augen führt und sie an rechtliche Aspekte (Unterschriften) heranführt, gibt diesen die Möglichkeit auch zu verstehen, warum die Dokumentation so wichtig ist. Zusätzlich empfiehlt es sich, auch klare Regeln zur Erstellung der Dokumentation aufzustellen und diese auch in den Stellenbeschreibungen der Mitarbeiter zu hinterlegen.

Immer häufiger werden die Monteure dazu angehalten, nicht nur die Materialbezeichnung, sondern auch die Artikelnummern zu erfassen. So haben auch Verwaltungsmitarbeiter die Chance, Rechnungen ohne permanente Rückfragen, was nun konkret verbaut wurde, erstellen zu können. Die Lösung der Kollegen: Die Mitarbeiter erhalten eine Artikelliste mit dem gängigen Lagermaterial (Bezeichnung, Artikelnummer) bzw. wird eine Favoritenliste im Mobilen Monteur hinterlegt. Alle weiteren Artikel werden kommissionsbezogen bestellt.

Mit den mobilen Lösungen vieler Softwarehersteller können bereits vor Ort beim Kunden Angebote, Dokumentationen und Rechnungen via Notebook oder Tablet erstellt, eingesehen und bearbeitet werden. Der Mitarbeiter erhält seinen Auftrag online auf sein mobiles Gerät, kann dann Material-, Stunden- sowie Wartungsdaten, wie z. B. Messwerte, Bauteile oder andere Wartungsstammdaten, erfassen, den Kunden auf dem mobilen Gerät mit Touchpad unterschreiben lassen und die Daten wieder ans Büro zurücksenden. Die Rechnung kann auf Knopfdruck erstellt werden; eine weitere Eingabe von Stundenzetteln etc. entfällt im Büro. Allerdings sind diese mobilen Lösungen nur so gut wie die Mitarbeiter, die sie bedienen. Wer bereits in der Vergangenheit Probleme mit der Dokumentation seiner Mitarbeiter in Form von fehlendem Material, falschen Stunden und fehlenden Unterschriften hatte, wird dieses Problem mithilfe der EDV nicht lösen können. Natürlich ist es wichtig, die Mitarbeiter zu Beginn ausführlich zu schulen und (anfänglich) regelmäßig zu kontrollieren.

4.4.4 Abnahme der Leistungen

Mit dem Zeitpunkt der Abnahme endet die Vertragserfüllungspflicht des Handwerkers, und es beginnt die Gewährleistung.

Die Verjährung für die Gewährleistungsansprüche beginnt mit der Abnahme zu laufen (§ 634a II BGB). Es tritt eine Umkehr der Beweislast ein: Vor der Abnahme hat der Handwerker zu beweisen, dass er die Leistung vertragsgemäß ausgeführt hat. Nach der Abnahme ist der Bauherr für etwaige Mängel beweispflichtig.

Im für die Beweisbarkeit günstigsten Fall erfolgt eine förmliche Abnahme. Bei dieser wird ein schriftliches Protokoll erstellt, in dem auch noch zu beseitigende Mängel erfasst werden. Bei BGB-Verträgen muss die förmliche Abnahme ausdrücklich vereinbart werden. Bei VOB-Verträgen können die Vertragspartner jederzeit die förmliche Abnahme verlangen.

Wie das **Bild 4.14** zeigt, kann auch ohne eine förmliche Abnahme die Abnahmewirkung eintreten. Hierfür müssen die Grundlagen für eine stillschweigende oder fiktive Abnahme gegeben sein.

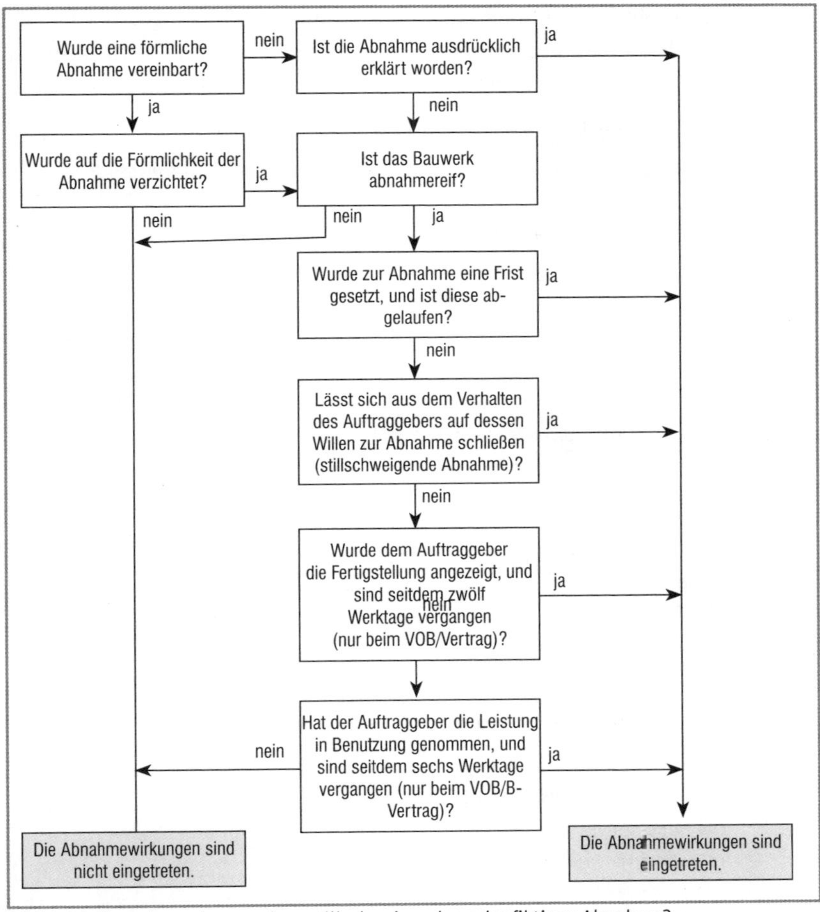

Quelle: https://www.weka.de/handwerker-bauunternehmer/stillschweigende-abnahme/

Bild 4.14 Wann kommt es zu einer stillschweigenden oder fiktiven Abnahme?

4.5 Abrechnung der Leistung

4.5.1 Anforderungen an die Rechnungsgestaltung

Das Umsatzsteuergesetz (UStG) enthält umfassende Vorgaben, wie eine Rechnung aufgebaut sein muss. Bedeutung haben diese Regelungen vor allem für den Vorsteuerabzug des Rechnungsempfängers. So wird im Umsatzsteuer-Anwendungserlass (USTAE) u. a. ausdrücklich darauf hingewiesen, dass die Angaben in Rechnungen vollständig und richtig sein müssen, um zum Vorsteuerabzug zu berechtigen. Der Rechnungsempfänger hat danach die Pflicht, die Rechnungsangaben auf Vollständigkeit und Richtigkeit zu überprüfen. Welche dies im Einzelnen sind, wird in den **Bildern 4.15** und **4.16** dargestellt.

1 **Elektro Mustermann GmbH – Musterstraße 1 – 12345 Musterstadt**

2 Hern
Karl Meier
Müllerstraße 14
54321 Namingen

05.03.2024 3

4 **Rechnung Nr. 4587/02241**

5 Ihre Bestellung vom 26.02.2024, Lieferung nach Namingen am 02.03.2024

6

Menge	Artikel	Gesamtpreis in EUR
1	Unterbau-Geschirrspüler Miele P6362	985,00
1	Lieferung 02.03.2024 – ohne Berechnung	0,00
1	Anschluss/Montage 02.03.2024 – pauschal	150,00
Summe netto (7)		1.135,00
19 % Umsatzsteuer (8)		215,65 (9)
Gesamtbetrag		**1.350,65** (10)

Zahlbar bis zum 20.03.2024 ohne Abzug
Wir danken für den Auftrag und hoffen, Sie sind mit unseren Leistungen zufrieden.
11 Steuer-ID: DE987654321, Steuer-Nr. 55/432/12345
12 Dieser Beleg ist von nichtunternehmerischen Leistungsempfängern zwei Jahre aufzubewahren.
Sparbank Namingen
IBAN: DE99 8887 7710 0000 2345 67, BIC: WILADEX

Die Bestandteile im Einzelnen

1 Leistender Unternehmer mit vollständiger Anschrift
2 Leistungsempfänger mit vollständiger Anschrift
3 Ausstellungsdatum
4 Fortlaufende Rechnungsnummer
5 Leistungsort und -datum
6 Handelsübliche Bezeichnung und Menge der Ware bzw. Umfang der Leistung
7 Summe netto
8 Umsatzsteuersatz
9 Umsatzsteuerbetrag
10 Rechnungsbetrag brutto
11 Steuernummer oder (empfohlen) Umsatzsteuer-Identifikationsnummer
12 Hinweis auf die zweijährige Aufbewahrungspflicht des nichtunternehmerischen Leistungsempfängers

Bild 4.15 Bestandteile einer Rechnung gemäß § 14 UStG

1 **Elektro Mustermann GmbH – Musterstraße 1 – 12345 Musterstadt**

Hern
Karl Meier
Müllerstraße 14
54321 Namingen

05.03.2024 2

Rechnung Nr. 4587/02241

Ihre Bestellung vom 26.02.2015, Lieferung nach Namingen am 02.03.2024

3

Menge	Artikel	Gesamtpreis in EUR
1	3 Meter Ablaufschlauch GU9	18,40
1	Verbindungswinkel K744 Messing 90°	14,30
Gesamtbetrag		**32,70**

4

Zahlbar bis zum 20.03.2024 ohne Abzug

5 Im Rechnungsbetrag sind 19 % USt. enthalten.

Sparbank Namingen
IBAN: DE99 8887 7710 0000 2345 67, BIC: WILADEX

Die Bestandteile im Einzelnen

1. Leistender Unternehmer mit vollständiger Anschrift
2. Ausstellungsdatum
3. Handelsübliche Bezeichnung und Menge der Ware bzw. Umfang der Leistung
4. Entgelt und Steuerbetrag in einer Summe
5. Steuersatz, ggf. Hinweis auf Steuerfreiheit. Unterliegen die Leistungen verschiedenen Steuersätzen, muss für jeden Steuersatz ein Rechnungsbetrag ausgewiesen werden.

Bild 4.16 Bestandteile einer Kleinbetrags-Rechnung (bis 150 EUR)

Fehlt eine dieser Pflichtangaben, z. B. das Ausstellungsdatum oder die Rechnungsnummer, ist ein Vorsteuerabzug daraus so lange nicht möglich, bis die Rechnung vom Aussteller berichtigt wurde.

Wird die Vorsteuer dennoch angesetzt, besteht die Gefahr, dass bei einer Betriebsprüfung der Prüfer diesen Vorsteuerabzug nicht anerkennt.

Es empfiehlt sich, konsequent auf Veränderungen in der rechtlichen Gestaltung und Übermittlungsanforderungen von Rechnungen zu achten. Hier ist beispielsweise die E-Rechnung anzuführen, die ein bestimmtes digitales Format (ZUGFeRD oder XRechnung) erfordert, das 2025 zunächst im Geschäftskundenverkehr verpflichtend ist.

Besonderheiten für Rechnungen an Verbraucher

Nach § 14b Abs. 1 Satz 5 des Umsatzsteuergesetzes sind alle Auftraggeber von Handwerkerleistungen im Zusammenhang mit selbst genutztem Wohneigentum oder zu eigenen Wohnzwecken angemieteten Immobilien verpflichtet, Rechnungen, Zahlungsbelege oder andere beweiskräftige Unterlagen, zwei Jahre lang aufzubewahren. Vermieter müssen diese Unterlagen zehn Jahre aufbewahren.

Handwerksunternehmer sind verpflichtet, spätestens sechs Monate nach Ausführung ihrer Leistung eine Rechnung zu erstellen und den Auftraggeber auf diese Aufbewahrungsfrist hinzuweisen. Private Endverbraucher können einen Teil des Handwerkerlohns für Renovierungen bei ihrer Einkommensteuer geltend machen. Daher ist es wichtig, Lohn und Material getrennt auf der Rechnung auszuweisen.

> Auf den Rechnungen an Privatkunden soll der Handwerker auf die steuerliche Abzugsfähigkeit der in der Rechnung enthaltenen Lohnkosten und auf die zweijährige Aufbewahrungspflicht von Handwerkerrechnungen hinweisen.

Leistungen nach § 13 UStG

Bereits im Abschnitt 2.10.1 sind wir auf die Besonderheit von § 13 b UStG eingegangen.

Nach § 13 b Abs. 2 Nr. 4 UStG muss ein Auftraggeber die Umsatzsteuer aus erhaltener Bauleistung ans Finanzamt abführen, wenn er im Vorjahr selbst nachhaltig Bauleistungen erbracht hat. Demnach wird in der Rechnung des Auftragnehmers an den Auftraggeber keine Umsatzsteuer ausgewiesen, sondern auf den § 13 b verwiesen.

Ob die Steuerschuldnerschaft für Bauleistungen anzuwenden ist oder nicht, wird durch einen Nachweis des Finanzamtes für den Auftraggeber bestätigt.

Folgende Punkte sind vom Auftragnehmer zu erledigen:

- Fordern Sie vom Auftraggeber den Nachweis zur Steuerschuldnerschaft an.
- Gegebenfalls lassen Sie sich auch die Ablehnung des Nachweises durch das Finanzamt vorlegen.

Liegt zukünftig der entsprechende Nachweis vor, ist die Rechnung ohne Umsatzsteuer zu stellen, mit dem Hinweis, dass nach § 13 b des Umsatzsteuergesetzes der Leistungsempfänger Schuldner der Umsatzsteuer ist.

Weitere Informationen über die Webseite des Bundesfinanzministeriums: https://usth.bundesfinanzministerium.de/usth/2023/A-Umsatzsteuergesetz/IV-Steuer-und-Vorsteuer/inhalt.html

4.5.2 Wie werden verschiedene Formen der Rechnung gebucht?

Für die Buchung der Rechnung ist entscheidend, welche Art Rechnung geschrieben wurde. Prinzipiell können folgende Rechnungsarten unterschieden werden:

- Vorauszahlungsrechnung,
- Abschlags- oder Akontorechnung,
- Teilschlussrechnung,
- Schlussrechnung,
- Stundenlohnrechnung.

Vorauszahlungen können vor oder nach Vertragsabschluss vereinbart werden und sind Zahlungen, die vor Leistungserbringung erbracht werden. In der Regel werden diese nur gegen Vorlage einer entsprechenden Sicherheit, z. B. einer Vorauszahlungsbürgschaft, geleistet.

Abschlags-/Akontozahlungsrechnungen werden für erbrachte Teile der Leistung in Rechnung gestellt. Die Leistung ist an dieser Stelle jedoch noch nicht vollständig erbracht.

Bei Teilschlussrechnungen werden in sich abgeschlossene und abgenommene Teilleistungen abgerechnet.

Die Schlussrechnung wird zum Abschluss der Leistung (nach Endabnahme) gestellt und ist ein verbleibender Restforderungsbetrag, also der Bruttoleistungswert abzüglich aller bisher geleisteten Zahlungen (Abschlags-, Voraus- und Teilschlusszahlung) des Kunden.

Schlussrechnungen und Teilschlussrechnungen werden bei der doppelten Buchführung in den Umsatzerlösen im Monat der Rechnungsstellung gebucht. Anders sieht dies bei den Voraus- und Abschlagszahlungen aus. Die Rechnungsstellung muss rechtlich gesehen nicht erfasst werden. Lediglich bei Zahlungseingang werden die Zahlungen als „erhaltene Anzahlungen“ gebucht. Somit wird auch erst bei Zahlung die Umsatzsteuer erfasst.

Anders als bei Schluss- und Teilschlussrechnungen, die über die Umsatzerlöse in der Gewinn- und Verlustrechnung erscheinen, stellen die Abschlags- und Vorauszahlungen kein Erlös dar und sind damit gewinnneutral. Vielmehr sind erhaltene Anzahlungen Verbindlichkeiten eines Unternehmers; d.h. die Verbindlichkeit einer Leistung. Der Auftragnehmer hat Geld erhalten, jedoch keine fertige Leistung erbracht. Er hat die Verpflichtung, seine Leistung vertragsgemäß zu vollenden oder das Geld zurückzuzahlen.

Beispiel 1
Der Unternehmer stellt im Juni eine Abschlagsrechnung von 11.900 EUR, inkl. MwSt. Die Rechnungsstellung muss buchhalterisch nicht erfasst werden. Einige Steuerberater buchen dennoch auf ein neutrales Konto, um die Forderungsbestände und damit den Überblick über die Debitoren zu ermöglichen.

Der Kunde zahlt im Juli 11.900 EUR auf das Konto des Unternehmers. Jetzt wird diese Zahlung buchhalterisch erfasst, in dem die erhaltene Anzahlung mit 10.000 EUR und die Umsatzsteuer mit 1.900 EUR gebucht werden. Die Steuerschuld entsteht damit auch erst im Juli (mit Zahlung und Buchung des Zahlungseingangs) und nicht schon mit Rechnungsstellung. Es entstehen an dieser Stelle keine Umsatzerlöse. Letztlich werden damit auch in den monatlichen Auswertungen sowohl die Rechnungsstellung als auch die Zahlung nicht gewinnwirksam. Dieser Einfluss wird noch einmal im Abschnitt 6.2.1 deutlich gemacht.

Beispiel 2
Der Unternehmer stellt im Juni eine Teilschlussrechnung in Höhe von 11.900 EUR, inkl. MwSt., da die Teilleistung in sich geschlossen fertiggestellt wurde. Diese Rechnung ist nun anders als die Abschlagsrechnung direkt mit Rechnungsstellung zu buchen und wird gleich in den Umsatzerlösen mit 10.000 EUR erfasst. Auch die Umsatzsteuer in Höhe von 1.900 EUR wird bereits mit Rechnungsstellung und damit unabhängig vom Zahlungseingang des Kunden gebucht. Die erzielten Umsatzerlöse erscheinen in den monatlichen Auswertungen und in der Gewinn- und Verlustrechnung des Jahres.

4.5.3 Tipps zur Rechnungsgestaltung

Nachfolgende Fragen sind im Rahmen der Rechnungsstellung zu berücksichtigen: Wie können Leistungen so in einer Rechnung aufgegliedert werden, so dass der Kunde weniger reklamiert und die Leistungen auch besser erkennt? Wie kann der Handwerker seine Leistungen dem Kunden gegenüber besser verkaufen? Und schließlich: Welche Pauschalen können in Rechnungen aufgenommen werden, um die Kalkulation, vor allem bei geringen Materialdeckungsbeiträgen, auskömmlich zu kalkulieren?

Eine Servicerechnung könnte z. B. wie folgt gegliedert sein:

- Rüstzeit,
- Anfahrtszeit des Mitarbeiters,
- Arbeitszeit vor Ort,
- Kfz-Kosten(pauschale),
- Messgerätepauschale,
- VDE-Prüfung bzw. DGUV, Vorschrift 3,
- Wegezeiten Rückfahrt,
- Kosten für Spezialwerkzeuge,
- Auftragspauschale bei Kleinaufträgen (z. B. 30,00 EUR), um die Verwaltungskosten zumindest anteilig abzudecken.

Im Folgenden einige Rechnungsbeispiele, die uns die Fa. Elektro Röhrl aus Zorneding zur Verfügung gestellt hat.

In dieser Rechnung (**Bild 4.17**) sind die einzelnen Leistungen klar gegliedert. Zusätzlich zur Arbeitszeit wird die Digitalisierungsmessung verrechnet, um die Kosten des Antennenmessgerätes zu amortisieren.

Die Kfz-Kosten werden pauschal angesetzt und der Aufwand für die Vorbereitung des Auftrags als „Fahrt- und Rüstkostenpauschale" mit 7,40 EUR zusätzlich verrechnet. Darin sind die Fahrtzeiten des Technikers enthalten.

Ein AW (Arbeitswert) wird mit 10,50 EUR angesetzt, das ergibt im Beispiel einen Stunden-Verrechnungssatz von 63,00 EUR, zzgl. MwSt.

Um den Organisationsaufwand abzudecken, raten wir gerade bei Kleinaufträgen, die empfohlenen Verkaufspreise des Großhandels (Liste) anzusetzen.
Bei den KFZ-Kosten sollte je tatsächlichem gefahrenen Kilometer mindestens ein Euro zzgl. Mwst. verrechnet werden.
Es versteht sich von selbst, dass bei Kleinaufträgen niemals ein Skontoabzug eingeräumt wird.
Wenn Kanäle oder Rohre bei Kleinaufträgen verarbeitet werden, immer die gelieferte Menge (z. B. 2 m) verrechnen und den Verschnitt dem Kunden anbieten.
Entsorgungskosten von Altgeräten oder Material sollten als

„umweltgerechte Entsorgung“ in Form einer kostendeckenden Pauschale verrechnet werden.
Bei höherwertigen Leistungen im Bereich Sicherheitstechnik oder Programmierungsleistungen liegen die Verrechnungssätze meist (Stand 2024) in einer Größenordnung von 100 EUR. Spezialisten benötigen laufend Fortbildung und erhalten überdurchschnittliche Löhne. Diese Mehrkosten müssen über einer Kostendeckende Kalkulation wieder hereingespielt werden.

Die Rechnung kann auch genutzt werden, um Leistungen des Unternehmens wie den Tag der offenen Tür oder eine Messe zu bewerben oder Kunden über zusätzliche Leistungen zu informieren, z. B. über die Rauchmeldepflicht oder Wertgarantie.

Beleg-Nr.: 11200/20240335
Datum: 27.05.2024
EDV-Nr.: R20240406
Zeichen: MW

Rechnung Nr. 17

Liefer- und Rechnungsdatum: 27.05.2024
Sat-Anlage geprüft, neue Stecker montiert, Signal gemessen

Pos.	Menge	Bezeichnung	Einzelpreis in EUR	Gesamtpreis in EUR
001	3 Stck.	Preisner Zubehör, SAT-Kompressionsstecker	2,10	6,30
002	6 AW	Montagezeit Kundendienst Hr. Assner	10,50	63,00
003	1 Stck.	Digitalisierungsmessung mit Messcomputer, Signalstärke, Güte, Rauschabstand, Protokoll	18,50	18,50
004	1 Stck.	KFZ-Kostenpauschale bis 10 km	14,50	14,50
005	1 AW	Fahrt- und Rüstkostenpauschale	10,25	10,25

Summe netto	122,55
Mehrwertsteuer 19 %	21,39
Gesamtbetrag	**133,94**

Zahlungsbedingungen: zahlbar bis zum 10.06.2024 ohne Abzug

Wir danken für den Auftrag und hoffen, Sie waren mit unseren Leistungen zufrieden.

Zahlen Sie Ihre Reparatur noch selbst? Oder übernimmt das Ihre Wertgarantie?
Wir erklären gerne weitere Einzelheiten.

Bild 4.17 Musterbeispiel Servicerechnung Nr. 17

4.6 Forderungsmanagement und Factoring

Rechtsanwältin *Anita Süßenguth* gibt Tipps zum Forderungsmanagement. *„Wenn ein Kunde trotz Fälligkeit der Rechnung und Mahnung nicht zahlt, müssen zeitnah Schritte in die Wege geleitet werden, um die offene Forderung einzutreiben. Um den Zugang der Rechnung nachweisen zu können, arbeiten Betriebe mit der Zustellungsform „Einschreiben-Einwurf". Der Zusteller bestätigt das Datum des Zugangs. Es kann darüber kein Streit entstehen.*

Eine fällige und angemahnte Rechnung reicht nicht aus, um die offene Forderung im Wege der Zwangsvollstreckung beitreiben zu können. Hierfür ist ein vollstreckbarer Titel erforderlich. Diesen kann man zum einen erlangen, in dem man einen Mahnbescheid gegen den Kunden beantragt. Sofern der Kunde gegen den Mahnbescheid keinen Widerspruch einlegt, ergeht der Vollstreckungsbescheid.

*Sobald dieser nach Ablauf von zwei Wochen rechtskräftig ist, kann mit dem Vollstreckungsbescheid die Zwangsvollstreckung betrieben werden (siehe zum Ablauf des Mahnverfahrens (**Bild 4.18**). Hierzu ist die Beauftragung des örtlich zuständigen Gerichtsvollziehers erforderlich, der sodann versucht, die Forderung beizutreiben. Legt der Kunde gegen den Mahnbescheid Widerspruch ein, so schließt sich sodann ein gerichtliches Verfahren an, das sich je nach Komplexität des Verfahrens mehrere Jahre hinziehen kann und durchaus kostenintensiv werden kann. Wenn der Streitwert bei bis zu 5.000 EUR liegt, ist das Amtsgericht zuständig, über 5.000 EUR das Landgericht.*

Geht man davon aus, dass der Kunde gegen den Mahnbescheid ohnehin Widerspruch erheben wird, ist es sinnvoller, sogleich eine Klage einzureichen, da man sich hierdurch eine Zeit von circa zwei bis drei Monaten spart, die das Mahnverfahren in Anspruch nimmt.

Mit einem rechtskräftigen Urteil ist dann ebenfalls die Einleitung von Zwangsvollstreckungsmaßnahmen möglich. Eine Zwangsvollstreckungsmaßnahme kann z. B. der Einsatz eines Gerichtsvollziehers sein, aber auch eine Kontopfändung, Lohnpfändung o. ä., die vom Gläubiger ausgelöst wird. Je nach Forderungshöhe ist es oftmals sinnvoll abzuwägen, ob man sich nicht mit der Gegenseite auf vernünftiger Basis einigt, da bei geringen Streitwerten von unter 5.000 EUR die Prozesskosten letztendlich die geltend gemachte Klageforderung ‚auffressen'.

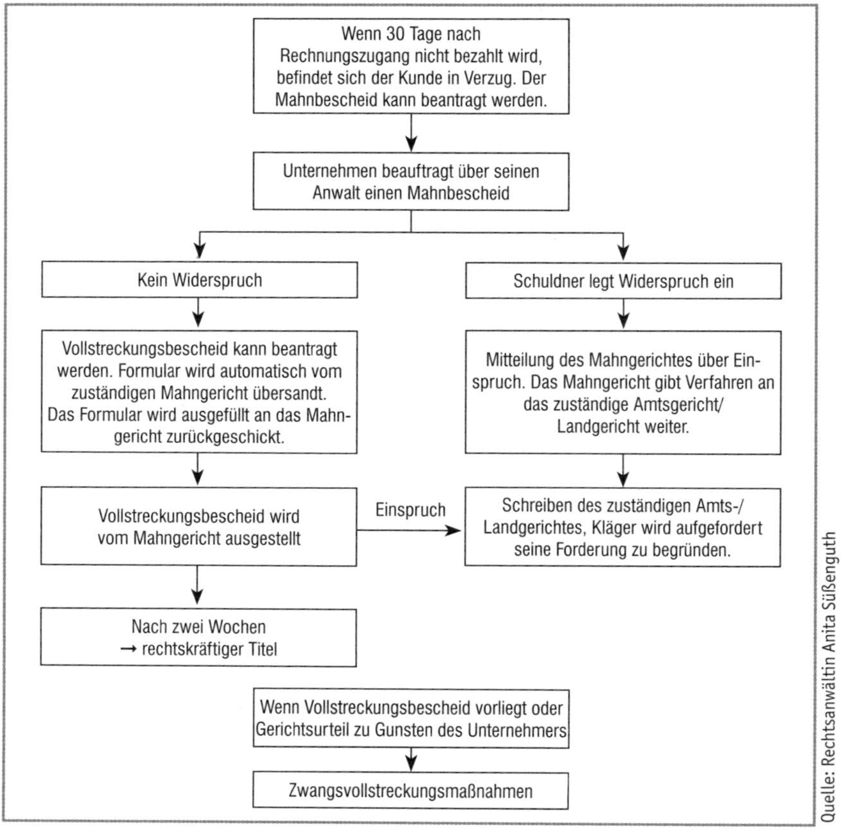

Bild 4.18 Ablauf eines Mahnverfahrens

In baurechtlichen Angelegenheiten wird häufig von den Gerichten ein Sachverständigengutachten zur Ortsüblichkeit und Angemessenheit der in Rechnung gestellten Regiestundensätze oder Einheitspreise in Auftrag gegeben. Dies gilt ebenso für in einem Verfahren geltend gemachte (angebliche) Mängel am Gewerk. Solche Sachverständigengutachten verursachen üblicherweise Kosten von ca. 3.000 bis 5.000 EUR.

Zusätzlich zu diesen Ausgaben fallen Gerichtskosten sowie Rechtsanwaltskosten (siehe dazu die Beispielrechnung in ***Tabelle 4.6****) an. Das Gesetz sieht grundsätzlich vor, dass die Kosten des Verfahrens aufgeteilt werden.*

Würde beispielsweise durch Urteil der Klageforderung zu 50 % zugesprochen werden, wären die hälftigen Verfahrenskosten zu übernehmen. Ad-

Gegenstandswert: 5.000 EUR, Kosten Rechtsstreit	
Berechnung	**Kosten in EUR**
1,3 Verfahrensgebühr § 13 RVG, Nr. 3100 VV RVG	393,90
1,2 Termingebühr § 13 RVG, Nr. 3104 VV RVG	363,60
Zwischensumme der Gebührenpositionen	757,50
Pauschale für Post und Telekommunikation Nr. 7002 VV RVG	20,00
Zwischensumme netto	777,50
19 % Mehrwertsteuer Nr. 7008 VV RVG	147,73
Zwischensumme brutto	**925,23**
2 Rechtsanwälte à 925,23 EUR	1.850,46
1 x Gerichtskosten	438,00
1 x Sachverständigenkosten	3.000,00
Gesamtbetrag der Kosten	**5.288,46**
: 2 (bei Vergleich)	2.644,23
hälftige Klageforderung	2.500,0
verbleibende Kosten	– 2.644,23
Defizit	**– 144,23**

Quelle: Rechtsanwältin Anita Süßenguth

Tabelle 4.6 Beispielsrechnung für die anfallenden Rechtsanwaltskosten bei geringem Streitwert

diert man letztlich die eigenen zu tätigenden Ausgaben, wird somit – selbst bei erfolgreicher Durchsetzung von immerhin 50% – schnell deutlich, wie wenig vom eigenen Anspruch übrig bleibt.

Bedenkt man obendrein noch die eigenen Arbeitsstunden, die die Prozessvorbereitung sowie Einarbeitung in den Fall gemeinsam mit dem Anwalt verursachen, ist eine Prozessführung oftmals bei geringen Streitwerten betriebswirtschaftlich nicht sinnvoll. Eine vernünftige außergerichtliche Lösung ist gegebenenfalls rentabler.“

Viel früher als in dem obengenannten Beispiel kann ein Unternehmen ansetzen, wenn es das Instrument des Factorings nutzt.

Beim Factoring verkauft ein Unternehmen seine Kundenforderungen, z.B. 5.000 EUR an ein Factoringunternehmen. Diese Factoringunternehmen sind meist eng an ein Kreditinstitut gekoppelt. Der Käufer der Forderung behält sich meist ca. 2% bis 3% der Forderung ein. Der Einbehalt hängt vom Volumen und den eingeräumten Zahlungszielen ab.

Der Elektrohandwerker erhält innerhalb von zwei bis drei Tagen 97 bis 98 % seiner Forderung ausgezahlt. Die Konsequenz daraus: eine bessere Liquidität und kein Aufwand für das Mahnwesen.

Mit der Factoringgesellschaft muss geklärt werden, ob ein Deposit, also eine Einlage bei der Factoringbank hinterlegt werden muss, manchmal 10%

bis 100 % eines monatlichen Umsatzes mit der Factoringgesellschaft. Wenn das Deposit gefordert wird, ist der Vorteil des Factorings stark eingeschränkt.

Weiterhin ist zu klären, ob die Factoringgesellschaft das Risiko des Zahlungsausfalls übernimmt oder ob dies beim Handwerker verbleibt.

Und schließlich gilt: Wenn die Kunden häufiger die Zahlung verweigern, weil die Aufträge nicht ordentlich abgearbeitet wurden, dann wird die Factoringgesellschaft über kurz oder lang die Zusammenarbeit beenden.

Die Factoringgesellschaft bietet dem Handwerker zusätzlich den Vorteil einer Bonitätsprüfung. Der Handwerker meldet den Kunden bei der Factoringgesellschaft, diese prüft die Bonität und teilt dem Handwerksbetrieb mit, ob sie Rechnungen dieses Kunden aufkaufen würde.

Lehnt die Factoringgesellschaft den Kunden wegen schlechter Bonität ab, dann sollte der Handwerker die Finger von diesem Auftrag lassen.
Wer seinen Liquiditätsrahmen bei weitem nicht ausschöpft, braucht Factoring nicht. In Phasen der Expansion kann Factoring helfen, diese zu finanzieren.

Sprechen Sie mit Ihrer Hausbank und lassen Sie sich über Factoring informieren bzw. ein Angebot unterbreiten.

4.7 Risiken bei einem insolventen Geschäftspartner

Diese Thematik ist sehr komplex. Sofern bekannt wird, dass ein Geschäftspartner finanzielle Schwierigkeiten hat und dennoch mit ihm weitere Geschäfte geplant sind, sollte unbedingt ein Spezialist für Insolvenzrecht konsultiert werden. Richtige Anlaufstelle ist hier vor allem ein Fachanwalt für Insolvenzrecht. Interessant ist hier insbesondere die Thematik Anfechtung und Aufrechnung. Angesichts der komplexen Rechtslage wird nachfolgend exemplarisch anhand zweier Fälle aufgezeigt, welche Folgen ein Insolvenzverfahren des Geschäftspartners für einen Handwerksbetrieb haben kann. Diese Beispiele stammen von der Rechtsanwältin *Anita Süßenguth*.

Da es sich bei jedem Rechtsfall um einen Einzellfall handelt, sind Aussagen zu diesem Thema nie als pauschal gültig zu betrachten. Deshalb handelt es sich hier lediglich um Beispiele, die so im Alltag vorgekommen sind. Die rechtlichen Grundlagen sind in der Insolvenzordnung (InsO) nachzulesen.

Beispiel 1
Firma A beauftragt Firma B mit der Elektroinstallation eines Objektes zum Preis von 20.000 EUR. Nach Ausführung der Arbeiten wird die Rechnung in Höhe von 20.000 EUR gestellt. Trotz mehrfacher Mahnungen zahlt Firma A nicht. Im Weiteren beantragt Firma B einen Mahnbescheid und anschließend einen Vollstreckungsbescheid, der sodann erlassen wird. Der beauftragte Gerichtsvollzieher war erfolgreich und überweist Firma B am 02.03.2024 den Betrag von 20.000 EUR. Firma B ist voller Freude über den Zahlungseingang. Die Firma A stellt am 26.03.2022 einen Insolvenzantrag. Im Mai 2022 erhält Firma B sodann vom Insolvenzverwalter ein Schreiben. In diesem steht, dass er die Zahlung anficht. Er fordert den Handwerker auf, binnen 14 Tagen den Betrag in Höhe von 20.000 EUR auf das Insolvenzanderkonto zu zahlen.

Der Insolvenzverwalter fordert hier mit Recht die Zahlung zurück. Grundsätzlich sind Zahlungen im Dreimonats-Zeitraum vor Insolvenzantragstellung des Geschäftspartners anfechtungsgefährdet. Der Gesetzgeber hat mit den Anfechtungsregelungen beabsichtigt, den Finanzstatus des Insolvenz-Schuldners „zurückzudrehen“. Dies resultiert aus dem Gedanken, dass üblicherweise der Schuldner in der Krise diejenigen Geschäftspartner bevorzugt bedient, die am meisten Druck aufbauen.

Um hier einen gerechteren Ausgleich zu schaffen, „sammelt“ der Insolvenzverwalter im Wege der Anfechtung die Gelder wieder ein und verteilt sie nach Abzug der Verfahrenskosten und Berücksichtigung von Sonderrechten an alle Gläubiger gleichmäßig.

Sollten Sie von einem Insolvenzverwalter ein Schreiben hinsichtlich der Geltendmachung von Ansprüchen erhalten, empfiehlt sich, am besten einen spezialisierten Rechtsanwalt aufzusuchen, der Sie in dieser Angelegenheit vertritt.

Beispiel 2
Gastwirt S befindet sich seit geraumer Zeit in Zahlungsschwierigkeiten, dies ist dem Handwerksunternehmer auch bekannt. Da es sich jedoch um einen langjährigen Kunden handelt, nimmt er einen erneuten Auftrag an und lie-

fern dem Gastwirt zur Übertragung von Sportveranstaltungen eine Großleinwand mit Beamer zu einem Preis von 3.000 EUR. Die Rechnung zahlt der Gastwirt jedoch trotz mehrerer Mahnungen nicht. Nun steht der 50. Geburtstag des Handwerksunternehmers vor der Tür. Er entschließt sich, diesen Geburtstag im Gasthaus S zu feiern. Die Kosten für die Geburtstagsfeier betragen 3.200 EUR. Er teilt dem Gastwirt mit, dass er die Rechnung mit der noch offenen Forderung in Höhe von 3.000 EUR aufrechnen und lediglich den Restbetrag in Höhe von 200 EUR bar bezahlen werde. Der Gastwirt akzeptiert dies so. Drei Wochen später muss der Gastwirt schließlich Insolvenz anmelden.

Auch hier wird der Handwerksunternehmer in Kürze ein Schreiben vom Insolvenzverwalter erhalten, in dem dieser den Betrag in Höhe von 3.000 EUR anficht. Er wird ihn auffordern, die Zahlung in Höhe von 3.000 EUR an den Insolvenzverwalter zu leisten. Zusammenfassend bleibt festzuhalten, dass bei Geschäftspartnern mit Zahlungsschwierigkeiten am besten lediglich Leistungen erbracht werden, wenn eine entsprechende Vorkasse/Anzahlung vereinbart und geleistet wurde.

5 Wie entstehen betriebswirtschaftliche Zahlen?

5.1 Anforderungen an die betriebliche Buchführung

5.1.1 Grundsätze der Buchführung

Die Buchführung ist die systematische und vollständige Dokumentation aller Geschäftsfälle in einem Zahlenwerk.

Die Aufgaben der Buchführung sind:

- Überblick über Vermögen und Schulden zu schaffen,
- Unternehmenserfolg zu ermitteln,
- Grundlagen der Preiskalkulation zu schaffen,
- außerbetriebliche Vergleiche und innerbetriebliche Kontrollen zu ermöglichen,
- Beweismittel für Streitfälle zu stellen.

Da nicht nur Eigeninteresse daran besteht, seine Geschäftsfälle zu dokumentieren, sind Kaufleute gesetzlich dazu verpflichtet.

Die grundlegenden gesetzlichen Bestimmungen ergeben sich aus dem Handelsgesetzbuch (HGB).

Ausgangspunkt im Handelsrecht ist § 238 Abs. 1 HGB, in dem festgelegt ist:

„Jeder Kaufmann ist verpflichtet, Bücher zu führen und in diesen seine Handelsgeschäfte und die Lage seines Vermögens nach den Grundsätzen ordnungsmäßiger Buchführung ersichtlich zu machen. Die Buchführung muss so beschaffen sein, dass sie einem sachverständigen Dritten innerhalb angemessener Zeit einen Überblick über die Geschäftsvorfälle und über die Lage des Unternehmens vermitteln kann. Die Geschäftsvorfälle müssen sich in ihrer Entstehung und Abwicklung verfolgen lassen."

Neben handelsrechtlichen Bestimmungen spielen auch steuerrechtliche Bestimmungen und rechtsformspezifische Vorschriften z. B. aus dem GmbH-Gesetz bei der Buchführung eine Rolle.

Der § 140 AO übernimmt diese Festlegungen in das Steuerrecht:

„Wer nach anderen Gesetzen als den Steuergesetzen Bücher und Aufzeichnungen zu führen hat, die für die Besteuerung von Bedeutung sind, hat die Verpflichtungen, die ihm nach den anderen Gesetzen obliegen, auch für die Besteuerung zu erfüllen."

Grundsätze ordnungsgemäßer Buchführung

Zu den oben genannten Gesetzesauszügen gelten neben § 268 HGB weitere Anforderungen an die betriebliche Buchhaltung:

- Grundsatz der Klarheit:
  Es ist die deutsche Sprache und als Währung der EUR zu verwenden.
- Grundsatz der Vollständigkeit:
  Alle erforderlichen Aufzeichnungen müssen vollständig, richtig, zeitgerecht und geordnet vorgenommen werden (§ 239 HGB). Einzelne Geschäftsfälle dürfen nicht miteinander verrechnet werden.
- Grundsatz der Richtigkeit:
  Keine Buchung ohne Beleg! Jedem Geschäftsvorfall muss ein Beleg zugrunde liegen. Liegen keine Fremdbelege vor, müssen Eigenbelege erstellt werden.
- Grundsatz der Ordnungsmäßigkeit:
  Chronologische und zeitnahe Erfassung (§ 239 HGB).
- Grundsatz der Sicherheit:
  Mittels geeigneter Maßnahmen muss die Sicherung aller Aufzeichnungen und Unterlagen gewährleistet werden.

5.1.2 Welche Betriebsgrößen müssen bilanziert werden?

Die Frage nach der Bilanzierungspflicht klärt, ab wann Unternehmen einen Jahresabschluss mit Bilanz, Gewinn- und Verlustrechnung (GuV) und gegebenenfalls einen Anhang mit Erläuterungen erstellen müssen. Je nach Firmengröße und auch Rechtsform gelten unterschiedliche Anforderungen. Unternehmen, die nicht bilanzierungspflichtig sind, genügt die Einnahmenüberschussrechnung (EÜR).

Zur Bilanzierung verpflichtet sind:

- Kaufleute, das heißt im Handelsregister eingetragene Unternehmen, wie z. B. OHG, KG, GmbH, AG gemäß § 140 Abgabenordnung (AO) i. V. m. § 238 Abs. 1 Handelsgesetzbuch (HGB).
- Ausnahme: Einzelunternehmen, deren Umsatz 800.000 EUR oder Gewinn 80.000 EUR in zwei aufeinanderfolgenden Geschäftsjahren nicht überschreitet, sind von der handelsrechtlichen Buchführungspflicht befreit (gilt seit 01.01.2024, davor lag die Grenze bei 600.00 EUR Umsatz oder 60.000 EUR Gewinn).
- Unternehmensgründer, die nicht im Handelsregister eingetragen sind (Einzelunternehmen GbR), sind befreit, wenn die genannten Schwellen

am ersten Abschlussstichtag nach der Neugründung nicht überschritten werden (§ 241a HGB).

Werden mehr als 800.000 EUR Umsatz oder 80.000 EUR Gewinn erwirtschaftet, muss zur doppelten Buchführung (Bilanzierung) übergegangen werden.
Das Finanzamt muss dem Unternehmen allerdings mitteilen, dass infolge des Überschreitens einer der beiden Grenzen die Buchführungspflicht gegeben ist.
Diese beginnt im Folgejahr der Mitteilung durch das Finanzamt.

Wer nicht bilanzierungspflichtig ist, ermittelt seinen Gewinn mithilfe einer einfachen Einnahmenüberschussrechnung. Nach § 4/3 EStG werden in dieser Rechnung Buchungsvorgänge erst dann erfasst, wenn Geld geflossen ist.

Die Einnahmenüberschussrechnung wird vor allem von Freiberuflern und kleineren Unternehmen verwendet. Der Nachteil: Nicht alle Forderungen und Verbindlichkeiten erscheinen in dieser Buchführungsform. Demnach werden z. B. Erlöse erst mit Zahlung durch den Kunden erfasst, wodurch sich Verschiebungen in der Interpretation der betrieblichen Zahlen ergeben können. Zudem erfolgt keine Gegenüberstellung von Betriebsvermögen und -verbindlichkeiten und damit der Überblick über die finanzielle Stabilität des Unternehmens (siehe Abschnitt 6.1).

Jedem Elektrounternehmen empfehlen wir auf Grund der besseren Übersichtlichkeit, unabhängig ob Pflicht oder nicht, die doppelte Buchführung mit Bilanzierung.

In der doppelten Buchführung werden alle betrieblichen Belege erfasst, egal ob Kunden- und Lieferantenrechnungen bezahlt sind oder nicht. Noch nicht bezahlte Kundenrechnungen werden als Forderungen verbucht und erscheinen sowohl in der GuV (siehe Abschnitt 6.2) als auch in monatlichen betriebswirtschaftlichen Auswertung (BWA) als Umsatz. Bei Bezahlung der Rechnung durch den Kunden ändert sich in der GuV nichts, lediglich die Forderung wird aus dem Buchungskonto ausgebucht und gleichzeitig der Geldeingang auf dem Bankkonto erfasst.

5.1.3 Aufbewahrungsfristen und Art der Aufbewahrung betrieblicher Unterlagen

Laut Handelsgesetzbuch und Abgabenordnung ergeben sich unterschiedliche Aufbewahrungsfristen für betriebliche Unterlagen.

Aufbewahrungsfrist von 10 Jahren (§ 257 Abs. 1 Nr. 1 und 4 HGB)

- Bücher und Aufzeichnungen,
- Inventare,
- Jahresabschlüsse,
- Bilanzen und die zu ihrem Verständnis erforderlichen Organisationsunterlagen (z. B. Vermerke und Erläuterungen zu den Umbuchungen anlässlich eines Jahresabschlusses),
- Lageberichte.

Aufbewahrungsfrist von 8 Jahren (BEG IV, Stand 2025)

- ausgestellte und empfangene Rechnungen,
- Bankbelege, Kontoauszüge,
- Kassenbelege, Quittungen,
- Lohnabrechnungen,
- Fahrtenbücher.

Aufbewahrungsfrist von 6 Jahren (BEG IV, Stand 2025)

- empfangene Handels- und Geschäftsbriefe (auch E-Mails),
- Angebote und Auftragsbestätigungen,
- Mahnungen und Mahnbescheide,
- sonstige Unterlagen, soweit sie für die Besteuerung von Bedeutung sind.

Die Aufbewahrungspflicht beginnt mit Beendigung des Kalenderjahres, in dem die letzten Eintragungen erfolgten, Briefe zugegangen oder abgesandt bzw. die Abschlüsse und Anlagen erstellt wurden.

Für die Form der Aufbewahrung gibt es ebenfalls Anforderungen, die es zu beachten gilt:

- Unterlagen müssen geordnet aufbewahrt werden.
  Jedoch ist kein bestimmtes Ordnungssystem vorgeschrieben.
- Jahresabschlüsse, Eröffnungsbilanzen und Unterlagen, einer Zollanmeldung, sind im Original aufzubewahren.
- Alle anderen Daten dürfen auch auf digitalen Datenträgern aufbewahrt werden.
- Ein sachverständiger Dritter muss die Daten innerhalb kurzer Zeit überprüfen können.

- Bei elektronischen Unterlagen ist der Eingang, ihre Archivierung und ggf. Konvertierung zu protokollieren.
- Daten, die in das Datenverarbeitungssystem in elektronischer Form eingehen oder im Datenverarbeitungssystem erzeugt werden, sind immer in einer digitalen und revisionssicheren Form aufzubewahren.

Das Finanzamt hat das Recht, digitale Daten mittels Zugriff auf die vorhandene EDV während einer Außenprüfung einzusehen.

> Achten Sie bei der digitalen Archivierung Ihrer Dokumente auf Revisionssicherheit. Dies dient den Grundsätzen der Nachvollziehbarkeit und Nachprüfbarkeit. Zudem ist entsprechend den Vorgaben der GoBD auch eine Verfahrensdokumentation zu erstellen, die den Prozess der organisatorischen und technischen Nutzung der jeweils eingesetzten Softwarelösungen beschreibt.

5.2 Buchhaltung selbst erstellen oder durch den Steuerberater?

Immer wieder mal kommt die Frage auf: Kann man die Buchhaltung nicht selbst machen und dadurch Geld sparen? Etwa zwei Drittel der Steuerberatungskosten können so reduziert werden.

Gründer ziehen oftmals diese Variante vor. Allerdings sollten die Anforderungen und die Arbeit hierbei nicht unterschätzt werden und Grundkenntnisse in diesem Bereich vorhanden sein.

In der Praxis hat sich gezeigt, dass gerade in Zeiten, in denen die Geschäfte gut gehen, wenig Zeit für diese Aufgabe bleibt und sich der Stapel der Belege dann ins Unüberschaubare türmt, wenn der Chef sich auch noch um diese Aufgabe kümmern muss. Aus diesem Grund sollte man sich bewusst werden, welche Aufgaben man als Unternehmer selbst übernehmen muss und kann und welche ausgelagert werden sollte.

Die Praxis zeigt auch, dass die Buchungen im Unternehmen oft fehlerbehaftet sind. Für die Behebung dieser Buchungsfehler ist dann selbstverständlich das Unternehmen und nicht der Steuerberater zuständig.

Eine Gegenüberstellung der Vor- und Nachteile in **Tabelle 5.1** kann bei der Entscheidung unterstützen, ob mit oder ohne Steuerberater gearbeitet werden soll.

Vorteile selber buchen	Nachteile selber buchen
Kosteneinsparung	Zeitaufwand für die Buchung
Unternehmenszahlen sind im Unternehmen, Überblick ist zeitnah möglich	Unwissenheit, ob alles richtig erfasst ist
Fachwissen im Bereich der Zahlen kann aufgebaut werden	Zeitaufwand um sich das notwendige Fachwissen anzueignen

Tabelle 5.1 Übersicht der Vor-/Nachteile, wenn die Buchhaltung selbst übernommen wird

Wenn ein Unternehmen über Steuerfachkräfte in seinem Mitarbeiterstamm verfügt, kann die Erfassung der Buchungsbelege im Unternehmen erfolgen. Anderenfalls empfiehlt sich, die Buchhaltung auszulagern.

Zum Auslagern der Buchhaltung bestehen prinzipiell zwei Möglichkeiten: Steuerberater oder Buchhaltungsbüro. Der Vorteil des Steuerberaters ist, dass man nur einen Ansprechpartner für Buchhaltung, Jahresabschluss und Steuererklärung hat. Wohingegen das Buchhaltungsbüro nur die laufende Buchhaltung übernimmt und dadurch die kostengünstigere Variante ist. Nur Jahresabschluss und Steuererklärung werden dann durch den Steuerberater übernommen. Gerade für Existenzgründer kann das Buchhaltungsbüro daher eine interessante Alternative sein.

Lassen Sie sich ein unverbindliches Angebot von Ihrer Steuerkanzlei oder Buchhaltungsbüro erstellen und vergleichen Sie die Leistungen. Um Kosten zu sparen, klären Sie am besten auch im Vorfeld, welche vorbereitenden Aufgaben Sie selbst übernehmen können.

Erst ab einem Personalstamm von etwa 20 Mitarbeitern sollten Sie überlegen, ob Sie eine eigene Buchhaltungsfachkraft im Unternehmen einsetzen wollen. Aus der Praxis der Unternehmensberatung Heckner wissen wir jedoch, dass viele Elektrohandwerker selbst mit 100 oder mehr Mitarbeitern immer noch auf die Dienste der Steuerkanzlei zurückgreifen und keinen eigenen Bilanzbuchhalter einstellen.

5.3 Die Zusammenarbeit mit dem Steuerbüro

5.3.1 Anforderungsprofil an den Steuerberater

Der Steuerberater ist Dienstleister in seinem Fachgebiet. Falsch wäre es, zu erwarten, dass der Steuerberater die spezifischen Probleme des Elektrounternehmens kennt. Er ist Experte in buchhalterischen und steuerlichen Fragen, nicht aber in Fragen des Marketings, der Kalkulation oder der Elektrotechnik.

Ein Steuerberater wird sich nur dann für den Betrieb besonders engagieren, wenn er vom Unternehmer gefordert wird.

Der Unternehmer hat es selbst in der Hand, den Steuerberater zu fordern, indem er gezielte Fragen stellt und Lösungsvorschläge zu steuerlichen Problemen einfordert.

Die Qualität Ihres Steuerberaters lässt sich anhand der **Tabelle 5.2** überprüfen.

Nr.	Frage	Ja	Nein
1.	Erhalten Sie vom Steuerberater regelmäßig die aktuelle BWA mit Vorjahresvergleich und Summen- und Saldenliste?	❏	❏
2.	Werden Sie von ihrem Steuerberater über die verschiedenen Auswertungsarten der BWA, z. B. Controllingreport, informiert?	❏	❏
3.	Hat Ihr Steuerberater Sie in die Bedeutung der betriebswirtschaftlichen Auswertungen (BWA) eingewiesen, die Sie jeden Monat von ihm erhalten?	❏	❏
4.	Wissen Sie, dass es die Möglichkeit eines Betriebsvergleiches über die DATEV gibt?	❏	❏
5.	Wissen Sie, dass Sie Ihre Planzahlen in die monatliche DATEV PLAN-BWA einstellen können und so einen automatischen Soll-Ist-Vergleich erhalten?	❏	❏
6.	Meldet sich Ihr Steuerberater auch in Zeiten einer negativen Betriebsentwicklung unaufgefordert bei Ihnen und möchte sich mit Ihnen beraten?	❏	❏
7.	Wurden Sie von Ihrem Steuerberater schon auf die Möglichkeiten hingewiesen, im Unternehmen vorzubuchen?	❏	❏
8.	Werden Sie regelmäßig über das Neueste an der Steuerfront informiert (Rundschreiben usw.)?	❏	❏
9.	Hat Sie Ihr Steuerberater über die Möglichkeiten von DATEV Unternehmen online informiert und auf Wunsch mit Ihnen zusammen im Unternehmen etabliert?	❏	❏

Tabelle 5.2 Leistungs-Check Steuerberater

Es wird empfohlen, bei allen „Nein"-Antworten ein Gespräch mit dem Steuerberater zu führen. Überwiegen die "Nein"-Antworten, sollte die Zusammenarbeit mit der Kanzlei kritisch hinterfragt werden.

5.3.2 Kosten eines Steuerberaters

Die Steuerberatergebühren richten sich nach der „Vergütungsordnung für Steuerberater". Das heißt nicht, dass die Kanzlei keinen Ermessensspielraum hat. Der Steuerberater kann im Rahmen der vorgegebenen Bandbreiten der Verordnung abrechnen. Er darf nicht unter dem in der Verordnung vorgesehenen Mindestsatz abrechnen. Die Richtsätze der Steuerberater werden in der Praxis ähnlich flexibel gehandhabt wie die Honoraranordnungen für Architekten und Ingenieure (HOAI). Entscheidend ist, welchen Aufwand der Steuerberater hat und welchen Faktor er ansetzt. Je größer der Aufwand, z. B. aufgrund ungeordneter Unterlagen, umso höher wird der Faktor und damit die Vergütung.

Die Orientierungswerte für die Kosten eines Steuerberaters in der **Tabelle 5.3** stammen aus dem Busch-Jaeger Betriebsvergleich 2024. Die Beträge der Tabelle 5.3 verstehen sich zuzüglich MwSt. Die prozentualen Werte beziehen sich auf den Rohertrag des Unternehmens. Je kleiner das Unternehmen, desto höher sind die relativen Kosten des Steuerberaters.

Ein Steuerberater, der sich für das Unternehmen engagiert, ist sein Geld wert. Wenn er sich allerdings nur kurz zur Bilanzbesprechung sehen lässt, und den Rest des Jahres „abtaucht“, ist es fraglich, ob er sein Geld wirklich verdient hat.

Gemeinkosten	**Buchhaltung wird komplett vom Steuerberater erstellt** (laufende Buchhaltung, Lohnbuchhaltung und Abschlussarbeiten) **Kosten in % vom Rohertrag**
GK I + II	1,7
GK III	1,6
GK IV	1,0
GK V	0,8
Gesamt	1,4
Gesamt (I bis IV)	1,4

Tabelle 5.3 Steuerberater-Kosten (Richtwerte pro Jahr)

6 Die Auswertung der betriebswirtschaftlichen Zahlen

6.1 Der Jahresabschluss

Im Jahresabschluss ist der wirtschaftliche Erfolg eines Unternehmens ersichtlich. Er bildet damit u. a. die Basis für wirtschaftliche Entscheidungen, stellt eine Grundlage zur Beurteilung des Unternehmens von außen dar und ist nicht zuletzt auch die Basis zur Bemessung der Steuerbelastung.

Der Jahresabschluss ist gewissermaßen das Jahreszeugnis des Chefs. Sind die Gewinne gut, hat er auch eine gute Arbeit geleistet.

Der Jahresabschluss besteht, wie die Übersicht in **Bild 6.1** verdeutlicht, aus zwei Teilen.

Mittelgroße und große Kapitalgesellschaften sowie mittelgroße und große Personengesellschaften, bei denen nicht mindestens ein persönlich haftender Gesellschafter eine natürliche Person ist, haben zusätzlich die Pflicht, gem. § 246 HGB, einen Anhang sowie einen Lagebericht zu veröffentlichen.

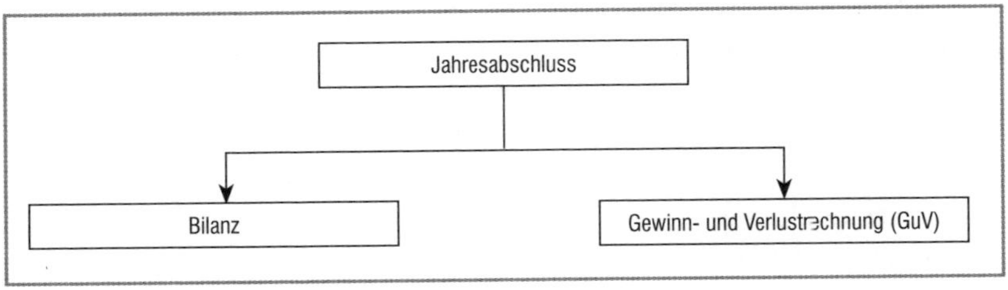

Bild 6.1 Aufbau Jahresabschluss

6.1.1 Bilanz

Die Bilanz ist eine Momentaufnahme zu einem bestimmten Stichtag (Bilanzstichtag), in der die Vermögensgegenstände und Verbindlichkeiten des Unternehmens gegenübergestellt werden.

Im Wesentlichen stellt sich die Bilanzstruktur grob wie in **Bild 6.2** dar. Eine detaillierte Übersicht einer Musterbilanz ist in **Bild 6.3** ersichtlich.

Ein Unternehmer, der seinen Jahresabschluss unterzeichnet, haftet damit gegenüber seinen Gläubigern für die Richtigkeit seiner Zahlen. Er bestätigt

Jahresabschluss	
Aktiva	**Passiva**
Welche Vermögensgegenstände sind vorhanden? – Anlagevermögen – Umlaufvermögen	Wem gehört dieses Vermögen? – Eigenkapital (Kapitalkonto) – Fremdkapital

Bild 6.2 Grobstruktur Bilanz

Aktiva		Passiva	
Anlagevermögen		Eigenkapital[1]	
Rohmaterial (Vorräte)		Rückstellungen	
halbfertige Arbeiten		kurzfristige Bankschulden (Kontokorrent)	
Kundenforderungen		langfristige Bankschulden (Darlehen)	
flüssige Mittel		erhaltene Anzahlungen	
sonstiges Vermögen		sonstige Verbindlichkeiten	
Darlehen an Gesellschafter[2]		Gesellschafterdarlehen	
Rechnungsabgrenzungsposten		Rechnungsabgrenzungsposten	
Bilanzsumme		**Bilanzsumme**	

1 bei Kapitalgesellschaften Stammkapital zuzügl. Gewinnvorträge
2 nur für Kapitalgesellschaften, z. B. GmbH

Bild 6.3 Musterbilanz, Detailaufstellung

den korrekten Lagerbestand, die richtige Bewertung der halb- bzw. teilfertigen Aufträge und seiner Forderungen und deren Werthaltigkeit.

Die Grundsätze einer ordentlichen kaufmännischen Unternehmensführung, also die wichtigsten Bilanzierungsgrundsätze, denen sich jeder selbstständige Unternehmer unterwerfen muss, lauten:

- Bilanzklarheit,
- Bilanzwahrheit,
- Bilanzkontinuität,
- Bilanzidentität.

Für die Geschäftsführer von Kapitalgesellschaften sind diese Grundsätze „Gesetz". Ein Geschäftsführer kommt mit dem Strafgesetz in Konflikt, wenn er auch nur einen dieser Grundsätze verletzt und sein Unternehmen deshalb ungerechtfertigt Kredite erhält oder Gläubiger, d. h. Kreditgeber oder Geschäftspartner, zu Schaden kommen. Jede Bilanz muss aussagefähig, d. h. klar und wahr sein. Nicht nur die Hausbank fordert diese Bilanzierungsgrundsätze, auch der Unternehmer selbst erweist sich keinen Gefallen, wenn er dagegen verstößt. Ein Unternehmer, der z. B. längst als uneinbringlich erkennbare Kundenforderungen immer noch in seiner Bilanz als

Forderungen deklariert, verstößt gegen den Grundsatz der Bilanzwahrheit. Forderungen, die nicht mehr einbringbar sind, weil der Kunde inzwischen Insolvenz angemeldet hat, müssen ausgebucht werden.

Bilanzkontinuität bedeutet, dass für die Bilanz einmal gewählte Bewertungsansätze langfristig beibehalten werden. Grundsätzlich kann der Unternehmer die vom Gesetzgeber vorgegebenen Bewertungsspielräume nutzen. Weil in jeder Bilanz nur EURO-Beträge stehen dürfen, müssen alle Bilanzbestandteile, deren EURO-Wert z. B. nicht unmittelbar aus einem Kontoauszug oder dem Inventarverzeichnis (für Güter des Anlagevermögens) zu entnehmen ist, bewertet werden. Die zu bewertenden Gegenstände des Betriebsvermögens sind vor allem:

- Forderungen (mit Klärung der Fragen: „Ist der Kunde noch zahlungsfähig oder nicht?“ und „Wann ist mit dem Zahlungseingang zu rechnen?“),
- in Arbeit befindliche Aufträge (halbfertige/unfertige Leistungen), die zu Selbst- oder Herstellungskosten bewertet werden müssen und
- Lagerbestände, bei denen zu berücksichtigen ist, ob es sich um „Altware“ handelt, die nicht mehr zum früheren Einkaufspreis, sondern zu einem weit niedrigeren Wert anzusetzen sind.

Handelsbilanz und Steuerbilanz

Grundsätzlich wird zwischen zwei Bilanzarten unterschieden:

- einer Handelsbilanz, die den handelsrechtlichen Richtlinien entspricht und sich an den Unternehmer und dessen Gläubiger richtet und
- einer Steuerbilanz, die den steuerlichen Richtlinien entspricht und sich an den Fiskus richtet.

Oftmals haben vor allem kleine und mittelständische Unternehmen eine sogenannte „Einheitsbilanz“ erstellt, die sowohl den handelsrechtlichen als auch den steuerrechtlichen Richtlinien genügt. Die Steuerbilanz beruht hierbei auf dem Maßgeblichkeitsprinzip, das heißt der Maßgeblichkeit der Handelsbilanz für die Steuerbilanz. Vereinfacht soll der Fiskus in gleicher Weise am Erfolg des Unternehmens beteiligt werden, wie auch der Anteilseigner am Erfolg des Unternehmens partizipiert. Mit der Steuerreform von 1990 wurde die umgekehrte Maßgeblichkeit etabliert. Die umgekehrte Maßgeblichkeit erlaubte, dass rein steuerliche Wahlrechte auf die Handelsbilanz angewendet werden dürfen. Das hatte zur Folge, dass die Handelsbilanzen der Unternehmen steuerliche Wertansätze ausgewiesen haben, die jedoch gar nicht dem tatsächlichen Wert entsprochen haben, sondern zum Teil weit darunter lagen.

Mit dem Bilanzmodernisierungsgesetz (BilMoG) aus dem Jahr 2009 dürfen durch die Einschränkung des Maßgeblichkeitsgrundsatzes und dem Wegfall der umgekehrten Maßgeblichkeit seither steuerrechtliche Sonderregelungen nicht mehr in die Handelsbilanz übernommen werden. Das heißt, die betroffenen Unternehmen müssen darüber hinaus neben dem handelsrechtlichen Jahresabschluss eine eigene Steuerbilanz erstellen, je nachdem wie viele Unterschiede zwischen Handels- und Steuerbilanz existieren.

Veröffentlichung

Für Kapitalgesellschaften besteht die Pflicht zur Veröffentlichung einer verkürzten Bilanz im elektronischen Bundesanzeiger. Dort können sich alle Interessierten über die Eckdaten des Unternehmens aus der Bilanz und der Gewinn- und Verlustrechnung informieren (bei mittleren und großen Unternehmen).

> Unter www.unternehmensregister.de oder auch unter www.northdata.de können betriebliche Zahlen von Kapitalgesellschaften eingesehen werden. Auch so kann man sich über Geschäftspartner und Wettbewerber informieren.

Aktivseite der Bilanz

Bei den Vermögensgegenständen auf der Aktivseite unterscheidet man zwischen Anlagevermögen und Umlaufvermögen.

Anlagevermögen

Das Anlagevermögen umfasst alle betriebsnotwendigen Gegenstände und Einrichtungen, z. B. Firmenfahrzeuge, Büro- bzw. Ladenausstattung, Maschinen, Werkzeuge usw.

Das Anlagevermögen verändert sich durch Zugänge (Neuanschaffungen) und Abgänge, z. B. den Verkauf eines gebrauchten Kfz, sowie durch die Abschreibungen. Durch die Abschreibung (AfA) wird der Abnutzung von Wirtschaftsgütern Rechnung getragen. Die Abschreibung wird bei den Kosten als Aufwand verbucht. Um diesen Betrag reduziert sich gleichfalls der Wert des betrieblichen Anlagevermögens.

Ausnahme bilden die sogenannten „geringwertigen Wirtschaftsgüter“. Als solches werden Güter bezeichnet, deren Anschaffungs- bzw. Herstellungskosten einen gesetzlich bestimmten Betrag nicht übersteigen. Diese können entweder direkt in den Aufwand gebucht oder bereits im Anschaffungsjahr voll abgeschrieben werden.

Grenzen von geringwertigen Wirtschaftsgütern (GWG), ab 2018:

- bis 250 EUR sofort abziehbar,
- 250,01 EUR bis 800 EUR sofort abziehbar mit Verzeichnis oder Sammelposten ohne Verzeichnis (über fünf Jahre in Form von Abschreibungen aufzulösen),
- 250,01 EUR bis 1.000 EUR Sammelposten optional, ohne Verzeichnis.

Alle anderen Wirtschaftsgüterm über 1.000 EUR, die nicht unter geringwertig fallen, werden nach den amtlichen AfA-Tabellen über eine jeweils festgelegte Nutzungsdauer abgeschrieben. AfA-Tabellen (AfA = Absetzung für Abnutzung) werden jährlich vom Bundesministerium der Finanzen herausgegeben.

In der Steuerbilanz werden Wertansätze des Anlagevermögens wie folgt ermittelt:

Anschaffungskosten ./. Abschreibungen = Bilanzwert

In der Handelsbilanz kann dagegen der realistische Zeitwert, z. B. für Immobilien, aber auch für Maschinen, angesetzt werden. Die Differenz zwischen dem steuerlichen Bilanzwert und dem Zeitwert, z. B. in der Handelsbilanz, wird als „stille Reserve" bezeichnet.

Einen Auszug aus den Bestimmungen, über wie viele Jahre in der Regel neue Wirtschaftsgüter abgeschrieben werden müssen, sind aus **Tabelle 6.1** zu entnehmen. Der Steuerberater kann kürzere Abschreibungszeiträume bei gebrauchten Wirtschaftsgütern anwenden.

Wenn ein Firmenfahrzeug angeschafft wurde, dann ist dieses Fahrzeug lt. AfA-Tabelle nach fünf Jahren „abgeschrieben". Tatsächlich hat dieses

Wirtschaftsgut	AfA in Jahren
Bohrmaschine mobil	8
Hochregallager	15
Lichtreklame	9
Alarmanlagen	11
PKW	6
Baucontainer	10
Lagereinrichtungen	8
Mobilfunkgeräte	5
PC, Computer	3

Tabelle 6.1 Abschreibungszeiträume (Auszug)

Firmenfahrzeug aber nicht den in der (Steuer-)Bilanz aufgeführten Erinnerungswert von 1 EUR, sondern z. B. einen (Wiederverkaufs-) Wert von 2.000 EUR. Die Differenz zwischen dem aktuellen Zeitwert (zu diesem Preis zuzüglich MwSt. könnte das Fahrzeug jederzeit verkauft werden) und dem Bilanzwert, hier 1 EUR, ist die stille Reserve, die sich in diesem Beispiel auf 1.999 EUR beläuft. Stille Reserven sind häufig in den Gütern des Anlagevermögens enthalten, insbesondere in Immobilien. Mit dem Verkauf des Anlagegutes müssen diese stillen Reserven aufgedeckt und versteuert werden.

Umlaufvermögen

Im Umlaufvermögen sind sämtliche Vermögensgegenstände enthalten, die sich in der Regel sehr kurzfristig verändern. Die Lagerbestände, die halbfertigen und noch nicht abgerechneten Aufträge sowie die Forderungen an die Kunden und sonstige Vermögensgegenstände wie Bankguthaben sind die wesentlichen Bestandteile.

Forderungen aus Lieferungen und Leistungen

Das sind die erstellten, vom Kunden noch nicht bezahlten Rechnungen.

Lagerbestände

Diese Position wird in der Regel gegliedert nach „Rohmaterial" und „in Arbeit befindliche Aufträge" (unfertige/halbfertige Leistungen). Rohmaterial ist hierbei das Material für die Baustellen, das sich noch im Lagerbestand befindet. In Arbeit befindliche Aufträge sind hingegen Materialkosten und bereits geleisteter Stundenaufwand für Projekte, für die noch keine Teilschluss- oder Schlussrechnungen erstellt wurden.

Der Grundsatz für die Bewertung des Materiallagers und der in Arbeit befindlichen Aufträge ist das Niederstwertprinzip. Das Niederstwertprinzip besagt, dass unter den verschiedenen Alternativen der niedrigste und damit realistischste Wertansatz ausgewählt werden muss. Das bedeutet, dass Material, das schon mehrere Jahre alt ist oder das durch ein Nachfolgeprodukt ersetzt wurde, das möglicherweise kostengünstiger im Einkauf ist, immer zu dem geringstmöglichen Wert angesetzt wird.

Ausgangspunkt sind die Anschaffungs- oder Herstellungskosten. Beim Materiallager sind die Anschaffungskosten abzüglich Skonti oder Boni anzusetzen. Bei der Bewertung der „in Arbeit befindlichen Aufträge" sind die Selbstkosten relevant. Noch nicht realisierte Gewinne dürfen keinesfalls bewertet werden.

Ein Beispiel:

Sie haben zum Bilanzstichtag einen Auftrag über 50.000 EUR genau zur Hälfte abgearbeitet und stehen nun vor der Frage, ob dieser Auftrag als „halb- oder teilfertiger Auftrag" bewertet werden soll. Die Kosten im Zusammenhang mit den bisher erbrachten Leistungen sind bereits bezahlt (Löhne, Lieferantenrechnungen). Solange noch keine Teilschluss- oder Schlussrechnungen erstellt wurden, sind die Kosten des Auftrags als „in Arbeit befindliche Aufträge" in den Vorräten des Unternehmens zu erfassen. Es spielt hierbei keine Rolle, ob bereits Abschlags- oder Vorauszahlungen vom Kunden geleistet wurden. Wenn Sie nun glauben, Sie nehmen einfach 50 % des Auftragsvolumens, also 25.000 EUR als Wertansatz der Halbfertigen, liegen Sie jedoch falsch.

Grundsätze zur Bewertung der in Arbeit befindlichen Aufträge:

Es dürfen maximal die Herstellungskosten angesetzt werden. Noch nicht realisierte Gewinne dürfen also nicht dargestellt werden. Entsprechend müssen die einzelnen Aufwendungen wie Material, Lohn- und Verwaltungskosten ermittelt werden, die in Bezug auf das Bauvorhaben angefallen sind. Diese Angaben sind in der Regel nicht aus der Buchhaltung ersichtlich, sondern müssen separat erfasst werden. Hierbei sind Begleitkalkulationen der Branchensoftwarelösungen eine sehr gute Unterstützung. Wenn hier Stunden und Material projektbezogen erfasst werden, können diese Daten zum einem für das Projektcontrolling, zum anderen aber auch zur Bewertung der in Arbeit befindlichen Aufträge genutzt werden.

Für die Bewertung der in Arbeit befindlichen Aufträge kann z. B. der folgende, unter steuerlichen und betriebswirtschaftlichen Gesichtspunkten niedrige und von den Finanzbehörden akzeptierte Ansatz gewählt werden.

Material zum tatsächlichen Einkaufspreis abzüglich Rabatt, Skonti, Boni, zuzüglich der Beschaffungskosten wie Telefon, Fax, Frachtkosten usw. (in der Regel etwa 5 % des Materialpreises)
+ **Lohnselbstkosten** = Stundenlohn (Mittellohn) brutto x 1,85 bis ca. 2,10 (Aufschlag 85 % bis 110 %)
= **Bilanzwert der in Arbeit befindlichen Aufträge**

Dieser Ansatz bedeutet:

- Das für diesen Auftrag verbaute Material wird zum tatsächlichen Einkaufspreis zzgl. 5 % Handlingskosten angesetzt.
- Mit den 85 % bis 110 % Aufschlag auf die durchschnittlichen Stundenlöhne der Mitarbeiter wird berücksichtigt, dass die Mitarbeiter 2.000 Stunden pro Jahr bezahlt, aber nur etwa 1.500 Stunden im Unternehmen anwesend sind und dass Kosten für die Arbeitgeberanteile zur Sozialversicherung anfallen.

Alle halbferigen Aufträge sind zum Bilanzstichtag nach dem gleichen Schema zu bewerten. Die individuellen Zuschlagssätze richten sich nach der Kostenstruktur des Unternehmens und sind, ggf. gemeinsam mit dem Steuerberater, regelmäßig zu ermitteln und idealerweise in der Branchensoftware zu hinterlegen. Hierbei ist auch zu definieren, ob der Lohn lediglich mit einem Lohnzuschlagssatz für die Lohngemeinkosten (Lohnselbstkosten, wie in unserem Fall 85 % bis 110 % Aufschlag) angesetzt wird oder ob auch betriebliche Gemeinkosten (Vollkosten) in die Betrachtung einbezogen werden.

Ein Auftrag für 50.000 EUR ohne Mehrwertsteuer, der zu 50 % fertiggestellt ist, darf demnach in der Bilanz keinesfalls mit einem Wert von 25.000 EUR angesetzt werden. In einer realistischen und den Bilanzrichtlinien entsprechenden Bewertung wird dieser Auftrag mit etwa 20.000 EUR bewertet.

Unternehmer, die während des Jahres über die wahre Lage des Unternehmens informiert sein wollen, ermitteln monatlich den Wert der in Arbeit befindlichen Aufträge und berücksichtigen diesen Wert in der monatlichen BWA. Nur dann ist die Monatsauswertung aussagefähig.

Sonstige Vermögensgegenstände

Darunter werden u.a. die Bankguthaben, Kassenbestände und sonstige betriebliche Vermögensgegenstände gebucht.

Im sonstigen betrieblichen Vermögen können auch Darlehen an Gesellschafter (nur bei Kapitalgesellschaften) stecken. Dabei handelt es sich um Gelder, die aus dem Unternehmen für private Zwecke entnommen wurden. Sie haben damit den Charakter von Negativkapital. Die geliehenen Beträge sind vom Geschäftsführer zu verzinsen. Dem Gesellschafter, meist identisch mit dem Geschäftsführer, muss empfohlen werden, diese ausgeliehenen Gelder an die GmbH schnellstens und vollständig zurückzuzahlen.

Passiva-Bilanzpositionen

Die Passivseite ist die „Schuldenseite“ der Bilanz. Dort wird ausgedrückt, wie die Vermögensgegenstände der Aktivseite finanziert sind. Bei einem „gesunden“ Betrieb steht daher auch das Eigenkapital auf dieser Seite der Bilanz.

Die Passiva werden in Eigenkapital und Fremdkapital gegliedert.

Eigenkapital

Das Eigenkapital des Unternehmens ist eine Position, die von den Kreditinstituten sehr genau analysiert wird. Es gibt Auskunft darüber, wie viel des Unternehmens (des Vermögens) dem Inhaber bzw. den Gesellschaftern gehört.

Eigenkapital bei Kapitalgesellschaften

Bei Kapitalgesellschaften gliedert sich das Eigenkapital laut § 266 Abs. 3 (A) HGB wie folgt:

I. gezeichnetes Kapital,
II. Kapitalrücklage,
III. Gewinnrücklagen:
  1. gesetzliche Rücklage,
  2. Rücklage für Anteile an einem herrschenden oder mehrheitlich beteiligten Unternehmen,
  3. satzungsmäßige Rücklagen,
  4. andere Gewinnrücklagen,
IV. Gewinnvortrag/Verlustvortrag,
V. Jahresüberschuss/Jahresfehlbetrag.

Das gezeichnete Kapital ist

- das Grundkapital bei einer Aktiengesellschaft (Mindestbetrag 50.000 EUR) sowie
- das Stammkapital bei einer GmbH (Mindestbetrag 25.000 EUR).

Die Kapitalrücklagen sind Sonderzahlungen der Gesellschafter und damit von außen zugeführtes Geld. Gewinnrücklagen sind zurückbehaltene Gewinne und damit aus dem Unternehmen heraus erwirtschaftet. Beides erhöht das Eigenkapital des Unternehmens.

Der Jahresüberschuss ist das Ergebnis des aktuellen Geschäftsjahres.

In der Hauptversammlung oder der Gesellschafterversammlung wird beschlossen, wie der Vorjahresgewinn verwendet wird. Das, was keiner Verwendung zugeführt wurde, ergibt den Gewinnvortrag. Dieser wird dem Ergebnis des neuen Jahres mit angerechnet.

Der Verlustvortrag stellt den Verlust des Vorjahres dar und wird im nächsten Geschäftsjahr vom Gewinn abgezogen oder zum Verlust des Geschäftsjahres hinzuaddiert.

Eigenkapital bei Einzelunternehmen und Personengesellschaften

Das Eigenkapital von Einzelunternehmen und Personengesellschaften ist anders gegliedert als bei Kapitalgesellschaften. Es wird im Wesentlichen durch den Gewinn des Jahres und die Privatentnahmen der Unternehmerfamilie beeinflusst.

Vom letzten zum aktuellen Bilanzstichtag entwickelt sich das Eigenkapital beispielsweise wie in **Tabelle 6.2.**

Dieses Beispiel zeigt, dass die Privatentnahmen der Familie höher lagen als Gewinne und Privateinlagen – ein erster Schritt zu einer negativen Entwicklung, die auch von Kreditinstituten als negativ eingestuft wird.

Berechnung	**Eigenkapital in EUR**
Stand des Eigenkapitals am 31.12. des Vorjahres	+ 20.000
+ Gewinn des lfd. Jahres	60.000
+ Privateinlagen des lfd. Jahres	3.000
./. Privatentnahmen des lfd. Jahres	70.000
= Stand des Eigenkapitals am 31.12. des lfd. Jahres	**+ 13.000**

Tabelle 6.2 Entwicklung des Eigenkapitals

Wer mehr entnimmt, als er verdient, lebt von der Substanz und finanziert seinen Lebensunterhalt auf Kredit.

Der Unternehmer in unserem Beispiel hat im letzten Jahr um 7.000 EUR mehr Geld aus dem Unternehmen entnommen als Gewinne erwirtschaftet wurden. Voraussichtlich wird dieser Unternehmer, wenn die Privatentnahmen auch in Zukunft höher liegen als der Gewinn, einen Teil seiner Altersvorsorge (wenn vorhanden) aufwenden müssen, um die betrieblichen Schulden zu tilgen und sein Eigenkapital damit ins Lot zu bringen.

Das strategische Ziel eines jeden Unternehmens muss die Stärkung der Eigenkapitalbasis sein. Im vorliegenden Fall müssen die Privatentnahmen analysiert werden, um Einsparungsmöglichkeiten zu erkennen. Zu den Privatentnahmen gehören nicht nur die in bar entnommenen Beträge, sondern wie im folgenden Beispiel (**Tabelle 6.3**) alle Ausgaben, die nicht dem betrieblichen Bereich zuzurechnen sind.

Dem Beispielunternehmer kann bei diesen Privatentnahmen nicht der Vorwurf gemacht werden, auf „zu großem Fuß" zu leben. Trotzdem muss geprüft werden:

- Wo bestehen Potenziale zur Ertragsverbesserung des Unternehmens?
- Wo bestehen Einsparungsmöglichkeiten bei den Privatentnahmen?

Verwendung Privatentnahmen	Entnahme in EUR
Beiträge Lebensversicherung	18.000
Kranken- und Unfallversicherung	7.000
Zins und Tilgungen für das Privathaus	11.000
private Einkommensteuer	12.000
Aufwendungen für Schulausbildung der Kinder	6.000
private Versicherungen	2.000
sonstige Privatentnahmen	14.000
Summe der Privatentnahmen	**70.000**

Tabelle 6.3 Privatentnahmen

Unternehmer, die eine Personen- oder Einzelfirma führen, sollten vom Steuerberater die Kontenblätter der Privatentnahmen anfordern. Erst wenn man erkennt, wofür das Geld ausgegeben wird, entsteht das notwendige Bewusstsein für Einsparungsmöglichkeiten.

Fremdkapital

Das Fremdkapital ist unterteilt in Rückstellungen, Bankverbindlichkeiten, erhaltene Anzahlungen, Lieferantenverbindlichkeiten und sonstige Verbindlichkeiten.

Rückstellungen

Hierbei handelt es sich um Verbindlichkeiten, Aufwand oder Verluste des Unternehmens, die im Grunde nach bereits bestehen, deren Höhe und Fälligkeit aber noch nicht endgültig feststehen. Beispiele sind Prozessrückstellungen, Gewährleistungsrückstellungen, Urlaubsrückstellungen oder Steuerrückstellungen.

Eine weitere besondere Rückstellung bei Kapitalgesellschaften kann die Altersvorsorge des Geschäftsführers in Form einer „Pensionsrückstellung“ darstellen. In der Regel steckt dahinter als Rückdeckung eine Lebensversicherung zugunsten des Geschäftsführers, die auch einen Insolvenzschutz inkludiert. Die laufenden Aufwendungen dafür können als Kosten abgesetzt werden. Wenn dann die Rente oder Lebensversicherung für den Geschäftsführer ausgezahlt wird, muss dieser die Einnahmen daraus versteuern.

Im Abschnitt 2.7 wird dargestellt, welche Formen der persönlichen Absicherung für Unternehmer in Frage kommen.

Bankverbindlichkeiten

In der Bilanz wird in der Regel zwischen kurzfristigen, mittelfristigen und langfristigen Bankverbindlichkeiten unterschieden. Das Kontokorrentkonto (eingeräumter/genehmigter negativer Saldorahmen auf dem Bankkonto) gehört zu den kurzfristigen Bankverbindlichkeiten. Kredite mit einer Laufzeit von weniger als vier Jahren zählen zu den mittelfristigen und Kredite mit einer Laufzeit von mehr als vier Jahren zu den langfristigen Bankverbindlichkeiten.

Erhaltene Anzahlungen

Erhaltene Anzahlungen sind vereinnahmte Zahlungen des Kunden für noch nicht erbrachte oder noch nicht vollständig erbrachte Leistungen. Hierunter fallen auch vom Kunden bezahlte Abschlagsrechnungen.

Gemäß § 268 V Satz 2 HGB besteht ein Wahlrecht, die erhaltenen Anzahlungen gesondert als Verbindlichkeiten auf der Passivseite auszuweisen, oder sie von den Vorräten (Aktivseite der Bilanz) offen abzusetzen (sofern dies nicht zu einem negativen Vorratsbestand führt).

> Besprechen Sie das Wahlrecht bezüglich der offenen Saldierung der erhaltenen Anzahlungen mit den Vorräten mit Ihrem Steuerberater. Letztlich hat dies nicht zuletzt Einfluss auf Ihre Bilanzsumme und damit auch auf Ihren Eigenkapitalanteil. Wenn saldiert wird, erhöht sich die prozentuale Eigenkapitalquote.

Lieferantenverbindlichkeiten

Das sind die noch nicht bezahlten Lieferantenrechnungen.

Sonstige Verbindlichkeiten

Hierunter sind weitere betriebliche Verbindlichkeiten für z. B. noch nicht bezahlte Umsatzsteuer, Sozialabgaben und anderes aufgeführt.

Auch ein Gesellschafterdarlehen wird unter die sonstigen Verbindlichkeiten zusammengefasst. Dabei handelt es sich um finanzielle Mittel, die vom Gesellschafter an seine Kapitalgesellschaft ausgeliehen wurden. Für diese Beträge erhält der Gesellschafter eine Verzinsung, die als Kosten des Unternehmens gebucht werden müssen.

Gesellschafterdarlehen haben den Charakter von Eigenkapital. Sie können z. B. entstehen, wenn in schlechten Zeiten auf die Auszahlung des Geschäftsführergehaltes verzichtet wird oder wenn erzielte Gewinne ausgeschüttet und wieder in das Unternehmen eingelegt werden.

6.2 Gewinn- und Verlustrechnung (GuV)

6.2.1 GuV als Spiegelbild des Jahres

Die GuV ist der zweite Bestandteil des Jahresabschlusses. Sie zeigt den Verlauf des Jahres in Zahlen, indem sie sämtliche Erträge und Aufwendungen, die während des Jahres anfallen dokumentiert.

Die Gliederung der Gewinn- und Verlustrechnung sieht wie folgt aus:

	Umsatzerlöse
±	Veränderungen der halbfertigen Aufträge
=	**Leistungsumsatz/Leistung**
./.	Wareneinsatz inkl. Subunternehmer
=	**Rohertrag**
./.	Kosten
=	**Jahresergebnis (Gewinn oder Verlust)**

Die Aufwendungen lassen sich grob in zwei Bereiche teilen:

- Der Materialverbrauch, der in der Gewinn- und Verlustrechnung als Wareneinsatz gebucht wird und den tatsächlichen Materialverbrauch, gemessen am Einkaufspreis, einschließlich der Aufwendungen für Subunternehmer- und Nachunternehmerleistungen umfasst.
- Die laufenden Kosten, unter denen alle anderen Ausgaben zum Aufrechterhalten des Geschäftsbetriebes gebucht werden.

Die darin enthaltenen Kosten sind wie folgt gegliedert:

- Personalkosten,
- Raumkosten,
- Steuern, Versicherungen, Beiträge,
- Fahrzeugkosten,
- Werbe- und Reisekosten,
- Kosten für Warenabgabe,
- Kosten für Instandhaltung und Werkzeuge,
- Abschreibungen,
- Finanzierungskosten,
- verschiedene Kosten.

6.2.2 Leistungsumsatz oder Leistung

Der Leistungsumsatz des Jahres dokumentiert die Leistungen, die im Laufe eines Jahres erbracht wurden. Es geht demnach nicht nur um den ausgewiesenen Umsatz (geschriebene Schluss- oder Teilschlussrechnungen), sondern auch um die Veränderung der in Arbeit befindlichen Aufträge (Halbfertige), also Leistungen, die erbracht, aber noch nicht schlussabgerechnet sind. Wie der Leistungsumsatz ermittelt wird, zeigt **Tabelle 6.4**.

Berechnung	**Betrag in Tsd. EUR**		
	Beispiel I	**Beispiel II**	**Beispiel III**
Umsatzerlöse des lfd. Jahres	900	900	900
– HF* des Vorjahres	200	100	100
+ HF des lfd. Jahres	100	100	150
= Leistungsumsatz	**800**	**900**	**950**
* HF = halbfertige Aufträge, das sind angefangene und noch nicht abgerechnete Leistungen			

Tabelle 6.4 Ermittlung des Leistungsumsatzes unter Berücksichtigung der Halbfertigen

Die Bewertung der in Arbeit befindlichen Aufträge (Halbfertige) hat entscheidenden Einfluss auf das Betriebsergebnis.

Im Beispiel I haben sich die Halbfertigen des Unternehmens auf die Hälfte reduziert. Die Halbfertigen des Vorjahres werden vom Leistungsumsatz abgezogen, die Halbfertigen des laufenden Jahres dazu addiert. Im Umsatz (geschriebene Teil- und Schlussrechnungen) erscheinen 900.000 EUR, tatsächlich hat der Betrieb in diesem Jahr jedoch nur Leistungen in Höhe von 800.000 EUR erbracht.

Im Beispiel II haben sich die Halbfertigen nicht verändert. Nur unter dieser Voraussetzung entspricht der aufgeführte Umsatz dem tatsächlichen Leistungsumsatz des Unternehmens.

Im Beispiel III sind die Halbfertigen angestiegen. Die Erhöhung zum Ende des untersuchten Jahres sind Leistungen des laufenden Jahres. Diese Erhöhung des Bestandes ist daher dem Umsatz hinzu zu addieren, um die tatsächliche Leistung zu ermitteln.

Das Problem des Unterschieds zwischen Umsatzerlösen und Leistungsumsatz wird vor allem in der monatlichen Auswertung sichtbar. Hier werden oftmals halbfertige Leistungen noch nicht erfasst. Die ausgewiesenen Umsätze entsprechen lediglich den geschriebenen Schluss- und Teilschlussrechnungen und nicht der tatsächlichen Leistung. Unabhängig davon, ob diese Schlussrechnungen aus einer anderen Periode stammen, oder ob noch Leistungen erbracht wurden, für die noch keine Rechnung oder nur eine Abschlagsrechnung geschrieben wurde. Durch die fehlende Erfassung der Bestandsveränderungen der halbfertigen Arbeiten (in Arbeit befindlichen Aufträgen) zeigt die Monatsauswertung oftmals ein sehr verzerrtes Bild. Betriebliche Entscheidungen und Interpretationen sind auf dieser Datenbasis nicht möglich.

Wir empfehlen, monatlich die halbfertigen Leistungen zu erfassen und in die Buchhaltung einzustellen. Nur so zeigt die Monatsauswertung die wahre Lage des Unternehmens.

6.2.3 Wareneinsatz

Der Wareneinsatz stellt den Materialverbrauch einschließlich der aufgewendeten Subunternehmerleistungen dar. Dabei muss zwischen Wareneinkauf und Wareneinsatz unterschieden werden. Beim Wareneinkauf werden nur die bezogenen Materiallieferungen einer bestimmten Periode berücksichtigt. Beim Wareneinsatz werden auch die Bestandsveränderungen im Warenlager berücksichtigt (**Tabelle 6.5**).

Berechnung Wareneinsatz	Betrag in Tsd.TEUR		
	Beispiel I	**Beispiel II**	**Beispiel III**
Lagerbestand Anfang des lfd. Jahres	100	100	100
+ Wareneinkauf des lfd. Jahres	400	400	400
./. Lagerbestand Ende des lfd. Jahres	120	100	80
= Wareneinsatz	**380**	**400**	**420**

Tabelle 6.5 Ermittlung des Wareneinsatzes

Beispiel I: Ein Teil des Wareneinkaufs wurde nicht verbraucht und führte zur Erhöhung des Warenlagers. Der Wareneinsatz (der Materialverbrauch) ist geringer geworden als der Wareneinkauf.

Beispiel II: Wareneinkauf und Wareneinsatz sind identisch. Der Wert des Warenlagers hat sich nicht verändert.

Beispiel III: Ein Teil des Warenlagers wurde verbraucht (Bestand hat sich reduziert). Der Wareneinsatz ist höher als der Wareneinkauf.

Wie sich die Veränderung des Wareneinsatzes im obigen Beispiel auf den Rohertrag auswirkt und damit auf den Gewinn durchschlägt, ist **Tabelle 6.6** zu entnehmen. Nur wenn die Bestandsveränderung sowohl der in Arbeit befindlichen Aufträge als auch des Warenlagers berücksichtigt ist, kann eine Aussage über das wahre Ergebnis des Jahres getroffen werden.

Berechnung Rohertrag	Betrag in Tsd. EUR		
	Beispiel I	**Beispiel II**	**Beispiel III**
Leistungsumsatz in Tsd. EUR	800	900	950
./. Wareneinsatz in Tsd. EUR	380	400	420
= Rohertrag in Tsd. EUR	**420**	**500**	**530**

Tabelle 6.6 Ermittlung des Rohertrages

Je höher der Rohertrag, umso besser wird auch das Betriebsergebnis sein.

In vielen Unternehmen ist zu beobachten, dass in den Monatsauswertungen immer nur der Wareneinkauf des laufenden Jahres, in unserem Beispiel (Tabelle 6.5) per Dezember 400.000 EUR, gebucht ist. Die Veränderung des Materiallagers wird in den überwiegenden Betrieben erst mit Erstellung des Jahresabschlusses erfasst.

Das Wissen um die Einflüsse von Bestandsveränderungen der in Arbeit befindlichen Aufträge (halbfertige Leistungen) und des Materiallagers und damit die korrekte Ermittlung von Leistung und Rohertrag ist notwendig, um aus der Monatsauswertung eine Aussage über die tatsächliche Lage des Unternehmens zu treffen.

6.2.4 Kosten

Die Kosten des Unternehmens sind die unverzichtbare Grundlage für die Kalkulation (siehe Kapitel 7). Auch deshalb (und nicht nur aus steuerlichen Gründen) müssen bei den Kosten alle Aufwendungen des Betriebes erfasst werden, unabhängig davon, ob sie bereits bezahlt sind oder nicht.

Fixe und variable Kosten

Fixkosten sind Aufwendungen des Unternehmens, die unabhängig von der Leistung anfallen. Dazu gehören z. B. Miet- und Zinskosten, Leasingraten, die sich nicht oder kaum verändern.

Die variablen Kosten sind Aufwendungen, die entsprechend der Leistung einer Veränderung unterliegen.

Wenn der Betrieb über eine gute Auftragslage verfügt und zusätzlich Personal einstellen muss, um die Aufträge abzuarbeiten, sind die Personalkosten für diese neu eingestellten produktiven Mitarbeiter variable Kosten.

Die wesentliche Kostenposition ist die der Personalkosten. Im Elektrotechniker-Handwerk machen die Personalkosten inkl. Geschäftsführer/Unternehmer in der Regel etwa zwei Drittel der Gesamtkosten des Unternehmens aus.

Nicht alle Kosten im Unternehmen haben einen direkten Zahlungsabfluss vom Konto zur Folge; so z. B. Abschreibungen oder kalkulatorische Kosten (siehe Abschnitt 6.2.5). Die Abschreibungen sind Aufwendungen für die Abnutzung (AfA) von Gütern des Anlagevermögens. Sie wirken zwar Gewinn mindernd, machen sich aber nicht am Bankkonto bemerkbar.

Abschreibungen und Tilgungsleistungen sind Positionen, die sich auf die Liquidität des Unternehmens, wenn auch verschieden, auswirken. Tilgungsleistungen für Kredite sind Beträge, die vom Konto abfließen. Sie können aber nicht als Kosten berücksichtigt werden.

Sprechen Sie mit dem Steuerberater, er kann die monatliche AfA genau berechnen und in der monatlichen BWA berücksichtigen. Die Aussagekraft der kurzfristigen Erfolgsrechnung wird damit verbessert.

Eine wichtige Finanzierungsregel lautet: Tilgungsleistungen und Abschreibungen sollten in etwa gleich hoch sein.

Kredite sollten keinesfalls eine längere Laufzeit und damit einen längeren Tilgungszeitraum umfassen als das angeschaffte Wirtschaftsgut. Wenn ein Fahrzeug finanziert wird, das über fünf Jahre abgeschrieben wird, dann soll der Kredit auch innerhalb von fünf Jahren gänzlich zurückgezahlt sein.

6.2.5 Kalkulatorische Kosten

Diese Kosten finden weder in der Bilanz noch in der Gewinn- und Verlustrechnung ihren Niederschlag, können aber als wichtige zusätzliche Information in die kurzfristige Erfolgsrechnung (KER, monatliche BWA) eingebucht werden. Zu den wichtigsten kalkulatorischen Kosten gehören:

- Kalkulatorischer Unternehmerlohn
  Dies gilt für Einzelfirmen und Personengesellschaften, bei denen der Geschäftsführer (Inhaber) nicht bei den Personalkosten des Unternehmens erfasst ist. Für eine Kapitalgesellschaft, z. B. GmbH, werden die Personalkosten des Geschäftsführers, also sein Geschäftsführergehalt, bei den Personalkosten berücksichtigt.
- Kalkulatorische Miete
  Wenn das Geschäft in eigenen Räumen geführt wird, fallen keine Mietkosten an. Bei Ermittlung des betriebswirtschaftlichen Ergebnisses des Unternehmens, können diese kalkulatorischen Mietkosten in der kurzfristigen Erfolgsrechnung erscheinen, um einen Vergleich mit den Unternehmen zu ermöglichen, die Miete für ihre Geschäftsräume zahlen.
- Kalkulatorische Zinsen
  Das Eigenkapital des Unternehmens resultiert aus nicht entnommenen

Gewinnen des Unternehmens. Hätte der Unternehmer diese Gewinne aus dem Unternehmen entnommen und die Beträge angelegt, würde er Zinseinnahmen verbuchen können.

Einfluss der kalkulatorischen Kosten

Der kalkulatorische Unternehmerlohn, die kalkulatorische Miete und die kalkulatorischen Zinsen sollten bei der Ermittlung der Kalkulationsgrundlagen berücksichtigt werden. Es ist selbstverständlich, dass auch der kalkulatorische Lohn des Unternehmers – dies gilt für Einzelfirmen und Personengesellschaften – mit verdient werden muss. Demnach müssen diese Aufwendungen auch in die Kalkulation des Unternehmens einfließen.

Ziel eines jeden verantwortungsvollen Unternehmers muss zudem sein, auch die monatliche kurzfristige Erfolgsrechnung als Bestandteil der BWA so aussagekräftig wie möglich zu gestalten. Das ist einerseits notwendig, um sich selbst einen Überblick über die wahre Lage des Unternehmens zu verschaffen, und andererseits muss ggf. den Kreditinstituten auch während des Jahres ein möglichst realistischer Lagebericht präsentiert werden.

> Werden kalkulatorische Kosten in der Gewinnermittlung berücksichtigt, spricht man vom „betriebswirtschaftlichen Ergebnis".

6.2.6 Zusammenhang zwischen Bilanz und Gewinn- und Verlustrechnung

Auf einige Zusammenhänge zwischen der Bilanz als dem einen Bestandteil des Jahresabschlusses und der Gewinn- und Verlustrechnung (GuV) als dem anderen soll im Überblick noch einmal hingewiesen werden:

- Der Wert des Anlagevermögens reduziert sich jedes Jahr um die Abschreibungen. Die Abschreibungen berücksichtigen die Wertminderungen der Maschinen, Fahrzeuge und anderen Güter des Anlagevermögens und erscheinen in der Gewinn- und Verlustrechnung als Kosten. Die Höhe der Wertminderung des Anlagevermögens in der Bilanz ist identisch mit der Höhe der Abschreibungen in der Gewinn- und Verlustrechnung.
- Die Bildung einer Rückstellung wird zum einen in der Bilanz als Verbindlichkeit erfasst, auf der anderen Seite stellt dies einen Aufwand im Unternehmen dar, der in der GuV berücksichtigt wird. Die Bildung der Rückstellungen mindert damit den Gewinn. Werden Rückstellungen

nicht benötigt, müssen Sie in der Bilanz aufgelöst und damit in der Gewinn- und Verlustrechnung als Ertrag gewinnerhöhend berücksichtigt werden.

- Auch die Bewertung des Warenbestandes beeinflusst die Bilanz sowie die Gewinn- und Verlustrechnung gleichermaßen. Wird z. B. für die Bewertung des Warenlagers ein niedrigerer Wertansatz als im Vorjahr verwendet, sinkt der ausgewiesene Lagerbestand; gleichermaßen steigt der Wareneinsatz. Dies schlägt sich als eine Ertragsverschlechterung in der Gewinn- und Verlustrechnung nieder.
- Und schließlich der Bewertungsansatz der in Arbeit befindlichen Aufträge (Halbfertige). Nach der Rechenformel, bei der die Halbfertigen des letzten Jahres von den Umsatzerlösen des Betriebes abgezogen und die Halbfertigen des laufenden Jahres dazu addiert werden, haben auch Veränderungen der Bewertungsansätze der Halbfertigen für die Bilanz unmittelbaren Einfluss auf die Gewinn- und Verlustrechnung, nämlich auf die Berechnung der Leistung und damit des Ertrages.

6.3 Betriebswirtschaftliche Auswertungen

6.3.1 BWA

Die betriebswirtschaftliche Auswertung, auch BWA genannt, ist eine unterjährige Betrachtung der Zahlenwelt des Unternehmens und basiert in der Regel auf den Daten der Buchhaltung. Sie dient der aktuellen Betrachtung der Ertragslage des Unternehmens.

Wer seine laufende Buchführung durch einen Steuerberater erstellen lässt, erhält monatlich (oder quartalsweise bei kleineren Betrieben) eine betriebswirtschaftliche Auswertung der vorhergegangenen Periode, die oftmals aus mehreren Auswertungen besteht. Im Gegensatz zum Jahresabschluss, der rückwirkend für das ganze Jahr erstellt wird und damit sehr zeitversetzt ist, dient die BWA der fortlaufenden Kontrolle und Überwachung des Unternehmens.

Etwa 90 % aller mittelständischen Unternehmen aus Industrie, Handwerk, Handel und Dienstleistungsgewerbe in Deutschland arbeiten mit dem Auswertungssystem von DATEV. DATEV ist ein Rechenzentrum der Steuerberater. Mit diesem System ist es möglich, über den Steuerberater die dargestellten Auswertungen zu erhalten.

Neben der tabellarischen Darstellung in Zahlen besteht die Möglichkeit der grafischen Auswertung.

> Fragen Sie Ihren Steuerberater, welche Auswertungsarten er anbieten kann. Lassen Sie sich im Detail informieren, welche Aussagekraft hinter den jeweiligen Auswertungen steht. Ihre Kunden fragen Sie ja auch, wie die Technik, die Sie verkaufen, zu nutzen ist und welche technischen Neuerungen es gibt.

Auf die folgenden Auswertungen der DATEV wie in **Bild 6.4** werden wir genauer eingehen.

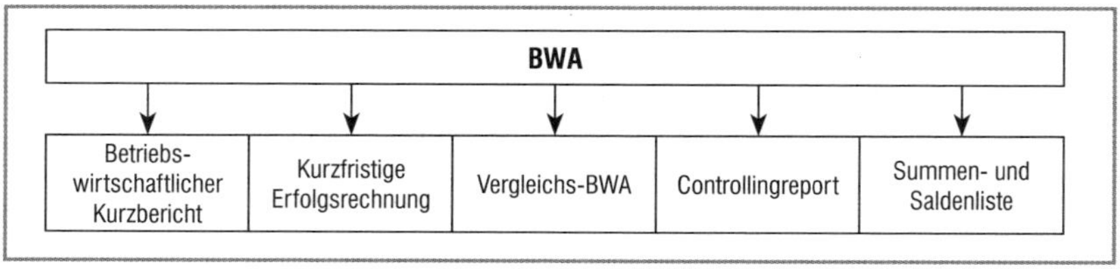

Bild 6.4 Auswertungen der BWA

Eines ist allen Auswertungen gemein: Sie sind nur so gut, wie die Daten, die in die Buchhaltung einfließen. Klassisch stammen die Zahlen aus der Finanzbuchhaltung. Jedoch sind die Auswertungen, auch wenn alles richtig gebucht wurde, oftmals unvollständig bzw. wenig aussagekräftig.

Ein Beispiel: Die Monatsauswertung eines Unternehmers wies ein kumuliertes Ergebnis im November in Höhe von 100.000 EUR auf. Dies entsprach in etwa den Zielen des Unternehmers und gab damit keinen Grund zur Sorge.

Tatsächlich sah die Lage jedoch ganz anders aus. Am Jahresanfang hatte der Unternehmer noch halbfertige Leistungen (in Arbeit befindliche Aufträge) in Höhe von 200.000 EUR. Hätte der Unternehmer bereits Ende November eine Bewertung seiner Halbfertigen erstellt, hätte er festgestellt, dass diese nunmehr lediglich bei 90.000 EUR liegen. Demnach fand eine Bestandsreduzierung der Halbfertigen in Höhe von 110.000 EUR statt, die die Leistung des Unternehmens entsprechend reduziert und auch den Gewinn um diese Summe verringert. Tatsächlich war der vermeintliche Gewinn in Höhe von 100.000 EUR ein Verlust von 10.000 EUR.

Die Rechenformel zur Ermittlung der Leistung bzw. des Leistungsumsatzes ist dem Abschnitt 6.2.2 zu entnehmen.

Um nicht in diese Falle zu tappen, empfehlen wir, unterjährig mindestens folgende Punkte zu beachten. Nur so werden die betrieblichen Auswertungen aussagekräftig und bilden eine fundierte Entscheidungsgrundlage:

- Monatliche Erfassung der Bestände der halbfertigen Leistungen (in Arbeit befindliche Aufträge).
- Monatliche Buchung der kalkulatorischen Abschreibungen oder Buchung des Anlagevermögens im „Kontokorrent".
- Erfassung größerer Schwankungen im Warenlager.

Besprechen Sie die obengenannten Punkte zur Verbesserung der Aussagekraft der betrieblichen Zahlen mit Ihrem Steuerberater.

6.3.2 Betriebswirtschaftlicher Kurzbericht

Aus dem „Betriebswirtschaftlichen Kurzbericht" (**Bild 6.5**) können der monatliche Erfolg und der kumulierte Wert, d. h. das Ergebnis von Januar bis einschließlich Auswertungsmonat (hier September), entnommen werden. Wie der Name bereits verrät, geht es hierbei um einen kurzen Überblick. So werden z. B. bei den Kosten lediglich die Personalkosten und die Abschreibungen gesondert dargestellt. Alle anderen Kosten sind in „Sonstige" zusammengefasst.

Im neutralen Ergebnis stecken die Zinskosten des Unternehmens.

Wie in Bild 6.5 im unteren Bereich ersichtlich, werden zusätzlich zwei Beziehungskennzahlen dargestellt: Umsatzrentabilität (Ergebnis in Prozent der Leistung) und Handelsspanne (Rohertrag in Prozent der Leistung).

6.3.3 Kurzfristige Erfolgsrechnung – KER

Die kurzfristige Auswertung, auch KER genannt, zeigt ebenfalls die Erträge und Aufwendungen des Monats und die kumulierten Werte (von Januar bis Betrachtungsmonat). Im Gegensatz zum Kurzbericht werden die Werte hier detaillierter dargestellt (**Bild 6.6**). Zusätzlich zu den EURO-Beträgen werden in den folgenden Spalten, diese Werte jeweils in Beziehung zur Gesamtleis-

Steuerberater Klug

Kanzlei-Rechnungswesen

Betriebswirtschaftlicher Kurzbericht

zum September 20..

Berichtspositionen	Monatswert in Euro	kumulierter Wert in Euro
Leistung		
Umsatzerlöse	138.201,58	1.607.736,28
Bestandsveränderungen	-3.490,80	-120.000,00
aktivierte Eigenleistung	0,00	0,00
Gesamtleistung	134.710,78	1.487.736,28
Material-/Wareneinkauf	52.072,69	609.137,17
Rohertrag	**82.638,09**	**878.599,11**
Sonstige betriebl. Erlöse	0,00	2.920,00
Kosten		
Personal	58.564,25	513.904,47
Abschreibungen	6.208,17	73.355,06
Sonstige	17.772,41	123.793,48
Gesamtkosten	**82.544,83**	**711.053,01**
Ergebnis		
Betriebsergebnis	93,26	170.466,10
Neutrales Ergebnis	-2.830,83	-36.613,28
Vorläufiges Ergebnis	**-2.737,57**	**133.852,82**
Umsatzrentabilität	das vorläufige Ergebnis beträgt der Gesamtleistung	9,00%
Handelsspanne	der Rohertrag entspricht der Gesamtleistung	59,06%

Das vorläufige Ergebnis entspricht dem derzeitigen Stand der Buchführung.
Abschluss-/Abgrenzungsbuchungen können es noch ändern.

SKR 3, BWA-Nr. 1, aktueller Wareneinsatz entspricht Wareneinkauf

Währung: Euro

Quelle: DATEV eG, Nürnberg

Bild 6.5 Betriebswirtschaftlicher Kurzbericht

tung, zu den Gesamtkosten und zu den Personalkosten gesetzt. Der Aufbau der Zeilen entspricht in etwa dem Aufbau einer Gewinn- und Verlustrechnung. Daher kann diese Auswertung auch als „Monats-GuV" bezeichnet werden. In **Bild 6.7** haben wir in Auszügen Erläuterungen zum Bild 6.6 dargestellt.

Kanzlei-Rechnungswesen pro V.4.3
Kurzfristige Erfolgsrechnung Dezember 20..
SKR 04 BWA-Nr. 1 BWA-Form DATEV-BWA Wareneinsatz K51

Bezeichnung	Dez/20..	% Ges.-Leistg.	% Ges.-Kosten	% Pers.-Kosten	Auf-schlag	Jan/20.. - Dez/20..	% Ges.-Leistg.
Umsatzerlöse	40.588,14	100,00				993.325,55	100,00
Best.Verdg. FE/UE	0,00					0,00	
Akt.Eigenleistungen	0,00					0,00	
Gesamtleistung	40.588,14	100,00	75,07	170,59		993.325,55	100,00
Mat./Wareneinkauf	31.984,31	78,80	59,16	134,43	100,00	476.007,16	47,92
Rohertrag	8.603,83	21,20	15,91	36,16	26,90	517.318,39	52,08
So. betr. Erlöse	4.181,75	10,30	7,73	17,58		4.181,75	0,42
Betriebl. Rohertrag	12.785,58	31,50	23,65	53,74	39,97	521.500,14	52,50
Kostenarten:							
Personalkosten	23.792,79	58,62	44,01	100,00		307.387,96	30,95
Raumkosten	23,00	0,06	0,04	0,10		14.733,86	1,48
Betriebl. Steuern	0,00					1.191,00	0,12
Versich./Beiträge	-865,00	-2,13	-1,60	-3,64		5.565,42	0,56
Besondere Kosten	0,00					0,00	
Kfz-Kosten (o. St.)	226,78	0,56	0,42	0,95		32.688,99	3,29
Werbe-/Reisekosten	756,01	1,86	1,40	3,18		5.515,87	0,56
Kosten Warenabgabe	550,00	1,36	1,02	2,31		550,00	0,06
Abschreibungen	25.308,35	62,35	46,81	106,37		25.308,35	2,55
Reparatur/Instandh.	35,00	0,09	0,06	0,15		4.177,50	0,42
Sonstige Kosten	4.240,19	10,45	7,84	17,82		14.556,12	1,47
Gesamtkosten	54.067,12	133,21	100,00	227,24		411.675,07	41,44
Betriebsergebnis	-41.281,54	-101,71				109.825,07	11,06
Zinsaufwand	0,00					1.974,34	0,20
Sonst. neutr. Aufw	1.272,00	3,13				1.272,00	0,13
Neutraler Aufwand	1.272,00	3,13				3.246,34	0,33
Zinserträge	0,00					730,60	0,07
Sonst. neutr. Ertr	1.899,00	4,68				1.899,00	0,19
Verr. kalk. Kosten	0,00					0,00	
Neutraler Ertrag	1.899,00	4,68				2.629,60	0,26
Kontenkl. unbesetzt	0,00					0,00	
Ergebnis vor Steuern	-40.654,54	-100,16				109.208,33	10,99
Steuern Eink.u.Ertr	8.773,00	21,61				11.773,00	1,19
Vorläufiges Ergebnis	-49.427,54	-121,78				97.435,33	9,81

Das vorläufige Ergebnis entspricht dem derzeitigen Stand der Buchführung. Abschluss-/Abgrenzungsbuchungen können es noch verändern.

Bild 6.6 Kurzfristige Erfolgsrechnung

Quelle: DATEV eG, Nürnberg

Erläuterungen zur BWA (Auszug aus Bild 6.6)

Geschriebene Schluss- und Teilrechnungen der Periode, Abschläge werden nicht in den Erlösen gebucht.

Betrachtungsmonat

Kumulierte Werte Januar bis Betrachtungsmonat, in diesem Fall Dezember.

Kanzlei-Rechnungswesen pro V.4.3
Kurzfristige Erfolgsrechnung Dezember 20..
SKR 04 BWA-Nr. 1 BWA-Form DATEV-BWA Wareneinsatz K51

Bezeichnung	Dez/20..	% Ges.-Leistg.	% Ges.-Kosten	% Pers.-Kosten	Auf-schlag	Jan/20.. - Dez/20..
Umsatzerlöse	40.588,14	100,00				993.325,55
Best.Verdg. FE/UE	0,00					0,00
Akt.Eigenleistungen	0,00					0,00
Gesamtleistung	40.588,14	100,00	75,07	170,59		993.325,55
Mat./Wareneinkauf	31.984,31	78,80	59,16	134,43	100,00	476.007,16
Rohertrag	8.603,83	21,20	15,91	36,16	26,90	517.318,39
So. betr. Erlöse	4.181,75	10,30	7,73	17,58		4.181,75
Betriebl. Rohertrag	12.785,58	31,50	23,65	53,74	39,97	521.500,14
Kostenarten:						
Personalkosten	23.792,79	58,62	44,01	100,00		307.387,96
Raumkosten	23,00	0,06	0,04	0,10		14.733,86

Halbfertige auch monatlich erfassen, nur dann ist eine Aussage über die Leistung des Unternehmens möglich.

Abschreibungen kalkulatorisch erfassen oder Anlagevermögen im Kontokorrent führen.

Kostenarten:	
Personalkosten	23.792,79
Raumkosten	23,00
Betriebl. Steuern	0,00
Versich./Beiträge	-865,00
Besondere Kosten	0,00
Kfz-Kosten (o. St.)	226,78
Werbe-/Reisekosten	756,01
Kosten Warenabgabe	550,00
Abschreibungen	25.308,35
Reparatur/Instandh.	35,00
Sonstige Kosten	4.240,19
Gesamtkosten	54.067,12

Quelle: DATEV eG, Nürnberg

Bild 6.7 Erläuterungen zur kurzfristigen Erfolgsrechnung

6.3.4 Vergleichs-BWA

Dabei handelt es sich um eine ausführliche Form der kurzfristigen Erfolgsrechnung, in der die Vorjahreszahlen des gleichen Zeitraumes mit aufgeführt sind (**Bild 6.8**) und damit die Abweichungen zum Vorjahr analysiert werden können. Gerade der Vergleich mit den Vorjahreszahlen lässt frühzeitig Veränderungen im Betrieb erkennen (unter der Voraussetzung, dass die Datenbasis aussagefähig ist – siehe Abschnitt 6.3.1). Vor allen sind hier Veränderungen im Rohertrag und Kostenerhöhungen zu hinterfragen.

Kanzlei-Rechnungswesen
Vorjahresvergleich Dezember 20..
1 SKR 3 BWA-Nr. 1 BWA-Form DATEV-BWA Wareneinsatz KG3

Bezeichnung	Monatswerte aktuelles Jahr	Monatswerte Vorjahr	Veränderung absolut	Veränderung in %	kumulierte Werte aktuelles Jahr	kumulierte Werte Vorjahr
Umsatzerlöse	345.503,96	369.859,22	-24.355,26	-6,59	3.728.067,70	3.739.550,0
Best.Verdg. FE/UE	-8.727,00	-7.476,80	-1.250,20	-16,72	-8.727,00	-7.476,8
Akt.Eigenleistungen	0,00	0,00	0,00		0,00	0,0
Gesamtleistung	336.776,96	362.382,42	-25.605,46	-7,07	3.719.340,70	3.732.073,2
Mat./Wareneinkauf	130.181,73	165.559,93	-35.378,20	-21,37	1.522.842,92	1.526.715,9
Rohertrag	206.595,23	196.822,49	9.772,74	4,97	2.196.497,78	2.205.357,2
So. betr. Erlöse	0,00	0,00	0,00		7.300,80	7.200,0
Betriebl. Rohertrag	206.595,23	196.822,49	9.772,74	4,97	2.203.798,58	2.212.557,2
Kostenarten:						
Personalkosten	117.128,49	112.833,67	4.294,82	3,81	1.284.761,18	1.433.595,0
Raumkosten	5.576,71	5.374,03	202,68	3,77	75.064,48	68.296,2
Betriebl. Steuern	3.520,00	3.520,00	0,00		21.988,00	21.988,0
Versich./Beiträge	1.816,00	1.816,00	0,00		30.709,52	27.513,8
Besondere Kosten	0,00	0,00	0,00		0,00	0,0
Kfz-Kosten (o. St.)	7.223,75	7.150,41	73,34	1,03	69.784,37	70.373,2
Werbe-/Reisekosten	2.403,08	2.354,54	48,54	2,06	16.765,54	16.259,7
Kosten Warenabgabe	10.963,16	10.339,54	623,62	6,03	26.825,39	34.486,9
Abschreibungen	15.520,42	16.128,33	-607,91	-3,77	183.387,66	182.545,8
Reparatur/Instandh.	1.088,90	1.073,86	15,04	1,40	11.776,15	11.735,0
Sonstige Kosten	11.839,46	11.794,32	45,14	0,38	56.570,22	56.928,5
Gesamtkosten	177.079,97	172.384,70	4.695,27	2,72	1.777.632,51	1.923.722,4
Betriebsergebnis	29.515,26	24.437,79	5.077,47	20,78	426.166,07	288.834,7
Zinsaufwand	11.832,76	15.579,82	-3.747,06	-24,05	151.209,87	151.253,7
Sonst. neutr. Aufw	350,00	400,00	-50,00	-12,50	8.883,46	4.726,0
Neutraler Aufwand	12.182,76	15.979,82	-3.797,06	-23,76	160.093,33	155.979,7
Zinserträge	3.124,08	3.916,56	-792,48	-20,23	3.280,53	4.136,9
Sonst. neutr. Ertr	1.699,00	0,00	1.699,00		1.927,00	28.980,0
Verr. kalk. Kosten	0,00	0,00	0,00		0,00	0,0
Neutraler Ertrag	4.823,08	3.916,56	906,52	23,15	5.207,53	33.116,9
Kontenklasse 5/6	0,00	0,00	0,00		0,00	0,0
Ergebnis vor Steuern	22.155,58	12.374,53	9.781,05	79,04	271.280,27	165.971,9
Steuern Eink.u.Ertr	14.717,40	-16.569,25	31.286,65	188,82	86.647,40	73.750,7
Vorläufiges Ergebnis	7.438,18	28.943,78	-21.505,60	-74,30	184.632,87	92.221,2

Das vorläufige Ergebnis entspricht dem derzeitigen Stand der Buchführung. Abschluss-/ Abgrenzungsbuchungen können es noch verändern.

Bild 6.8 Vergleichs-BWA (Vorjahresvergleich)

Quelle: DATEV eG, Nürnberg

Diese Form der Auswertung mit dem Vorjahresvergleich muss ein Unternehmer lesen, interpretieren und seiner Bank erläutern können, sonst entgehen ihm wesentliche Informationen über das Ergebnis seiner Arbeit.

6.3.5 Controllingreport

Der Controllingreport (siehe Beispiele in **Bildern 6.9** bis **6.14**) bietet zusätzliche Auswertungen der DATEV in Form von Übersichtsblättern zu den Bereichen Erfolg, Liquidität, Privatbereich/Kapital, Forderungen und Verbindlichkeiten.

In diesen werden auf übersichtliche Weise, wichtige Kennzahlen zur Unternehmensüberwachung und -steuerung unterjährig ermittelt und mithilfe von Grafiken, Pfeilen und Ampelsystemen optisch aufbereitet.

Besprechen Sie mit dem Steuerberater die Möglichkeit, auch Ihr Unternehmen mithilfe des Controllingreports effektiver zu steuern. Alle diese Auswertungen kann der Steuerberater auch über „DATEV Unternehmen online“ zur Verfügung stellen. Verlinkungen ermöglichen schnelleren Zugriff auf den Ursprung der Zahlen (Kontenblätter und Belege).

Die aufgeführten Musterauswertungen (Bilder 6.9 bis 6.14) liefern alle Informationen, welche die Hausbank im Zuge eines Reportings (siehe Abschnitt 9.4) wünscht.

6.3.6 Summen- und Saldenlisten

In der Summen- und Saldenliste, auch SuSa genannt, werden sämtliche Konten, die bei Buchungen angesprochen werden, aufgeführt (**Bild 6.15**). Für die betriebliche Kalkulation und die Detailkostenanalyse und -planung ist dieses Instrument besonders geeignet.

Die einzelnen Aufwands- und Erlöskonten (Erträge, Umsatz, Wareneinkauf, laufende Kosten) werden in der KER und in der Vergleichs-BWA zusammengefasst (z. B. in Bild 6.8).

Darüber hinaus werden aber auch die Veränderungen auf den Bilanzkonten (Bestandskonten) ersichtlich.

Controllingreport Dezember 20..

	Trend	kumuliert Dez 20..	kumuliert Dez Vorj.	
Erfolg				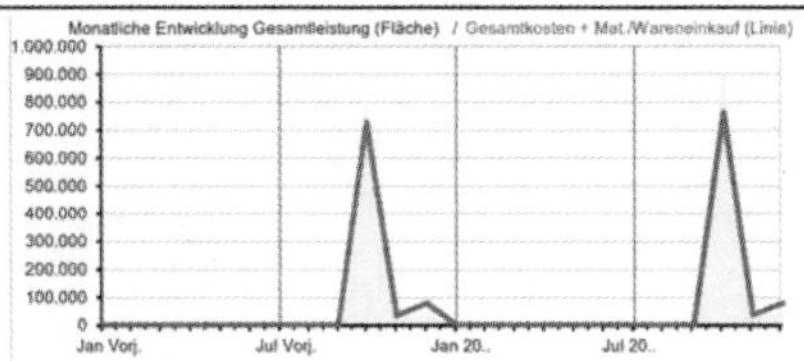
Gesamtleistung	↗	993.325,55	901.710,33	
Mat./Wareneinkauf	↗	464.618,80	440.018,58	
Rohertrag	↗	517.318,39	454.303,39	
Gesamtkosten	↗	411.675,07	399.349,18	
Betriebsergebnis	↑	109.825,07	57.257,45	
Anteil Mat./Wareneinkauf an Gesamtleistung	↘	46,77%	48,80%	
Anteil Gesamtkosten an Gesamtleistung	↘	41,44%	44,29%	
Umsatzrentabilität (bezogen auf Gesamtleistung)	↑	11,06%	6,35%	
Liquidität				
Finanzmittel am Beginn der Periode		35.290,54	37.036,45	Kassenbestand + betriebliche Bankkonten
Cashflow lfd. Geschäftstätigkeit	↑	119.161,97	93.860,32	Mittelveränderung aus erwirtschafteter Liquidität
Cashflow Finanzierung	↓	-89.429,43	-65.907,23	Mittelveränderung aus dem Finanzierungsbereich
Cashflow Investition	↗	-27.986,63	-29.699,00	Mittelveränderung aus dem Investitionsbereich
Finanzmittel am Ende der Periode	↗	37.036,45	35.290,54	Kassenbestand + betriebliche Bankkonten
Privatbereich/Kapital				
Einzahlungen Unternehmer	↑	1.208,25	208,25	Kapitalveränderungen durch Einlagen
Auszahlungen Unternehmer	↑	90.253,68	65.731,48	Kapitalveränderungen durch Entnahmen
Forderungen und Verbindlichkeiten				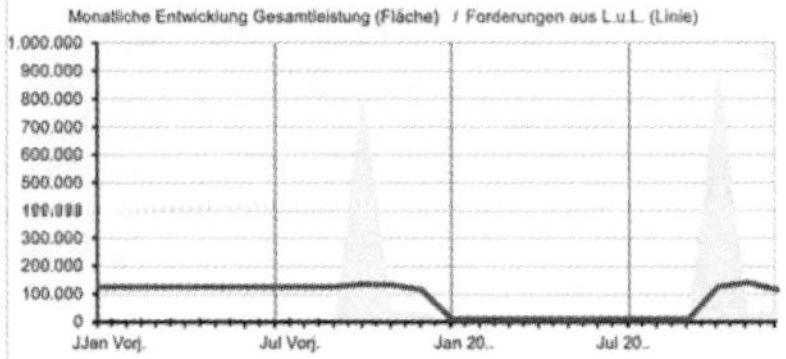
Forderungen aus Lieferungen und Leistungen	↘	112.374,78	113.512,72	
/ Gesamtumsatz (Umsatzerlöse + So. betr. Erlöse)	↗	997.507,30	904.013,57	
* Anzahl der Tage im Auswertungszeitraum		360	360	
= Zielgewährung an Kunden in Tagen	↘	41	45	
Verbindlichkeiten aus Lieferungen und Leistungen		63.685,38	86.774,29	
Prozentanteil der Kunden, mit denen 80% der Kundenumsätze erreicht werden		50,00%	56,25%	
Prozentanteil der Lieferanten, von denen 80% der Lieferungen / Leistungen erbracht werden		41,67%	41,67%	

DATEV

Währung: EUR

Bild 6.9 Beispiel Controllingreport

Quelle: DATEV eG, Nürnberg

Controllingreport Erfolg
Dezember 20..

Bezeichnung	kumuliert Dez 20..	kumuliert Dez Vorj.	Abweichung	Abweichung prozentual
Umsatzerlöse	993.325,55	901.710,33	91.615,22	10,16%
Gesamtleistung	**993.325,55**	**901.710,33**	**91.615,22**	**10,16%**
Mat./Wareneinkauf	464.618,80	440.018,58	24.600,22	5,59%
Bezogene Leistungen	11.388,36	7.388,36	4.000,00	54,14%
Rohertrag	**517.318,39**	**454.303,39**	**63.015,00**	**13,87%**
So. betr. Erlöse	4.181,75	2.303,24	1.878,51	81,56%
Betriebl. Rohertrag	**521.500,14**	**456.606,63**	**64.893,51**	**14,21%**
Kostenarten:				
Personal	307.387,96	307.387,96	0,00	0,00%
Raum/Energie	14.733,86	14.733,86	0,00	0,00%
Betriebl. Steuern	1.191,00	1.191,00	0,00	0,00%
Versich./Beiträge	5.565,42	6.430,42	-865,00	-13,45%
Kfz (ohne Steuer)	32.688,99	22.872,39	9.816,60	42,92%
Werben/Repräsent.	4.820,56	2.820,56	2.000,00	70,91%
Reisen	695,31	695,31	0,00	0,00%
Verkauf/Versand	550,00	0,00	550,00	
Abschreibungen	25.308,35	24.998,00	310,35	1,24%
Reparatur/Instandh.	4.177,50	4.137,50	40,00	0,97%
Sonstige	14.556,12	14.082,18	473,94	3,37%
Gesamtkosten	**411.675,07**	**399.349,18**	**12.325,89**	**3,09%**
davon Leasing	1.007,56	1.007,56	0,00	0,00%
Betriebsergebnis	**109.825,07**	**57.257,45**	**52.567,62**	**91,81%**
Zinsaufwand	1.974,34	1.974,34	0,00	0,00%
Sonst. neutr. Aufw	1.272,00	435,00	837,00	192,41%
Anderer Aufwand	3.246,34	2.409,34	837,00	34,74%
Zinserträge u.Ä.	730,60	2.850,27	-2.119,67	-74,37%
Sonst. neutr. Ertr	1.899,00	9.069,00	-7.170,00	-79,06%
Anderer Ertrag	2.629,60	11.919,27	-9.289,67	-77,94%
Ergebnis vor Steuern	**109.208,33**	**66.767,38**	**42.440,95**	**63,57%**
Steuern Eink.u.Ertr	11.773,00	5.540,00	6.233,00	112,51%
Vorläufiges Ergebnis	**97.435,33**	**61.227,38**	**36.207,95**	**59,14%**

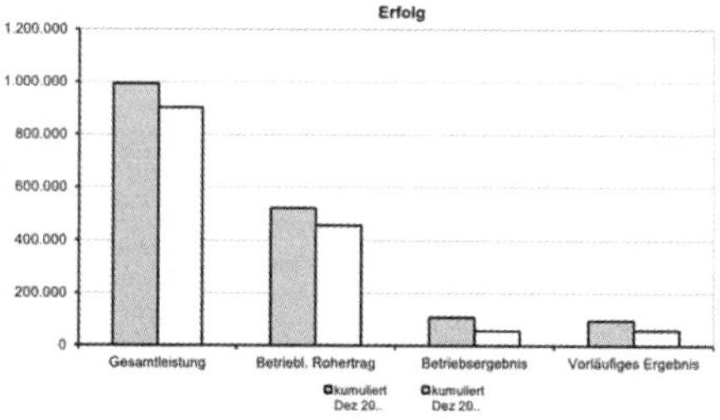

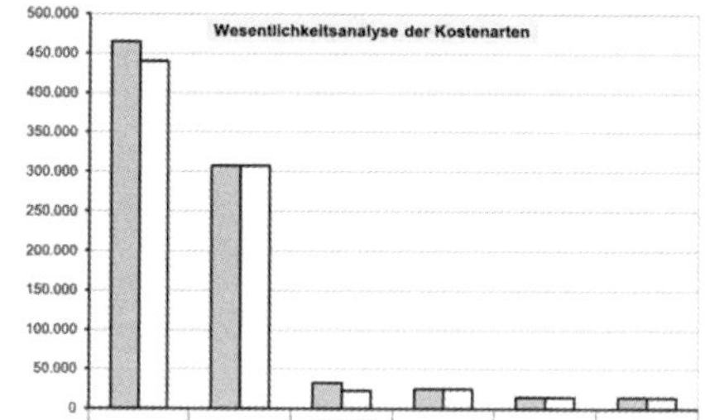

	Mat./Wareneinkauf	Personal	Kfz (ohne Steuer)	Abschreibungen	Raum/Energie	Sonstige
kumuliert Dez 20..	464.618,80	307.387,96	32.688,99	25.308,35	14.733,86	14.556,12
kumuliert Dez 20..	440.018,58	307.387,96	22.872,39	24.998,00	14.733,86	14.082,18

Währung: EUR

DATEV

Bild 6.10 Beispiel Controllingreport

Quelle: DATEV eG, Nürnberg

Controllingreport Liquidität
Dezember 20..

Bezeichnung	kumuliert Dez 20..	kumuliert Dez Vorj.	Abweichung
Finanzmittel am Beginn der Periode	**35.290,54**	**37.036,45**	**-1.745,91**
Einzahlungen von Kunden	1.162.094,23	1.060.617,92	101.476,31
- Auszahlungen an Lieferanten	647.162,00	555.703,83	91.458,17
- Auszahlungen an Beschäftigte	307.387,96	307.387,96	0,00
+ sonstige Einzahlungen	730,60	2.850,27	-2.119,67
- sonstige Auszahlungen	89.112,90	106.516,08	-17.403,18
Cashflow lfd. Geschäftstätigkeit	**119.161,97**	**93.860,32**	**25.301,65**
Einzahlungen aus Eigenkapitalzuführung	1.208,25	208,25	1.000,00
- Auszahlungen an Unternehmer	90.253,68	65.731,48	24.522,20
- Auszahlungen aus Kredittilgung	384,00	384,00	0,00
Cashflow Finanzierung	**-89.429,43**	**-65.907,23**	**-23.522,20**
Einzahlungen aus Verk. v. Sachanlagen	350,00	7.500,00	-7.150,00
- Auszahlungen für Invest. Sachanlagen	28.336,63	37.199,00	-8.862,37
Cashflow aus Investition	**-27.986,63**	**-29.699,00**	**1.712,37**
Zahlungswirksame Veränderungen	**1.745,91**	**-1.745,91**	**3.491,82**
Finanzmittel am Ende der Periode	**37.036,45**	**35.290,54**	**1.745,91**
Finanzmittel + Forderungen aus L.u.L.	149.411,23	148.803,26	607,97
Finanzmittel + Forderungen aus L.u.L. - Verbindlichkeiten aus L.u.L.	85.725,85	62.028,97	23.696,88

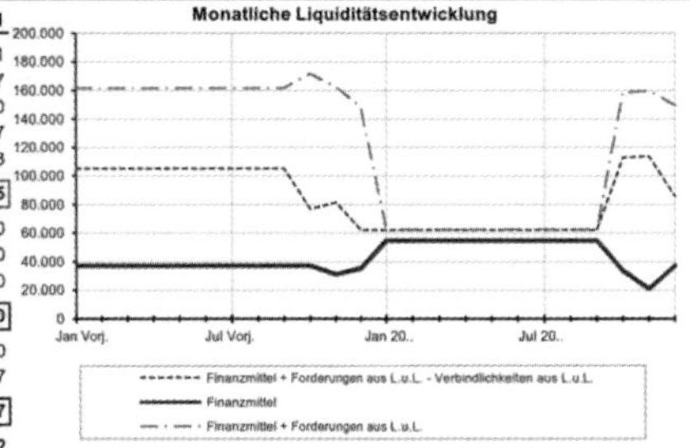

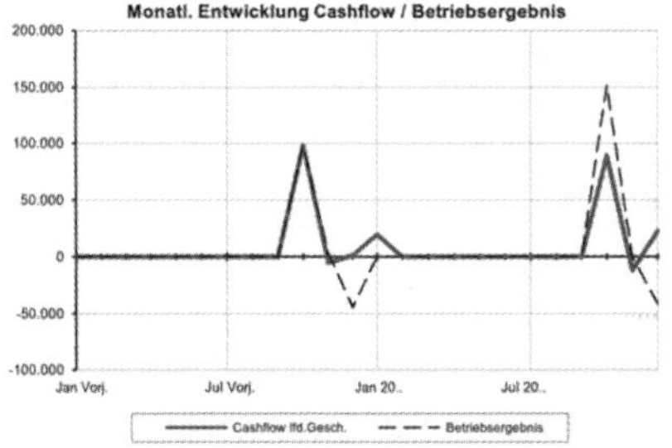

DATEV

Währung: EUR

Bild 6.11 Beispiel Controllingreport

Quelle: DATEV eG, Nürnberg

Controllingreport Privatbereich
Kapital Dezember 20..

	kumuliert Dez 20..	kumuliert Dez Vorj.
Unternehmensbereich		
Ergebnis der Geschäftstätigkeit		
Vorläufiges Ergebnis	97.435,33	61.227,38
Cashflow lfd. Geschäftstätigkeit	119.161,97	93.860,32
Mittelbestand		
Finanzmittel am Ende der Periode	37.036,45	35.290,54
Privat-/Gesellschafterbereich		
Andere Privateinlagen	1.208,25	208,25
Einzahlungen Unternehmer *	1.208,25	208,25
Eigenverbrauch	4.762,64	2.555,22
Private Grundstücksaufwendungen	27.413,21	21.728,57
Andere Privatentnahmen	58.077,83	41.447,69
Auszahlungen an Unternehmer *	90.253,68	65.731,48
Saldo Privat-/Gesellschafter	-89.045,43 Entnahme	-65.523,23 Entnahme
Finanzmittel ohne Privatbereich	126.081,88	100.813,77

* ggf. Gesellschafter

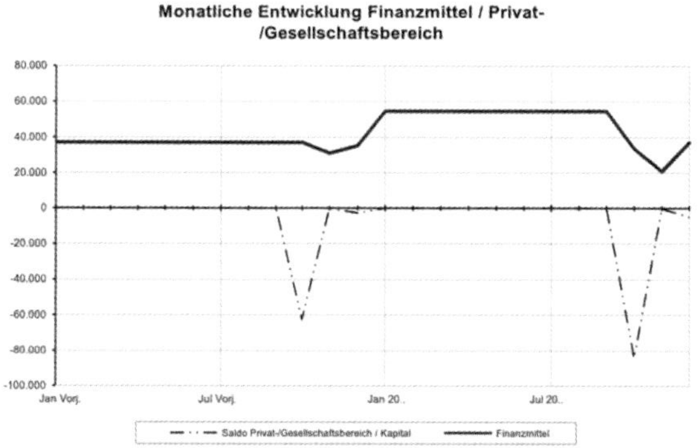

Währung: EUR

DATEV

Bild 6.12 Beispiel Controllingreport

Quelle: DATEV eG, Nürnberg

Controllingreport
Top Kunden Dezember 20..

	kumuliert Dez 20..	kumuliert Dez Vorj.
1 Kunde A	33.682,79	21.283,39
2 Kunde B	33.673,22	27.518,05
3 Kunde C	29.607,44	45.332,94
4 Kunde D	16.600,63	16.783,41
5 Kunde E	16.281,15	21.872,14
6 Kunde F	16.038,42	9.034,48
7 Kunde G	15.674,30	15.674,30
8 Kunde H	11.759,40	11.759,40
9 Kunde I	11.664,62	11.664,62
10 Kunde J	9.676,05	8.641,03

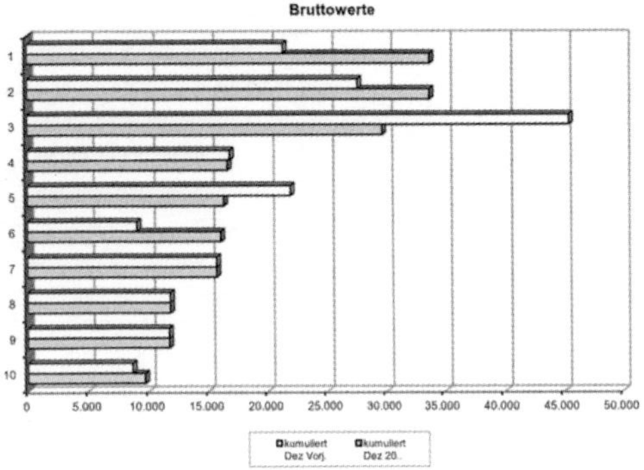

Kundenkonzentration

Prozentanteil der Kunden, mit denen 80% der Kundenumsätze erreicht werden	50,00%	56,25%

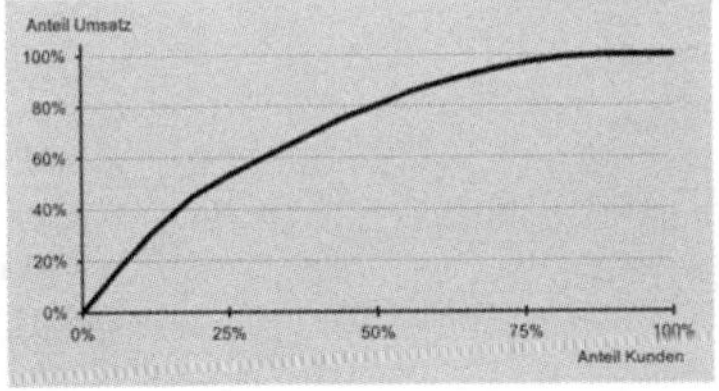

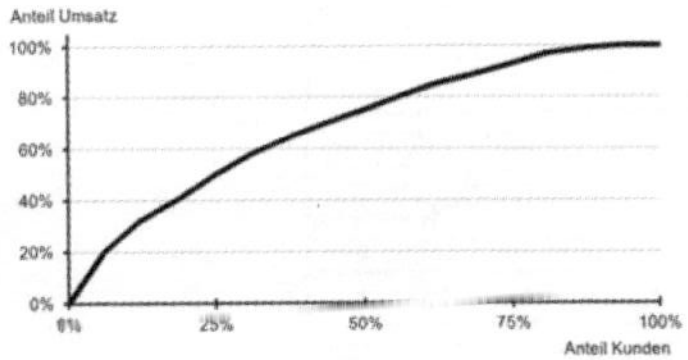

Währung: EUR

DATEV

Bild 6.13 Beispiel Controllingreport

Quelle: DATEV eG, Nürnberg

Controllingreport
Top Lieferanten Dezember 20..

	kumuliert Dez 20..	kumuliert Dez Vorj.
1 Lieferant A	14.571,82	27.143,64
2 Lieferant B	11.490,14	11.252,14
3 Lieferant C	9.230,69	9.230,69
4 Lieferant D	8.120,00	4.120,00
5 Lieferant E	8.106,68	3.092,33
6 Lieferant F	6.029,14	12.812,75
7 Lieferant G	5.457,03	5.457,03
8 Lieferant H	4.822,30	4.362,41
9 Lieferant I	3.271,70	3.271,70
10 Lieferant J	2.827,29	1.631,14

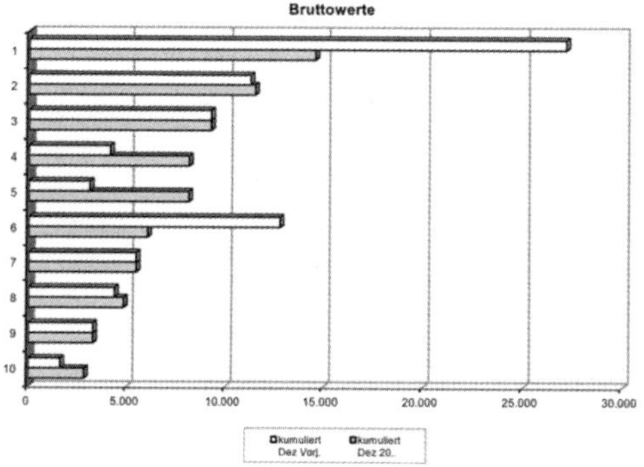

Lieferantenkonzentration

	kumuliert Dez 20..	kumuliert Dez Vorj.
Prozentanteil der Lieferanten, von denen 80% der Lieferungen und Leistungen erbracht werden	41,67%	41,67%

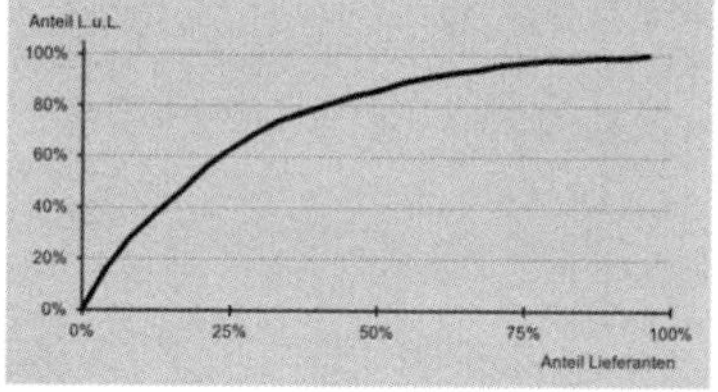

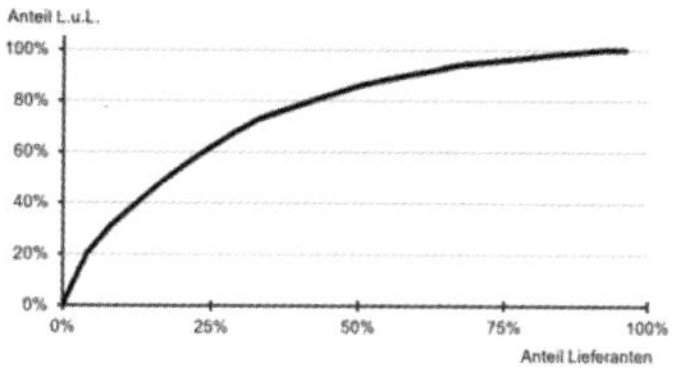

DATEV

Währung: EUR

Bild 6.14 Beispiel Controllingreport

Quelle: DATEV eG, Nürnberg

Kanzlei-Rechnungswesen pro V.4.3
Summen und Salden (pro Monat) Dezember 20..
Alle bebuchten Konten

Blatt 1

Konto Beschriftung	EB-Wert	Dez 20.. Soll	Dez 20.. Haben	kum. Werte Soll	kum. Werte Haben	Saldo
135 EDV-Software	2,00 S		1,00		1,00	1,00 S
230 Grund und Boden	28.451,86 S					28.451,86 S
250 Werkstatt	12.286,00 S		2.731,00		2.731,00	9.555,00 S
260 Andere Bauten	9.530,00 S		3.812,00		3.812,00	5.718,00 S
270 Garagen	429,00 S		95,00		95,00	334,00 S
285 Hof- und Wegebefestigungen	1,00 S					1,00 S
290 Einrichtungen für Geschäfts-u.a.Bauten	1,00 S		1,00		1,00	0,00
440 Maschinen	33.577,00 S		3.666,00		3.666,00	29.911,00 S
470 Betriebsvorrichtungen	330,00 S		48,00		48,00	282,00 S
520 PKW	2,00 S		1.435,00	25.800,00	1.435,00	24.367,00 S
540 LKW	33.703,00 S		3.889,00		3.889,00	29.814,00 S
560 Sonstige Transportmittel	58,00 S		56,00		56,00	2,00 S
650 Büroeinrichtung	417,00 S		39,00		39,00	378,00 S
670 Geringwertige Wirtschaftsgüter		939,24	939,24	939,24	939,24	0,00
675 Wirtschaftsgüter Sammelposten	499,00 S		499,00		499,00	0,00
690 Sonstige Betriebs-u.Gesch.ausstattung	1.020,00 S	1.217,39	543,39	1.597,39	543,39	2.074,00 S
980 Genossenschaftsanteile z.lfr.Verbleib	153,39 S					153,39 S
981 Geschäftsanteil Einkaufsgenossenschaft	4.195,24 S					4.195,24 S
Summe Klasse 0	124.655,49 S	2.156,63	17.754,63	28.336,63	17.754,63	135.237,49 S
	0,00					0,00
1000 Roh-, Hilfs- und Betriebsstoffe	24.860,00 S		4.720,00		4.720,00	20.140,00 S
1200 Forderungen aus Lieferungen u.Leistung	105.573,32 S	46.139,60	88.727,87	215.881,30	221.460,06	99.994,56 S
1240 Zweifelhafte Forderungen	11.759,40 S	16.440,22		16.440,22	11.759,40	16.440,22 S
1246 Einzelwertberichtigung Forderung(b.1J)	1.970,00 H		790,00		790,00	2.760,00 H
1248 Pauschalwertberichtigung Forderg./b.1J	1.850,00 H	550,00		550,00		1.300,00 H
1340 Forderg. gg. Personal Lohn- und Gehalt	500,00 S	500,00		500,00	500,00	500,00 S
1401 Abziehbare Vorsteuer 7%		30,11		66,46		66,46 S
1404 Abziehbare Vorsteuer aus EU-Erwerb 19%		2.768,65		5.346,81		5.346,81 S
1406 Abziehbare Vorsteuer 19%		1.303,11	148,85	80.574,11	259,65	80.314,46 S
1407 Abziehbare Vorsteuer § 13b UStG 19%		1.542,80		1.542,80		1.542,80 S
1420 USt-Forderungen	3.285,85 S				3.285,85	0,00
1422 USt-Forderungen Vorjahr	458,97 S				458,97	0,00
1433 Bezahlte Einfuhr-Umsatzsteuer		380,30		380,30		380,30 S
1435 Forderung aus Gewerbesteuerüberzahlung	460,00 S				460,00	0,00
1460 Geldtransit		1.500,00	1.500,00	2.260,00	2.260,00	0,00
1600 Kasse	466,73 S	1.607,34	1.935,25	5.156,32	5.139,76	483,29 S
1810 Stuttgarter Volksbank # 3387945	34.823,81 S	58.990,50	42.544,48	356.215,15	354.485,80	36.553,16 S
1900 Aktive Rechnungsabgrenzung	865,00 S	865,00		865,00	865,00	865,00 S
Summe Klasse 1	183.053,08 S	132.617,63	140.366,45	685.778,47	606.444,49	262.627,06 S
	3.820,00 H					4.060,00 H
2010 Variables Kapital (EK)	187.164,18 H					187.164,18 H

DATEV Die Auswertung entspricht dem derzeitigen Stand der Buchführung.

Bild 6.15 Summen- und Saldenliste (SuSa) Quelle: DATEV eG, Nürnberg

Alle Buchungskonten besitzen eine Buchungsnummer, entsprechend dem gewählten Kontenrahmen. Jeder Nummernkreis entspricht einer bestimmten Kontenklasse. So ist z. B. im Bild 6.15 die Kontenklasse 0 das Anlagevermögen des Unternehmens und die Kontenklasse 1 das Umlaufvermögen des Unternehmens.

Bilanzkonten

In den Kontenkreisen der Bilanzkonten (Bestandskonten), Auszug siehe Bild 6.15, sind Vermögen und Verbindlichkeiten aufgeführt. Die Bezeichnungen „S“ und „H“ sind etwas gewöhnungsbedürftig. Für die Bestandskosten (Bilanzkonten) gilt im Eröffnungswert und Saldo (2. und 6. Spalte): „S“ bedeutet Vermögen, „H“ bedeutet Verbindlichkeit.

Beispiel Konto 1810: In der Spalte EB-Wert ist der Anfangsbestand des Bankkontos zu Beginn der Periode aufgeführt – „S“ bedeutet in diesem Fall Bankguthaben.

Alle unter „Soll“ aufgeführten Werte sind in dem Fall eine Erhöhung des Bankkontos, unter „Haben“ werden die Reduzierungen des Bankkontos dargestellt. Der Saldo (letzte Spalte) zeigt den Schlussbestand; in diesem Fall ein Guthaben (S) in Höhe von 36.553,16 EUR. Bei den Konten der Verbindlichkeiten müssen „Soll“ und „Haben“ genau andersherum interpretiert werden; „Soll“ entspricht einer Reduzierung der Verbindlichkeit, „Haben“ bedeutet eine Eröhung der Verbindlichkeit.

> Prüfen Sie gemeinsam mit dem Steuerberater auch, ob bei den Bestandskonten ein Eröffnungswert hinterlegt ist. Ist dies nicht der Fall, entspricht der Saldo nicht dem aktuellen Stand, sondern nur der Differenz aus Soll und Haben.

Die Aufwands- und Erlöskonten

„S“ und „H“ beinhalten die Ausgaben (S) und Einnahmen (H), wie aus **Bild 6.16** ersichtlich ist. Sind auf den Erlöskonten Buchungen im Soll, dann handelt es sich um Erlöskorrekturen, z. B. in Form von Gutschriften. Auch bei den Kosten kann es zu Haben-Buchungen kommen, die ebenfalls Korrekturbuchungen darstellen.

Auch die Privatentnahmen von Einzelunternehmern und Gesellschaftern von Personengesellschaften werden im Einzelnen aufgeführt (**Bild 6.17**).

In der Summen- und Saldenliste ist die Spalte „Saldo“ maßgeblich, hier werden die Einzelpositionen summiert dargestellt. S = Ausgabe, H = Einnahme

Kanzlei-Rechnungswesen pro V.4.3
Summen und Salden (pro Monat) Dezember 20..
Alle bebuchten Konten

Konto Beschriftung	EB-Wert	Dez 20.. Soll	Haben	kum. Werte Soll	Haben	Saldo
6001 Erstattung LFZG/Krankenkasse					345,00	345,00 H
6010 Löhne		17.547,60		230.571,20		230.571,20 S
6020 Gehälter		1.520,00		18.240,00		18.240,00 S
6030 Aushilfslöhne		350,00		4.200,00		4.200,00 S
6040 Pauschale Steuer für Aushilfen		107,70		1.292,40		1.292,40 S
6110 Gesetzliche Sozialaufwendungen		4.092,49		49.109,88		49.109,88 S
6120 Beiträge zur Berufsgenossenschaft				4.000,00		4.000,00 S
6130 Freiwillige soziale Aufwendung. LSt-frei		175,00		319,48		319,48 S
6220 Abschreibungen auf Sachanlagen		4.296,39		4.296,39		4.296,39 S
6221 Abschreibungen auf Gebäude		6.638,00		6.638,00		6.638,00 S
6222 Abschreibungen auf Kfz		5.379,00		5.379,00		5.379,00 S
6260 Sofortabschreibung GWG		939,24		939,24		939,24 S
6264 Abschreibungen auf WG Sammelposten		19,00		19,00		19,00 S
6305 Raumkosten				2.583,12		2.583,12 S
6320 Heizung				10.411,30		10.411,30 S
6335 Instandhaltung betrieblicher Räume				1.562,64		1.562,64 S
6345 Sonstige Raumkosten		23,00		176,80		176,80 S
6400 Versicherungen			700,00	4.497,62	700,00	3.797,62 S
6420 Beiträge			165,00	1.120,00	165,00	955,00 S

Hier sind die Einzelpositionen dargestellt, aus denen sich die Position „Raumkosten“ in der betriebswirtschaftlichen Auswertung zusammensetzt. Die Einzelsummen in der Spalte Saldo ergeben die Position „Raumkosten“ in der BWA bzw. KER,

Kostenarten:					
Personalkosten	23.792,79	58,62	44,01	100,00	307.387,96
Raumkosten	23,00	0,06	0,04	0,10	14.733,86

Bild 6.16 Summen- und Saldenliste

Quelle: DATEV eG, Nürnberg

Konto	Beschriftung
2010	Variables Kapital (EK)
2100	Privatentnahmen allgemein
2130	Unentgeltliche Wertabgaben
2180	Privateinlagen
2300	Grundstücksaufwand
	Summe Klasse 2

Quelle: DATEV eG, Nürnberg

Bild 6.17 Auszug Gliederung Privateinlagen und -entnahmen

Prüfen Sie über das entsprechende Kontenblatt hin und wieder auch Ihre Privatentnahmen. Es soll vorkommen, dass auch hier mal betriebliche Aufwendungen „reinrutschen“, die vermeintlich privat erschienen.

6.3.7 Kontenblätter

Alle Buchungen auf den jeweiligen Buchungskonten können auf dem sogenannten „Kontoblatt“ zeitlich sortiert nachvollzogen werden (Muster-Kontoblatt in **Bild 6.18**). Auf diese Weise lassen sich manche Unstimmigkeiten in Bezug auf die Höhe einiger Buchungskonten nachvollziehen.

Kanzlei-Rechnungswesen
Jahreskonto

Blatt 1

Konto 4530 Laufende Kfz-Betriebskosten Funktion

Datum	BU	Gegenkto.	Buchungstext	USt %	Belegfeld 1 Belegfeld 2	Umsatz Soll	Umsatz Haben
02.01.20..	9	1369	Benzin	19,00		56,89	
03.01.20..	9	1200	Diesel	19,00		55,92	
04.01.20..	9	81950	Inspektion	19,00	109	1.310,34	
08.01.20..	9	1100	Benzin	19,00		72,42	
11.01.20..	9	1200	Benzin	19,00		60,13	
18.01.20..	9	1000	Diesel	19,00		44,31	
22.01.20..	9	1000	Motoröl	19,00		26,21	
24.01.20..	9	1000	Benzin	19,00		55,52	
24.01.20..	9	1200	Benzin	19,00		61,65	
25.01.20..	9	1200	Diesel	19,00		57,30	
04.02.20..	9	1230	Diesel	19,00		58,96	
06.02.20..	9	1200	Benzin	19,00		74,88	
08.02.20..	9	1200	Benzin	19,00		66,32	
10.02.20..	9	1200	Diesel	19,00		64,47	
14.02.20..	9	81950	Kundendienst	19,00	538	741,27	
17.02.20..	9	1230	Benzin	19,00		62,72	
18.02.20..	9	1100	Benzin	19,00		66,40	
19.02.20..	9	1200	Diesel	19,00		78,22	
20.02.20..	9	1200	Diesel	19,00		64,49	
25.02.20..	9	1000	Benzin	19,00		56,44	
27.02.20..	9	1100	Diesel	19,00		60,89	
28.02.20..	9	1200	Benzin	19,00		61,71	
[illegible].20..	9	81900	Benzin/Diesel Febru[illegible]	19,00	43134	2.129,20	

Bild 6.18 Muster-Kontenblatt

Quelle: DATEV eG, Nürnberg

7 Die Kalkulation auf Basis betriebswirtschaftlicher Zahlen

7.1 Grundlagen, Begriffsklärungen

Grundlage der Kalkulation eines Unternehmens ist die Kosten- und Leistungsrechnung. Diese ist neben der Finanzbuchhaltung die zweite große Aufgabe des Rechnungswesens eines Unternehmens. Eine Übersicht über die Bestandteile des Rechnungswesens gibt **Bild 7.1**.

Anders als die Finanzbuchhaltung, die alle unternehmensbezogenen Zahlen erfasst, sind für die Kosten- und Leistungsrechnung die mit dem Betriebszweck zusammenhängenden Zahlen relevant. Richtigerweise spricht man im Rahmen der Finanzbuchhaltung von Aufwendungen und Erträgen und bei der Kosten- und Leistungsrechnung, wie es der Name schon verrät, von Kosten und Leistungen.

Rechnungswesen	
Finanzbuchhaltung (externes Rechnungswesen)	**Kosten- und Leistungsrechnung** (internes Rechnungswesen)
Ziel: Dokumentation, Rechenschaftslegung und Ermittlung der Besteuerungsgrundlage	Ziel: Planung, Steuerung und Kontrolle des Unternehmens
konkrete gesetzliche Anforderungen vorhanden	keine gesetzlichen Anforderungen vorhanden

Bild 7.1 Bestandteile Rechnungswesen

Mit anderen Worten werden in der Kosten- und Leistungsrechnung Aufwendungen der Finanzbuchhaltung, die periodenfremd, betriebsfremd oder außerordentlich sind, nicht als Kosten berücksichtigt. Demgegenüber werden wiederum kalkulatorische Kosten, wie z. B. der kalkulatorische Unternehmerlohn, die kalkulatorische Miete und kalkulatorische Zinsen sehr wohl berücksichtigt.

In der Kosten- und Leistungsrechnung geht es letztlich darum, die relevanten Kosten auf Kostenstellen und Kostenträger (Aufträge und Projekte) zu verteilen. Wir werden im Folgenden hauptsächlich auf die Kostenträgerrechnung (Kalkulation) eingehen.

Eine genaue Preiskalkulation orientiert sich an drei Einsichten:

- Angebot und Nachfrage bestimmen den Preis.
- Der Preis soll marktfähig sein.

- Der Preis muss so hoch sein, dass er die Kosten des Unternehmens deckt und den geplanten Gewinn nach sich zieht.

Insbesondere die kostendeckende Kalkulation wird von einigen Unternehmern vernachlässigt, die sich ausschließlich auf den vermeintlichen Marktpreis konzentrieren und die eigenen Kosten aus dem Blick verlieren. Diese Betrachtung kann fatale Folgen haben, da immer ungewiss ist, ob die Kalkulation den Anforderungen der eigenen Kostenstruktur entspricht. Zudem gewinnen die Unternehmen, die Ihre Kalkulationsgrundlagen ermittelt haben, einen besseren Überblick über die Einflussfaktoren der Kalkulation, die z. B. sind

- die direkten Lohnkosten der produktiv verrechenbaren Mitarbeiter, bezogen auf ihre Anwesenheitszeit im Unternehmen, einschließlich aller Lohnnebenkosten;
- die Anzahl der verrechenbaren Stunden (produktive/unproduktive Zeiten) im Rahmen der Stundensatzkalkulation;
- der Einkaufspreis des verbauten Materials;
- die Höhe der Verwaltungs- oder Gemeinkosten (das sind die Lohn- und Lohnnebenkosten der Verwaltungsmitarbeiter und alle übrigen Kosten, beginnend bei „A“ wie Abschreibung bis „Z“ wie Zinsen).

Grundsätzlich werden zwei unterschiedliche Verfahren der Kalkulation unterschieden: die Divisionskalkulation und die Zuschlagskalkulation.

> Die Vorgehensweise der Divisionskalkulation zur Ermittlung des kostendeckenden Stundensatzes wird in Abschnitt 7.2 vorgestellt. Die Zuschlagskalkulation, die oft bei Projekten angewendet wird, ist dem Abschnitt 7.4 zu entnehmen.

Eine betriebswirtschaftlich verantwortungsvolle Unternehmensführung setzt voraus, dass nicht nur eine Vorkalkulation im Sinne einer Angebotskalkulation, sondern auch eine Begleit- und Nachkalkulation durchgeführt wird.

Unternehmer, die ihre Begleitkalkulation laufend pflegen, kennen ihren Leistungsstand, erstellen schneller ihre Abschlagsrechnungen und sind liquider. Abweichungen werden frühzeitig erkannt und ggf. können Maßnahmen zum Gegensteuern ergriffen werden. Und schließlich gilt: Nur wer nachkalkuliert, kann aus Fehlern und für zukünftige Kalkulationen lernen.

7.2 Ermittlung des kostendeckenden Stundensatzes

Wer sich bewusst macht, welche Kosten im Betrieb anfallen, hat den ersten Schritt zum erfolgreichen Zahlenmanagement getan. Wer es darüber hinaus schafft, seinen Mitarbeitenden diese Zusammenhänge zu vermitteln, kann auf „mitdenkende“ Unterstützung zählen – und so die eigenen Wettbewerbsvorteile gezielt nutzen. Wer seinen Mitarbeitern die Kosten einer Arbeitsstunde transparent macht, wird erfahren, dass die Mitarbeiter im Interesse des Unternehmens handeln, indem sie den Kunden gegenüber diese Kosten selbstbewusst vertreten und darauf achten, keine Zeit und damit kein Geld zu verschwenden.

> Besprechen Sie die Ermittlung des kostendeckenden Stundensatzes mit Ihren Mitarbeitern und fragen Sie sie, wo und wie sie es in der Hand haben, diese Werte zu beeinflussen. Auf diese Weise wird der Mitarbeiter zum Mitunternehmer und versteht so manche Anordnungen der Führungskräfte besser.

Bei der Ermittlung des kostendeckenden Stundensatzes handelt es sich um eine Divisionskalkulation, bei der alle Kosten durch die Bezugsgröße Zeit geteilt werden.

Das Rechenschema soll nachfolgend an einem Beispiel näher erläutert werden.

Schritt 1: Ermittlung der verrechenbaren Zeit

Die Anzahl der zur Verfügung stehenden Jahres-Arbeitstage/-Stunden für den Zeitraum 01.01. bis 31.12. eines Jahres lässt sich wie in **Tabelle 7.1** beschrieben ermitteln:

Die bezahlten Arbeitsstunden belaufen sich auf 2.080 pro Jahr (52 Wochen à 40 Stunden).

Die tatsächlichen Anwesenheitsstunden liegen bei 1.616 Stunden für einen Gesellen. Unterstellen wir eine unproduktive Zeit pro Mitarbeiter in Höhe von nur 15 % (ca. 72 Minuten am Tag), so ergeben sich pro Mitarbeiter pro Jahr 1.374 verrechenbare Stunden.

Schritt 2: Ermittlung der Kosten eines Mitarbeiters

Die Tarifverträge des deutschen Elektrohandwerks unterscheiden sich nach Bundesländern. Im vorliegenden Beispiel wird von einem Techniker ausgegangen, der einen Bruttostundenlohn von 18 EUR erhält.

18 EUR × 40 Std./Woche × 52 Wochen = 37.440 EUR Jahres-Bruttolohn

	Tage/Stunden
Kalenderjahr	365
– Wochenende	104
– bezahlte Feiertage	13
– bezahlte Urlaubstage	30
– bezahlte Krankheitstage	11
– bezahlte Tage für Weiterbildung	5
= Anwesenheitstage im Betrieb	202
× Anwesenheitsstunden pro Tag	8
= Anwesenheitsstunden pro Jahr	1.616
– unproduktive Stunden	242
= verrechenbare Stunden pro Jahr	**1.374**

Tabelle 7.1 Verrechenbare Stunden einer Vollzeitkraft

Die Kosten eines Mitarbeiters liegen deutlich höher als sein Bruttolohn, da die Arbeitgeberanteile (AGA) zur Sozialversicherung zu leisten sind (siehe **Tabelle 7.2**). Je nach Krankenkasse kann der Satz differieren.

Auf der Basis der Personalkosten je Mitarbeiter und der ermittelten Anwesenheitsstunden können die Personalkosten je Anwesenheitsstunde ermittelt werden.

In der Praxis wird es niemals gelingen, jede Anwesenheitsstunde eines Mitarbeiters zu verrechnen. In jedem Unternehmen gibt es Leerlauf durch nicht verrechenbare Nacharbeiten, organisatorischen Aufwand, z. B. Materialbestellung, Kfz-Pflege, Anleitung Azubis usw.

Wird dieser Faktor berücksichtigt, sinkt die Zahl der verrechenbaren produktiven Stunden und die Kosten der Arbeitsstunde steigen (**Tabelle 7.3**).

Kostenart	**Lohnkosten in EUR für Vollzeitkraft**
Jahresbrutto (bei 18 EUR Stundenlohn)	37.440
Arbeitgeberanteile zur Sozialversicherung (23 %)	8.611
Lohnkosten gesamt	**46.051**

Tabelle 7.2 Beispiel Lohnkosten Vollzeitkraft

	Personalkosten	
	je Anwesenheitsstunde in EUR	**je verrechenbarer Stunde (15 % unproduktiv) in EUR**
Lohnkosten gesamt	46.051,20	46.051
÷ Stunden pro Jahr	1.616	1.374
= Kosten pro Stunde	**28,50**	**33,52**

Tabelle 7.3 Personalkosten je Stunde

Im vorliegenden Beispiel wird von 15 % unproduktiven Stunden ausgegangen. Dieser Wert sollte aus Gründen der kaufmännischen Vorsicht auch mindestens in einer Kalkulation zum Ansatz kommen. In der Praxis weisen einige Mitarbeiter mehr als 15 % nicht verrechenbare Zeiten auf. Gerade Service-Techniker können gelegentlich auch weniger als 75 % ihrer Anwesenheitszeit weiterverrechnen. Die Arbeitszeiten von Service-Technikern sind nicht so genau zu planen, wie die Arbeitszeit in einem Projekt. Bei 15 % nicht verrechenbarer Zeit des Monteurs müssen entsprechend Tabelle 7.3 für jede verrechenbare Stunde allein 33,52 EUR an Lohnselbstkosten berücksichtigt werden. In diesem Satz sind noch keine weiteren betrieblichen Kosten beinhaltet, geschweige denn Gewinn.

Die verrechneten Stundensätze von Service-Technikern müssen allein aufgrund höherer nicht verrechenbarer Zeiten oftmals deutlich höher liegen als in Tabelle 7.3.

Das folgende Schema zeigt die direkten Kosten eines Technikers bei unterschiedlichen Stundenlöhnen und einer unproduktiven Zeit von 15 % sowie einer unproduktiven Zeit von 25 % seiner Arbeitszeit. In der Kopfzeile von **Tabelle 7.4** sind die verrechenbaren Stunden aufgeführt.

Aus der Aufstellung wird ersichtlich, welchen Einfluss allein das Thema „unproduktive Zeiten“ auf den Stundensatz hat.

Stundenlohn in EUR	Kosten Mitarbeiter in EUR bei 2.080 bezahlten Stunden und 23 % AG-Anteil SV	direkte Lohnkosten/Stunde in EUR bei 15% Unproduktivität	direkte Lohnkosten/Stunde in EUR bei 25 % Unproduktivität
16	40.934	29,79	33,77
17	43.493	31,65	35,89
18	46.051	33,52	38,00
19	48.610	35,38	40,11
20	51.168	37,24	42,22
21	53.726	39,10	44,33
22	56.285	40,96	46,44

Tabelle 7.4 Kosten eines Technikers bei unterschiedlichen Stundenlöhnen

Schritt 3: Verwaltungslöhne

Produktive Mitarbeiter können einen wesentlichen Teil ihrer Anwesenheitszeit unmittelbar als Leistung verrechnen.

Verwaltungsmitarbeiter erledigen unverzichtbare Aufgaben im Unternehmen. Der Arbeitsaufwand dieser Mitarbeiter kann jedoch nicht unmittelbar verrechnet werden. Zu den Tätigkeiten der Verwaltungsmitarbeiter gehören z. B. Arbeiten im Lager, Aufwand für die Erstellung von Angeboten, Vorgespräche mit Kunden, Telefondienst und Auftragsannahme, Erstellung von Rechnungen, Lohnabrechnung und andere Aufgaben.

Bei manchen Mitarbeitern lassen sich die Tätigkeiten in produktive Tätigkeiten und in Verwaltungstätigkeiten trennen. Bei der Zuordnung der dabei entstehenden Kosten zu bestimmten Tätigkeitsbereichen kann es sehr hilfreich sein, wenn die Mitarbeiter ein Wochenprotokoll führen, aus dem hervorgeht, zu wie viel % ihrer Zeit sie im produktiven Bereich und im Verwaltungsbereich tätig sind. Die Lohnkosten dieser Mitarbeiter werden entsprechend dem ermittelten Verhältnis auf die beiden Bereiche aufgeteilt.

> Die Analyse des Zeitaufwands nach produktiven Tätigkeiten und Verwaltungstätigkeiten liefert dem Unternehmen ein klares Bild, ob der Verwaltungsaufwand des Unternehmens angemessen oder überdimensioniert ist.
> Die Analyse ist vor allem für Unternehmen mit höherem Verwaltungsanteil und für Unternehmen mit höherer Gemeinkostenstruktur von großer Bedeutung.

Das Beispiel in den **Tabellen 7.5** und **7.6** zeigt, wie sich der Verwaltungspersonalaufwand auf den Angebotspreis eines Unternehmens auswirkt. Beide Betriebe haben Personalkosten in Höhe von jeweils 450.000 EUR für die produktiv tätigen Mitarbeiter. Im Fall I liegt der Verwaltungskostenanteil mit 28 % jedoch deutlich niedriger als im Fall II mit 38 %.

Wir unterstellen für die Fälle I und II je 10 Monteure, die jeweils 45.000 EUR Personalkosten verursachen. Diese 10 Mitarbeiter leisten etwa

Einfluss produktiver Stunden auf Kalkulation und Ergebnis	**Personalkosten Fall I**		**Personalkosten Fall II**	
	in EUR	**in %**	**in EUR**	**in %**
produktiv tätige Mitarbeiter	450.000	72	450.000	62
Verwaltungsmitarbeiter	175.000	28	275.806	38
Summe	625.000	100	725.806	100

Tabelle 7.5 Personalkosten

Ermittlung des personalkostendeckenden Stundensatzes	**Fall I** **72 % der Mitarbeiter produktiv**	**Fall II** **62 % der Mitarbeiter produktiv**
Personalkosten für Produktive in EUR	450.000	450.000
Verwaltungs-Personalkosten in EUR	175.000	275.806
Gesamtkosten Personal in EUR	625.000	725.806
verrechenbare Stunden/Jahr	13.740	13.740
Kosten je Anwesenheitsstunde in EUR	**45,49**	**52,82**

Tabelle 7.6 Personalkostendeckender Stundensatz

pro Kopf 1.374 Stunden, d.h. in Summe 13.740 verrechenbare Stunden pro Jahr.

Der kostendeckende Stundensatz errechnet sich damit für die beiden Fälle wie in Tabelle 7.6 dargestellt:

Der Betrieb mit dem höheren Verwaltungskostenanteil muss pro Stunde 7,33 EUR mehr verrechnen, um die Personalkosten inkl. Verwaltungslöhne vollständig zu decken.

Der Betrieb mit der „schlanken" Verwaltung (Fall I) erwirtschaftet bei gleicher Auftragsstruktur einen Jahresgewinn, der um 100.714 EUR (7,33 EUR multipliziert mit 13.740 Stunden) höher liegt als bei dem Betrieb (II) mit höherem Verwaltungsaufwand.

Eine rationelle Betriebsorganisation mit geringem Verwaltungsaufwand ist eine wesentliche Voraussetzung für die Wettbewerbsfähigkeit.

Ein Unternehmen mit einem Verwaltungsanteil von 28 % kann als durchschnittlich angenommen werden. Bei kleineren Betrieben liegt der Anteil der Verwaltungstätigkeiten bei 26 % bis 35 %. Unternehmen mit z.B. 40 Mitarbeitern weisen meist einen Verwaltungsanteil von ca. 26 % auf.

Schritt 4: Gesamtkosten je Stunde

Jeder Monteur muss anteilig auch die Kosten des laufenden Geschäftsbetriebes abdecken, die in **Tabelle 7.7** aufgeführt sind.

Kosten neben dem Lohn in EUR pro Jahr	Anzahl produktiver Mitarbeiter	
	10	1
Miete, Pacht	25.987	2.599
Raumnebenkosten: Heizung, Strom, Gas, Wasser	5.835	586
Steuern, Versicherungen, Beiträge, Gebühren	15.064	1.506
Kfz-Kosten, ohne Abschreibungen	39.640	3.964
Werbe- und Reisekosten	17.944	1.794
Kosten der Warenabgabe	1.528	152
Instandsetzung Maschinen, Betriebs- und Geschäftsausstattung	4.716	472
Abschreibungen	29.608	2.961
Zinsen	8.980	898
Büromaterial, Zeitschriften	3.084	308
Werkzeuge und Kleingeräte	3.280	328
Beratungskosten	4.332	433
Porto, Telefon, Telefax	5.592	559
sonstige Kosten	25.201	2.520
Summe Kosten (ohne Lohn) im Jahr	**190.791**	**19.079**

Tabelle 7.7 Kosten lfd. Geschäftsjahr Gesamtbetrieb

Die Kosten einer Arbeitsstunde ermitteln sich nach folgender Formel:

$$\frac{\text{Gesamtkosten des Arbeitsplatzes}}{\text{produktive Stunden}} = \text{Kosten/Stunde}$$

Die Gesamtkosten im Jahr (**Tabelle 7.8**) setzen sich aus den direkten Lohnkosten (18 EUR/h, 2.080 bezahlte Stunden inkl. Arbeitgeberanteil von 23 %), den anteiligen Verwaltungslohnkosten (175.000 EUR geteilt durch 10 produktive Mitarbeiter) und den anteiligen sonstigen Kosten (190.791 EUR geteilt durch 10 produktive Mitarbeiter) zusammen.

In dieser Rechnung sind weder Wagniszuschläge noch Gewinne für das Unternehmen kalkuliert.

Allerdings sollte berücksichtigt werden, dass es sich bei diesem Stundensatz um einen Vollkostenstundensatz handelt. Das heißt, es werden an dieser Stelle keine Kosten auf das verbaute Material umgelegt. Würde der Kunde das Material stellen, müsste der in Tabelle 7.8 dargestellte kostendeckende Stundensatz zzgl. Gewinn- und Wagnisaufschlag verrechnet werden. Nur dann kann das Unternehmen wirtschaftlich arbeiten.

Wird ein Teil der Kosten bereits über einen Aufschlag des Materials gedeckt, ergibt sich ein geringerer Teilkostensatz je Stunde.

In den **Tabellen 7.9** und **7.10** wird dargestellt, wie sich die Berücksichtigung eines Materialerlöses auf den kostendeckenden Stundensatz auswirkt.

In der Tabelle 7.9 wurde die Annahme getroffen, dass unser Musterunternehmen einen Materialeinkauf im kompletten Jahr in Höhe von 250.000 EUR tätigt. Dieses Material wurde im Schnitt mit 30 % Aufschlag verkauft.

Daraus ergibt sich eine neue Berechnung der zu deckenden Kosten je produktiven Mitarbeiter (Tabelle 7.10).

Kostenart	**jähliche Kosten je produktivem Mitarbeiter in EUR**
Lohnkosten des Technikers	46.051
+ anteilige Verwaltungslohnkosten	17.500
+ anteilige sonstige Kosten	19.079
Gesamtkosten	**82.630**
Vollkostenstundensatz (1.374 h)	**60,14**

Tabelle 7.8 Gesamtkosten je produktivem Mitarbeiter

sonstige Kosten unter Berücksichtigung eines Materialerlöses	**Kosten komplettes Unternehmen (10 Mitarbeiter) in EUR**
sonstige Kosten des Betriebes	190.791
durch Materialverkauf bereits gedeckt (30 % des Materialeinkaufs)	75.000
noch durch Stunden zu deckende sonstige Kosten	115.791

Tabelle 7.9 Sonstige Kosten des Unternehmens abzgl. Material

Kosten	**jähliche Kosten je produktivem Mitarbeiter in EUR**
Lohnkosten	46.051
+ anteilige Verwaltungslohnkosten	19.079
+ anteilige sonstige Kosten (nach Abzug von Materialerlös)	11.579
Gesamtkosten	**76.709**
kostendeckender Satz bei 1.374 h	**55,83**

Tabelle 7.10 Gesamtkosten ohne Material je Mitarbeiter

Im vorliegenden Beispiel ergibt sich demnach ein kostendeckender Stundensatz von 55,83 EUR, wenn im Schnitt ein Materialerlös in Höhe von 30 % angesetzt wird. Sowohl im Materialaufschlag als auch im Stundensatz sind noch keine Gewinn- und Wagnisaufschläge enthalten.

Besprechen Sie die dargestellten Rechnungen mit Ihren Mitarbeitern. Damit schaffen Sie Verständnis für betriebliche Anforderungen und notwendige konsequente Dokumentationen.

Mitarbeiter, die diese Musterrechnung kennen, werden

- nicht stundenlang beim Großhandel Kaffee trinken,
- morgens schneller vom Hof kommen,
- punktgenau aufmessen,
- Sonderarbeiten aufschreiben,
- kein Material verschenken,
- ganz einfach mitdenken.

Über den QR-Code erhalten Sie ein Excel-Tool, mit dessen Hilfe Sie die kostendeckenden Stundensätze Ihres Unternehmens ermitteln können. Sollten Sie Schwierigkeiten beim Download der Datei haben, wenden Sie sich bitte an uns: service@heckner.com

7.3 Tipps zur Regiekalkulation

7.3.1 Pauschalen

In der Praxis hat sich im Kundendienst-/Regiebereich die Verrechnung von Pauschalen zunehmend etabliert. Die Verrechnung von Pauschalen erleichtert und beschleunigt die Rechnungsstellung.

Fahrzeugkostenpauschale

Es handelt sich hierbei um eine Pauschale für Kosten, die durch das Fahrzeug selbst verursacht wurden – etwa für Anschaffung und laufende Unterhaltskosten. Der Bundesgerichtshof hat entschieden, dass dafür auch eine Pauschale verlangt werden darf (Az. X ZR 63/90).

Bewährt hat sich hierbei die Bildung von Zonen, die sich an Ortsteilen bzw. den nächstgelegenen Orten orientieren, wie im Beispiel in **Bild 7.2**. Ausgangspunkt hier ist Kastl.

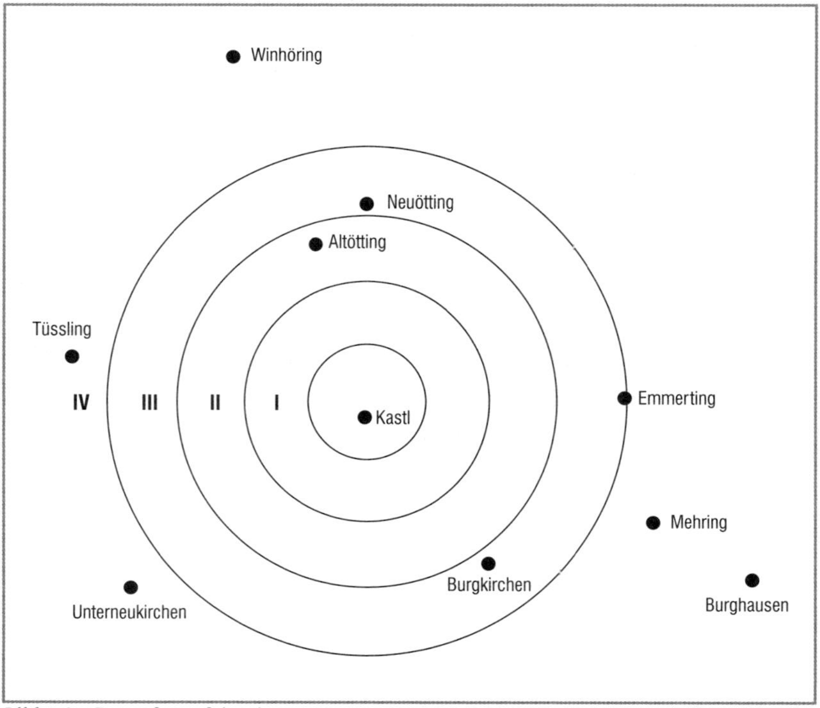

Bild 7.2 Zonen für Anfahrtskosten

Klein-/Befestigungspauschale

Werden Kleinteile bzw. Befestigungsmaterial verwendet, spricht auch nichts dagegen, diese in Form einer angemessenen Pauschale zu verrechnen. In der Praxis lassen sich hier auch unterschiedliche „Pakete“ festlegen (kleines Paket und großes Paket).

Messgerätepauschale

Auch der Einsatz von Messgeräten wird in der Praxis von immer mehr Kollegen über eine Pauschale an den Kunden weiterverrechnet.

Kleinstaufwandpauschale

Im Kundendienst ttrifft man immer wieder auf den Fall, dass lediglich 10 Minuten gearbeitet wurde. Allerdings müssen die Rüst- und Fahrzeiten hinzuaddiert werden. So kommt man schnell in die Verlegenheit, 30 Minuten zu dokumentieren. Immer wieder hört man: „Da ist der Ärger vorprogrammiert“. Einige Kollegen verrechnen hier eine Pauschale für einen Kleinstaufwand. Alles, was unter einer halben Stunde Arbeitszeit ist, wird als Kleinstaufwand zu einem festen Satz abgerechnet.

> Beispiele, wie Rechnungen unter Berücksichtigung dieser Empfehlungen gestaltet werden, können aus Abschnitt 4.5.3 entnommen werden.

7.3.2 Ersatzteilkalkulation

Die Beschaffungskosten von Ersatz- und Spezialteilen, die im Service und bei Kleinaufträgen eingesetzt werden, liegen deutlich über den Aufwendungen zur Beschaffung von Standardmaterialien der Elektroinstallation.

> Ein Aufschlag von bis zu 1.000 % bei Kleinteilen ist notwendig, um im Service Kostendeckung zu erreichen.

„Ist das nicht Wucher?" – Diese Frage erscheint auf den ersten Blick berechtigt. Die Antwort lautet aber: „Nein, das ist kein Wucher!" Wenn wir nämlich die Beschaffungskosten im Service unter die Lupe nehmen, wird deutlich, dass diese Kalkulationsempfehlung lediglich der Kostendeckung dient, wie das folgende Praxisbeispiel zeigt:

Der Techniker bestellt ein Ersatzteil für 1 EUR, das er für die Reparatur benötigt. Die Techniker-Stunde wird ohne Gemeinkosten-Deckungsbeiträge aus dem Material mit 60,14 EUR verrechnet, also pro Minute mit ca. 1 EUR berücksichtigt (vgl. Abschnitt 7.2). **Tabelle 7.11** zeigt, wie sich dieser Minutensatz auf die Materialkalkulation auswirkt.

Erst wenn für dieses Ersatzteil 10 EUR berechnet werden, sind alle Kosten abgedeckt. Der Preis von 10 EUR für dieses Ersatzteil entspricht einem Kalkulationsfaktor von 1.000 %, der – wie gezeigt – notwendig ist, um die Kosten zu decken.

Dieses Beispiel entstammt der täglichen Praxis. Die Kosten in so einem Fall müssen vom Kunden getragen werden.

Die Unternehmensberatung Heckner kann dem Leser nur empfehlen, diese Betrachtung mit den betreffenden Technikern zu besprechen, denn sie haben es in der Hand, wie sie mit ihrer Zeit umgehen und damit letztlich mit dem Geld des Betriebes.

Leistung des Technikers / Aufwand	Zeitaufwand in Minuten	Kosten in EUR
Heraussuchen der Ersatzteilnummer, Bestellung	4	4,00
Telefon		0,15
Lieferung kommt per Nachnahme, Annahme der Sendung und Bezahlung, Kassenbeleg pflegen	2	2,00
Nachnahmekosten, Porto, Verpackung		2,50
Verbuchung der Ersatzteilrechnung beim Steuerberater		0,35
Summe der Kosten		9,00
Ersatzteilkosten		1,00
Ersatzteilpreis ohne Gewinnzuschlag		10,00

Tabelle 7.11 Kalkulation von Beschaffungskosten

Kalkulationsempfehlung für Ersatzteile

Aus Erfahrungen und aus Vergleichen der Kalkulation unter Branchenkollegen ist bekannt, dass die in der **Tabelle 7.12** angegebenen Preise notwendig sind, um kostendeckend zu arbeiten. Der in der letzten Spalte zuerst angegebene Preis muss als absolute Untergrenze angesehen werden.

Nur bei Artikeln, die im Lager vorrätig sind oder für Projekte bestellt werden, sind andere Kalkulationsgrundlagen anzusetzen. Die Bestellkosten sind niedriger, da größere Mengen bestellt werden können und sich Arbeitszeit und Kosten auf mehrere Positionen verteilen. Man braucht demnach z. B. für eine Wago-Klemme nicht 14 EUR zu verlangen, da diese in größeren Stückzahlen eingekauft werden und die Beschaffungskosten daher deutlich geringer sind.

Einkaufspreis in EUR	Kalkulationsfaktor	empfohlener VK-Preis in EUR
0,15	30,0 bis 40,0	4,50 bis 6,00
0,40	20,0 bis 25,0	8,00 bis 10,00
0,80	12,0 bis 20,0	9,60 bis 16,00
1,30	5,0 bis 10,0	6,50 bis 13,00
2,60	3,0 bis 5,0	7,80 bis 13,00
5,00	2,0 bis 3,0	10,00 bis 15,00
10,00	1,8 bis 2,2	18,00 bis 22,00
15,00	1,7 bis 2,1	25,50 bis 31,50
20,00	1,7 bis 2,1	34,00 bis 42,00
31,00	1,7 bis 2,1	52,70 bis 65,10
41,00	1,6 bis 2,0	65,60 bis 82,00
51,00	1,6 bis 2,0	81,60 bis 102,00
61,00	1,5 bis 1,8	91,50 bis 109,80
80,00	1,5 bis 1,7	120,00 bis 136,00

Tabelle 7.12 Einkaufspreis – Kalkulationsfaktor – empfohlener Verkaufspreis

Dem Elektrohandel kann an dieser Stelle nur empfohlen werden, sich bei den Zubehörpreisen an den Kalkulationsgrundlagen großflächiger Anbieter zu orientieren. Diese haben im Zubehörbereich oft eine Kalkulation aufzuweisen, die auch dem Fachhandel gut zu Gesicht stünde. Manch kleinerer Fachbetrieb meint, er müsse gerade bei der Zubehörkalkulation die Großfläche unterbieten. Es kann eine überraschende Erkenntnis für den Unternehmer sein, wenn festgestellt wird, dass beim sogenannten "Kleinzeug" viel zu schlecht kalkuliert wurde.

Je spezieller das Ersatzteil, desto höher muss kalkuliert werden, um die Beschaffungskosten zu decken.
Wenn Kunden Ersatzteile bestellen,

- erläutern Sie ihnen: „Das Ersatzteil kostet nur 80 Cent, die Verpackung, Nachnahme und der Einzelauftrag werden aber voraussichtlich 12 EUR kosten – sollen wir trotzdem bestellen?“
- ist eine Anzahlung zu leisten, die mindestens den Einkaufspreis und die Beschaffungskosten des Ersatzteils deckt. Besser noch: Sie verlangen vom Kunden den kompletten Ersatzteilpreis als Vorauszahlung.

7.4 Tipps zu Projektkalkulation

In der Projektkalkulation wird üblicherweise nicht mit einem Stundenverrechnungssatz, sondern mit Zuschlagssätzen auf Material und Lohnkosten und damit einer Zuschlagskalkulation gearbeitet. Viele der branchenüblichen Softwarelösungen liefern hier wertvolle Unterstützung. Allerdings sind diese nur so gut, wie die Daten, die vom Anwender hinterlegt werden. Gemeint ist damit, dass die Kalkulationsgrunddaten in Form der Zuschlagsätze und der Zeitvorgaben nach Leistungen ermittelt und in der Software an entsprechender Stelle hinterlegt werden müssen.

Eine Orientierung gibt hier die ZVEH Kalkulationshilfe. In dieser werden eine Vielzahl Leistungsarten nach „Material und Verlege-/Verarbeitungsart" dargestellt.

Weitere Informationen zur ZVEH Kalkulationshilfe bekommen Sie unter www.wfe-shop.de bzw. den QR-Code.

Darüber hinaus empfehlen wir jedem Unternehmer seine Zuschlagssätze auf Basis seiner Kostenstruktur zu ermitteln und sich nicht nur an den „Richtwerten der Branche" und den Daten, die die Software voreingestellt hat, zu verlassen. Nur wer seine Grunddaten richtig berechnet hat, kann für sich Angebotspreise kalkulieren und selbstbewusst in die Verhandlungen mit dem Kunden gehen.

Nachfolgend ein Beispiel zur Ermittlung der Zuschlagssätze, das sich an dem Schema der Meisterprüfung orientiert.

In der Zuschlagskalkulation wird zwischen „direkt zurechenbaren Kosten" (Einzelkosten), z. B. Materialkosten oder produktiven Lohnkosten, und nicht direkt zurechenbaren Kosten (Gemeinkosten), z. B. Verwaltungslöhne, Miete etc. unterschieden. Direkt zurechenbare Kosten können somit einem Auftrag zugeordnet werden, während nicht direkt zurechenbare über einen Zuschlag umgelegt werden.

Die einfachste Form der Zuschlagskalkulation ist die summarische Zuschlagskalkulation. Bei dieser werden alle Gemeinkosten über einen einzigen Zuschlagssatz auf Leistungen des Unternehmens verteilt. Um den Zuschlagssatz zu ermitteln, müssen zunächst die Einzel- und Gemeinkosten des Unternehmens genauer betrachtet werden.

Im vorliegenden Beispiel (**Tabelle 7.13**) sollen acht Mitarbeiter mit einer Personalkostensumme von 400.000 EUR beschäftigt sein. Davon arbeiten zwei Kräfte in der Verwaltung (Personalkosten 100.000 EUR).

Für die produktiven Mitarbeiter fallen demnach 300.000 EUR Personalkosten an. Auch die Personalkosten der produktiven Mitarbeiter sind jedoch nicht immer direkt zurechenbar. So fallen bezahlte Krankheitszeiten, Urlaubszeiten, Fortbildungszeiten und auch unproduktive Zeiten an. In unserer Berechnung des kostendeckenden Stundensatzes (Abschnitt 7.2) haben wir anhand eines Beispiels gezeigt, dass von den ca. 2.080 bezahlten Stunden im Jahr (52 Wochen à 40 Stunden) lediglich ca. 1.374 Stunden verrechenbar sind. Demnach wären ca. 66 % der bezahlten Zeit des Mitarbeiters auch verrechenbar und kann direkt einzelnen Aufträgen zugeordnet werden (direkte Lohnkosten).

Dazu addiert sich der zurechenbare produktive Anteil des kalkulatorischen Unternehmerlohns (in Summe 85.000 EUR). Vom Arbeitslohn des Chefs sind Im vorliegenden Beispiel 25 %, das sind 21.250 EUR, als Produktivlohn anzusetzen. Diesen Anteil hat der Unternehmer in einer Zeitanalyse seines typischen Arbeitstages ermittelt.

Darüber hinaus belaufen sich die übrigen Kosten (Fahrzeugkosten, Raumkosten, Werbung etc.) des Musterunternehmens auf 140.000 EUR. Diese Kosten können nicht auf einzelne Aufträge zugerechnet werden (indirekte Kosten) und sind entsprechend über einen Zuschlagssatz aufzuschlagen.

Die folgende Tabelle 7.13 zeigt die direkt zurechenbaren und die nicht direkt zurechenbaren Kosten des Unternehmens.

Kostenart	**Gesamtkosten in EUR**	**direkt zurechenbare Kosten* in EUR**	**nicht direkt zurechenbare Kosten in EUR**
Personalkosten produktive Mitarbeiter	300.000	198.000	102.000
Personalkosten Verwaltung	100.000		100.000
kalkulatorischer Unternehmerlohn	85.000	21.250	63.750
alle anderen Kosten	140.000		140.000
Summe	**625.000**	**219.250**	**405.750**

Tabelle 7.13 Direkt zurechenbare und nicht direkt zurechenbare Kosten

Der Gemeinkostenzuschlag wird wie folgt ermittelt:

$$\frac{\text{Jahresgemeinkostensumme} \times 100}{\text{Lohneinzelkosten (direkt zurechenbarer Bruttolohn inkl. Unternehmerlohn)}} = \text{Gemeinkostenzuschlag}$$

Mit den vorliegenden Zahlen erhält man in diesem Beispiel:

$$\frac{405.750 \text{ EUR} \times 100\,\%}{219.250 \text{ EUR}} = 185{,}06\,\%$$

Die Angebotskalkulation erfolgt dann nach folgendem Schema:

Materialeinzelkosten
+ Lohneinzelkosten
+ Gemeinkosten (in % der Lohneinzelkosten)
+ Sondereinzelkosten
= Selbstkosten
+ Gewinn- und Wagniszuschlag
= Angebotspreis netto

Es werden Materialkosten in Höhe von 8.000 EUR und Lohneinzelkosten in Höhe von 4.500 EUR unterstellt. Dadurch ermittelt sich der Angebotspreis wie folgt:

Materialeinzelkosten	8.000 EUR
+ Lohneinzelkosten	4.500 EUR
+ Gemeinkosten (in % der Lohneinzelkosten – 185,06 %)	8.327 EUR
= Selbstkosten	**20.827 EUR**
+ Gewinn- und Wagniszuschlag	2.082 EUR
= Angebotspreis netto	**22.909 EUR**

Bei dieser einfachen Variante der summarischen Zuschlagskalkulation werden alle Gemeinkosten über einen Zuschlagssatz verteilt. Eine detaillierte Aufteilung ist mithilfe der differenzierten Zuschlagskalkulation möglich. Hier werden die Gemeinkosten entsprechend ihrer Zuordnung über mehrere Zuschlagssätze verteilt. So können Material-, Lohn- und Verwaltungs- und Vertriebsgemeinkostenzuschlagssätze unterschieden werden.

Bei der Zuschlagskalkulation allgemein wird die Kostenstruktur des Unternehmens, ohne sie zu hinterfragen, als gegeben angesehen.

Seien Sie in Ihrem Unternehmen jedoch kritisch und nehmen Sie Ihre Kostenstruktur nicht als gegeben hin. Hinterfragen Sie, in welchen Bereichen des Unternehmens Einsparungen möglich sind.

Was jedoch noch viel besser ist: Weist ein Unternehmen eine „schlanke" Kostenstruktur auf, wird dieses bei gegebenen Marktpreisen deutlich bessere Gewinne erwirtschaften können als ein Unternehmen mit aufgeblähter

Verwaltung und damit verbundenen hohen Kosten. Dieser Zusammenhang zwischen Kostenoptimierung und Ertragsverbesserung wird auch bei der Betrachtung des Faktors Produktivität im Abschnitt 8.2 deutlich.

8 Die Säulen des Erfolgs

8.1 Analyse der Stärken und Schwächen des Unternehmens

Wenn die Stärken und Schwächen des Unternehmens bekannt sind, kann aus den nachfolgend dargestellten Konzepten gezielt ausgewählt werden, welche eingesetzt werden sollen, um die Stärken zu festigen und die Schwächen abzubauen.

Neben der Analyse der betrieblichen Zahlen sollten auch „softe Faktoren" in die Stärken- und Schwächenanalyse einbezogen werden. Die Unternehmensberatung Heckner hat einen Betriebs-CHECK erarbeitet, mit dessen Hilfe jeder Unternehmer einen ersten Überblick über die betrieblichen Stärken und Schwächen erhalten kann.

Potenziale erkennen heißt, sich mit seinem Unternehmen und den eigenen Stärken und Schwächen zu beschäftigen. Die folgende Checkliste (**Tabelle 8.1**) mit den darin gestellten Fragen kann bei der Analyse helfen.

Über allen Maßnahmen steht die Einstellung der Person an der Spitze des Unternehmens: Nach welchen Glaubenssätzen wird das Leben gestaltet und das Unternehmen geführt?

- Vergleicht sich die Person laufend mit anderen?
- Sucht man regelrecht nach Fehlern bei Mitarbeitern und Kunden?
- Drehen sich die Gedanken laufend um Dinge, die nicht vorhanden sind?

Chancen am Markt	Risiken am Markt	Stärken des Unternehmens	Schwächen des Unternehmens
– Was sind unsere Zukunftschancen? – Gibt es neue Trends oder Technologien? – Welche Verbesserungsmöglichkeiten haben wir? – Was können wir im Umfeld nutzen? – Wozu wären wir noch fähig? – Können wir unsere Dienstleistungen ausbauen oder erweitern? – Was hebt uns positiv vom Wettbewerb ab?	– Wo lauern künftig Gefahren? – Was kommt an Schwierigkeiten auf uns zu? – Was sind mögliche Risiken/kritische Faktoren? – Wie stark ist der Wettbewerb und was machen unsere Konkurrenten besser?	– Wie hoch ist unser Qualitätsstandard? – Sind unsere Prozesse effizient organisiert? – Was gibt uns Energie? – Wo stehen wir momentan? – Welches Wissen müssen wir im Unternehmen breiter verteilen? – Welche Fachkompetenzen und Spezialisierungen haben wir?	– Was muss in unserer Organisation verbessert werden? – Haben wir hohe Abhängigkeiten von Kunden oder Mitarbeitern? – Wie gut ist unsere Digitalisierung? – Wie werden wir für Kunden attraktiver? – Wie werden wir für potenzielle Bewerber interessanter? – Wie können wir alle mehr Spaß an der Arbeit gewinnen?

Tabelle 8.1 Fragen zur SWOT-Analyse (Stärken, Schwächen, Chancen und Risiken)

- Beherrschen negative Gedanken das Leben, wenn an die Arbeit gedacht wird?
- Schläft die Person schlecht und träumt von Fehlern und negativen Entwicklungen seines Unternehmens?

Dies sind Muster eines Mangel-Mindsets! Beherrschen diese Gedanken die Berufswelt, liegt die Motivation für die Arbeit in weiter Ferne. Mit diesem Mindset können weder Kunden begeistert noch Mitarbeiter geführt werden. Fällige Entscheidungen werden auf die lange Bank geschoben. Aus Angst, falsch zu entscheiden, wird nichts entschieden.Will man sein Unternehmen verändern, muss das Mindset auf ein positiveres umgestellt werden. Als Unternehmer ist man nicht Opfer, sondern Gestalter. Statt nach Fehlern zu suchen, sollte die Suche nach den Dingen beginnen, die gut klappen. Nicht jammern, sondern ändern! Wer Glaubenssätze ins Positive dreht und laufend im Unternehmen nach Dingen sucht, die gut klappen, startet mit der Veränderung seines Mindsets in die richtige Richtung.

„Wie man in den Wald hinein ruft, so schallt es zurück" – wenn gute Arbeit gelobt wird, dann sind die Mitarbeiter motiviert.

> Wie wäre es, den Begriff „erwischen" neu zu definieren: „Erwische deine Mitarbeiter öfter dabei, wenn sie etwas gut gemacht haben."

8.2 Produktivität und Effizienz

8.2.1 Wie wird die Produktivität ermittelt?

Jeder Kunde und jeder Chef wünscht sich produktives Arbeiten. Produktivität bedeutet für das Unternehmen auch rentables und gewinnbringendes Arbeiten.

Die Produktivität wird nach der folgenden Formel ermittelt:

$$\text{Produktivität} = \frac{\text{Ausbringungsmenge}}{\text{Einsatzmenge}} = \frac{\text{Output}}{\text{Input}}$$

Bei der Messung der Arbeitsproduktivität gilt folgende Formel:

$$\text{Arbeitsproduktivität} = \frac{\text{Ausbringungsmenge}}{\text{eingesetzte Arbeitsstunden}}$$

Um die Produktivität im Elektrohandwerk zu ermitteln, müssen die Kriterien Ausbringungs- und Einsatzmenge definiert werden.

Zur Beurteilung der Produktivität können z. B. herangezogen werden:

- die erwirtschaftete Leistung je bewerteten Mitarbeiter,
- der erwirtschaftete Rohertrag je bewerteten Mitarbeiter,
- der erzielte Gewinn pro Mitarbeiter,
- die Einhaltung der im Projekt vorgegebenen Zeiten und Einhaltung des kalkulierten Materialverbrauchs.

Grundsätzlich müssen betriebswirtschaftliche Zahlen herangezogen werden, um eine Aussage über die Produktivität treffen zu können.

Wie diese Kennziffern berechnet werden und welche Produktivität im Elektrohandwerk üblich ist, wird im folgenden Kapitel dargestellt.

8.2.2 Welche Umsätze und Roherträge müssen erreicht werden?

Eine einfach zu ermittelnde Messgröße für die Produktivität ist der erwirtschaftete Rohertrag des Unternehmens.

Ein Musterbeispiel zeigt die Berechnung der Produktivität. Es handelt sich in diesem Beispiel um einen Elektrohandwerksbetrieb mit Inhaber, drei Gesellen, einer Halbtagskraft und einem Azubi im dritten Lehrjahr.

Um die Kennziffern unterschiedlicher Betriebe miteinander vergleichen zu können, müssen die Mitarbeiter bewertet werden. Unternehmer und Gesellen sind Vollzeitkräfte und werden mit 1,0 bewertet; die Halbtagskräfte mit 0,5 und der Azubi im 3. Lehrjahr bezogen auf den 01.01. des betreffenden Jahres mit 0,3. Insgesamt verfügt das Unternehmen über 4,8 bewertete Mitarbeiter. Auch unentgeltlich tätige Familienmitglieder werden bei der Ermittlung der bewerteten Mitarbeiter berücksichtigt (**Tabelle 8.2**). Die Mitarbeiter sollen einheitlich nach dem Schema in **Tabelle 8.3** bewertet werden.

Mitarbeiter	**Gesamt**	**produktive Tätigkeit**	**Verwaltungstätigkeit**
Unternehmer	1,0	0,5	0,5
Gesellen	3,0	3,0	0,0
Ehepartner	0,5	0,0	0,5
Azubi im 3. Lehrjahr	0,3	0,3	0,0
Summe Köpfe	**4,8**	**3,8**	**1,0**
in %	**100 %**	**79 %**	**21 %**

Tabelle 8.2 Der Verwaltungsanteil dieses Musterbetriebes befindet sich im Lot. Im Branchendurchschnitt (Werte von 2023) werden etwa 26 % der Arbeitskraft für nicht verrechenbare, also Verwaltungstätigkeiten aufgewendet

Mitarbeiter-Bewertungssystem	Anzahl Mitarbeiter[1]	Mitarbeiter nach Betriebszugehörigkeit[2]	Bewertung[3]	Mitarbeiter bewertet[4]
Geschäftsführer/Inhaber			x 1,0	
Vollzeitkräfte			x 1,0	
Halbtagskräfte			x 0,5	
Azubi 1. Lehrjahrs[5]			x 0,1	
Azubi 2. Lehrjahrs[5]			x 0,2	
Azubi 3. Lehrjahrs[5]			x 0,3	
Azubi 4. Lehrjahrs[5]			x 0,4	
Aushilfen			x 0,2	
Leiharbeiter			x 1,0	
Summe				

1 Bitte tragen Sie hier ein, wie viele Mitarbeiter in den jeweils dargestellten Gruppen bei Ihnen beschäftigt waren.
2 Sollte ein Mitarbeiter nicht das komplette Jahr anwesend sein, bewerten Sie diesen bitte anteilig für ein ganzes Jahr, z. B. ein Mitarbeiter war von Januar bis August beschäftigt, d. h. 8 von 12 Monaten, demzufolge wird er in der Spalte „Mitarbeiter nach Betriebszugehörigkeit" mit 0,67 angesetzt.
3 Faktor für die Bewertung
4 Multiplizieren Sie hier die Summe der Mitarbeiter nach Betriebszugehörigkeit mit der entsprechenden Bewertung.
5 jeweils zum Stand 01.01. des betrachteten Jahres

Tabelle 8.3 Schema Mitarbeiterbewertung

Auf den ersten Blick könnte es sich anbieten, den Umsatz bzw. die Leistung des Unternehmens als Bezugsgröße heranzuziehen. Davon raten wir ab. Ein Unternehmen, das sich z.B. mit Photovoltaik oder Beleuchtungstechnik beschäftigt, kann bei der Bezugsgröße Leistung nicht mit einem serviceorientierten Betrieb mit einem geringen Materialanteil verglichen werden. Besser geeignet für die Analyse der Produktivität ist der Rohertrag pro Kopf.

Betrachten wir die Rohertragsberechnung für unser Beispielunternehmen (Hinweis: SUB = Sub- und Nachunternehmer; Leiharbeiter werden hier nicht berücksichtigt).

	Leistung in EUR	720.000
–	Wareneinsatz in EUR	– 250.000
–	SUB in EUR	– 30.000
=	**Rohertrag in EUR**	**440.000**
	Rohertrag in %	**60**

Die Produktivität errechnet sich im nächsten Schritt wie folgt:

$$\frac{\text{Rohertrag}}{\text{Mitarbeiter}} = \frac{440.000\text{ EUR}}{4{,}8} = 91.666\text{ EUR}$$

Um das Ergebnis einschätzen zu können, müssen Branchenwerte herangezogen werden. Zum Vergleich in **Tabelle 8.4** die Zahlen des Busch-Jaeger Betriebsvergleichs.

Größenklasse	durchschnittlicher Rohertrag	Personal bewertet, alle Mitarbeiter	Rohertrag je bewerteten Mitarbeiter
I und II	463.695	5,80	84.361
III	1.002.968	11,60	91.092
IV	2.280.077	25,78	92.519
V	7.732.453	86,93	93.501

Tabelle 8.4 Mitarbeiteranzahl bewertet und Rohertrag je bewerteten Mitarbeiter gemäß Busch-Jaeger Betriebsvergleich 2024 nach Größenklassen

Unser zuvor vorgestellter Musterbetrieb erzielt eine Pro-Kopf-Produktivität von 91.666 EUR und liegt damit im Rahmen branchenüblicher Werte.

Der Rohertrag setzt sich aus zwei Faktoren zusammen:

- die Erlöse aus weiterverrechneter Arbeitszeit und
- die Gewinnspanne, die im Material steckt.

Auch hierzu ein Beispiel:
Das Musterunternehmen wendet 280.000 EUR für den Materialeinkauf und Subunternehmerleistungen (SUB) pro Jahr auf. Dieser Betrag müsste mit mindestens 30 % Aufschlag kalkuliert werden. Die Erlöse liegen dann bei 364.000 EUR. Die Erlöse für weiterverrechnete Arbeitsstunden ergeben sich, wenn vom Gesamtumsatz der Umsatz durch weiter verrechnetes Material abgezogen wird (720.000 EUR – 364.000 EUR = 356.000 EUR).

Unterstellen wir, dass die drei Gesellen des Unternehmens 1.500 Anwesenheitsstunden pro Jahr verrechnen können und der Unternehmer sowie der Azubi zusammen 1.000 Stunden, ergeben sich 5.500 Stunden als verrechenbare Stunden für dieses Jahr.

Bei einem durchschnittlichen Verrechnungssatz von 60 EUR pro Stunde müssten durch die Verrechnung der Arbeitszeit (5.500 Std. × 60 EUR) 330.000 EUR erlöst werden.

Tatsächlich sind es aber 356.000 EUR. Das bedeutet: Dem Unternehmen ist es offensichtlich gelungen, die Mitarbeiter effizient einzusetzen und zu verrechnen sowie zusätzliche Deckungsbeiträge zu generieren durch z. B. Verrechnung von Rüstzeiten oder die Verrechnung von Pauschalen für Spezialwerkzeuge, Messgeräte und Fahrzeuge.

In vielen anderen Fällen ergibt sich für Betriebe eine böse Überraschung, wenn diese Rechnung aufgemacht wird.

Erarbeiten Sie auf Grundlage dieses Rechenschemas die Kennzahlen für Ihr Unternehmen. Sie werden erkennen, ob Sie Ihre Potenziale voll nutzen.

Wenn die Produktivität unter den branchenüblichen Werten liegt, kann dies verschiedene Gründe haben. Mögliche Ursachen sind in **Tabelle 8.5** genannt.

Wer Leistungen verschenkt, wird nicht einmal ein Dankeschön des Kunden erhalten, da dieser nicht weiß, wie viel er zu wenig gezahlt hat.

Wenn man bedenkt, dass bei vielen Unternehmen die Umsatzrendite (Gewinn in % der Jahresleistung) bei lediglich 3 % liegt, wird jeder erkennen, dass eine Steigerung von 3 % der erbrachten Leistung eine Verdoppelung des Gewinns bedeutet.

Ursache einer geringen Produktivität	So könnte man gegensteuern, um produktiver zu arbeiten
Sehr geringer Materialanteil, deshalb geringer Deckungsbeitrag aus Material.	Grundsätzlich sollen Handwerksbetriebe Aufträge an Land ziehen, die einen hohen und gut kalkulierten Materialanteil aufweisen. Aufträge, bei denen der Kunde das Material stellt, bringen meist Verluste, da der Deckungsbeitrag aus dem Material fehlt. Solche Aufträge müssen mit einem deutlich höheren Stundensatz verrechnet werden.
Nicht alle benötigten Stunden und nicht jedes verbrauchte Material wird erfasst, so fehlen Deckungsbeiträge.	Mitarbeiter müssen geschult werden, damit sie nichts verschenken. Wer vergisst aufzuschreiben, verhält sich wie jemand, der Material veruntreut. Er gefährdet nicht nur seinen, sondern auch den Arbeitsplatz der Kollegen.
Schlechte Kalkulation, die kalkulierten Stunden reichen nicht aus.	Wer konsequent nachkalkuliert, kann aus seinen Fehlern lernen. Die Ergebnisse der Nachkalkulation sollten auch mit den betroffenen Mitarbeitern besprochen werden.
Den produktiven Kräften stehen zu viel Verwaltungsmitarbeiter gegenüber. Die Produktivkräfte können die Kosten des Verwaltungsapparates nicht mehr verdienen.	Alle Abläufe im Unternehmen müssen unter die Lupe genommen werden. Der Grad der Digitalisierung und die Abläufe im Büro müssen auf den Prüfstand, um Rationalisierungspotenziale zu erkennen.
Die Grundsätze der VOB sind nicht bekannt und es wird Geld in Projekten verschenkt.	VOB-Schulung anhand von Praxisbeispielen.
Schlechtes Werkzeug, deshalb dauert die Arbeit zu lange.	Moderne technische Ausstattung.
Unterschrift des Kunden fehlt, Kunde zahlt nicht oder nur einen Teil der Rechnung.	Mitarbeiter müssen Unterschriften bei Regieaufträgen und Zusatzarbeiten einholen. Die Unterschriftsberechtigung muss im Vorfeld geklärt sein.
Mitarbeiter vergessen laufend, geleistete Zeiten zu erfassen. Material und Werkzeug fehlt auf der Baustelle.	Für jeden Mitarbeiter wird täglich ermittelt, wie viele seiner Anwesenheitsstunden an Kunden verrechnet werden konnten. Definition eines Baustellenverantwortlichen und eine professionelle Arbeitsvorbereitung installieren.
Mitarbeiter erfassen nicht alle erbrachten Leistungen.	1. Schulung der Mitarbeiter zum Thema „Was kostet eine Arbeitsstunde?" 2. Eine qualifizierte und erfahrene Person kontrolliert jede Ausgangsrechnung auf Vollständigkeit.

Tabelle 8.5 Ursachen mangelhafter Produktivität

8.2.3 Welche Personalkosten sind branchenüblich?

Die Analyse der Personalkosten gibt wertvolle Hinweise, wie effizient und produktiv gearbeitet wird. In fast allen Elektrohandwerksbetrieben stellen die Personalkosten den mit Abstand größten Kostenfaktor, deshalb muss bei der Kostenanalyse zuerst bei den Mitarbeitern angesetzt werden.

Für zwei Personengruppen fallen Personalkosten an:

- die produktiv tätigen Mitarbeiter des Unternehmens, deren Leistungen weiterverrechnet werden können und
- die Verwaltungsmitarbeiter.

Der Anteil Verwaltung zu produktiven Mitarbeitern und die Entwicklung der letzten Jahre ist dem Abschnitt 8.2.4 zu entnehmen.

In der Personalkostenanalyse sollte zudem auch das Geschäftsführergehalt (bei einer GmbH) und der kalkulatorische Unternehmerlohn (bei Einzelunternehmen und Personengesellschaften) betrachtet werden.

Die Branchenwerte für den Saldo Privat (Privateinlagen und Privatentnahmen) sowie die Geschäftsführergehälter inkl. Tantieme können der **Tabelle 8.6** entnommen werden.

Die folgenden Werte stammen aus dem Betreibsvergleich 2024 und zeigen das Jahr 2022. Dieser Betrag entspricht also den Privatentnahmen, die in den Unternehmen im Jahr 2022 getätigt wurden, bzw. den Geschäftsführergehältern bei GmbHs und beziehen sich jeweils auf eine Person. Die in Tabelle 8.6 aufgeführten Betriebsgrößenklassen werden auch in den nachfolgenden Tabellen verwendet.

Eine Analyse der Personalkosten sollte im Elektrohandwerk in Prozent vom Rohertrag und nicht in Prozent des Umsatzes erfolgen. Nur so sind Unternehmen mit unterschiedlichen Leistungsbereichen der Branche (z.B. Photovoltaik mit hohem Materialanteil und Kundendienst mit geringem Materialanteil) vergleichbar.

Jahresleistung netto in EUR	Privatentnahmen pro Inhaber in EUR	Geschäftsführergehälter (inkl. Tantieme) in EUR
bis 1 Mio.	108.089	71.607
1 bis 2,5 Mio.	188.110	105.449
2,5 bis 10 Mio.	366.806	154.423
über 10 Mio.	344.264	177.517

Tabelle 8.6 Kalkulatorischer Unternehmerlohn

Alle Kosten und damit auch die Personalkosten werden in Prozent des erwirtschafteten Rohertrags ermittelt.

$$\frac{\text{Personalkosten} \times 100}{\text{Rohertrag}} = \text{Personalkosten in \%}$$

In **Tabelle 8.7** sind Orientierungswerte der Branche, gegliedert nach Betriebsgrößen, aufgelistet.

Je kleiner das Unternehmen, desto niedriger die Personalkosten ohne Unternehmerlohn. Der Grund liegt im Arbeitsanteil des Unternehmers. Je kleiner das Unternehmen, desto höher der Arbeitsanteil des Unternehmers bzw. des GF-Gehalts.

Beim Unternehmerlohn bzw. GF-Gehalt ist zudem zu beachten, dass mit zunehmender Betriebsgröße nicht nur ein, sondern mehrere Geschäftsführer bzw. Unternehmer tätig sind.

Ziel für jedes Elektrounternehmen sollte es sein, eine Personalkostenbelastung von max. 70 % des Rohertrags inkl. Unternehmerlohn/Geschäftsführergehalt anzustreben.

Nach den Erfahrungen der Autoren sind es folgende Stellen, an denen angesetzt werden muss, um die Produktivität zu steigern:

- Kalkulation,
- Organisation,
- Personalführung.

Berechnung	Gesamt durchschnittlich	Betriebsgrößenklassen			
		I + II	III	IV	V
Rohertrag in EUR	1.496.949	463.695	1.002.968	2.280.077	7.732.453
./. Personalkosten in EUR	818.509	236.729	539.086	1.301.477	4.793.291
in % des Rohertrags	54,7	51,1	53,8	57,1	62,0
./. kalkulatorischer Unternehmerlohn bzw. Geschäftsführergehalt in EUR	218.537	104.102	149.902	254.441	528.497
in % des Rohertrags	14,6	22,5	15,0	11,2	6,8
Deckungsbeitrag I in EUR	459.903	122.864	313.980	724.159	2.410.665

Tabelle 8.7 Personalkosten und Unternehmerlohn nach Betriebsgrößenklassen

Kalkulation:

Ist der kostendeckende Stundensatz bekannt? Werden Leistungen wie Rüst- und Fahrzeit, VDE-Prüfung, Werkzeugeinsatz konsequent verrechnet? Werden unterschiedliche Stundensätze für unterschiedliche Leistungsbereiche angesetzt (z. B. Programmierungen, BMA, Sicherheitstechnik, Kundendienst)?

Organisation:

Können die Mitarbeiter im Kundendienst die auftretenden Probleme sofort lösen oder müssen mehrere Vor-Ort-Einsätze (die manchmal nicht verrechenbar sind) aufgewendet werden? Kommen über den Mobilen Monteur vollständige und zutreffende Leistungsbeschreibungen im Büro an, die keine Rückfragen nach sich ziehen?

Werden alle Daten zu Beginn des Auftrags erfasst, sodass sich Rückfragen erübrigen?

Personalführung:
Wird nach dem Motto verfahren „Nenne mir nie ein Problem ohne Vorschlag zur Lösung"? Lohnt es sich, wenn Mitarbeiter besondere Leistungen erbringen (z. B. durch den Einsatz einer Eingruppierungshilfe)? Werden Jahresgespräche geführt und erhält der Mitarbeiter regelmäßig eine Rückmeldung zu seinen Leistungen? Hat die Geschäftsleitung eine grundsätzlich positive Einstellung zu ihren Mitarbeitern?

8.2.4 Das Verhältnis von produktiven Mitarbeitern zu Verwaltungsmitarbeitern

Jeder Handwerker stellt sich die Frage, wie viel Verwaltungsaufwand vertretbar ist, ohne einen Verwaltungs-Wasserkopf aufzubauen. Tatsächlich gibt das Verhältnis produktive Mitarbeiter zu Verwaltungsmitarbeiter meist einen wichtigen Hinweis, wie es um die Organisation bestellt ist.

Wenn man für drei Monteure eine Bürokraft beschäftigen muss, die ständig hinterhertelefoniert, um Stundenzettel, Aufmaße und sonstige Informationen einzufordern, dann kommt das Unternehmen niemals in die Gewinnzone.

Eine Voraussetzung eines schlanken Unternehmens sind vollständige Daten und Aufzeichnungen, die von der Baustelle kommen und dann ohne großen Aufwand weiterverarbeitet werden können.

In vielen Betrieben erstellen die Kundendiensttechniker ihre Rechnungen während der bezahlten Arbeitszeit oder bearbeiten die Leistungsdokumentation mit dem Mobilen Monteur vor Ort. Verwaltungsarbeiten fallen dann in die bezahlte Arbeitszeit, die Rechnung ist vollständiger, die Unterschrift des Kunden kann sofort eingeholt werden. Sollte es Gründe für Reklamationen geben, können diese gleich behandelt werden.

Seit vielen Jahren erhebt die Unternehmensberatung Heckner das Verhältnis produktiver und Verwaltungsmitarbeiter im Elektrohandwerk. Die Ergebnisse der letzten drei Erhebungen stehen in der **Tabelle 8.8.** Die Situation hat sich seither nicht zum Positiven verändert. Die Tabelle 8.8 zeigt die bewerteten Mitarbeiter.

Größenklassen bewertete Mitarbeiter	Werte in % 2023		Werte in % 2019		Werte in % 2015	
	produktiv	Verwaltung	produktiv	Verwaltung	produktiv	Verwaltung
III 10 bis 19,99	73,6	26,4	73,6	26,4	77,7	22,3
IV 20 bis 49,99	74,3	25,7	77,2	22,8	78,7	21,3
V über 50	73,7	26,3	76,7	23,3	80,1	19,9

Tabelle 8.8 Anteil der Verwaltungsarbeit an der Gesamt-Mitarbeiterleistung

Je aufwendiger die Technologie ist, mit der sich die Betriebe beschäftigen, umso höher auch der Verwaltungsaufwand. Diese Unternehmen können sich das leisten, weil ihre Stundensätze oft über dem Durchschnitt des Elektrohandwerks liegen.

Die Erhebungen der Unternehmensberatung Heckner zeigen bis heute eine deutliche Zunahme der nicht verrechenbaren Tätigkeiten im Elektrohandwerk. Die Ursachen liegen in der Zunahme der Vorschriften und Verpflichtungen zur Dokumentation.

Und die Zukunftsperspektiven werden nicht besser. Arbeitszeitgesetz, Aufzeichnungspflichten, die Forderungen der BG und die neue Richtlinien wie z. B. „Lieferkettengesetz“ und „Hinweisgebergesetz“ werden dafür sorgen, den Verwaltungsanteil nicht zu reduzieren. Letztlich wird damit auch die Verrechnung an den Kunden steigen. Der erhöhte Verwaltungsaufwand muss sich in erhöhten Stundensätzen niederschlagen.

8.2.5 Welche Zahlen an die Mitarbeiter?

Hier gilt die Devise: jeder Mitarbeiter erhält die Zahlen, die er beeinflussen kann. Schon der Azubi sollte z. B. die Kosten einer Arbeitsstunde kennen. Was wird es bei ihm verändern, wenn man Hintergründe erläutert und ihn z. B. in Werkzeugkosten und Kfz-Kosten einweiht?

Die Erfahrung zeigt, dass mit den Mitarbeitern über betriebswirtschaftliche Ziele nur dann gesprochen werden kann, wenn die kaufmännischen Grundlagen bekannt sind.

Monteure in einem Projekt müssen die kalkulierten Zeiten kennen und das Ergebnis der Begleitkalkulation, um zu erkennen, welchen Einfluss ihre Arbeitsorganisation, ihr Einsatz und letztlich auch ihre Dokumentation haben. Nur wer Hintergründe kennt, wird sich auch bemüßigt fühlen, Optimierungspotenziale zu benennen.

Letztlich gilt aber auch: So mancher Elektrohandwerksbetrieb, der die Segel streichen musste, würde heute noch existieren, wenn sich der Unternehmer intensiver mit seinen betriebswirtschaftlichen Zahlen auseinandergesetzt hätte.

Auch in kleinen Unternehmen sollte der Stellvertreter des Chefs die monatliche BWA erhalten und einmal pro Monat wird eine Stunde reserviert, um gemeinsam die Zahlen zu analysieren.

Mitarbeiter kennen ihre Vorgaben, um selbst zu beurteilen, wie gut sie mit ihrer Arbeit vorankommen (**Tabelle 8.9**). Sie werden erst dann kaufmännisch denken, wenn ihnen die betriebswirtschaftlichen Zahlen ihres Arbeitsbereiches zur Verfügung gestellt werden.

Das Prinzip dazu: Wer Informationen – in diesem Fall Zahlen – erhält, gibt Ideen zurück.

Mitarbeiter	**Zielvorgabe**
Servicetechniker	Pro Tag 7,0 weiter verrechenbare Stunden und 200 EUR Material inkl. Kfz-Kostenpauschalen
Obermonteur in Projekt	LV mit Zeitvorgabe ohne Preise und Materialverbrauch
Monteur	Werkzeugkosten je Monteur pro Jahr, und was ein Fahrzeug kostet, wird offengelegt.
Alle Mitarbeiter	Die Kosten einer Arbeitsstunde
Meister	Die Kosten einer Abteilung und wann Kostendeckung erreicht wird. Der notwendige Deckungsbeitrag pro Stunde.
Alle Mitarbeiter in einem Projekt	Ergebnis der Nachkalkulation

Tabelle 8.9 Zielvorgaben nach Mitarbeitergruppen

8.3 Erfolgsfaktor Führung

8.3.1 Eckpfeiler der Mitarbeiterführung

Die Eckpfeiler der Mitarbeiterführung lassen sich wie folgt zusammenfassen.

Vorbild Chef

Die Mitarbeiter orientieren sich in ihrem Verhalten häufig an den Vorgesetzten. Ein Chef hinter einem chaotischen und überquellenden Schreibtisch wird kaum glaubwürdig sein, wenn er Anweisungen gibt, wie Ordnung in den Firmenfahrzeugen zu halten ist.

Wir reden miteinander, nicht übereinander

Jeden von uns beschleicht ein unangenehmes Gefühl, wenn über Personen, die nicht anwesend sind, gesprochen wird. Eine gute Führungskraft wird eingreifen, wenn über nicht anwesende Personen gesprochen wird und das Gespräch auf einen Termin vertagen, wenn der Betroffene am Tisch sitzt. Nur wenn miteinander gesprochen wird, kann ein Ergebnis erzielt werden.

Hat der Chef klare Ziele?

Wenn klare Ziele vorhanden sind, können Prioritäten gesetzt werden. Wer Ziele hat, der weiß, wofür er sich anstrengt. Mitarbeiter werden Vorgesetzte eher respektieren, wenn diese klare Ziele haben und diese den Mitarbeitern erläutern können.

Zu den Zielen gehört auch die Frage, wie es um die Balance zwischen den Anforderungen des Arbeitslebens und dem Ausgleich bestellt ist. Stellt der Beruf den alleinigen Lebensinhalt der Führungskraft dar, oder gibt es noch weitere Bereiche, in die sie Energie investiert?

Das Lebenshaus jedes Menschen besteht aus vier Säulen:

- Beruf,
- Gesundheit,
- Hobby,
- Familie, Liebe, Partnerschaft.

Jeder Mensch sollte überlegen, wie viel Zeit und Energie er in diese vier Säulen investiert. Das Lebenshaus steht nur dann besonders stabil, wenn in alle vier Säulen investiert wird.

Wer als Führungskraft weiß, dass es neben der Firma noch Dinge gibt, für die es sich zu leben lohnt, wird entspannter und positiver auftreten als eine Person, deren Lebenshaus ausschließlich aus der Säule Firma bzw. Beruf steht.

Wer neben dem Beruf einen Ausgleich schafft, wird als Führungskraft mit einer hohen Arbeitsbelastung leichter umgehen können.

Ziele der Mitarbeiter ermitteln

Ziele sind die Grundlage von Motivation, das gilt für den Vorgesetzten genauso wie für den Mitarbeiter. Im Vier-Augen-Gespräch kann die Frage „Was hast du die nächsten Jahre vor?“ zu sehr interessanten Erkenntnissen führen.

Ein Teil der so angesprochenen Mitarbeiter wird über private Ziele, Urlaub, Anschaffungen oder Familie sprechen. Ein anderer Teil wird über die beruflichen Ziele wie Stellung im Unternehmen, Tätigkeitsbereich oder Qualifizierung sprechen.

Die Antworten des Mitarbeiters werden dem Vorgesetzten helfen, den Mitarbeiter besser einzuschätzen und einzusetzen. Ganz zu schweigen von der Motivation des Mitarbeiters, die entsteht, wenn man ihn als Mensch wahrnimmt und ihn unterstützt, seine Ziele zu erreichen.

Verbündete strategisch wählen

Ein Selbstständiger, der Mitarbeiter führt, wird oft einsam sein, wenn er sich nicht mit anderen Menschen austauscht. Gute Führungskräfte werden anstehende Entscheidungen hinterfragen. Am besten ist dies möglich, wenn im Unternehmen eine Vertrauensperson der Geschäftsleitung vorhanden ist, mit der man sich austauschen kann und die Frage stellt: „Wie würdest du entscheiden?“

Dieser Verbündete kann der langjährige Geselle, der Meister oder eine Führungskraft aus der Verwaltung sein.

Eigenschaften eines guten Chefs: heiter und gerecht

Was bedeutet „heiter und gerecht“? „Heiter“ bezieht sich hierbei auf ein Verhalten, an dem die Mitarbeiter ablesen können, dass dem Vorgesetzten die Arbeit Spaß macht. Wer mit Freude an die Arbeit geht, wird andere begeistern können. Das gilt auch für den Gesellen, der seinem Azubi ein gutes Vorbild ist, wenn er zeigt, dass ihm die Arbeit im Elektrohandwerk Freude bereitet.

Die Freude an der Arbeit ist für die Mitarbeiter eine Orientierungshilfe in Zeiten des Termindrucks und hoher Anforderungen von Kunden und Planern.

Heiterkeit ist eine positive Einstellung zur Arbeit, die jeder Mitarbeiter im Unternehmen, aber auch Kunden und Geschäftspartner spüren.

„Gerechtigkeit“ bedeutet eine faire und nachvollziehbare Behandlung der Mitarbeiter. Wer eine überdurchschnittliche Leistung zeigt, muss ein Lob erhalten. Wer Leistungen nicht erbringt oder sich nicht an Spielregeln hält, muss darauf aufmerksam gemacht werden (Kritikgespräch führen) und ggf. Konsequenzen spüren.

Ein gerechter Vorgesetzter ist kalkulierbar und die Mitarbeiter trauen sich, das Gespräch mit ihm zu suchen.

Der Chef steht unter Beobachtung

Ein Vorgesetzter muss sich immer bewusst sein, dass er unter Beobachtung seiner Mitarbeiter steht. Ein Chef, der vermittelt, dass er keine Freude an der Arbeit verspürt, wird schwerlich seine Mitarbeiter motivieren können.

Ein Chef, der morgens mit einem langen Gesicht bei der Arbeit erscheint und seine Mitarbeiter nicht grüßt, verunsichert seine Mannschaft. Die Mitarbeiter könnten denken: „Unser Chef ist ganz schlecht drauf, wahrscheinlich geht es mit der Firma bergab". Nicht selten suchen sich die guten Mitarbeiter des Unternehmens dann rechtzeitig einen neuen Arbeitgeber.

Delegation und Kontrolle

Nicht selten werden Aufgaben an Mitarbeiter übertragen, die jedoch nicht erfüllt werden. Dem Mitarbeiter zu unterstellen, er hätte keine Lust oder will sich mit dem Chef anlegen, könnte ein Fehlschluss sein.

Möglicherweise ist der Mitarbeiter überfordert. Der Vorgesetzte könnte bei der Übertragung der Aufgabe die Frage stellen: „Wie könntest du die Aufgabe gut erfüllen?" oder „Was ist jetzt besonders wichtig?"

Mithilfe dieser Fragestellungen wird der Vorgesetzte schnell erkennen, ob der Mitarbeiter der übertragenen Aufgabe gewachsen ist. Erst wenn der Mitarbeiter klar und deutlich äußert: „Ja, der Aufgabe fühle ich mich gewachsen", dann wurde richtig delegiert.

Die „Delegation im Konsens" mit dem Betroffenen hilft späteren Frust, Ärger und Überforderung zu vermeiden.

Nur dann, wenn der Mitarbeiter klar gesagt hat, dass er die Verantwortung übernimmt, ist die Aufgabe delegiert.

Wer Ziele delegiert, muss nicht einzelne Handgriffe kontrollieren. Eine Führungskraft muss sich, bevor sie delegiert, überlegen, wie das Endergebnis der delegierten Aufgabe aussehen muss.

Wer Informationen übermittelt in einem Delegationsgespräch oder in einer Schulung, muss den in **Tabelle 8.10** dargestellten Zusammenhang kennen.

Der Mensch behält von dem, was er ...	Zielvorgabe
... liest	10 %
... hört	20 %
... sieht	30 %
... hört und sieht	70 %
... selbst tut, ausprobiert oder erlebt	90 %

Tabelle 8.10 Was Menschen sich merken

Mitarbeiter einbeziehen

Ein wichtiger Satz der Mitarbeiterführung lautet: „Wer fragt, der führt".

Nicht immer muss der Unternehmer die Entscheidung treffen, noch dazu, wenn es den direkten Arbeitsbereich des Mitarbeiters betrifft.

Die Neuanschaffung von Werkzeug muss nicht der Inhaber vorbereiten. Die Aufforderung an die Mitarbeiter könnte lauten: „Macht mir einen Vorschlag, was wir benötigen, welche Vorteile das für uns und dir persönlich bringt und was es kostet, dann reden wir weiter."

In fast allen Fällen werden die Mitarbeiter vernünftige Vorschläge unterbreiten und gehen motivierter an die Arbeit, weil sie genau mit dem Werkzeug arbeiten, das sie sich gewünscht haben.

Für den Vorgesetzten spart diese Vorgehensweise viel Zeit.

Wer diese Methode häufiger einsetzt, wird beobachten, dass Mitarbeiter öfter Ideen einbringen.

Lob und Kritik muss schnell erfolgen

Wenn einem Vorgesetzten ein besonders positives Verhalten eines Mitarbeiters zu Ohren kommt, sollte das Lob schnell erfolgen, um dem Mitarbeiter zu zeigen, dass sein Verhalten die Anerkennung des Vorgesetzten findet. Das gleiche gilt für Kritik. Je schneller sie erfolgt, umso eher tritt die Chance auf Verhaltensänderung ein, da der Mitarbeiter weiß, woran er arbeiten kann.

Kritik unter vier Augen

Lob kann vor allen erfolgen, Kritik muss unter vier Augen erfolgen, um den Mitarbeiter nicht bloß zu stellen.

Eine Führungskraft muss wissen, dass sich Kritik immer auf das Verhalten einer Person bezieht und nie auf die Person selbst. Eine gute Führungskraft wird genau das vermitteln: „Ich schätze dich als Mitarbeiter sehr, umso mehr war ich überrascht, dass der Kunde Kritik an deiner Arbeit übt – was war los?"

Effiziente Besprechungen

Besprechungen sollten systematisch, ziel- und ergebnisorientiert geführt werden.

- Alle Gesprächsteilnehmer müssen pünktlich erscheinen.
- Es wird ein Zeitrahmen gesetzt, der auch einzuhalten ist.
- Zu Beginn des Gesprächs liegt die Tagesordnung allen Gesprächsteilnehmern vor. Danach werden die Tagesordnungspunkte nach Prioritäten geordnet.
- Wer das Gespräch leitet, muss wissen, was er mit diesem Gespräch erreichen will. Das Ziel der Besprechung sollte an alle Beteiligten kommuniziert werden.

- Die Ergebnisse jeder Besprechung müssen zusammengefasst werden und allen Gesprächsteilnehmern zugänglich sein.
  Es empfiehlt sich, das Gesprächsprotokoll in Form einer „To-do-Liste" zu erstellen, aus der jeder Gesprächsteilnehmer erkennen kann, wer, was, bis wann und mit wem erledigen muss.

Schulung als Motivations- und Führungsinstrument

Fragt man Mitarbeiter aus dem Elektrohandwerk, wie zufrieden sie mit den Schulungsangeboten und Fortbildungsmöglichkeiten im Unternehmen sind, hagelt es oft viel Kritik.

Wenn daraufhin Schulungsangebote des Großhandels und der Industrie am Schwarzen Brett ausgehängt werden, meldet sich keiner an. Ein Widerspruch?

Ja, durchaus. Ein Arbeitgeber muss wissen, dass die Wahrnehmung des Mitarbeiters bezüglich seines eigenen Wissens und Könnens nicht immer der Wahrnehmung durch den Vorgesetzten entspricht. Vorgesetzte haben die Aufgabe, Mitarbeiter, die Schulungsbedarf aufweisen, direkt anzusprechen und mit ihnen über Fortbildungen zu sprechen.

Wenn Mitarbeiter Fortbildungsangebote erhalten, sind sie motivierter als in Unternehmen, in denen die Fortbildung dem Chef vorbehalten bleibt.

Die Unternehmensberatung Heckner hat Unternehmen nach der durchschnittlichen Dauer ihrer Fortbildungen befragt. Das Ergebnis zeigt **Tabelle 8.11**.

Jeder Unternehmer muss sich die Frage stellen, welche Art der Fortbildung Einfluss auf den langfristigen Erfolg des Unternehmens nach sich zieht. Ziel muss sein, nicht nur an externe technische Fortbildungen zu denken, sondern auch an Organisation, Digitalisierung, Führung sowie Selbstorganisation, und dies durch interne Know-how-Transfers zu stärken. Sand im Getriebe bedeutet immer, dass sich Mitarbeiter nicht an die Spielregeln der internen Organisation halten, z. B. bei der Stundendokumentation, Aufmaß, Arbeitsvorbereitung usw.

Viele Betriebe könnten deutlich mehr Geld verdienen, wenn alle Mitarbeiter sich besser an die eigene Organisation halten würden.

Art der Fortbildung	Tage pro Jahr
Fachliche (technische/kaufmännische) Fortbildung	2 bis 3
Umgang mit Kunden persönlich/telefonisch	0,5
Fortbildung zur Einhaltung der eigenen betrieblichen Organisation	0,1

Tabelle 8.11 Befragungsergebnis Fortbildung

Wissen weitergeben

Wer eine Schulung besucht hat, gibt sein Wissen innerhalb von zwei Tagen an Kollegen weiter. Nach dem Prinzip „Das Wissen in mehreren Köpfen zu verankern“ wird diese Vorgehensweise die Qualifikation aller Mitarbeiter verbessern. Wer die Fortbildung besucht und weiß, dass er sein Wissen weitergeben wird, lauscht den Ausführungen des Referenten besonders aufmerksam.

Stellen Sie sich öfter mal blöd: Sicherlich ein provozierender Satz. Welche Folgen werden eintreten, wenn der Vorgesetzte nicht zu jedem Problem sofort die Lösung präsentiert? Könnte es nicht sein, dass der Mitarbeiter dann selbst nach Lösungen sucht, weil diese ihm gerade nicht vorgegeben werden? Wenn er einen Vorschlag unterbreitet und diesen dann selbst umsetzt, wird er hartnäckiger bei der Arbeit sein.

In die gleiche Kerbe schlägt unser abschließender Satz:

„Nenne mir nie ein Problem ohne Vorschlag zu dessen Lösung“.

Dieses System wird im Unternehmen zu mehr Ideen aus dem Mitarbeiterkreis führen. Es setzt aber voraus, dass sich der Vorgesetzte zurückhält. Und wenn Probleme auftauchen, erst eunmal fragen – denn wer fragt, der führt.

8.3.2 Onboarding von Mitarbeitern

Ganz allgemein ist „Onboarding“ die Bezeichnung für den Prozess, neue Mitarbeiter in einen Betrieb einzuführen und sie mit allem Notwendigen auszustatten, das es braucht, damit sie ihre Rolle erfolgreich ausfüllen können.

Das Onboarding neuer Mitarbeiter ist ein entscheidender Prozess, der weit über die bloße Einführung in die Arbeitsabläufe hinausgeht. Besonders in Elektrohandwerksunternehmen, in denen Teamarbeit und Fachkenntnisse eine große Rolle spielen, ist ein geplantes Onboarding sinnvoll. Der Ablauf des Onboardings lässt sich in fünf aufeinanderfolgende Stufen unterteilen.

1. Vorbereitung vor dem ersten Arbeitstag

Ein erfolgreiches Onboarding beginnt bereits vor dem ersten Arbeitstag des neuen Mitarbeiters. Dazu gehört, sicherzustellen, dass alle notwendigen Werkzeuge, Materialien, Arbeitskleidung und die persönliche Schutzausrüstung bereitstehen. Ebenso wichtig ist die Bereitstellung aller relevanten Unterlagen, wie Arbeitsverträge, Betriebsanweisungen und Sicherheitsrichtlinien. Hier empfehlen wir eine Checkliste zu erstellen, welche Vorbereitungen erfolgen müssen.

Dabei sollten u. a. folgende Posten berücksichtigt werden:
- Arbeitsvertrag,
- Personalfragebogen für die Lohnabrechnung samt Weitergabe an Lohnbuchhaltung oder Steuerbüro zur Anmeldung,
- ggf. polizeiliches Führungszeugnis anfordern,
- Führerscheinkontrolle,
- Stellenbeschreibung und Einarbeitungsplan erstellen,
- Personalakte anlegen,
- Arbeitskleidung rechtzeitig bestellen,
- Hardwarebedarf festlegen, bestellen und einrichten lassen,
- E-Mail-Account einrichten,
- Mobiltelefon und SIM-Karte organisieren,
- Einrichtung von Accounts bei internen Systemen (Mobiler Monteur, Arbeitszeiterfassung …),
- Werkzeug/Ausstattungsbedarf festlegen und bestellen.

Darüber hinaus sollte der neue Mitarbeiter über den Ablauf des ersten Tages informiert und eventuelle Fragen geklärt werden. Dies gibt den neuen Kollegen bereits vor dem ersten Tag ein gutes Gefühl und erleichtert den Einstieg.

Wie heißt es so schön: „Kleine Geschenke erhalten die Freundschaft." Wie wäre ein kleines Willkommensgeschenk, um den Mitarbeiter den Einstieg zu versüßen?

2. Der erste Arbeitstag / die erste Arbeitswoche

Der erste Arbeitstag ist entscheidend für den Eindruck und die Integration des neuen Mitarbeiters. Zu Beginn erfolgt eine herzliche Begrüßung durch den Vorgesetzten. Auch das Team sollte eine positive Atmosphäre schaffen – gefolgt von einer Führung durch den Betrieb, um die verschiedenen Arbeitsbereiche und Kollegen vorzustellen.

Neben der Übergabe von Werkzeugen, Ausstattung und gegebenenfalls einem Kfz sollte es ein ausführliches Gespräch geben, in dem die Erwartungen, Aufgaben und Verantwortlichkeiten noch einmal besprochen werden. Dem Mitarbeiter wird hierbei auch die Einarbeitung erläutert und welche Tools und Ansprechpartner im Unternehmen zur Wissensvermittlung zur Verfügung stehen.

Zum Start kann auch den gewerblichen Mitarbeitern die Chance gegeben werden, einen Einblick in die Verwaltungsabläufe zu erhalten. Wer vorher weiß, wie seine Dokumentationen auf der Baustelle verarbeitet werden müssen, wird ein anderes Verständnis für diese Arbeiten bekommen. Nicht zuletzt sind auch die Sicherheitsunterweisungen und die Erläuterungen vorhandener Betriebsanweisungen nicht zu vernachlässigen.

3. Einarbeitungsphase

Die Einarbeitungsphase ist der Kern des Onboarding-Prozesses und sollte gut strukturiert sein. Ein wichtiger Bestandteil kann ein Mentorenprogramm sein, bei dem einem neuen Mitarbeiter ein erfahrener Kollege als Pate zugewiesen wird. Dieser Pate unterstützt den neuen Kollegen und dient als erster Ansprechpartner. Darüber hinaus sind Schulungen und Trainings unerlässlich, um den neuen Mitarbeiter mit spezifischen Arbeitsprozessen, Sicherheitsvorschriften und Qualitätsstandards vertraut zu machen. Regelmäßige Feedbackgespräche sind wichtig, um den Fortschritt zu besprechen, Fragen zu klären und konstruktives Feedback zu geben.

4. Integration ins Team

Die soziale Integration ist ein wichtiger Aspekt des Onboardings: Gemeinsame Aktivitäten, beispielsweise Teamevents, helfen dabei, das Teamgefühl zu stärken und neue Mitarbeiter besser kennenzulernen. Das fördert eine offene und transparente Kommunikation innerhalb des Teams. Ziel dabei sollte außerdem sein, die Unternehmenskultur und die Werte des Betriebs zu vermitteln, um das Zugehörigkeitsgefühl zu schaffen bzw. zu stärken.

5. Langfristige Unterstützung und Entwicklung

Onboarding endet nicht nach den ersten Wochen, sondern stellt einen langfristigeren Prozess dar. Es ist wichtig, kontinuierlich Fort- und Weiterbildungen anzubieten, um die fachlichen Fähigkeiten der Mitarbeiter stetig zu verbessern. Ebenso sollten regelmäßig Entwicklungsmöglichkeiten innerhalb des Betriebs besprochen werden, um den Mitarbeitern Perspektiven aufzuzeigen. Fortlaufend wiederkehrende Gespräche (evtl. Mitarbeiter-Jahresgespräche) sind ebenfalls essenziell, um die Zufriedenheit und die Entwicklung der Mitarbeiter zu verfolgen und sicherzustellen, dass sie sich in ihrem Betrieb wohlfühlen und weiterentwickeln können.

Die Fa. Elektro Pittroff aus München hat Checklisten für die Einstellung (**Tabelle 8.12**) von Mitarbeitern entwickelt. Diese helfen Fehler zu vermeiden, die Kosten verursachen. Der Mitarbeiter sieht zudem direkt, dass der Betrieb gut organisiert ist.

Ein strukturiertes und gut durchdachtes Onboarding-Programm hilft dabei, neue Mitarbeiter erfolgreich in den Betrieb zu integrieren. Es trägt dazu bei, dass sich die neuen Kollegen schnell wohlfühlen, produktiv arbeiten und langfristig an ihren Betrieb gebunden bleiben.

Aufgabe	Name:		
	Wer	Erledigt	Datum/ Kurzzeichen
Arbeitsvertrag erstellen	GL		
Bei Azubi unter 18: Ärztliches Attest anfordern	GL		
Bei Azubi: Ausbildungsvertrag zur Innung schicken	GL		
Stellenbeschreibung erstellen	GL		
Personalfragebogen ausfüllen lassen	GL		
Krankenkassen-Daten anfordern	GL		
VWL-Dauerauftrag erstellen und Info an Steuerkanzlei	GL		
Direktversicherung-Dauerauftrag erstellen und Info an Steuerkanzlei	GL		
Sozialversicherungsnummer anfordern	GL		
Identifikationsnummer (Steuer-ID) anfordern	GL		
Kopie des Personalausweises und Führerscheins erstellen	KB		
Urlaubsbescheinigung vom letzten Arbeitgeber anfordern	GL		
Polizeiliches Führungszeugnis anfordern	GL		
Bei Steuerkanzlei anmelden	KB		
Kfz zuteilen	TB		
Kfz-Nutzungsvertrag unterschreiben lassen	KB		
Kfz-Haftungsverzichtserklärung, Übergabeprotokoll, Unfallmeldebogen aushändigen	KB		
Kfz-Übergabeprotokoll ausfüllen	KB		
Belehrung über Mitführungs- und Vorlagepflicht von Ausweispapieren unterschreiben lassen	TB		
Belehrung über betriebliche Altersvorsorge unterschreiben lassen	KB		
Zustimmungserklärung für Fotoveröffentlichung unterschreiben lassen	KB		
Leitlinien (Sozialraum) unterschreiben lassen	KB		
Handy-Nutzungsvertrag unterschreiben lassen	KB		
Firmenhandy aushändigen	TB		
Personalordner erstellen	KB		
Überprüfung, ob Erste Hilfe-Kurs vorhanden	GL		
Daten eingeben in Adressverwaltung, Personal-/Adressdatei anlegen	GL		
Arbeitskleidung bestellen	KB		
Sicherheitsschuhe bestellen (Zuschuss 40 EUR netto)	KB		
Bei Azubi: Werkzeug bestellen, übergeben, Liste unterschreiben lassen	GL		
Organigramm aktualisieren	GL		
Persönliche Visitenkarten nach der Probezeit erstellen	GL		
Server / Branchensoftware (Mosaik) / E-Mail-Account einrichten	GL		
Passwörter/Account in PIN-Liste eintragen	GL		
Lager und Büro: Zugangs-Chip bestellen und übergeben	GL		
Vorlagen „Besprechungsprotokoll" und „Arbeitsanweisung" aktualisieren	KB		
Plantafel (Whiteboard) aktualisieren	KB		

Quelle: Elektro Pittroff, München

Tabelle 8.12 Checkliste Einstellung Mitarbeiter (Teil 1/2)

Aufgabe	**Name:**		
	Wer	**Erledigt**	**Datum/ Kurzzeichen**
Mitarbeiter in Artikelstamm (P-Nr. Liste) eintragen	KB		
Name im Outlook-Wochenplaner ergänzen	KB		
Mitarbeiter in Notdienstplan aufnehmen (Telefonumleitung anpassen)	KB		
Rufnummer in Telefonanlage eintragen	KB		
Telefonnummernliste aktualisieren und an alle Mitarbeiter ausgeben	KB		
Parkausweis übergeben	KB		
Schlüssel-Entnahmemarken erstellen	KB		
Mitarbeiter-Kommunikationsfach (Leitz-Ablagefach) einrichten	KB		
Bei Azubi: Berichtsheft-Ordner bestellen und übergeben	KB		
Mitarbeiterübersichtsliste aktualisieren	KB		
Geburtstagskalender (Sozialraum) aktualisieren	KB		
Name in Vorlage „Aushang Mitarbeiter“ ergänzen	KB		
EVU-Installateur-Verzeichnis eintragen	TB		
Kfz-Inventarliste abgleichen und unterschreiben lassen	TB		
PSA übergeben (Gehörschutz, Schutzbrille, Helm, Sicherheitsschuhe etc.)	TB		
GL = Geschäftsleitung, KB = Kaufmännisches Büro, TB = Technisches Büro			

Tabelle 8.12 Checkliste Einstellung Mitarbeiter (Teil 2/2)

Quelle: Elektro Pittroff, München

Weitere Hilfsmittel zur Organisation des Personalwesens sind dem Abschnitt 8.3.6 zu entnehmen.

8.3.3 Motivation der Mitarbeiter

Noch vor zehn Jahren lautete die Frage eines Kunden: „Warum soll ich Ihnen einen Auftrag erteilen?“ Der Elektrohandwerker brauchte gute Gründe, damit ihn der Kunde beauftragte. Heute leidet das Elektrohandwerk nicht unter Auftragsmangel, sondern unter der Knappheit der Mitarbeiter.

Kann das Unternehmen dem Mitarbeiter auf die Frage: „Warum soll ich bei dir arbeiten?“, eine für ihn passende Antwort geben? Ein Grund, um in einem bestimmten Unternehmen zu arbeiten, ist immer die Erfüllung der vorhandenen Motivationsfaktoren.

Ein Unternehmen sollte einem Bewerber auf die Frage, warum er in seinem Betrieb arbeiten sollte, eine klare Antwort geben. Die Unternehmensberatung Heckner hat 2023 eine Online-Befragung unter Mitarbeitern des Elektrohandwerks durchgeführt, um herauszufinden, was in der Arbeitswelt motiviert.

Motivierte Mitarbeiter sind die besten Botschafter des Unternehmens gegenüber potenziellen Bewerbern und werden, da sie zufrieden sind, dem Unternehmen lange erhalten bleiben.

Seit 2011 führt die Unternehmensberatung Heckner regelmäßig Befragungen zum Thema „Motivation“ durch, sodass Tendenzen erkennbar werden. An der Umfrage 2023 nahmen mehr als 600 Mitarbeiter aus Elektrohandwerksbetrieben teil (**Bild 8.1**).

19 Kriterien wurden vorgegeben. Die Befragten konnten diese bewerten:

- motiviert mich sehr, sehr wichtig,
- wichtig,
- eher unwichtig.

Aus diesen Antworten wurden Durchschnittswerte berechnet (sehr wichtig = Note 1, wichtig = Note 2, eher unwichtig = Note 3). Die Ergebnisse wurden graphisch dargestellt, je weiter links sich die Linie befindet, desto wichtiger ist dieser Faktor für die Motivation.

Dabei wurde nicht nur abgefragt, wie wichtig die 19 Kriterien für die Motivation sind. Sondern auch, wie der jeweilige Faktor im Unternehmen bewertet wird, in dem der Befragte beschäftigt ist.

Die durchgezogene Linie in **Bild 8.2** zeigt die Wichtigkeit, die gestrichelte Linie die Bewertung des Kriteriums beim eigenen Arbeitgeber.

In Bild 8.2 wird deutlich, dass den Mitarbeitern eine leistungsorientierte Entlohnung und klare Strukturen wichtig für die Motivation in der Arbeit sind.

Beim Motivationsfaktor „leistungsorientierte Entlohnung“ fällt die Beurteilung der jeweiligen Arbeitgeber mäßig aus. Zwischen Wichtigkeit und Bewertung des Unternehmens liegt die größte Differenz.

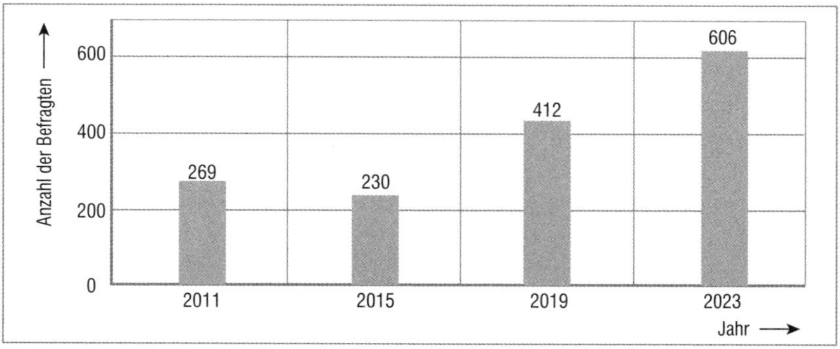

Bild 8.1 Motivationsumfrage

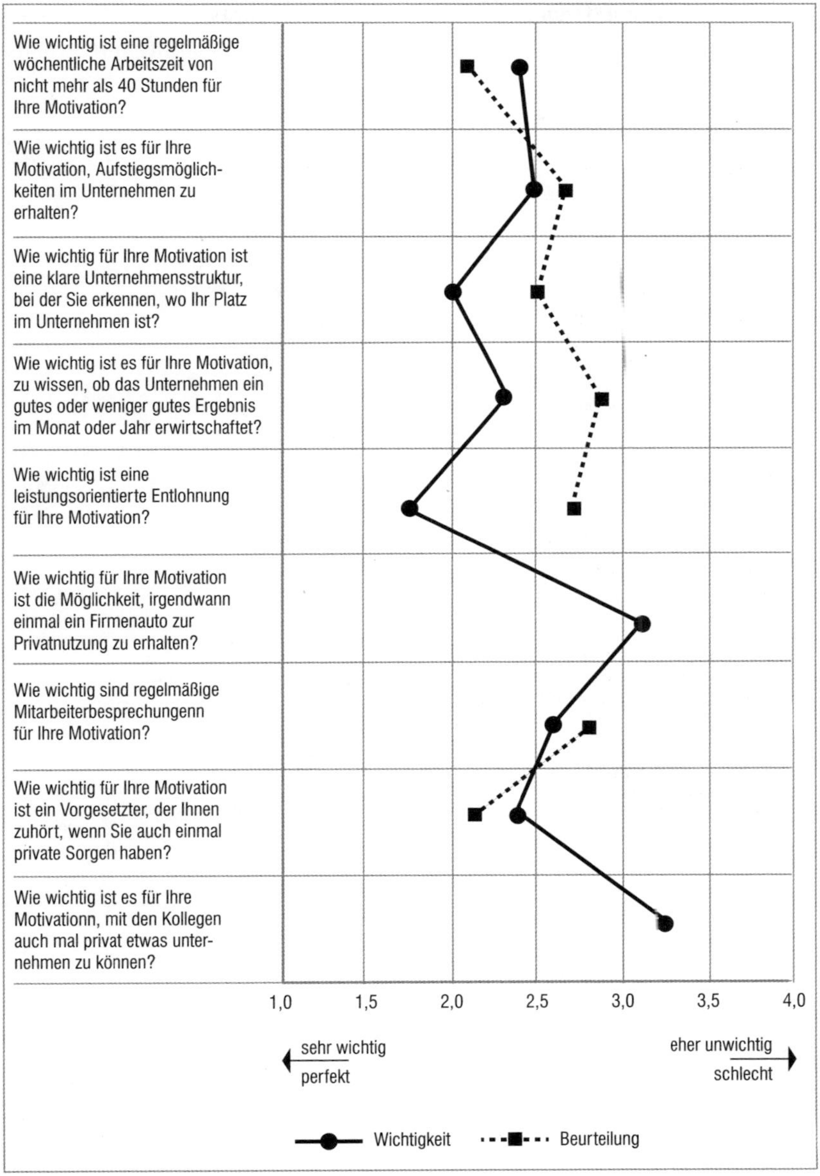

Bild 8.2 Bewertung Motivatoren, Teil 1

Aus **Bild 8.3** stechen zwei besonders wichtige Faktoren für die Motivation heraus: das gute Betriebsklima und eine moderne Ausstattung mit Arbeitsmitteln.

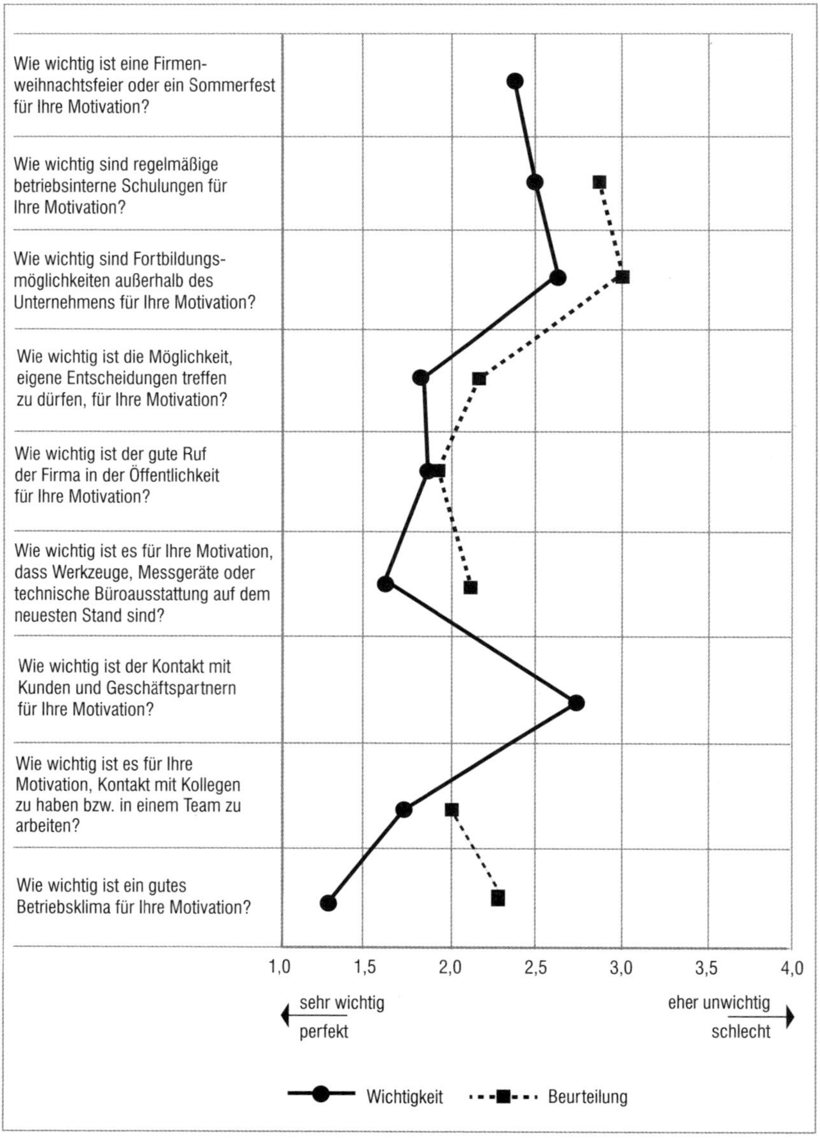

Bild 8.3 Bewertung Motivatoren, Teil 2

Während die Zufriedenheit mit der technischen Ausstattung keine große Differenz zur Wichtigkeit aufweist, zeigt sich beim Betriebsklima eine große Differenz zwischen Wunsch und Wirklichkeit.

Für Elektrohandwerksbetriebe ergibt sich aus der Umfrage:

- eine Analyse des Betriebsklima in Form einer Mitarbeiterbefragung trägt dazu bei, Problemfelder zu erkennen,
- eine leistungsgerechte Entlohnung mit dem Instrument „Eingruppierungshilfe“ (weitere Information hierzu noch in diesem Kapitel) wird helfen, den Bedürfnissen der Mitarbeiter entgegenzukommen,
- eine klare Unternehmensstruktur und die Einführung eines Organigramms (bei Betrieben ab acht Mitarbeitern sinnvoll) und klare Abläufe sind wichtige Faktoren,
- Stellen- und Aufgabenbeschreibungen unterstützen die Motivation der Mitarbeiter.

Bei der Frage, was hinter dem Begriff „Betriebsklima“ steckt, können wir die Antwort finden, wenn wir uns mit weiteren Ergebnissen der Befragung befassen.

Die Antworten aus **Tabelle 8.13** zeigen auf, wie in einem Unternehmen ein gutes Betriebsklima aufgebaut werden kann. Der menschliche Faktor steht dabei im Vordergrund. Diese Investition in Menschlichkeit verursacht keine Kosten. Die konkrete Frage lautet: „Was verstehen Sie unter einem guten Betriebsklima?“

Unter einem guten Betriebsklima verstehe ich ...	Anzahl Nennungen
freundlicher, kollegialer Umgang	85
Respekt	63
Zusammenhalt	56
offene Kommunikation	55
Teamwork	49
Spaß bei der Arbeit	43
Hilfsbereitschaft	41
Wertschätzung	31
Ehrlichkeit	28
Fairness	22
Firmenfeiern/Betriebsausflüge	18

Tabelle 8.13 Mitarbeiter-Definitionen eines guten Betriebsklimas

Der Punkt „Lob und Anerkennung“ wurde am häufigsten genannt, was zeigt, dass dies Faktoren sind, die wesentlich zur Motivation der Mitarbeiter beitragen.

Ein Chef, der zur rechten Zeit „Danke“ für eine gute Leistung sagen kann, wird respektiert und der Mitarbeiter dadurch motiviert. Geld spielt als Motivationsfaktor keine so entscheidende Rolle. Viel eher wünschen sich die Mitarbeiter eine leistungs„gerechte“ Entlohnung.

Auf einzelne Empfehlungen aus dieser Motivationsumfrage soll nachfolgend noch einmal genauer eingegangen werden.

Gerechte Entlohnung

Die Landesinnungsverbände haben mit den Gewerkschaften Tarifverträge verhandelt. Die Einhaltung der tariflichen Bezahlung ist eine Voraussetzung einer gerechten Behandlung.

Allerdings ist aus den Erläuterungen in den tariflichen Eingruppierungen nicht immer ersichtlich, in welche Lohngruppe der Mitarbeiter im eigenen Arbeitsumfeld einzuordnen ist. Deshalb empfiehlt sich, ein individuelles und differenziertes Anforderungsprofil für die Mitarbeiter zu erstellen.

So eine „Eingruppierungshilfe“ wird von den Mitarbeitern nur dann akzeptiert, wenn diese mit ihrer Beteiligung erarbeitet wird. Diese Aufstellung wird individuell für ein Unternehmen erarbeitet und beinhaltet für jede Lohngruppe des Tarifvertrages differenzierte Anforderungen an die Mitarbeiter. In jeder der Lohngruppen werden nur acht bis zwölf Tätigkeitsanforderungen (wie z. B. Erstellung einfacher Schaltung, Dokumentation der eigenen Arbeit, Erstellung eines Aufmaßes, Führen von mehreren Bauleitern etc.) formuliert. Das komplette Anforderungsprofil für die circa zehn Lohngruppen (je nach Bundesland unterschiedlich) passt auf ein DIN-A3-Blatt.

Wer z. B. von der Lohngruppe C in Gruppe D aufsteigen will, muss alle Anforderungen der Gruppen A bis C erfüllen und zusätzlich die in Gruppe D aufgeführten Anforderungen.

> Wer eine Eingruppierungshilfe für sein Unternehmen erarbeiten möchte, sollte unbedingt die Mitarbeiter einbeziehen. Nur dann kann von einer hohen Akzeptanz der Eingruppierungshilfe ausgegangen werden.

Das Ziel für die Erstellung einer Eingruppierungshilfe ist es, Personalgespräche leichter und effektiver zu führen. Einem Mitarbeiter, der mehr Geld verdienen möchte, kann man aufzeigen, wie er durch zusätzliche Schulungen sein Ziel erreichen kann. Den Mitarbeitern kann auch aufgezeigt werden, welche Entwicklungsmöglichkeiten ihnen offen stehen. Schon im Einstellungsgespräch kann dem Bewerber das Anforderungsprofil seiner Stelle vorgelegt werden, um ihm zu zeigen, welche Anforderungen auf ihn warten.

Bild 8.4 zeigt ein Anforderungsprofil, das von den Mitarbeitern selbst erarbeitet wurde und damit auch akzeptiert wird.

Im Vorfeld eines Eingruppierungsworkshops sollten Tätigkeitsbeschreibungen (Anforderungen) erarbeitet werden. Diese werden mit den Mitarbeitern gemeinsam den Lohngruppen zugeordnet und bei Bedarf ergänzt.

Weitere Informationen können Sie der Webseite der Unternehmensberatung Heckner entnehmen: https://www.heckner.com/leistungen/seminare-und-workshops/

Einige Innungsverbände wie z.B. der LIV Bayern bieten die Vorlagen für eine faire Mitarbeiter-Einstufung an.

Das **Bild 8.5** zeigt beispielhaft die Lohngruppen 5 und 6.

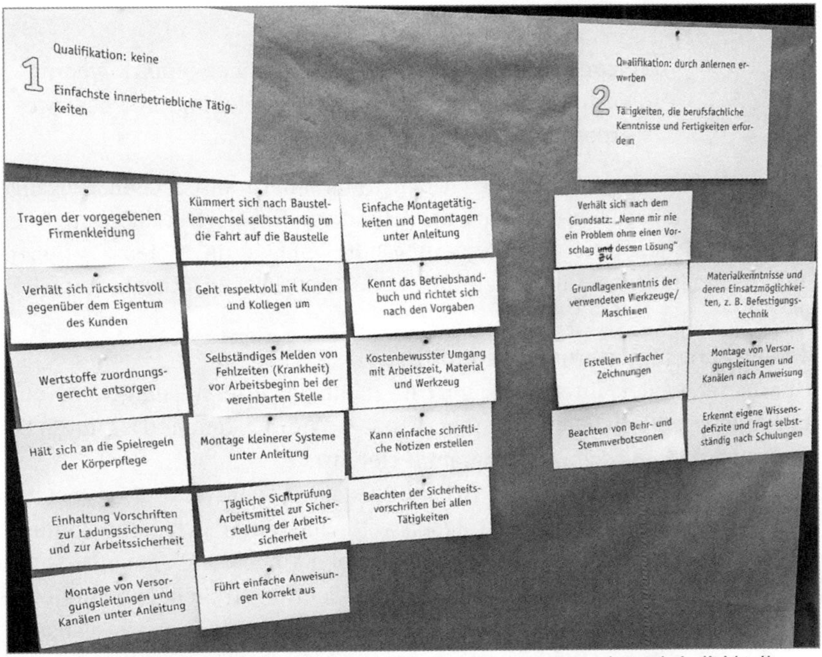

Bild 8.4 Eingruppierungshilfe, die von Mitarbeiter-Arbeitsgruppen betriebsindividuell erarbeitet wurde

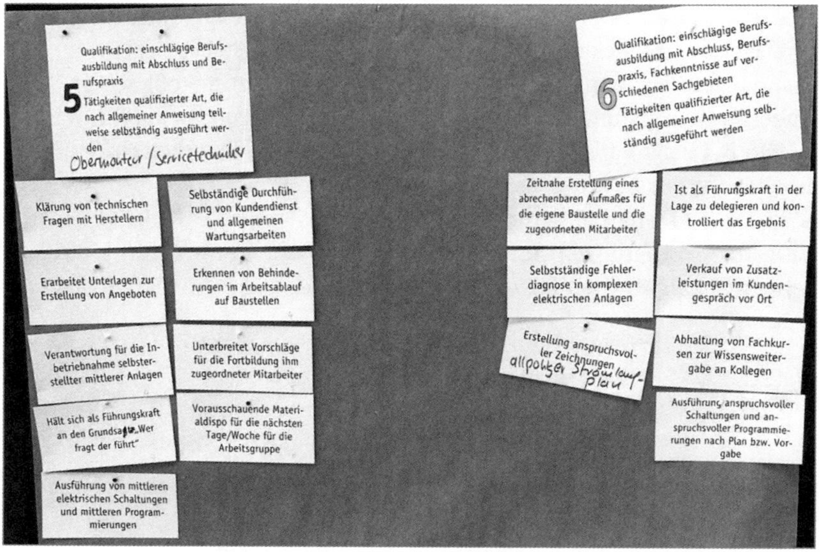

Bild 8.5 Definition Lohngruppe 5 und 6, erstellt unter Mitarbeiterbeteiligung

> Personalgespräche werden viel sachlicher geführt, wenn die Mitarbeiter auf Basis der Eingruppierungshilfe bewertet werden.

Die erarbeitete Eingruppierung ist den Mitarbeitern anschließend zugänglich zu machen und bietet auch die Grundlage für die Durchführung von Jahresgesprächen. Die Eingruppierungshilfe umfasst in vielen Betrieben auch kaufmännische Tätigkeiten, die nach dem gleichen Prinzip erarbeitet werden.

Meinen Platz im Unternehmen kennen

Mitarbeiter wollen ihren Platz im Unternehmen, ihre Weisungswege und ihre Aufstiegsmöglichkeiten kennen. Diesem Wunsch kommt das Unternehmen nach, indem es ein Organigramm einführt.

Die Linien im Organigramm in **Bild 8.6** zeigen, wer wessen Vorgesetzter und wer wessen Mitarbeiter ist. Jeder weiß, an wen er sich wenden muss. Das Prinzip muss lauten: „Jeder kann nur einen Vorgesetzten haben".

Organigramme sollten in einem zweiten Schritt mit Stellenbeschreibungen hinterlegt werden. In diesen Stellenbeschreibungen sind die genauen Leistungsanforderungen sowie Weisungs- und Verantwortungsbereiche festgehalten.

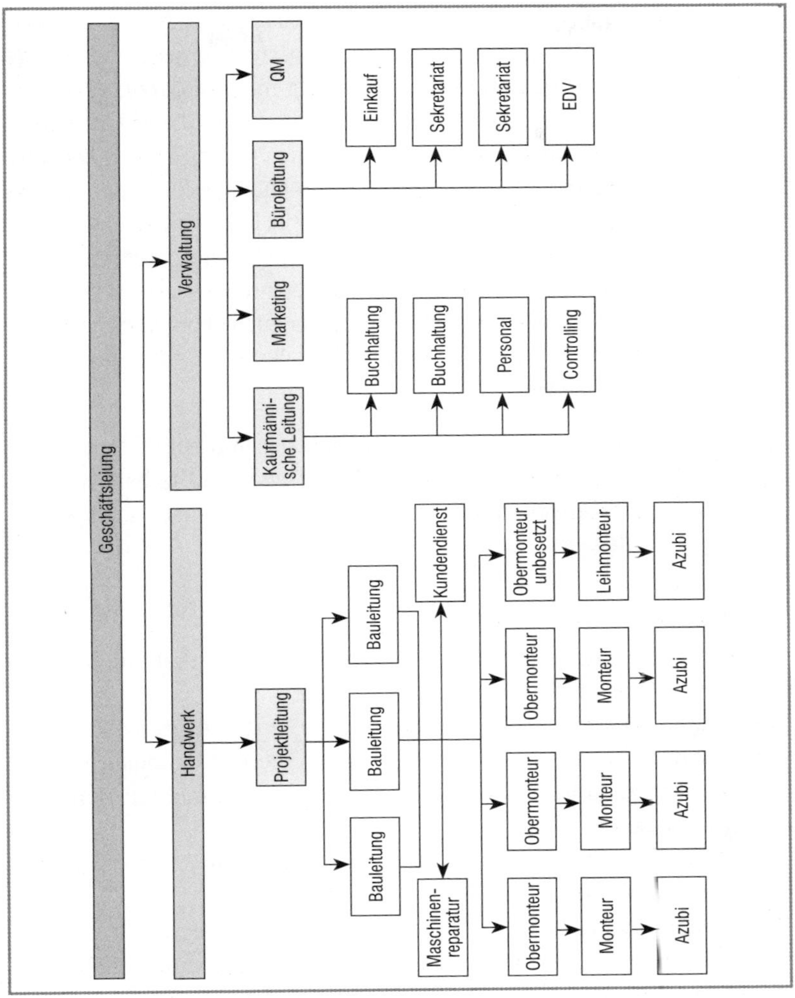

Bild 8.6 Organigramm

Betriebsklima im eigenen Betrieb abfragen

Die Durchführung einer betriebsinternen Mitarbeiterbefragung zeigt die individuellen Stärken und Schwächen aus Sicht der Mitarbeiter. Eine solche Umfrage empfiehlt sich in regelmäßigen Abständen (alle drei bis fünf Jahre) anonym durchzuführen. Das Unternehmen zeigt damit, dass die Meinung der Mitarbeiter wichtig ist. Und es nicht darum geht, wer was sagt, sondern dass jede Meinung zählt. Eine solche Umfrage fordert aber auch, sich mit den Ergebnissen auseinanderzusetzen, und vor allem, im Nachgang Maßnahmen zu erarbeiten, um die genannten Schwächen abzustellen. Gerade die Transparenz der Ergebnisse und der Umgang mit den daraus erarbeiteten Maßnahmen stellt den zentralen Faktor für den Erfolg dieser Umfrage.

Auf diese Weise erkennt das Unternehmen auch, wie es um das Betriebsklima im Unternehmen wirklich steht. Wer als Führungskraft glaubt, dass Mitarbeiter Unzufriedenheit immer auch verbal in Mitarbeiter- und Jahresgesprächen mitteilen würden, der täuscht sich. Nicht selten kommt es vor, dass verbal Probleme durch einzelne Mitarbeiter größer gemacht werden, als sie eigentlich sind, und andere Probleme gar nicht kommuniziert werden. Die Anonymität einer schriftlichen (digitalen) Mitarbeiterbefragung hilft hier, in die Tiefe zu gehen.

> Die Unternehmensberatung Heckner unterstützt Handwerksbetriebe bei der Durchführung von Mitarbeiterbefragungen und Erarbeitung individueller Eingruppierungshilfen.

Welche Ziele hat das Unternehmen?

Kann der Unternehmer seinen Mitarbeitern eine Antwort auf die folgende Frage geben: „Wo steht diese Firma in zehn Jahren?"

Wer glaubt, dass sich Mitarbeiter mit solchen Fragen nicht beschäftigen, der irrt. Für den Mitarbeiter ist eine Antwort auf diese Frage gleichzusetzen mit einer Information über seine berufliche Perspektive und die Sicherheit seines Arbeitsplatzes.

Jeder Unternehmer sollte sich Gedanken zu folgenden Themen in Form von „W"-Fragen machen:

- Wie werden sich die Anforderungen der Kunden verändern?
- Wie muss sich die Leistungspalette des Unternehmens verändern?
- Welche zusätzliche technische Ausstattung und Know-how benötigt das Unternehmen, um den veränderten Anforderungen gerecht zu werden?
- Wer von den Mitarbeitern kommt in Frage, sich dieses Themas anzunehmen?
- Wie steht es um die Bereitschaft dieser Person?
- Wann machen wir den ersten Schritt in die Zukunft?

Anhand des Blicks in die Zukunft kann der Mitarbeiter erkennen, welche Perspektiven sich ihm bieten. Und im besten Fall passen diese Perspektiven zu den Erwartungen und Vorstellungen des Mitarbeiters.

Jahresgespräche mit den Mitarbeitern

Mitarbeiter wollen wissen, woran sie sind. Mindestens einmal im Jahr sollte der direkte Vorgesetzte mit dem Mitarbeiter ein Gespräch zum Rückblick und Ausblick führen.

Dieses Gespräch dient weniger die Schwächen des Unternehmens zu identifizieren. Vielmehr geht es um Feedback für den Mitarbeiter und individuelle Entwicklungsperspektiven. Die **Tabellen 8.15a** bis **8.15e** dienen der Vorbereitung eines solchen Jahresgesprächs.

Gesprächspartner:____________________	**Datum:**____________
Welche Ziele wurden im letzten Gespräch vereinbart und was ist daraus geworden?	
Ziel	Ergebnis
Was soll heute angesprochen werden?	
Positiv an der Arbeit, Arbeitsbedingungen, technische Ausstattung, Arbeitsplatz usw.	
Das ist weniger gut	

Tabelle 8.15a Vorlage Jahresgespräch
Fragen vor dem Jahresgespräch für Mitarbeiter sowie Vorgesetzte

In jeder Zeile ein Kreuz	Sicht Vorgesetzter			Sicht Mitarbeiter		
	ja	teils, teils	nein	ja	teils, teils	nein
Aufgaben und Leistungen						
Zufriedenheit mit dem Aufgabenbereich	☐	☐	☐	☐	☐	☐
Zufriedenheit mit der Leistung	☐	☐	☐	☐	☐	☐
Zusammenarbeit und Führung						
Gibt es genügend Feedback?	☐	☐	☐	☐	☐	☐
Gibt es genügend Unterstützung bei der Entwicklung der Potenziale?	☐	☐	☐	☐	☐	☐
Wird genügend Rückendeckung gegeben?	☐	☐	☐	☐	☐	☐
Gutes Verhältnis zu Kollegen?	☐	☐	☐	☐	☐	☐
Veränderungs- und Entwicklungsmöglichkeiten						
Bereitschaft zur Übernahme weiterer Aufgaben/Verantwortung?	☐	☐	☐	☐	☐	☐
Sollen persönliche Angelegenheiten besprochen werden?	☐	☐	☐	☐	☐	☐

Tabelle 8.15b Vorlage Jahresgespräch
Einschätzungen aus Sicht der Vorgesetzen und der Mitarbeiter

Kriterien	
1. Aufgaben	
positiv/negativ an den Aufgaben	Wie Zufriedenheit erhalten/fördern?
2. Fähigkeiten	
Können die Fähigkeiten genutzt werden?	Welche Fähigkeiten könnten stärker genutzt werden?
3. Ziele	
Wie wird der Grad der Zielerreichung eingestuft?	Welche Ziele werden im kommenden Zeitraum angestrebt?
4. Entwicklung	
Zufriedenheit mit beruflichem Status derzeit?	Planung der beruflichen Zukunft? / Entwicklungsperspektiven

Tabelle 8.15c Vorlage Jahresgespräch
Anregungen zur Gesprächsvorbereitung für Mitarbeiter und Vorgesetzte

In jeder Zeile ein Kreuz	Sicht Vorgesetzter			Sicht Mitarbeiter		
	ja	teils, teils	nein	ja	teils, teils	nein
Verhalten und Fähigkeiten						
Pünktlichkeit	☐	☐	☐	☐	☐	☐
Ordnung/Sauberkeit am Arbeitsplatz	☐	☐	☐	☐	☐	☐
gegebenfalls Pflege, Optik Firmenauto	☐	☐	☐	☐	☐	☐
korrekte Kleidung, gepflegte Erscheinung	☐	☐	☐	☐	☐	☐
Zuverlässigkeit	☐	☐	☐	☐	☐	☐
Umgangsformen	☐	☐	☐	☐	☐	☐
Arbeitsqualität	☐	☐	☐	☐	☐	☐
Arbeitsgeschwindigkeit	☐	☐	☐	☐	☐	☐
Flexibilität	☐	☐	☐	☐	☐	☐
Fachwissen	☐	☐	☐	☐	☐	☐
Arbeitsergebnis	☐	☐	☐	☐	☐	☐
Auffassungsgabe	☐	☐	☐	☐	☐	☐
persönliche Eignung für die Aufgabe	☐	☐	☐	☐	☐	☐
fachliche Eignung für die Aufgabe	☐	☐	☐	☐	☐	☐
Organisation und Planung	☐	☐	☐	☐	☐	☐
kann Prioritäten setzen	☐	☐	☐	☐	☐	☐
selbstständiges Arbeiten	☐	☐	☐	☐	☐	☐
Verhalten in der Firma						
informiert seine Mitarbeiter/Kollegen	☐	☐	☐	☐	☐	☐
Umgangsform mit Kollegen, Mitarbeitern und Kunden	☐	☐	☐	☐	☐	☐
Verhältnis zu den Kollegen	☐	☐	☐	☐	☐	☐
verträgt Kritik	☐	☐	☐	☐	☐	☐
übt sachliche Kritik	☐	☐	☐	☐	☐	☐
gute Arbeit wird anerkannt	☐	☐	☐	☐	☐	☐
Wertschätzung durch den Vorgesetzten	☐	☐	☐	☐	☐	☐
wird gut informiert	☐	☐	☐	☐	☐	☐
Behandlung durch den Vorgesetzten wird wie empfunden?	☐	☐	☐	☐	☐	☐
Engagement für die Arbeit	☐	☐	☐	☐	☐	☐
Loyalität	☐	☐	☐	☐	☐	☐

Tabelle 8.15d Vorlage Jahresgespräch
Einschätzungen aus Sicht der Vorgesetzen und der Mitarbeiter

Vereinbarung		Termin	Umsetzungsgrad/ Anmerkung
Ziele			
Daran will der Mitarbeiter arbeiten.			
Diese Voraussetzungen wird der Vorgesetzte erfüllen.			
nächster Termin / Zwischentermin			
weitere Vereinbarungen			

Tabelle 8.15e Vorlage Jahresgespräch
Fazit des Gesprächs

Hierbei sollten sowohl die Führungskraft als auch der Mitarbeiter diese Fragen im Vorfeld bearbeiten und im Gespräch dann gemeinsam die Ergebnisse abgleichen. Ziel muss es sein, dass nicht nur die Führungskraft redet, sondern dass sich ein Gespräch entwickelt und damit auch die Sicht des Mitarbeiters deutlich wird.

Die Erfahrungen zeigen, dass Mitarbeiter diese Jahresgespräche sehr begrüßen, weil sie erkennen, wie sie geschätzt werden.

Zum Abschluss des Jahresgespräches werden Ziele vereinbart:

- Der Vorgesetzte formuliert mit dem Mitarbeiter zwei bis vier Ziele für die nächsten Monate.
- Der Mitarbeiter kann seine Wünsche an den Vorgesetzten richten. Im nächsten Gespräch wird geprüft, wie gut es gelang, die Ziele zu erreichen.

Die Grundlagen des Gespräches sind die durch Führungskraft und Mitarbeiter vorbereiteten Checklisten sowie die Eingruppierung und die Stellenbeschreibung. Es wird darüber gesprochen, wie gut der Mitarbeiter die Anforderungen erfüllt.

Regelmäßige Information und Kommunikation

Wer regelmäßig informiert wird, ist wichtig und wer wichtig ist, der ist auch motiviert.

Elektrohandwerker halten es ganz unterschiedlich mit den regelmäßigen Besprechungen zu allgemeinen Themen. Manche einmal pro Monat, manche einmal im Jahr.

Bei diesen Besprechungen geht es nicht um laufende Aufträge und um die tägliche Personaleinsatzplanung. Ziele solcher Besprechungen sind Informationsweitergabe allgemeiner Natur und für den Mitarbeiter die Gelegenheit, Themen anzusprechen, die ihm am Herzen liegen.

Bei solchen Besprechungen sollten alle Mitarbeiter anwesend sein.

Wichtig ist, dass auch die Geschäftsleitung einen Bericht zur „Lage des Unternehmens" abgibt, denn Mitarbeiter interessieren sich sehr wohl dafür, wie es um das Unternehmen steht. In einer halbjährlichen Besprechung könnten folgende Themen auf der Tagesordnung stehen:

- Umsatz wie Vorjahr oder besser?
- Erreichen wir unsere Gewinnziele?
- Neue Aufträge in Sicht?
- Zufriedene und weniger zufriedene Kunden. Was müssen wir tun, um die Zufriedenheit der Kunden zu verbessern?
- Suchen wir neue Azubis oder Mitarbeiter?
- Fängt in Kürze ein neuer Kollege an oder wird er vorgestellt?
- Stehen Investitionen an – warum und welche?

Diese und weitere Informationen geben dem Mitarbeiter das Gefühl, der Chef hat seine Firma im Griff und die berufliche Zukunft des Mitarbeiters ist gesichert.

In so einer Besprechung muss der Inhaber aber auch die Fragen an die Mitarbeiter richten:

- Welche Fragen zu den erwähnten Punkten gibt es?
- Hat jemand noch etwas auf dem Herzen?
- Wie kann ich euch unterstützen, damit die Aufgaben besser erledigt werden können?

8.3.4 Die Bedeutung von Aus- und Weiterbildung

Aufgrund des Fachkräftemangels setzen zukunftsorientierte Elektrohandwerker konsequent auf Ausbildung.

Im Kapitel 1 finden sich Tabellen, welche die Bedeutung der Ausbildung im Elektrohandwerk untermauern.
Unter den Teilnehmern des Betriebsvergleichs liegt die Ausbildungsquote meist zwischen 13 % und 19 %.

Die demographische Entwicklung wird den Fachkräftemangel in Zukunft verschärfen, und es wird immer schwieriger werden, geeignete Mitarbeiter zu finden. Wer nicht ausbildet, wird in Zukunft über noch weniger Mitarbeiter verfügen, welche die vorhandene Arbeit abwickeln können.

Innungsmitglieder erhalten über den ZVEH Werbematerialien zum Stichwort „E-Zubi“.
Dazu gehören u. a. auch YouTube-Filme, welche die Personalsuche unterstützen.

Gerade im Elektrohandwerk ändern sich die technischen Anforderungen laufend, und so muss die Fortbildung einen hohen Stellenwert genießen.

Aus Sicht der Autoren sollte jedoch nicht nur auf technische Fortbildung Wert gelegt werden. Das **Bild 8.6** zeigt einen systematischen Aufbau.

Bei der Frage, wo Geld verdient oder zum Fenster hinaus geworfen wird, spielt die Einhaltung der internen Organisationsstandards eine entscheidende Rolle.

Drei Beispiele, die bei der Einhaltung der betrieblichen Organisation geschult werden sollten:

- Lager: Entnahme von Material, Umgang mit Rücklieferungen
- Verbesserungen im Kundendienst: Wie gut sind die Daten im Mobilen Monteur erfasst? Genaue Bezeichnung, verbautes Material, Unterschrift des Zeichnungsberechtigten usw.

Bild 8.6 Fortbildungspyramide

- Verbesserungen der Projektorganisation: Wie muss das Aufmaß erstellt werden? Was sind Zusatzarbeiten und wie dokumentieren wir Baubehinderungen und Bedenken? Wie und über welchen Kanal bestellen wir rechtzeitig das Material für den nächsten Tag?

Der Umgang mit dem Kunden beginnt mit der richtigen Begrüßung und z. B. der Frage, wo geparkt werden darf. Sauberkeit bei der Ausführung des Auftrags, ein sauberer und aufgeräumter Arbeitsplatz, der richtige Umgang mit Reklamationen sind nur einige der wichtigsten Aspekte.

Wenn ein Mitarbeiter über eine hervorragende technische Qualifikation verfügt, aber weder höflich, noch freundlich ist, und die Regeln der Sauberkeit und Körperpflege missachtet, wird die Firma den Kunden verlieren.

Interne und externe Schulungen

Viele Unternehmen bieten einmal pro Monat eine Kurzschulung an, die z. B. zwei Stunden dauert. Eine Stunde bezahlte Arbeitszeit, eine Stunde investiert der Mitarbeiter in seine Zukunft – für Essen und Getränke im Anschluss sorgt der Arbeitgeber.

Wer auf einer externen Schulung war, muss innerhalb von drei Tagen eine Zusammenfassung des Gelernten an seine Kollegen weitergeben.

Wenn das umgesetzt wird, erreicht das Unternehmen ein zentrales Ziel, das Wissen in mehreren Köpfen zu verankern.

Das Thema Fortbildungsangebot ist den Mitarbeitern wichtig, wie Befragungen von Mitarbeitern zeigen. Werden daraufhin Schulungen angeboten, dann ist die Resonanz oft sehr gering.

Zwar gilt der Satz, dass jeder Mitarbeiter für seine Fortbildung selbst verantwortlich ist, dennoch muss in einigen Fällen der Vorgesetzte das Gespräch suchen und den Mitarbeiter überzeugen, das Fortbildungsangebot zu nutzen mit dem Hinweis, dass er durch mehr Wissen einen wichtigen Beitrag zur Sicherung seines Arbeitsplatzes leistet.

8.3.5 Kontrolle und Konsequenz

Eine Führungskraft, die delegiert und kontrolliert, wird respektiert. Wer nur delegiert, ohne zu kontrollieren, wird als schwache Führungskraft wahrgenommen.

Ohne Konsequenz keine respektierte Führungskraft

Schon aus der Kindererziehung wissen wir, dass Erziehung ohne Konsequenz nicht funktioniert.

Konsequenz heißt:

- Lob und Belohnung,
- Kritik und Konsequenz.

Wer als Vorgesetzter bei Fehlverhalten einzelner Mitarbeiter nicht reagiert, wird von anderen Mitarbeitern nicht ernst genommen. Diese werden sich sagen: „Wir strengen uns an, einer arbeitet schlampig, und der Chef reagiert nicht. Sind wir die Dummen, wenn wir uns anstrengen?“

Führungsinstrument Abmahnung und Korrekturvereinbarung

Bei Fehlverhalten der Mitarbeiter wird in Unternehmen häufig mit einer Abmahnung gedroht. Was ist eine Abmahnung?

In dieser einseitigen Erklärung des Arbeitgebers wird dem Mitarbeiter mitgeteilt, mit welchen seiner Verhaltensweisen der Vorgesetzte nicht zufrieden ist und mit welchen arbeitsrechtlichen Konsequenzen er rechnen muss, wenn er sein Verhalten nicht ändert. Das **Bild 8.7** zeigt das Muster einer Abmahnung.

> Bei mehreren Pflichtverletzungen desselben Arbeitnehmers sollten immer auch mehrere Abmahnungen erteilt werden, da im Falle der Unwirksamkeit einer der Abmahnungen (z. B. wegen fehlender Nachweisbarkeit des Vorfalls) sonst der gesamte Vorgang aus der Personalakte entfernt werden müsste.

Eine förmliche Abmahnung ist bei Ausbildungsverhältnissen und im Anwendungsbereich des Kündigungsschutzgesetzes Voraussetzung für eine verhaltensbedingte Kündigung.

Und genauso versteht es erfahrungsgemäß der betroffene Mitarbeiter. Häufig löst deshalb eine Abmahnung eine „innere Kündigung“ des Mitarbeiters aus.

Will man einen Mitarbeiter nicht verlieren, sondern nur wieder „auf das richtige Gleis setzen“, sollte man gegebenenfalls von einer förmlichen Abmahnung absehen. Zudem kann sich der Mitarbeiter mit einer Gegendarstellung wehren.

Eine bessere und zeitgemäße Form, dem Mitarbeiter eine ernste Rüge zukommen zu lassen, ist die Korrekturvereinbarung, die unter Juristen

Frau/Herrn Ort, Datum ____________________

____

____

____

Abmahnung

Sehr geehrter(r) Frau/Herr ____________________,

zu unserem Bedauern müssen wir feststellen, dass Sie am ____________
erst um _________ Uhr den Dienst aufgenommen haben.

Durch dieses Verhalten haben Sie gegen Ihre arbeitsvertraglichen Pflichten verstoßen. Sie sind zum pünktlichen Erscheinen am Arbeitsplatz verpflichtet.

Wir beanstanden dieses Verhalten und fordern Sie hiermit auf, in Zukunft pünktlich am Arbeitsplatz zu erscheinen und hierdurch Ihren vertraglichen Pflichten ordnungsgemäß nachzukommen.

Andernfalls sehen wir uns gezwungen, im Wiederholungsfalle arbeitsrechtliche Maßnahmen bis hin zur Kündigung des Arbeitsverhältnisses zu ergreifen.

Eine Durchschrift dieses Schreibens werden wir zu Ihren Personalakten nehmen.

Mit freundlichen Grüßen

________________ ____________________
Ort, Datum (Abmahnungsberechtigter)

Ich bestätige hiermit, die vorstehende Abmahnung im Original erhalten und zur Kenntnis genommen zu haben. (Ggf. zusätzlich: _____ und erkenne die gegen mich erhobenen Vorwürfe in tatsächlicher Hinsicht als zutreffend an.)

________________ ____________________
Ort, Datum (Arbeitnehmer)

Quelle: Landesinnungsverband für das Bayerische Elektrohandwerk, München

Bild 8.7 Muster einer Abmahnung mit Verständigungsbereitschaft bzw. Korrekturvereinbarung

nicht unumstritten ist, sich aber gerade in kleineren Betrieben als außergerichtliche Lösung oft bewährt hat.

Im Gegensatz zur Abmahnung stellt diese eine Vereinbarung, ähnlich wie ein Vertrag zwischen Mitarbeiter und Arbeitgeber, dar. Diese Korrekturvereinbarung wird unter Mitwirkung des Mitarbeiters erstellt und gibt diesem die Möglichkeit, sein Gesicht zu wahren.

Muster einer Abmahnung mit Verständigungsbereitschaft bzw. Korrekturvereinbarung (siehe **Bild 8.8**)

Diese Alternative bietet sich an, wenn der Arbeitgeber sich noch nicht sicher ist, ob er sich in Zukunft von dem Mitarbeiter trennen möchte.

Notiz über das Gespräch vom ________ mit Herrn/Frau ________/Abtlg. ________

In dem o. a. Gespräch sprachen wir über die Geschehnisse vom ________ und vom ________, hier kam es z. B. zu erheblichen Störungen der betrieblichen Arbeitssicherheit und der Zusammenarbeit.

Anschließend folgt eine eindeutige, prägnant formulierte Beschreibung der abzumahnenden Vorgänge bzw. des Fehlverhaltens unter Auflistung konkreter Tatsachen und Daten.

Herr/Frau ________________ erklärt ________________________________

Es besteht Einvernehmen, dass es sich hierbei um eine arbeitsrechtlich relevante Pflichtverletzung handelt.

In unserem Gespräch kamen wir überein, dass sich gleiche oder ähnliche Geschehnisse/Fehlverhalten auf keinen Fall wiederholen dürfen, sollte nicht das Arbeitsverhältnis in seinem Bestand oder Inhalt gefährdet werden.

Sie erklärten Ihr Einverständnis, aktiv in der besprochenen Weise Ihr Verhalten so zu ändern, dass sich die besprochenen oder ähnlichen Geschehnisse/Fehlverhalten tatsächlich nicht wieder ereignen werden.

Angesichts Ihrer positiven Bereitschaft – sowie der im Übrigen guten Zusammenarbeit – kamen wir überein, die hier dokumentierte Abmahnung spätestens zum ________ für bedeutungslos zu erklären und aus der Personalakte herauszunehmen, sofern sich nicht zwischenzeitlich gleiche oder ähnliche Geschehnisse/gleiches oder ähnliches Fehlverhalten wiederholt.

________________ ________________

(Firmenvertreter) (Mitarbeiter)

Quelle: Landesinnungsverband für das Bayerische Elektrohandwerk, München

Bild 8.8 Muster einer Abmahnung mit Verständigungsbereitschaft bzw. Korrekturvereinbarung

Fazit

An der Korrekturvereinbarung kann der Mitarbeiter oder Azubi mitwirken und seine Wünsche bezüglich Information durch den Vorgesetzten, technischer Ausstattung usw. zu Papier bringen. Die Korrekturvereinbarung wird vom Arbeitgeber/Ausbilder und Arbeitnehmer/Azubi bzw. Erziehungsberechtigten unterzeichnet.

Sollte der Konflikt zwischen Arbeitgeber und Arbeitnehmer allerdings eskalieren, ist die Abmahnung der bessere Weg. Oftmals ist es sinnvoll, Unterstützung durch Juristen einzuholen. Arbeitsrechtliche Hilfe leisten auch die Innungen und Verbände.

8.3.6 Ergebnisorientierte Entlohnungsmodelle

Eine leistungsgerechte Entlohnung steht auf dem Wunschzettel von vielen Mitarbeitern, das hat die Befragung zu den Motivationsfaktoren ergeben. Leistungsträger eines Unternehmens befürworten Leistungskomponenten ganz besonders in der Entlohnung.

Es ist nur gerecht, dass Mitarbeiter oder Teams, die einen besonderen Beitrag für den wirtschaftlichen Erfolg des Unternehmens leisten, an diesem Erfolg auch beteiligt werden.

Alle Modelle, die Leistungskomponenten enthalten, werden von den Mitarbeitern verstanden, wenn diese über ein Mindestmaß an betriebswirtschaftlichem Bewusstsein verfügen. Wenn den Mitarbeitern die Kosten einer Arbeitsstunde bekannt sind, und wenn diese die Begleitkalkulation ihres Projektes lesen können, sind diese Voraussetzungen gegeben.

Vor Einführung der Mitarbeiterbeteiligung am Erfolg des Unternehmens sind einige grundsätzliche Fragen zu beantworten:

- Welche Motive habe ich für die Einführung von Prämien und/ oder Leistungszulagen?
- Worauf genau will ich die Motivation der Mitarbeiter ausrichten?/ Was will ich erreichen?
- Welche Messgröße kommt in Frage?

Arbeitsrechtliche Grundlagen

Der aktuelle Entgelt-Tarifvertrag für das Elektrohandwerk sagt für viele Bundesländer:

Das Entgelt bei Zeitentgeltarbeit wird unabhängig vom Arbeitsergebnis gezahlt. Es ist auf die Zeit oder den Zeitanteil bezogen, die der Arbeitnehmer dem Betrieb zur Arbeitsleistung zur Verfügung steht.

Leistungsentgeltarbeit liegt vor, wenn die zur Ausführung der Arbeit notwendige Zeit oder ein für das Arbeitsergebnis zu zahlender Geldbetrag vorher festgelegt bzw. vorgegeben wird und der Verdienst des Arbeitnehmers hiervon abhängig ist. Der Zeitverbrauch bzw. das mengenmäßige Arbeitsergebnis müssen vom Arbeitnehmer beeinflussbar sein.

Die Festsetzung der vorgegebenen Zeit oder des Geldbetrages hat so zu erfolgen, dass die in Leistungsentgelt beschäftigten Arbeitnehmer bei normaler Leistung und bei Einhaltung vorgeschriebener Arbeitsgüte das tarifliche Entgelt ihrer Entgeltgruppe verdienen.

Das Ausgangsentgelt für das Leistungsentgelt ist die Abgeltung für ein in der Stunde bei Normalleistung erzieltes Arbeitsergebnis.

Das bedeutet: Prämien und Zulagen können „on top" gezahlt werden, eine negative Prämie mit der Folge der Reduzierung der Vergütung gegenüber der Bezahlung nach Zeit ist nicht zulässig! Erfolgreiche Unternehmen haben zahlreiche Formen gefunden und Modelle entwickelt, wie sie ihre Mitarbeiter am Erfolg teilhaben lassen.

Die hier vorgestellten Beispiele für die Beteiligung der Mitarbeiter am Unternehmenserfolg stehen für unterschiedlichste Denkansätze. Der wichtigste Unterschied zwischen den einzelnen Modellen: die Zielrichtung für die Motivation der Mitarbeiter. Deshalb muss vor einer möglichen Einführung geprüft werden: Entspricht die Zielrichtung meiner Philosophie oder muss das Modell angepasst werden?

Wichtig:

- Jede Veränderung der Grundlagen der Vergütung muss vorab kommuniziert werden.
- Die gewählte Messgröße muss für den Mitarbeiter nachvollziehbar, überprüfbar und vor allem zu beeinflussen sein.
- Jeder SOLL-Zustand muss ein realistisches Ziel darstellen. Vorgaben müssen auch erreichbar sein.
- Eine Prämie/Zulage sollte nicht mehr als 10 % bis 20 % der Gesamtvergütung ausmachen.
- Je kürzer der Zeitraum zwischen Erreichung des SOLL-Zustandes/ Erarbeitung des Prämienanspruches und Auszahlung der Prämie, umso größer ist der Motivationsschub.
- Umgekehrt: Stehen Erreichung des SOLL-Zustandes und Auszahlung der Prämie/des Bonus in keinem direkten zeitlichen Zusammenhang, sinkt der Motivationsschub bis auf NULL.

Zielgröße: Mehr Identifikation mit dem Unternehmen

Die einfachste und preiswerteste Form der Motivation der Mitarbeiter durch Beteiligung am Erfolg des Unternehmens besteht darin, sie schlicht teilhaben zu lassen.

Das geschieht durch regelmäßige Information und Kommunikation:

- der Auftragseingänge/des Zuwachses im Auftragseingang zu neu gewonnenen Kunden,
- der Erreichung der Umsatzziele,
- der erwirtschafteten Deckungsbeiträge/evtl. auch Ergebnisse.

Dazu veröffentlicht das Unternehmen Übersichten/Grafiken, aus denen der Fortschritt in der Erreichung der Zielgröße erkennbar wird.

Zielgröße: Forcierung des Verkaufs

Prämien für den erfolgreichen Verkauf von Artikeln/Produkten basieren in der Regel auf Provisionen, deren Höhe sich entweder am Umsatz oder am Rohertrag bemisst. Wirtschaftlich sinnvoller ist eine Beteiligung am erzielten Rohertrag.

Dazu wird eine Liste von Artikeln/Produkten erstellt, für deren Verkauf durch die Mitarbeiter es im definierten Zeitraum eine klar definierte Prämie gibt. Der prämienberechtigte Zeitraum sollte nicht mehr als drei Monate umfassen.

Artikel	Verkaufspreis brutto in EUR	Prämie in EUR
UP-Präsenzmelder	120,00	10,00
Rauchmelder	95,00	8,00
B-J UP-Radio	340,00	30,00

Das Unternehmen veröffentlicht eine Übersicht mit den bisherigen Verkaufserfolgen und den erworbenen Prämienansprüchen der Mitarbeiter.

Mitarbeiter	Verkaufszahlen in Stück			Prämienanspruch in EUR
	UP-Präsenzmelder	Rauchmelder	UP-Radios	
Heinz D.	8	4	2	172,00
Martin K.	5	2	2	126,00
Christian B.	1	6	4	178,00

Die Liste wird fortlaufend aktualisiert, einige Unternehmen bereiten die Ergebnisse auch graphisch auf.

Zielgröße: Verkauf von Wartungsverträgen

Die gewerblichen Mitarbeiter haben häufig bessere Chancen, einen Wartungsvertrag zu verkaufen, als der Unternehmer. Die größten Chancen bestehen, wenn die Mitarbeiter zu Serviceeinsätzen gerufen werden, um Defekte zu beheben oder Störungen zu beseitigen.

Mit der Vereinbarung einer Prämie für den erfolgreichen Verkauf eines Wartungsvertrages sollen die Mitarbeiter motiviert werden, Wartungen aktiv anzubieten. Gleichzeitig vereinbaren die Unternehmen, dass die Kündigung von bestehenden Wartungsverträgen den Prämienanspruch aus den neu abgeschlossenen Verträgen reduziert. Damit sollen die Mitarbeiter auch ein Interesse daran haben, die bereits vorhandenen Verträge so zu erfüllen, dass der Kunde zufrieden ist.

Auszug aus einer Prämienvereinbarung:

„Gelingt es den Mitarbeitern, den Bestand an Wartungsverträgen zu erhöhen, so wird der im Abrechnungsmonat erreichte Aufbau des Bestandes mit ... % des hinzugekommenen Auftragswertes prämiert. Preiserhöhungen in bereits abgeschlossenen Wartungsverträgen sind von dieser Zielprämie ausgenommen.

Sollte der Bestand an Wartungsverträgen am Ende des Abrechnungsmonats unter dem Bestand des Vormonats liegen, so wird ein künftig erreichter Auftragseingang mit der aus Kündigungen entstandenen Reduzierung verrechnet. Diese Zielprämie versteht sich als Bruttoprämie inkl. der Beiträge zur Sozialversicherung und anteiliger Lohnsteuern.

Die Verteilung der Zielprämien aus dem Abschluss von Wartungsverträgen auf die einzelnen Kundendienstmonteure obliegt dem Kundendienstleiter.

Er hat dem kaufmännischen Leiter zum Ende eines jeden Kalendermonats die Zahl der abgeschlossenen Wartungsverträge und den aktuellen Auftragsbestand in einer Übersicht zu übergeben und zu definieren, welche Mitarbeiter eine Zielprämie erhalten sollen."

Zielgröße: Einhaltung der Zeitvorgaben in Projekten → Gut-Zeit-Prämien

Die Vereinbarung von Gut-Zeit-Prämien erfolgt objekt- bzw. auftragsweise und soll die an der Abarbeitung eines Auftrages beteiligten Mitarbeiter motivieren, die kalkulierte Montagezeit zu unterbieten. Sofern das gelingt, erhalten die Mitarbeiter für jede eingesparte Arbeitsstunde eine Prämie. Das führt dazu, dass der Stundenlohn der Mitarbeiter für die Projekte, bei denen Arbeitszeit eingespart wurde, höher ist, als der vereinbarte Stundenlohn. Das Verhältnis von Gut-Zeit-Prämie und Arbeitszeit zeigt **Tabelle 8.15.**

Gut-Zeit-Prämie*					Baustelle , Neubau ...
Einsparung bis	8 %	15 %	20 %	> 20 %	
Prämiensatz	30 %	40 %	50 %	75 %	für eingesparte Zeit
Zeitvorgabe in h	1.065		erfasste Zeit in h	908	
	Zeiteinsparung	14,74 %	Prämiensatz	40,0 %	

Mitarbeiter	**Stundenlohn in EUR**	**erfasste Zeit in h**	**Lohn in EUR**	**Prämie* in EUR**	**Lohn gesamt in EUR**
Grau	17,71	210	3.719,10	219,28	3.938,38
Hartmann	19,00	332	6.308,00	371,92	6.679,92
Kramer	22,46	186	4.177,56	246,31	4.423,87
Heinecken	20,68	180	3.722,40	219,47	3.941,87
Mittellohn	19,96	908			20,91

* erfasste Zeit × Zeiteinsparung in % × Stundenlohn × Prämiensatz
(Mitarbeiter Grau = 210 Stunden × 14,74 % x 17,71 EUR × 40 % Prämiensatz)

Tabelle 8.15 Gut-Zeit-Prämien

Im Beispiel wurde im Vorfeld definiert, bei welcher Zeiteinsparung welcher Prämiensatz ausgeschüttet wird (z. B. bei Zeiteinsparung bis 8 % 30 % Prämiensatz). Im Beispielprojekt wurden 1.065 Stunden kalkuliert, 908 verbraucht. Damit ergibt sich eine Zeiteinsparung in Höhe von 14,74 %. Entsprechend der Vorgaben wird bis 15 % ein Prämiensatz in Höhe von 40 %, bezogen auf die Zeitersparnis, ausgegeben.

Zielgröße: Vergrößerung der Zahl der verechenbaren Stunden

Um die Mitarbeiter zu motivieren, im Service/Kundendienst die Zahl der gegenüber dem Kunden verrechenbaren Stunden = Produktivstunden zu steigern, erhalten sie eine – monatlich differenzierte – Zielvorgabe, die dem derzeit erreichten bzw. mindestens zu erreichenden SOLL an Produktivstunden entspricht. Jede über dieses SOLL hinaus erbrachte, verrechenbare Stunde wird mit einem Prämienaufschlag auf den vereinbarten Stundenlohn vergütet (**Tabelle 8.16**). Der Prämienaufschlag bewegt sich zwischen 15 % und 20 %.

Die Veröffentlichung der täglich verrechneten Stunden führt meist zu einer deutlich konsequenteren Erfassung der Arbeitszeit durch die Mitarbeiter.

Bei Kundendienstaufträgen können je nach Zonen Fahrtzeitpauschalen für den Techniker angesetzt werden. Zum Beispiel bei Zone 3 (15 km) 41 EUR für die Fahrtzeit des Technikers (das entspricht z. B. 35 Minuten).

Durch geschickte und überlegte Routenplanung kann der Mitarbeiter weniger als die verrechnete Zeit benötigen und damit bei einem Acht-Stunden-Tag mehr als acht Stunden verrechnen (die ihm auch bezahlt werden).

Monat .../Mitarbeiter	Soll	Hagen Z.	Klaus B.	Fred N.
Arbeitstage	23			
Regelarbeitszeit in h	8			
Stundenlohn in EUR		21,20	19,60	18,40
Abzüglich:				
Urlaub		6		3
Weiterbildung		2		1
SOLL-Stunden	184	120	184	152
Davon produktiv:				
in %	82,50			
in h	152	99	152	125
Produktivstunden laut KD-Reporten		107	150	138
prämienberechtigt		8	– 2	13
Prämie* in EUR		33,92	– 7,84	47,84

* prämienberechtigte Zeit x Stundenlohn x 20 % Prämienaufschlag

Tabelle 8.16 Prämienlohn im Kundendienst

Zielgröße: Ergebnissteigerung im Projekt
In größeren Unternehmen findet die Beteiligung der Führungskräfte am Ergebnis eines Projektes häufiger Anwendung. Hier vereinbaren die Unternehmer mit ihren Führungskräften konkrete Ergebnisbeteiligungen und wollen die Mitarbeiter anspornen, wirtschaftlich zu arbeiten.

Die Abrechnung der Ergebnisse erfolgt nach Abschluss des Projektes (in der Regel nach Legung der Schlussrechnung).

Beispiel für Beteiligung am Ertrag des Projektes:

Prämiert wird die Differenz zwischen Projektergebnis und betriebswirtschaftlich notwendigem Mindestergebnis.

Liegt das prozentuale Ergebnis eines Projektes über dem betriebswirtschaftlich notwendigem Mindestergebnis, so entsteht für den verantwortlichen Projektleiter ein Prämienanspruch in Höhe von 15 % der absoluten und in EUR auszuweisenden Differenz zwischen Projektergebnis und betriebswirtschaftlich notwendigem Mindestergebnis.

Zielgröße: Ergebnissteigerung innerhalb der Abteilungen/Bereiche
Hier erfolgt eine Ergebnisbeteiligung für die Leiter von Abteilungen/Bereichen, die als Kostenstelle innerhalb des Unternehmens geführt werden (können). Prämiert wird das Ergebnis nach Umlage der allgemeinen Kosten, die in der Regel in einer Sammelkostenstelle erfasst und gebucht werden. In den „produktiven" Kostenstellen werden nur die eindeutig zuzuordnenden Erlöse und Aufwendungen erfasst (**Tabelle 8.17**).

3. Quartal 2025	**Leistungsprämie in EUR**			
	Abteilung 1	**Abteilung 2**	**Verwaltung**	**Summe**
Umsatz	420.000	287.000	–	707.000
Material	217.000	126.000	–	343.000
Rohertrag	203.000	161.000	–	364.000
Personalkosten	121.800	96.600	50.400	268.800
sonstige direkte Kosten	16.800	11.200	42.000	70.000
Ergebnis vor Umlage	64.400	53.200	– 92.400	25.200
Umlage Gemeinkosten	– 51.520	– 40.880	92.400	–
Ergebnis nach Umlage	12.880	12.320	–	25.200
Prämie auf Ertrag (12 %)	**1.545,60**	**1.478,40**	–	**3.024**

Tabelle 8.17 Verteilung der Gemeinkosten auf Kostenstellen

Prämien nicht monatlich, sondern quartalsweise, halbjährlich oder auf das ganze Jahr bezogen berechnen und ausschütten.

Wird die o. g. Regel nicht beachtet, könnte es sein, dass die Abteilungen regelmäßig einen Verlust und im Folgemonat einen prämienfähigen Gewinn ausweisen.

Nach dem folgenden Modell werden erst Prämien ausgezahlt, wenn alle betrieblichen Kosten gedeckt sind.

Der prozentuale Anteil der Prämie liegt zwischen 10 % und 40 % des übersteigenden Ergebnisses.

Die Ausschüttung der Prämie kann nach Lohnhöhe der in der Abteilung beschäftigten Personen erfolgen (**Tabelle 8.18**).

Mitarbeiter Abteilung 1	Jahresbrutto		
	in EUR	in % der Lohnsumme	Prämie in EUR
Monteur A	50.400	18,0	278,21
Monteur B	46.200	16,5	255,02
Monteur C	39.200	14,0	216,38
Monteur D	42.000	15,0	231,84
Monteur E	42.000	15,0	231,84
Verwaltungskraft	39.200	14,0	215,82
Azubi 1	11.200	4,0	61,82
Azubi 2	9.800	3,5	54,10
Summe	**280.000**	**100,0**	**1.545,60**

Tabelle 8.18 Prämienverteilung innerhalb der Abteilung

Steuerbegünstigte Zuwendungen an Mitarbeiter

In manchen Fällen berichten Unternehmer, wie enttäuscht Mitarbeiter sind, wenn von einer Lohnerhöhung viel weniger Netto als erwartet verbleiben.

Im Steuerrecht gibt es einige Möglichkeiten, dem Mitarbeiter Benefits auszuzahlen, ohne dass ihm Steuern und Sozialversicherung abgezogen werden.

Die Problematik geht aus der folgenden Übersicht hervor (**Tabelle 8.19**). Der Mitarbeiter erhält eine Brutto-Lohnerhöhung von 100 EUR, die dem Betrieb Kosten in Höhe von 124 EUR verursacht.

	Betrag in EUR
Bruttolohn	100
./. Sozialversicherung	24
./. Lohnsteuer	28
Verbleiben dem Mitarbeiter netto	**48**
Kosten für den Betrieb inkl. Arbeitgeberanteile zur Sozialversicherung	**124**

Tabelle 8.19 Modellrechnung – was netto verbleibt

Der verbleibende Nettolohn des Mitarbeiters und die Kosten des Unternehmens hängen von der jeweiligen Lohnsteuerklasse und Einkommenshöhe des Mitarbeiters ab.

Vom Prinzip her kann diese Rechnung aber auf jeden Mitarbeiter angewendet werden.

„Fringe Benefits“, so werden die freiwilligen Nebenleistungen des Arbeitgebers neudeutsch bezeichnet. (Fringe, engl. für „rund machen“.). In einigen Unternehmen machen diese bereits mehr als zehn Prozent der Lohnkosten aus.

Hier ein kleiner Auszug an Möglichkeiten, die das Unternehmen dem Mitarbeiter anbieten kann.

Sachbezug 50 EUR

Jeder Mitarbeiter, auch Aushilfskräfte, können bis zu 50 EUR monatlich an Sachbezügen erhalten. Der Mitarbeiter bekommt dazu einen monatlichen Gutschein im Wert vom 50 EUR für z. B. den Supermarkt, Baumarkt oder das Fitnessstudio (keine Geldleistung, sondern Sachzuwendung in Form eines Gutscheins). Diese Regelung hieß früher umgangssprachlich „Benzingutschein“. Die vorliegende Regelung mit 50 EUR Sachbezug kann auch bei Mitarbeitern, die über ein Firmenfahrzeug verfügen, angewendet werden.

Gelegenheitsgeschenke/Aufmerksamkeiten

Gelegenheitsgeschenke an Mitarbeiter zu einem persönlichen Anlass, wie z. B. Hochzeit, Geburtstag, Namenstag, Geburt o. ä. sind bis zu einem Betrag von 60 EUR steuer- und sozialversicherungsfrei.

Kindergartenzuschüsse

Leistungen eines Arbeitgebers zur Unterbringung eines Kindes einschließlich Unterkunft und Verpflegung sowie Betreuung in Kindergärten, Kinderhorten oder bei Tagesmüttern sind unbegrenzt steuerfrei. Originalbelege sind beizubringen. Das betrifft Kinder, die das 6. Lebensjahr noch nicht vollendet haben.

Private Nutzung EDV und Kommunikationsgeräte

Alle Vorteile aus der privaten Nutzung eines betrieblichen PCs oder von Telekommunikationsgeräten sind steuer- und sozialversicherungsfrei. Wenn Sie ihrem Mitarbeiter also ein Firmenhandy inkl. Flatrate zur Verfügung stellen, dann muss er keinen geldwerten Vorteil versteuern.

Gesundheitsförderung

Für die Gesundheitsförderung, wenn spezielle zertifizierte Kurse angeboten werden, kann der Betrieb diese pro Mitarbeiter steuer- und sozialabgabenfrei bezahlen. Die alleinige Mitgliedschaft im Fitness-Studio fällt nicht unter diese Regelung.

Betriebliche Altersvorsorge

Viele Landesinnungsverbände haben mit den Gewerkschaften Vereinbarungen zur betrieblichen Altersvorsorge ausgehandelt. Unabhängig davon kann der Betrieb für seinen Arbeitnehmer eine Versicherung abschließen, die maximal bis zu einem Betrag von 4 % der Beitragsbemessungsgrenze steuer- und sozialversicherungsfrei ist.

Mitarbeiter, die darüber hinaus noch zusätzlich in die Altersvorsorge investieren wollen, können im Zuge der Entgeltumwandlung weitere 4 % der Beitragsbemessungsgrenze pro Jahr steuerfrei umwandeln. Der Betrag ist aber sozialversicherungspflichtig.

Job-Ticket

Der Arbeitgeber kann dem Mitarbeiter die Kosten für öffentliche Verkehrsmittel erstatten oder 0,30 EUR pro Tag und Entfernungskilometer zwischen Wohnung und Arbeitsstätte zahlen. Für diesen Fahrtkostenzuschuss muss der Arbeitgeber 15 % pauschale Lohnsteuer zahlen. Der Mitarbeiter kann dafür aber im Lohnsteuerjahresausgleich die Fahrten zwischen Wohnung und Arbeitsstätte nicht mehr ansetzen.

Erholungsbeihilfe

Der Betrieb kann dem Mitarbeiter einmal pro Jahr 156 EUR, für den Arbeitnehmer, zzgl. 104 EUR für die Ehefrau und zzgl. 52 EUR für jedes Kind als Erholungsbeihilfe zusätzlich zum Gehalt bezahlen. Die Erholungsbeihilfe muss vom Arbeitgeber pauschal versteuert werden.

Werkzeuggeld

Das Unternehmen kann dem Mitarbeiter einen monatlichen Betrag steuerfrei auszahlen, mit dem er sich der Mitarbeiter sein Kleinwerkzeug kauft. Das Unternehmen muss anhand der Buchführung nachweisen, dass dieser Betrag umgelegt auf die Mitarbeiter in der Vergangenheit tatsächlich angefallen ist. Wenn ein Betrieb das Werkzeuggeld einsetzt, muss der Mitarbeiter vorher definiertes Werkzeug kaufen, in der Regel bei seinem Arbeitgeber.

Mitarbeiter, die mit ihrem Werkzeug sorgfältig umgehen, begrüßen diese Regelung. Für Mitarbeiter, die ihr Werkzeug ständig verlieren, kein gutes Geschäft.

Wer diese Möglichkeiten nutzt, kann für den Betrieb etwas Gutes tun, nämlich in einigen Fällen Arbeitgeberbeiträge zur Sozialversicherung einsparen. Und beim Mitarbeiter kommt mehr Netto fürs Brutto an.

Bei allen Boni, die den Mitarbeitern gewährt werden, sollte der Arbeitgeber dem Mitarbeiter diese Sonderleistungen regelmäßig ins Gedächtnis rufen. Wenn Mitarbeiter nur ihren Brutto-Stundenlohn betrachten, können die Extras schnell in Vergessenheit geraten.

Wenn diese Sonderleistungen in drei aufeinanderfolgenden Jahren (bei jährlichen Leistungen) oder 12 Monaten (bei monatlichen Leistungen) gezahlt werden, ergibt sich daraus eine „betriebliche Übung“. Für den Mitarbeiter bedeutet dies ein Anrecht auf diese Sonderzahlung.

> Bei jeder Sonderzahlung soll der Mitarbeiter eine Vereinbarung unterzeichnen, dass er aus der Zahlung keinen zukünftigen Rechtsanspruch ableitet.

> Sprechen Sie auch mit Ihrem Steuerberater, der Ihnen in der Regel ein Merkblatt zur Verfügung stellt, in dem diese und weitere steuerfreie Boni aufgezeigt werden, mit dem Hinweis, wie bei der Abrechnung verfahren werden muss.

8.3.7 Personalorganisation

Zwei klassische Werkzeuge der Personalorganisation sind Stellenbeschreibungen und das betriebliche Organigramm.

Stellenbeschreibungen sollen den Mitarbeitern helfen, die Anforderungen des Arbeitsplatzes kennenzulernen und schon im Vorstellungsgespräch klären, welche Anforderungen auf sie zukommen.

Bei vielen Betrieben hat es sich bewährt, eine Eingruppierungshilfe einzuführen, in der die Mitarbeiter sehen können, in welcher Lohngruppe welche Leistungsanforderungen bestehen. Wer diese Eingruppierungshilfe mit seiner Mannschaft entwickelt, kann den Umfang der Stellenbeschreibung reduzieren.

> Musterbeispiele zum betrieblichen Organigramm und zur Eingruppierungshilfe sind bereits im Abschnitt 8.3.2 dargestellt.

Stellenbeschreibung – dann weiß man, was verlangt wird

In einer Stellenbeschreibung wird auf einer DIN-A4-Seite das Anforderungsprofil an eine Stelle definiert (**Bild 8.9**).

Stellenbeschreibung Kundendienstmonteur **Stand: 01.02.2024**

Berufsbezeichnung:	**Servicetechniker I**
Vorgesetzter:	Abteilungsleiter
Stellvertreter:	Servicetechniker II
Ziel der Stelle:	Sorge tragen für den fachlich und terminlich korrekten und wirtschaftlichen Ablauf der Kundendienstaufträge
Kommunikation/Rückmeldung:	Erstellung und Prüfung aller erforderlichen Unterlagen, die für den jeweiligen Auftrag benötigt werden. Datenerfassung mit der App „Stundennachweis“

Aufgaben Kundenbereich bzw. Kleinobjekte:
- Freundliches Auftreten gegenüber dem Kunden und Einhaltung der Regeln zur Körperpflege
- Darauf achten, dass Arbeitsanweisungen nur durch befugte Personen erteilt werden
- Einhaltung der Sicherheitsbestimmungen
- Ausführliche Dokumentation von Zusatzarbeiten, die nicht im Angebot enthalten sind, per App „Stundennachweis“
- Führung der vom Zoll geforderten Stundennachweise
- Tägliche Abgabe der Leistungsnachweise
- Einholung der Unterschriften des Auftraggebers für „Auftrag erteilt“ und ‚Auftrag ordnungsgemäß erledigt“
- Ansprechpartner bei Reklamationen Bauherr, Architekt oder Kunde
- Erfassen von Absprachen und Festlegungen mit dem Bauherren/Kunden bzw. Architekten, z. B. im Baustellenordner
- Rechtzeitige Materialbestellung
- Weitergabe von Informationen von der Baustelle an den Vorgesetzten
- Ordnung und Sauberkeit auf der Baustelle
- Prüfung, Beachtung und Ablage des Schriftverkehrs und der Detailpläne von Architekten bzw. Kunden
- Durchführung von Abnahmen mit dem Bauherren bzw. Architekten

Sonstige Aufgaben:
- Tägliche Durchsicht und Leerung des eigenen Postfachs. Ablage, Weiterleitung oder dergleichen der dort befindlichen Unterlagen
- Teilnahme an der Wochenbesprechung
- Pflegliche Behandlung von Werkzeug und Maschinen
- Abgabe defekter Maschinen im Büro zur Reparatur
- Abgabe des defekten Werkzeugs im Büro zum Austausch
- Einlagerung und Beschriftung von Materialien im Lager in den dafür vorgesehenen Lagerplätzen
- Sorge tragen für Ordnung und Sauberkeit im Lager/Firmenwagen
- Sofortige Mitteilung über Mängel am Firmenwagen im Büro
- Führung von Fahrtenbüchern
- Betreuung und Aufsichtspflicht des mitfahrenden Auszubildenden bzw. Praktikanten inkl. Arbeitsnachweise und Überwachung der Sicherheitsvorschriften

Stellenbeschreibung verstanden und Kopie erhalten.

____

Datum/Unterschrift

Quelle: de-Fachbuch „Fit für den Kunden“, Hüthig Verlag 2015

Bild 8.9 Stellenbeschreibung

Unstimmigkeiten und ggf. auch Missstimmung entstehen im Unternehmen immer dann, wenn nicht geklärt ist, wer wofür die Verantwortung übernimmt. Stellenbeschreibungen regeln klar Verantwortungsbereiche im Unternehmen. Jeder Mitarbeiter weiß, für was er zuständig ist und wen er ggf. vertreten muss.

Befristung von Arbeitsverträgen

Zum Start in die Selbstständigkeit unterstützt der Gesetzgeber den Existenzgründer in Bezug auf die Befristung von Arbeitsverträgen. In den ersten vier Jahren nach der Unternehmensgründung kann das Arbeitsverhältnis mit einem Mitarbeiter mehrfach befristet werden.

Für länger existierende Betriebe gilt: die Befristung eines Arbeitsverhältnisses ist nicht zulässig, wenn in der Vergangenheit bereits ein Arbeitsverhältnis bestand.

Immer dann, wenn nicht absehbar ist, ob die gute Auftragslage von Dauer ist, kann sich der Arbeitgeber die Befristung eines Arbeitsverhältnisses überlegen. Dieser Arbeitsvertrag bedarf der Schriftform – was grundsätzlich für alle Arbeitsverträge gilt.

Die Befristung muss vor Vertragsbeginn vereinbart werden. Bei Arbeitnehmern über 52 Jahre gelten besondere Schutzbestimmungen, welche die Befristung des Arbeitsverhältnisses einschränken.

Probezeit

Bei jedem neuen Arbeitsverhältnis wird in der Regel eine Probezeit vereinbart. Innerhalb dieser können Arbeitgeber und Arbeitnehmer das Arbeitsverhältnis ohne Einhaltung von Fristen beenden.

In der Regel wird eine Probezeit von drei bis sechs Monaten vereinbart und oft schon zu Beginn des Arbeitsverhältnisses festgelegt, wie hoch der Lohn des Mitarbeiters nach überstandener Probezeit sein wird.

Ausweismitführungspflicht

Mit jedem Mitarbeiter wird eine Vereinbarung geschlossen über die Verantwortung des Mitarbeiters, ständig ein amtliches Ausweisdokument mit sich zu führen. Für den Betrieb kann ein Verstoß des Mitarbeiters gegen diese Regelung teuer werden. Nach § 8 Abs. 2 SchwarzArbG kann der Betrieb zu einer Strafe von bis zu 5.000 EUR verurteilt werden.

Kein Recht auf Internetnutzung und Alkohol, Cannabiskonsum oder Rauchen am Arbeitsplatz

Ein Arbeitgeber kann darauf pochen, dass die private Nutzung von Firmen-PCs oder privater Mobilfunkgeräte während der Arbeitszeit unterlassen wird.

Auch das Rauchen am Arbeitsplatz gehört nicht zu den Grundrechten. Eine klare Regelung soll allen Mitarbeitern kommuniziert werden. Wenn der Arbeitgeber Raucherpausen während der Arbeitszeit duldet, könnten sich die Nichtraucher ungerecht behandelt fühlen. Vereinbarungen, nur während der Pausen zu rauchen, oder ein zusätzlicher Zeitabzug für Raucher können hier eine Lösung darstellen.

Alkohol- und Drogenkonsum während der Arbeit ist auch aufgrund der Unfallverhütungsvorschriften strikt untersagt. Wenn einem Arbeitgeber auffällt, dass ein Mitarbeiter infolge Alkohol- oder Drogenkonsums offensichtlich eingeschränkt ist, so kann der Arbeitgeber veranlassen, dass dieser Mitarbeiter auf eigene Kosten nach Hause gebracht wird.

Fortbildungsvertrag

Unternehmen gewähren ihren Mitarbeitern die Möglichkeit einer manchmal teuren Fortbildung. Manche Unternehmer sind sich unsicher, ob sie dieses Geld investieren sollen, denn bei Kündigung des Mitarbeiters sind die Kosten der Fortbildung verloren.

In einem Fortbildungsvertrag mit dem betreffenden Mitarbeiter kann sich der Betrieb in Abstimmung mit dem Mitarbeiter zumindest teilweise absichern. In einem solchen Vertrag wird geregelt, dass der Arbeitgeber zwar die Kosten einer Fortbildung übernimmt. Sollte der Mitarbeiter allerdings innerhalb von 24 Monaten nach Abschluss der Fortbildung aus von ihm zu vertretenden Gründen das Unternehmen verlassen, erstattet er seinem Arbeitgeber einen Teil der Ausbildungskosten.

Wenn der Mitarbeiter z. B. zwölf Monate nach Abschluss der Ausbildung das Unternehmen verlässt, muss er 50 % der Fortbildungskosten erstatten. Entscheidend für die rechtliche Wirksamkeit sind vor allem die Bindefristen. So sind bei wenigen Tagen Fortbildung keine Bindefristen angemessen; dagegen sind bei mehrwöchigen Fortbildungen bis zu zwölf Monate und bei großen Fortbildungen bis zu drei Jahre Bindefrist möglich. Wichtig ist auch: Der Vertrag muss vor Fortbildungsbeginn geschlossen werden.

Nutzung von Firmenfahrzeugen durch die Mitarbeiter

Das Firmenfahrzeug ist ein extrem wichtiger Werbeträger für das Unternehmen und stellt einen erheblichen Kostenfaktor dar. Die Kostenberechnung ist in **Tabelle 8.20** am Beispiel eines Transporters abgebildet.

	Kosten pro Jahr in EUR bei 20.000 km
Anschaffung (42.000 EUR) – Abschreibung	7.000
Steuern und Versicherung	1.200
Kraftstoff	2.500
Inspektion, kleinere Reparaturen, Öl, Kfz-Pflege, Reifen, Sonstiges	1.700
Summe Kosten pro Jahr	**12.400**

Tabelle 8.20 Kostenermittlung für ein Servicefahrzeug bei sechs Jahren Nutzung mit 20.000 km pro Jahr

Vor dem Hintergrund dieser Tatsachen schließen Unternehmen mit ihren Mitarbeitern Verträge zur Nutzung des Firmenfahrzeugs ab, in denen u. a. Folgendes geregelt ist:

Nutzung des Fahrzeugs ausschließlich für betriebliche Zwecke. Alternativ müssen für die Privatnutzung Heimfahrten unter Berücksichtigung der 0,03-%-Regelung für reine Transporter, die nicht zur Personenbeförderung geeignet sind oder der 1-%- und 0,03-%-Regelung für Fahrzeuge, die zum Personentransport geeignet sind, vom Mitarbeiter versteuert werden.

Die 1-%-Regelung besagt, dass der Mitarbeiter 1 % des Brutto-Listenpreises Inland monatlich seiner Steuer und Sozialversicherung unterwerfen muss, sofern das Fahrzeug privat vom Mitarbeiter genutzt werden darf.
Zusätzlich müssen je Entfernungskilometer Wohnung – Arbeitsstätte 0,03 % des Listenpreises Inland je Entfernungskilometer und Monat der Steuer und Sozialversicherung unterworfen werden.

Richtlinien für Mitarbeiter zur Nutzung des Firmenfahrzeugs

- Mitnahmen von fremden Personen im Fahrzeug sind nicht erlaubt.
- Rauchverbot im Fahrzeug
- Anschnallpflicht
- Verantwortung für die im Fahrzeug belassenen Gegenstände
- Der Mitarbeiter ist verpflichtet, vor Urlaubsantritt das Fahrzeug in einwandfreiem Zustand (technisch, Sauberkeit) in der Firma abzugeben.

- Gebührenpflichtige Verwaltungs- und Ordnungswidrigkeitsanzeigen trägt der Arbeitnehmer, Ausnahmen bei Notdiensteinsätzen werden geregelt.
- Mitführen des Kfz-Scheins bei allen Fahrten
- Gegebenenfalls Verpflichtung zur Führung eines Fahrtenbuches
- Überwachung der TÜV-Termine, Wartungs- und Inspektionstermine, Flüssigkeiten (Wasser-/Ölkontrolle), Reifendruckkontrolle usw.
- Fahrten unter Alkohol- und Drogeneinfluss sind verboten und führen zur fristlosen Kündigung.
- Das Fahrzeug darf ohne Genehmigung des Arbeitgebers nicht durch Einbauten oder Beschriftungen verändert werden.
- Der Arbeitnehmer haftet bei falscher Betankung.
- Schäden und Unfälle sind unverzüglich zu melden. Bei Unfällen mit Personenschäden ist sofort die Polizei hinzuzuziehen. Für entstandene Schäden bei Privatfahrten haftet der Arbeitnehmer.
- Der Arbeitnehmer bestätigt, Besitzer einer gültigen Fahrerlaubnis zu sein (halbjährliche Führerscheinkontrolle bei den Mitarbeitern erforderlich).

Diese und weitere Bestimmungen können in einem Vertrag über die Kfz-Benutzung enthalten sein.

Sind diese Spielregeln einmal definiert, dann weiß der Mitarbeiter woran er ist, und eine Kontrolle kann auf der Basis einer gerechten Bewertung des Verhaltens des Mitarbeiters erfolgen.

8.4 Kontrolle der Kundenzufriedenheit

Die Kontrolle der Kundenzufriedenheit ist ein unverzichtbares Instrument der Qualitätskontrolle. Unternehmen, die ein Qualitätsmanagement eingeführt haben, sind verpflichtet, diese Qualitätskontrolle durchzuführen.

Aus der Befragung ergeben sich nicht nur wertvolle Hinweise, wo der Kunde eventuelle Schwachstellen des Unternehmens ausgemacht hat. Oft ergibt sich aus den Ergebnissen ein positives Bild, ein Lob des Kunden und damit Motivation für den Unternehmer und seine Mannschaft.

Den Mitarbeitern soll vor Augen geführt werden, wie wichtig es ist zu erfahren, wie zufrieden die Kunden sind. Wenn der Kunde ein Lob ausspricht, dann muss der betroffene Mitarbeiter das auch umgehend erfahren.

Nur wenn das Unternehmen und die Mitarbeiter Kritikpunkte kennen, besteht die Chance, diese abzustellen.

Die Erfahrungen zeigen, dass Mitarbeiter, die eine hohe Arbeitsqualität abliefern, einer solchen Befragung ausdrücklich zustimmen. Mitarbeiter, die wissen, dass sie nicht immer gute Arbeit abliefern, zeigen sich (was nachvollziehbar ist), eher skeptisch.

Wenn Unternehmen die Befragung ankündigen, dann steigt die Qualität der abgelieferten Arbeit. Wer kontrolliert wird, strengt sich mehr an.

Der Einsatzbereich der Befragungen sind Kundendienstaufträge und kleinere Projekte. Bei Hausverwaltungen, für die der Betrieb jede Woche mehrmals im Einsatz ist, wird diese Form der Befragung nicht eingesetzt. An dieser Stelle ist ein persönliches Jahresgespräch mit dem Auftraggeber angemessener.

Digitale Kundenbefragung

Über umfrageonline.com oder ask.com können Online-Fragebögen individuell erstellt werden.
Ein Muster des Fragebogens der Firma Kästner aus Selb ist als **Bild 8.10** dargestellt.

kästner
Elektro-Installationen ·
Elektrogeräte · Kundendienst

Umfrage zur Kundenzufriedenheit der Firma Kästner

Um künftig noch besser auf Sie und Ihre Wünsche eingehen zu können, möchten wir Sie bitten, die nachfolgenden Fragen zu beantworten – übrigens völlig anonym.

Die Bewertung reicht von:
4 = trifft voll und ganz zu
3 = trifft eher zu
2 = trifft eher nicht zu
1 = trifft gar nicht zu

* Erforderlich

1. Wir haben uns für Elektro Kästner entschieden, weil ...*

☐ wir schon lange mit euch zusammenarbeiten.
☐ wir ein Gegenangebot benötigt haben.
☐ ihr der günstigste Anbieter seid.
☐ ihr der kompetenteste Anbieter seid.
☐ wir keine andere Option/Firma haben.

Bild 8.10 Kundenfragebogen der Firma Kästner, Selb (Teil 1/2)

2. Ich war mit der Beratung vor Auftragserteilung zufrieden.*

☆ ☆ ☆ ☆

3. Wurde das Angebot im besprochenen Zeitraum erstellt?*

☐ Ja
☐ Nein

4. Das Angebot war aussagekräftig.

☆ ☆ ☆ ☆

5. Der Auftrag wurde schnell und pünktlich ausgeführt.*

☆ ☆ ☆ ☆

6. Ich war mit der Qualität der ausgeführten Arbeiten zufrieden.*

☆ ☆ ☆ ☆

7. Das Auftreten der Mitarbeiter war höflich und korrekt.*

☆ ☆ ☆ ☆

8. Nach Abschluss wurde ich über die ausgeführte Arbeit informiert.*

☆ ☆ ☆ ☆

9. Der Rechnungsbetrag ist angemessen (Preis-Leistungs-Verhältnis ok).*

☆ ☆ ☆ ☆ 10. Die Rechnung ist aussagefähig und nachvollziehbar.*

☆ ☆ ☆ ☆

11. Der Arbeitsplatz wurde sauer verlassen.*

☆ ☆ ☆ ☆

12. Worauf legen Sie besonders Wert?
(Wählen sie genau 3 von 8 Antworten aus.)*

Wählen Sie höchstens 3 Optionen aus.

☐ Sauberkeit
☐ Pünktlichkeit/Zuverlässigkeit
☐ Freundlichkeit
☐ Fachkompetenz
☐ Beratung
☐ Organisation/Auftragsabwicklung
☐ Qualität der verwendeten Materialien
☐ Änderungswünsche sind flexibel umsetzbar

Bild 8.10 Kundenfragebogen der Firma Kästner, Selb (Teil 2/2)

In **Bild 8.11** ein Beispiel, wie unterschiedliche Bewertungen aussehen könnten.

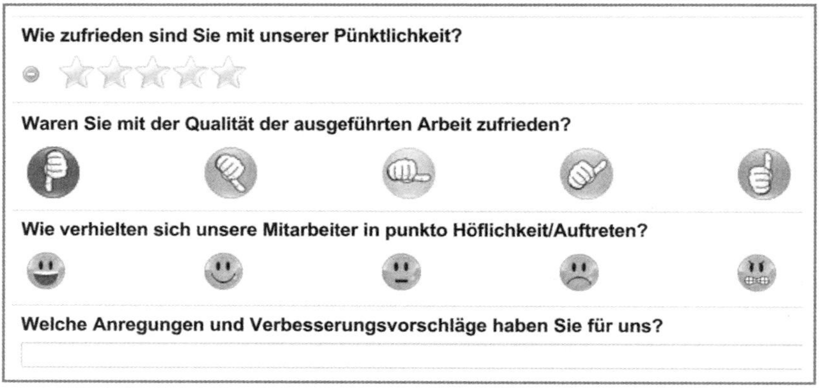

Bild 8.11 Beispiel für eine Bewertung in einem Kundenfragebogen (Auszug)

Die Unternehmensberatung Heckner ist in der Berufsrolle des Bundesverbandes deutscher Markt- und Sozialforscher e.V. eingetragen.
Gerne beantworten wir Fragen zum Thema Marktforschung.

Machen die Kunden bei Befragungen mit?

Fragt man Unternehmer zu ihrer Meinung über Kundenbefragungen, hört man zu Telefonbefragungen oft skeptische Aussagen wie: „Ich werde so oft gefragt“, „Mir gehen Befragungen auf die Nerven“ oder „Da mache ich nicht mehr mit“.

Auf Seiten der Privatkunden herrscht eine weitaus größere Bereitschaft zur Teilnahme an Befragungen als auf Seiten der Unternehmer. Das zeigen die Erfahrungswerte. Die Rücklaufquoten bei Kundenbefragungen hängen stark davon ab, wie umfangreich der Fragebogen ist und wie gut die Beziehung zum Kunden.

Die Erfahrungen zeigen eine Rücklaufquote von 20 % bis 40 %.

Wie reagieren Mitarbeiter? Wollen Mitarbeiter solche Befragungen?

Wenn die Geschäftsleitung plant, eine Befragung durchzuführen, müssen die Mitarbeiter unbedingt im Vorfeld informiert werden. Die Erfahrungen zeigen, dass es in der Regel eine breite Zustimmung der Mitarbeiter zu einer Kundenbefragung gibt, wenn sie vorher informiert werden. Im Rahmen einer Mitarbeiterbesprechung wird der Fragebogen und die Befragungsmethode vorgestellt.

Wer plant, in seinem Unternehmen eine Kundenzufriedenheitsbefragung durchzuführen, sollte unbedingt die Mitarbeiter einbeziehen. Den Mitarbeitern soll der geplante Fragebogen vorgelegt werden, verbunden mit der Frage „Ist der Fragebogen fair, fehlt etwas, wie ist eure Meinung zur geplanten Befragung?"

Nicht selten nennen Mitarbeiter weitere Kriterien, die abgefragt werden sollen. Je mehr die Mitarbeiter vor der Befragung eingebunden werden, umso ernster werden sie sich mit ihren Ergebnissen auseinandersetzen.

Der Vorgesetzte muss, wenn Mitarbeiter Bedenken äußern, sich ernsthaft mit diesen auseinandersetzen und diese Bedenken, wenn erforderlich, im Vieraugengespräch ausräumen.

Argumente, die für eine Kundenbefragung sprechen:

- Nur wenn das Unternehmen die Meinungen und Wünsche der Kunden kennt, kann es sich darauf einstellen und schnell reagieren.
- Wenn ein Kunde unzufrieden ist, kann er dies in einer Befragung äußern, bevor er seinen Unmut mit der Öffentlichkeit teilt.
- Mitarbeiter, die gute Leistungen erbringen, werden gelobt – das ist gerecht.
- Alleine die Tatsache, dass eine Befragung durchgeführt wird, kann zu einer aufmerksameren und damit besseren Kundenbetreuung führen.

Was tun, wenn der Kunde Kritik an einem bestimmten Mitarbeiter äußert?

Bei jedem Mitarbeitergespräch gilt: Je schneller das Gespräch mit dem betroffenen Mitarbeiter gesucht wird, umso besser. Die Frage, die dem Mitarbeiter gestellt werden sollte, lautet: „Was war los, warum kritisiert der Kunde, warum äußert er sich unzufrieden?"

Es ist nur fair, dem Mitarbeiter die Gelegenheit zur Stellungnahme zu geben und dann weiter zu fragen: „Was tun wir jetzt, damit wir den Kunden wieder zufriedenstellen?"

Ergebnisse kommunizieren

Die Ergebnisse von negativen Kundenäußerungen sind mit dem betroffenen Mitarbeiter unter vier Augen zu besprechen. Ziel des Gespräches muss es sein, festzulegen, was getan werden muss, um Reklamationen in Zukunft zu vermeiden. Wenn ein Kunde einen Kundendienstmitarbeiter besonders lobt und seiner Zufriedenheit Ausdruck verleiht, dann sollte dieses Lob schnellstens an den Mitarbeiter weitergegeben werden. Wer so vorgeht, motiviert sich und seine Mitarbeiter.

Einmal pro Jahr werden die Durchschnittsnoten aus den Befragungsergebnissen im Zuge einer Betriebsversammlung präsentiert und die Ziele für das folgende Jahr mit den Mitarbeitern festgelegt.

8.5 Kontrolle Lager

Die Fotos in **Bild 8.12** zeigen Lager von Elektrohandwerksbetrieben. Auf den ersten Blick fällt eine erschreckende Unordnung auf. Ein chaotisches Lager wird sich nicht zuletzt auch negativ auf die betrieblichen Zahlen des Unternehmens auswirken.

Ordnung im Lager hat die in **Tabelle 8.22** aufgezählten Vorteile.

Nach der kaufmännischen Definition ist der Lagerbestand identisch mit dem Inventurwert, der in der Bilanz ausgewiesen wird.

Der Busch-Jaeger-Betriebsvergleich (Betriebsvergleichswerte in **Tabelle 8.23**) gibt Auskunft über die branchenübliche Höhe des Lagerbestandes.

Bei Unternehmen, die über ein Ladengeschäft verfügen, ist der Material- oder Lagerbestand immer höher als bei einem reinen Elektroinstallationsbetrieb. Generell gilt: Je ordentlicher und übersichtlicher das Lager, desto geringer der Bestand, desto aktueller das Material oder die Ware.

Richtwerte für reine Elektrohandwerksbetriebe sind in **Tabelle 8.24** aufgeführt.

Bild 8.12 Beispiele für chaotische Lager

So ist es richtig	Die daraus entstehenden Vorteile
Ordnung und Übersicht	Material wird schnell gefunden, rationelleres und produktiveres Arbeiten.
Regalbeschriftung	Materiallieferungen werden richtig einsortiert.
Übersicht	Material wird erst bestellt, wenn erforderlich. Bestände können gering gehalten werden.
Regalbeschriftung mithilfe von Strichcodes	Inventur wird erleichtert und das Material kann elektronisch erfasst und dem Auftrag zugeordnet werden.

Tabelle 8.22 Die Vorteile von Ordnung im Lager

	GK I + II bis 1,0 Mio. EUR Leistung	GK III 1,0 bis 2,5 Mio. EUR Leistung	GK IV 2,5 bis 10 Mio. EUR Leistung	GK V ab 10 Mio. EUR Leistung
Leistung in EUR	746.488	1.705.039	4.387.461	14.911.793
Wareneinsatz ohne Fremdleistungen in EUR	271.899	625.174	1.704.471	5.544.618
Lagerbestand in EUR	36.252	95.140	232.706	606.126

Tabelle 8.23 Orientierungswerte Lager aus Busch-Jaeger-Betriebsvergleich 2024

Umsatzgröße ca. in EUR	Angemessener Lagerbestand in EUR
360.000	15.000
712.000	20.000
1.520.000	60.000
4.800.000	120.000
24.000.000	350.000

Tabelle 8.24 Richtwerte Lagerbestand im Elektrohandwerk

So wird der Lagerbestand korrekt bewertet

Nach den Grundsätzen des § 240 HGB hat ein Unternehmer die Werte seines Unternehmens genau zu erfassen. Dazu gehören auch die Werte im Lagerbestand. Diese müssen zu den Herstellungs- oder Wiederbeschaffungskosten angesetzt werden. Im § 241 HGB ist festgelegt, wie eine Bestandsaufnahme zu erfolgen hat.

Materialien oder Ersatzteile, die nicht mehr aktuell sind, weil sie durch moderne Produkte ersetzt wurden, sind nur mit einem Bruchteil des früheren Beschaffungspreises anzusetzen.

Wenn z.B. im Unternehmen Solarmodule auf Lager sind, die vor drei Jahren angeschafft wurden, darf nicht der damalige, sondern der aktuelle Einkaufspreis, angesetzt werden. Eine Übersicht zur Lagerbewertung gibt **Tabelle 8.25.**

Alter der Ware, Elektroinstallation	Alter der Ware, Elektrogeräte	Abschlag vom Einkaufspreis in %	Wert des ehemaligen Einkaufspreises in %
bis 1 Jahr	bis 6 Monate	0	100
1 bis 2 Jahre	6 bis 12 Monate	15	85
2 bis 3 Jahre	10 bis 18 Monate	30	70
3 bis 4 Jahre	18 bis 24 Monate	40	60
4 bis 5 Jahre	24 bis 36 Monate	50	50
älter*	älter*		
*ggf. ohne Wertansatz, wird in der Inventur nicht mitgezählt			

Tabelle 8.25 Lagerbewertung nach Anschaffungszeitraum

In Einzelfällen kann der Abschlag auch höher ausfallen, wenn z. B. Spezialleuchten am Lager sind, die kaum nachgefragt werden. Wenn Material aus Projekten übrigbleibt, sollte das Unternehmen in Abstimmung mit dem Großhandel prüfen, ob eine Rücknahme der Ware nicht der bessere Weg wäre, auch wenn der Großhandel dafür Kosten in Rechnung stellt.

Ein gewissenhafter Unternehmer sorgt selbst dafür, die Werte so zu erfassen, dass diese den Tatsachen entsprechen.

Erwirtschaftet ein Unternehmen gute Gewinne, kommt der Bewertung des Lagers in Zusammenhang mit der Einsparung von Steuern eine besondere Bedeutung zu. Wie sich eine niedrige Bestandsbewertung auf den Gewinn auswirkt, zeigt die **Tabelle 8.26**.

Die einfache Faustregel lautet: je höher der Bestand bewertet wird, desto höher der Gewinn. Je niedriger, desto geringer der Gewinn.

Schwankt die Höhe des Warenlagers von Jahr zu Jahr stark, könnte das Finanzamt vermuten, der Betrieb manipuliere durch unterschiedliche Bestandsbewertungen seinen Gewinn – eine Betriebsprüfung könnte die Folge sein.

Viele Betriebsprüfer haben das Ziel, die Bewertung des Warenlagers kritisch zu durchleuchten. Liegt der tatsächliche Wert höher als angegeben, steigt der Unternehmensgewinn, Steuernachzahlungen sind die Folge.

Berechnung	**normale Bewertung in EUR**	**geringe Bewertung in EUR**
Einkauf des aktuellen Jahres	140.000	140.000
+ Lager-Endbestand Vorjahr	40.000	40.000
./. Lager-Endbestand aktuelles Jahr	40.000	20.000
= Wareneinsatz des aktuellen Jahres	140.000	160.000
Leistung	400.000	400.000
./. Wareneinsatz	140.000	160.000
= Rohertrag	**260.000**	**240.000**
./. Kosten	200.000	200.000
= Gewinn	**60.000**	**40.000**

Tabelle 8.26 Wareneinsatz-Berechnung mit unterschiedlicher Lagerbewertung

8.6 Unternehmensfinanzierung

Das **Bild 8.13** verdeutlicht, auf welche Finanzierungsarten ein mittelständisches Unternehmen zurückgreifen kann. Idealerweise steht das Kontokorrentkonto auf „Null“ oder im Guthaben.

Bild 8.13 Finanzierungsarten

Bürgschaften

Auftraggeber behalten häufig fünf Prozent Auftragssumme als Sicherheit für Mängel ein. Dieser Sicherheitseinbehalt kann durch eine Bürgschaft einer Bank oder Versicherung abgelöst werden. Manche Auftraggeber verlangen zudem Vertragserfüllungsbürgschaften (auch Ausführungsbürgschaften genannt) die meist nicht fünf Prozent, sondern häufig zehn Prozent der Bruttoauftragssumme betragen. Bürgschaften werden auch mit dem Begriff Aval bezeichnet. Werden diese Avale über die Hausbank dargestellt, rechnet die Bank diese Avale in die eingeräumte Betriebsmittelkreditlinie (Dispolinie) hinein. Eine Auslagerung der Bürgschaften auf einen Kreditversicherer entlastet somit das Limit bei der Hausbank, und damit steigen die Liquidität und die finanzielle Bewegungsfreiheit des Betriebs. Eine Übersicht zum Gesamtfinanzierungsbedarf bietet **Bild 8.14**.

Betriebliche Kapitalanlage

Um Planungssicherheit und die unternehmerische Handlungsfreiheit zu sichern, ist es notwendig, immer über ausreichend Kapital im Betrieb zu verfügen. Hierzu kann es ratsam sein, einen externen „Kapitalpuffer“ anzulegen, der für unvorhergesehene Ereignisse vorgesehen ist. Dieser Kapital-

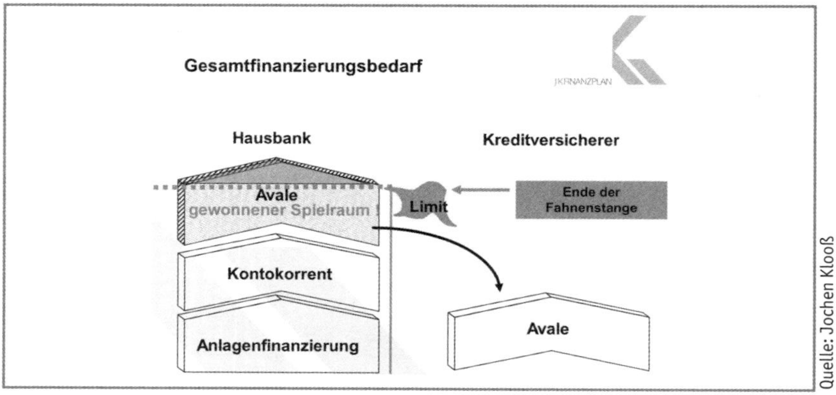

Bild 8.14 Übersicht Gesamtfinanzierungsbedarf

puffer sollte nicht bei der Hausbank angelegt werden, die auch Kreditlinien zur Verfügung stellt. Durch das immer vorhandene Pfandrecht der Bank gemäß den allgemeinen Geschäftsbedingungen könnte die Bank im „Störfall" schon vorher in den „Kapitalpuffer" greifen und Bankkredite ausgleichen. Damit wäre der Gedanke des „Notgroschens" ad absurdum geführt.

Grundprinzipen für einen erfolgreichen Vermögensaufbau

Viele Anleger verwalten ihre Gelder zunächst in Eigenregie und machen damit auch gute Erfahrungen. Doch mit steigendem Einkommen und wachsendem Vermögen werden die Anforderungen an die Kapitalanlage größer und die Herausforderungen komplexer. Wer teure Fehlentscheidungen vermeiden möchte, ist gut beraten, wenn er sich an die folgenden Regeln hält.

- Welche Ziele sollen erreicht werden?
  Altersvorsorge, finanzielle Unabhängigkeit, Ausbildung der Kinder, vorzeitiger Ruhestand? Rückzahlung von Krediten etc.? Zunächst ist Klarheit darüber erforderlich, wofür Geld zurückgelegt wird. Es empfiehlt sich, für unterschiedliche Ziele auch separate Konten zu führen.
- Schaffung einer Notfallreserve, „Wohlfühlliquidität"
  Bevor über das Mischungsverhältnis von Anleihen, Immobilien und Aktien nachgedacht wird, muss ein separates Konto eingerichtet werden. Ziel ist nicht eine hohe Rendite, sondern Wertstabilität und eine sofortige, schnelle Verfügbarkeit. Die Höhe der „Wohlfühlliquidität" (**Bild 8.15**) variiert je nach Anleger. Mindestens sollten drei Monatsbudgets – also die privaten Ausgaben eines Vierteljahres – auf einem solchen Konto verfügbar sein. Dafür eignen sich Tagesgeldkonten oder Geldmarktfonds.

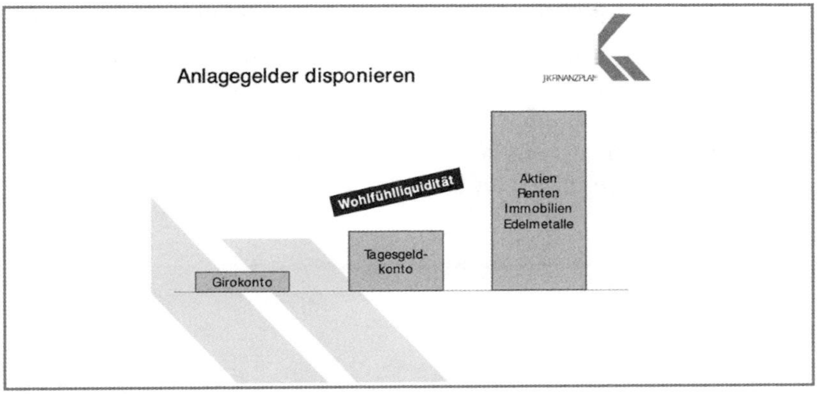

Quelle: Jochen Klooß

Bild 8.15 „Wohlfühlliquidität" als wertstabiles Polster

- Bestandsaufnahme
  Was ist an Vermögenswerten vorhanden und wie ist es verteilt, welche Gewichtung? Eine Übersicht sollte erstellt werden – idealerweise im DIN-A4-Querformat – , aus der ersichtlich ist, welche Vermögenswerte wo verteilt sind (**Bild 8.16**).

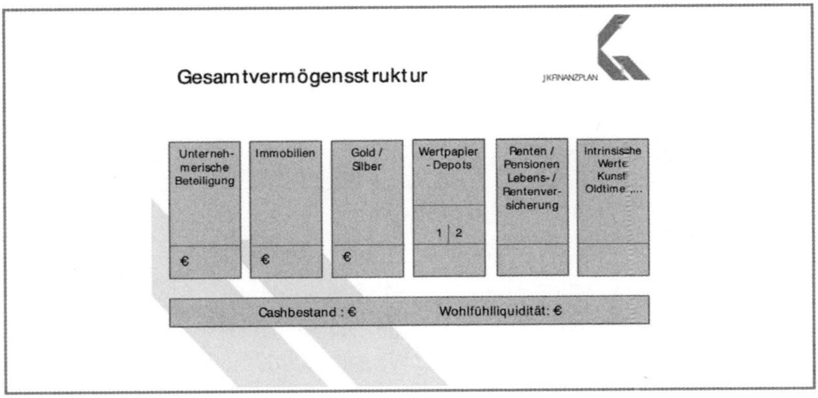

Quelle: Jochen Klooß

Bild 8.16 Gesamtvermögensstruktur

- Die Märkte für sich arbeiten lassen
  Weltweit werden Firmen im Wert von 120 Billionen Euro an den Börsen gehandelt. Jedes dieser Unternehmen verfolgt das Ziel, Umsatz und Gewinn zu steigern. Wirtschaft schafft Wohlstand. Es sind nicht Politiker, die Wohlstand schaffen, sondern Unternehmer mit ihrem Wissen und ihren Ideen. Die freie Marktwirtschaft ist das bei weitem erfolgreichste

Wirtschaftsmodell. Ziel sollte daher sein, sich an der Weltwirtschaft zu beteiligen und somit am Wachstum der Welt teilzunehmen. **Bild 8.17** zeigt die Entwicklung von tausenden von Anlagefonds in dem jeweiligen Marktsegment. Kein Anbieter wurde mehr als eine anderer gewichtet. Die Grafik soll einen Eindruck über Entwicklung der Märkte in den letzten 30 Jahren verschaffen.

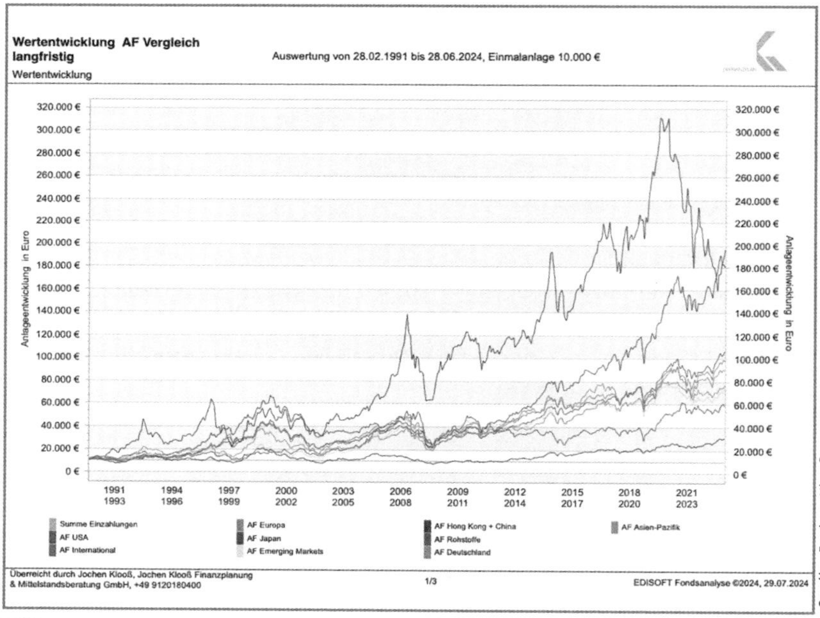

Quelle: Jochen Klooß

Bild 8.17 Wertentwicklung Anlagefonds 1991 – 2024

- Nicht versuchen, Märkte und Zukunft vorherzusagen
  Man weiß nie, welche Marktsegmente und Anlageklassen sich von Jahr zu Jahr besser entwickeln werden. Wissenschaftliche Studien zeigen, dass „Timing“ – der Versuch, Beginn und Ende starker Marktauf- oder Abschwünge zu prognostizieren – nicht wiederholbar funktioniert.
- Geld intelligent streuen
  Anlagen über viele Anlageklassen und Marktsegmente zu halten, kann bei der Streuung des Gesamtrisikos helfen. Dabei genügt es meist nicht, nur innerhalb einer Region zu diversifizieren. Eine globale Ausrichtung eröffnet zusätzliche Chancen. Eine breite Streuung gilt als der einzige „free lunch“ in der Geldanlage.

- Emotionen unter Kontrolle halten
  Emotionale Entscheidungen führen oft zu suboptimalen Anlagestrategien. Schwankungen an den Märkten sind normal, überstürztes Handeln in Reaktion auf Kursbewegungen dagegen selten zielführend. Wer Gefühle vom Geld trennt, bewahrt langfristig den klaren Kopf – und das Kapital.
- Sich nicht von den Medien beeinflussen lassen
  Die täglichen Börsenkommentare und Schlagzeilen sind oft laut, emotional und kurzfristig gedacht. Sie können Ängste schüren oder unrealistische Hoffnungen wecken. Doch weder Angst noch Gier führen zu einer durchdachten Anlagestrategie. Der Fokus sollte stets auf den langfristigen Zielen liegen – nicht auf der nächsten Schlagzeile.
- Konzentration auf das, was kontrollierbar ist
  Eine durchdachte Strategie mit regelmäßiger Überprüfung bringt mehr als hektisches Reagieren. Dazu gehört die jährliche Kontrolle der Vermögensstruktur ebenso wie das Festlegen realistischer Sparraten und Anlageziele. Ein strukturierter Finanzplan schafft Klarheit – und Zeit ist dabei der verlässlichste Verbündete.

Die oben genannten Punkte sind Basisüberlegungen vor einem Investment, die jeder Anleger für sich beantworten sollte. Geldanlage ist leider keine exakt berechenbare Wissenschaft wie z. B. Physik. Insofern führen viele Wege zum Ziel. In den meisten Fällen hilft gesunder Menschenverstand, um zwischen Spekulationen und Investitionen zu unterscheiden. Wer externe Unterstützung nutzen möchte, sollte kritisch hinterfragen, welche Interessen der Berater verfolgt und wie unabhängig dessen Empfehlungen wirklich sind.

Im Ergebnis ist die finanzielle Handlungsfreiheit über den eigenen Betrieb gesichert und der Unternehmer wird nicht mit zeitlich aufwendigen Bankkreditgesprächen belastet.

8.7 Liquiditätsbetrachtung

Wie voll ist der Tank? Vergleichen wir die Liquiditätsanalyse mit einer Tankanzeige: Eine Tankanzeige hilft uns frühzeitig zu erkennen, wenn wir handeln müssen, um unseren Tank wieder aufzufüllen. Wenn der Tank leer ist, bleibt das beste Auto stehen, obwohl vielleicht wenige Meter weiter eine Tankstelle steht.

Wie weit reicht der finanzielle Spielraum?

Liquidität ist die Fähigkeit eines Unternehmens, seine Verpflichtungen fristgerecht zu erfüllen. Grundlagen bilden hierbei die zu bestimmten Terminen fälligen Ein- und Auszahlungen.

Der Faktor Zeit spielt eine besondere Rolle. Ein Unternehmen, das zwar über einen hohen Forderungsbestand verfügt, kann unter Umständen jedoch nicht die fälligen Verpflichtungen für z. B. Miete, Tilgungen und Löhne erfüllen. Das Unternehmen steht vor dem Aus, obwohl vielleicht schon in wenigen Wochen mit hohen Geldeingängen zu rechnen ist. Wichtig ist es daher, seine Zahlungsströme genau zu kennen, zu analysieren und zu planen. Illiquidität kann Insolvenz bedeuten.

Liquiditätsplanung

Die Liquiditätsplanung ist ein wesentliches Instrument der Liquiditätssteuerung. Sie hat die Funktion, periodengerecht (täglich, wöchentlich, monatlich) drohende Illiquidität rechtzeitig aufzudecken und die Zahlungsströme, wenn nötig, zu lenken. Zahlungseingänge und -verpflichtungen müssen termingerecht in Einklang gebracht werden.

Ein Liquiditätsplan muss so beschaffen sein:

- Zukunftsbezogen,
- inhaltlich präzise (Einnahmen und Ausgaben müssen lückenlos aufgelistet werden),
- zeitlich präzise.

Wir empfehlen, die Liquiditätsplanung rollend aufzubauen. Das heißt, dass sie monatlich/wöchentlich um aktuelle Erkenntnisse angepasst wird. Eine Planung der Liquidität über ein Jahr oder gar drei Jahre im Voraus kann letztlich zu falschen Schlüssen führen, wenn strategische Entscheidungen kurzfristig abgeleitet werden müssen. Wenn Banken z.B. im Rahmen der Erstellung eines Businessplans solche Zeiträume sehen wollen, geht es hierbei nicht um kurzfristige strategische Entscheidungen und Steuerung der Liquidität, sondern um die Frage, ob das Unternehmen auch in drei Jahren in der Lage sein wird, die Tilgungsleistungen erbringen zu können.

Fälligkeiten beachten!

Für eine Liquiditätsplanung spielen die Fälligkeiten eine zentrale Rolle. Einnahmen und Ausgaben verändern ständig den Stand der verfügbaren Zahlungsmittel.

Auf der Ausgabenseite stellt sich folgende Frage: Wie viele Tage oder Wochen bleiben, um die anstehenden Rechnungen zu bezahlen? Zu berücksichtigen sind hierfür die Fälligkeitstermine und nicht die Frist, die tatsächlich in Anspruch genommen wird. Bei der Planung muss auch an Auszahlungen, die klassisch nicht zu den betrieblichen Kosten zählen, wie z.B. Tilgungsleistungen, Investitionen und Entnahmen des Unternehmers, gedacht werden.

Auf der Seite der Einnahmen ist es wichtig zu wissen: Wann kann die Rechnung an den Kunden gestellt werden? Welche Zahlungsziele werden eingeräumt? Ab wann kann realistischerweise damit gerechnet werden, dass die Zahlungsmittel tatsächlich in der Kasse sind? Alle Einnahmen und Ausgaben sind brutto zu planen, so wie der tatsächliche Geldfluss auch stattfindet.

Eine fiktive Überlegung

Fragen Sie sich: Wie lange hält mein Unternehmen durch, wenn (rein theoretisch) ab morgen kein Kunde mehr zahlen würde? Die Kosten laufen weiter, offene Rechnungen müssen bezahlt werden. Eine Woche? Einen Monat?
Zwei oder drei Monate sollten es schon sein!

Wenn die obenstehende Voraussetzung (zwei bis drei Monate) erfüllt ist, dann verfügt der Betrieb über ein ausreichendes Liquiditätspolster.

Umsatzsteuer berücksichtigen!

Die Umsatzsteuer wird gern bei der Liquiditätsplanung vergessen, wird aber in jedem Fall fällig. Wer vergisst, diesen Zahlungsmittelabfluss in seinen Planungen zu berücksichtigen, wird schnell eine böse Überraschung erleben.

Die Umsatzsteuer muss monatlich oder quartalsweise an das Finanzamt abgeführt werden. Im Gegenzug dazu verpflichtet sich das Finanzamt die Vorsteuer, die das Unternehmen an Lieferanten bezahlt hat, zu erstatten. Die Zahllast (Differenz aus Umsatzsteuer abzüglich Vorsteuer) ist unbedingt in die laufende Liquiditätsplanung einzustellen. Denn eine überraschende Umsatzsteuerzahlung kann große Auswirkungen auf die Liquidität des Unternehmens haben. Das in **Tabelle 8.27** gezeigte Formular kann als Unterstützung bei der Liquiditätsplanung helfen.

Liquiditätsstatus

Zur Überwachung der Liquidität bietet sich auch die Aufstellung eines Liquiditätsstatus an (**Tabelle 8.28**). Diese Aufstellung ist nicht so aufwändig

	KW 30	KW 31	KW 32	KW 33
Kontostand alt				
Einnahmen aus				
Umsätzen				
bestehende Forderungen				
Erlöse brutto				
sonstige Erträge				
Zinsen/sonstige Finanzerträge				
sonstige Erträge				
sonstige Zuflüsse				
sonstige Forderungen				
Steuererstattungen				
Kreditaufnahmen				
Privatentnahmen				
Summe Einnahmen				
Ausgaben für				
Waren und Material				
bestehende Lieferantenverbindlichkeiten				
Material-/Wareneinkäufe brutto				
Personal				
Löhne und Gehälter				
Lohn-/Kirchensteuer				
Sozialabgaben/Berufsgenossenschaft				
sonstige Personalkosten				
Sachkosten				
Mieten/Pachten				
Energie				
Steuern/Versicherungen/Beiträge				
Fahrzeugkosten				
Werbe-/Reisekosten				
Kostender Warenabgabe				
Instandhaltung				
Zinskosten				
sonstige Aufwendungen				
Steuern				
Umsatzsteuer (Zahllast)				
Gewerbe-/Körperschaftsteuer				
sonstige Steuern				

Tabelle 8.27 Beispiel Aufbau einer Liquiditätsplanung (Teil 1/2)

	KW 30	KW 31	KW 32	KW 33
sonstige Abflüsse				
Kredittilgung				
Rückzahlung sonstige Verbindlichkeiten				
geplante Investitionen				
Summe Ausgaben				
Überschuss/Fehlbetrag				
Kontostand neu				

Tabelle 8.27 Beispiel Aufbau einer Liquiditätsplanung (Teil 2/2)

	Liquidität in Tsd. EUR		
	KW 25	KW 27	KW 29
Forderungen	20	10	20
Bank I	20	30	0
Bank II	– 50	– 20	– 80
Lieferantenverbindlichkeiten	– 55	– 92	– 10
sonstige kurzfristige Verbindlichkeiten	– 10	– 20	– 30
Halbfertige Leistungen	30	40	80
Anzahlungen	– 20	– 35	– 40
Kasse	5	2	0
Saldo	**– 60**	**– 85**	**– 60**

Tabelle 8.28 Beispiel Liquiditätsstatus

wie eine ausführliche Liquiditätsplanung. Zumindest wenn die Liquidität nicht angespannt ist, gibt sie ausreichend Informationen, um Entwicklungen und Trends frühzeitig zu erkennen. Sollte die Liquidität bereits angespannt sein, empfehlt sich die ausführlichere und noch aussagekräftigere Liquiditätsplanung.

Der Liquiditätsstatus sollte mindestens im Monatsrhythmus gepflegt werden. Darin wird aufgelistet, wie sich Umlaufvermögen und kurzfristige Schulden im Laufe der einzelnen Wochen oder Monate verändern.

Der Liquiditätsstatus sollte mindestens im Monatsrhythmus gepflegt werden. Darin wird aufgelistet, wie sich Umlaufvermögen und kurzfristige Schulden im Laufe der einzelnen Wochen oder Monate verändern.

Wer nur die Bankkonten (Kontokorrent) beobachtet, kann schnell zu falschen Schlüssen kommen. Entscheidend ist, auch die weiteren liquiditätsbildenden Faktoren im Unternehmen regelmäßig zu betrachten und die Zusammenhänge zu erkennen.

In der Aufstellung (Tabelle 8.28) ist es nicht so wichtig, die absolute Summe zu betrachten – viel wichtiger ist es, die Veränderung des Saldos zu beobachten. Aus der Veränderung lässt sich ein Trend ins Positive oder Negative ablesen.

Kennzahlen zur Liquiditätsbetrachtung – Liquiditätsgrad

Bei den Liquiditätsgraden handelt es sich um sogenannte „horizontale Bilanzkennzahlen“, da sie Aktiva und Passiva ins Verhältnis setzen, also die beiden Seiten der Bilanz horizontal miteinander verknüpfen.

Diese Kennzahlen dienen einem ersten Überblick und sollten vor allem im Zeitverlauf (regelmäßig monatlich und jährlich ermittelt) betrachtet werden, um Tendenzen ableiten zu können. Der einmalige Blick auf diese stichtagsbezogenen Kennzahlen ist nicht ausreichend, um die Liquidität eines Unternehmens interpretieren zu können. So können an diesem Stichtag z.B. noch fehlende Lieferantenrechnungen oder eingegangene Vorauszahlungen von Kunden ein schöneres Bild zeichnen, als es eine genauere Planung wirklich zeigen würde. Dagegen erlaubt der fortlaufende Blick auf diese Kennzahlen in einer Zeitreihe eine Erkenntnis über die Gesamtentwicklung. Unternehmen, deren Bankkonten sich immer wieder im Minus befinden oder die Rechnungen nicht rechtzeitig (unter Einhaltung der Skontofristen) bedienen können, sollten zusätzlich auf eine Liquiditätsplanung als Steuerungsinstrument setzen.

Jeder der drei Liquiditätsgrade steht für eine andere Ausprägung der Fristenkongruenzregel. Sie besagt, dass das Volumen der Aktiva mit einer Kapitalbindung bis zu einem bestimmten Zeitpunkt höher als der Kapitalbetrag aller Passiva mit derselben Fälligkeit sein soll. Die Fristenkongruenzregel findet sich auch in der berühmten „goldenen Bilanzregel“ wieder: Sie besagt, dass langfristiges Anlagevermögen auch langfristig finanziert sein soll oder zumindest nicht mit kurzfristigen Verbindlichkeiten. Es geht hier also wieder um eine horizontale Bilanzkennzahl.

Liquiditätsgrad I

$$\text{Liquidität} = \frac{\text{flüssige Mittel} \times 100}{\text{kurzfristige Verbindlichkeiten}}$$

Beim Liquiditätsgrad I werden die aktuellen flüssigen Mittel durch die kurzfristigen Verbindlichkeiten dividiert. Die flüssigen Mittel ergeben sich dabei als Summe des Kassenbestandes und des jederzeit verfügbaren Guthabens bei den Kreditinstituten des Unternehmens. Als „kurzfristig“ werden Verbindlichkeiten bezeichnet, die innerhalb eines Jahres fällig sind.

Liquiditätsgrad II

$$\text{Liquidität} = \frac{(\text{flüssige Mittel} + \text{Forderungen}) \times 100}{\text{kurzfristige Verbindlichkeiten}}$$

Bei der Liquidität 2. Grades wird statt der flüssigen Mittel die Summe aus den flüssigen Mitteln und den kurzfristigen Forderungen zu den kurzfristigen Verbindlichkeiten ins Verhältnis gesetzt. Bei dieser Kennzahl sollten bereits über 100 % herauskommen.

Liquiditätsgrad III

$$\text{Liquidität} = \frac{(\text{flüssige Mittel} + \text{Forderungen} + \text{Vorräte}) \times 100}{\text{kurzfristige Verbindlichkeiten}}$$

Der Liquiditätsgrad III setzt die Summe aus den flüssigen Mitteln, den kurzfristigen Forderungen und den Vorräten ins Verhältnis zu den kurzfristigen Verbindlichkeiten. Schließlich lassen sich die Vorräte auch kurzfristig versilbern, um für Liquidität zu sorgen. Hier muss eine Deckung von über 100 Prozent gegeben sein.

Weitere Tipps zur Liquidität – Sicherung des Unternehmens

- Kontokorrentrahmen nicht vollständig ausschöpfen:
  Investitionen in das Anlagevermögen sollten nicht zu Lasten der Liquidität gehen und damit nicht über den Kontokorrentkredit finanziert werden. Man verliert sonst den finanziellen Spielraum. Eine volle Ausschöpfung über einen längeren Zeitraum bleibt auch einer Bank nicht verborgen.
- Investitionen realistisch planen:
  Bei Investitionen nicht den Kapitalbedarf unterschätzen und auch evtl. auftretende Folgekosten berücksichtigen. Klärung, ob die Investition auch langfristig sinnvoll ist.
- Schaffung von Liquiditätsreserven:
  Überschüsse sollten regelmäßig bei der Bank angelegt werden, um sich eine Reserve zu schaffen, damit auch unvorhersehbare Engpässe überbrückt werden können.

Sofortmaßnahmen gegen Zahlungsunfähigkeit

Stichworte zur Bekämpfung einer akuten Liquiditätskrise:

- Prüfen, ob die erbrachten Leistungen abgerechnet sind; Konsequenz und Regelmäßigkeit im Abrechnungsverhalten pflegen.
- Bareinlagen in das Unternehmen einbringen.

- Nicht benötigtes Betriebsvermögen verkaufen und mieten oder zurückleasen.
- Möglichst lange Zahlungsziele mit den Lieferanten vereinbaren.
- Frisches „Beteiligungskapital" suchen.
- Ausstehende Forderungen eintreiben, ggf. mit einem Inkassobüro.
- Das Kreditinstitut und große Lieferanten um Geduld bitten; Schaffung von Vertrauen und offen über die Situation sprechen.
- Gegebenfalls ein Liquiditätssicherungsdarlehen beantragen.

8.8 Leasen oder kaufen?

Leasing kommt vom englischen „to lease" = mieten/pachten und stellt für Handwerksunternehmen eine Alternative zum Kauf eines Wirtschaftsgutes dar.

Auf den ersten Blick ist Leasing verlockend, man braucht keinen Kreditantrag bei der Hausbank zu stellen. Glaubt man der Werbung, ist Leasing viel günstiger als der Kauf eines Wirtschaftsgutes, z. B. Fahrzeug.

Wer mit seiner Hausbank auf Kriegsfuß steht, daher weiß, dass er sich schwer tut, einen Kredit zu erhalten, und deshalb auf Leasing ausweicht, täuscht sich. Die Leasinggesellschaft fragt die Bonität des Leasingkunden ab und schon weiß die Hausbank, was der Unternehmer plant. Wer negative Schufa-Einträge ausweist, wird sich so schwer tun, einen Leasingvertrag abzuschließen.

Leasing weist Vor- und Nachteile auf, die im Einzelfall immer abzuwägen sind. Zu den Vorteilen kann auch ein Einfluss auf die Bilanzstruktur gehören. Leasing ist „bilanzneutral" und wirkt sich im Vergleich zur Fremdfinanzierung (Kreditaufnahme) positiv auf die prozentuale Eigenkapitalquote aus.

Im nachfolgenden Beispiel wird dargestellt, wie sich Leasing im Vergleich zur Fremdfinanzierung des Anlagevermögens auf die Eigenkapitalquote eines Elektrohandwerksbetriebes auswirken kann. In **Tabelle 8.29** wird zunächst gezeigt, wie sich die Bilanz darstellt, wenn das Anlagevermögen durch einen Fremdfinanzierung gekauft wurde.

Die Eigenkapitalquote des Unternehmens liegt bei ca. 23,2 % (Eigenkapital in % der Bilanzsumme). Wenn das Unternehmen Wirtschaftsgüter least, anstatt diese zu finanzieren, hat dies folgenden Einfluss auf die Bilanzstruktur:

- Das Anlagevermögen reduziert sich.
- Bankverbindlichkeiten reduzieren sich ebenfalls.

Aktiv in EUR		Passiv in EUR	
Anlagevermögen	80.880	Eigenkapital	67.882
Umlaufvermögen		Rückstellungen	32.057
– Halbfertige	35.337	Fremdkapital	
– Lager	23.238	– erhaltene Anzahlungen	24.087
– Forderungen	82.077	– kurzfristige Bankverbindlichkeiten	12.158
– Kasse/Bank	56.459	– langfristige Bankdarlehen	72.742
– sonstiges Vermögen	11.281	– Lieferantenverbindlichkeiten	38.618
RAP*	2.661	– sonstige Verbindlichkeiten	43.954
		RAP*	435
Bilanzsumme	**291.933**	**Bilanzsumme**	**291.933**

* Rechnungsabgrenzungsposten; Aufwendungen, die nicht zum Geschäftsjahr gehören

Tabelle 8.29 Musterbilanz

Die Bilanzsumme wäre z. B. auf der Seite des Anlagevermögens (Aktivseite) um 50.000 EUR und auch auf Seite der Bankverbindlichkeiten (Passivseite) ebenfalls um 50.000 EUR niedriger. Der Leasinggegenstand stellt keinen Vermögenswert des Unternehmens dar und auch die Finanzierung muss nicht aufgebracht werden. Vielmehr stellen die Leasingraten Kosten des Unternehmens dar.

Das Eigenkapital in Höhe von 67.882 EUR verändert sich nicht, die Bilanzsumme sinkt jedoch von 291.933 EUR auf 241.933 EUR. Die prozentuale Eigenkapitalquote erhöht sich wegen der gesunkenen Bilanzsumme auf 28,0 %.

Wenn ein Unternehmen in die Insolvenz geht, stellt das gekaufte Wirtschaftsgut einen Teil der Insolvenzmasse dar. Der Insolvenzverwalter kann darüber verfügen. Anders bei geleasten Wirtschaftsgütern – diese befinden sich im Eigentum der Leasinggesellschaft und sind dem Zugriff des Insolvenzverwalters entzogen.

Hauptsächlich kommt das Leasing bei Firmenfahrzeugen zum Tragen. In der Regel übernimmt der Leasingnehmer alle Kosten für den laufenden Betrieb, Steuern, Versicherung, Instandhaltung usw. Bei besonderen Leasingformen sind alle Inspektionen mit der Leasingrate und die Servicetermine abgedeckt.

Die 1-%-Regelung bei Leasingfahrzeugen

Auch bei Leasingfahrzeugen gilt, wie bei gekauften Fahrzeugen die 1-%-Regelung zur Versteuerung der privaten Nutzungsanteile, zzgl. der 0,03-%-Regelung.

Der Abschnitt 8.3.6 enthält weitere Informationen zur 1-%- und 0,03-%-Regelung bei Firmenfahrzeugen.

Tabelle 8.30 zeigt, welche Argumente für und gegen Leasing sprechen.

Pro Leasing	Kontra Leasing
Bilanzneutral: die prozentuale Eigenkapitalquote steigt.	Keine Rabatte beim Einkauf des Wirtschaftsgutes, die streicht in der Regel die Leasinggesellschaft ein.
Beim Scheitern des Unternehmens dem Zugriff des Insolvenzverwalters entzogen.	Restwertrisiko: günstige Leasingraten bedeuten oft am Ende der Laufzeit saftige Nachzahlungen.
Keine Finanzierung über Bank erforderlich.	Kosten eher höher als beim Kaufen, da die Leasinggesellschaft auch Geld verdienen muss.
Der Verkauf eines Gebrauchtwagens entfällt – das Leasingfahrzeug wird zurückgegeben.	Wer aus einem Leasingvertrag vorzeitig aussteigen will, trägt meist hohe Kosten.
Die monatlichen Leasingraten sind Betriebsausgaben.	Nach Leasingende gehört das Wirtschaftsgut dem Leasinggeber.
	Auch bei Verlust des Führerscheins oder Kündigung des Mitarbeiters kann der Leasingvertrag nicht gekündigt werden.

Tabelle 8.30 Pro und Kontra Leasing

Auf der Webseite www.adac.de, Suchbegriff „Finanzierung oder Leasing“ finden sich weitere Informationen zum Thema, so z. B. eine Checkliste zur Rückgabe von Leasingfahrzeugen.

Leasing in Zusammenhang mit einer Betriebsaufspaltung

Eine klassische Betriebsaufspaltung bedeutet, dass ein Unternehmer zwei Unternehmen führt. In der sogenannten „Besitzgesellschaft“ findet sich meist eine Immobilie, und in der Betriebsgesellschaft, meist in der Rechtsform der GmbH, werden die Geschäfte abgewickelt (**Bild 8.18**).

Die Betriebsgesellschaft mietet die Immobilie von der Besitzgesellschaft. Sollte die Betriebsgesellschaft (GmbH) in Schwierigkeiten geraten und Insolvenz anmelden müssen, ist die Immobilie davon nicht betroffen.

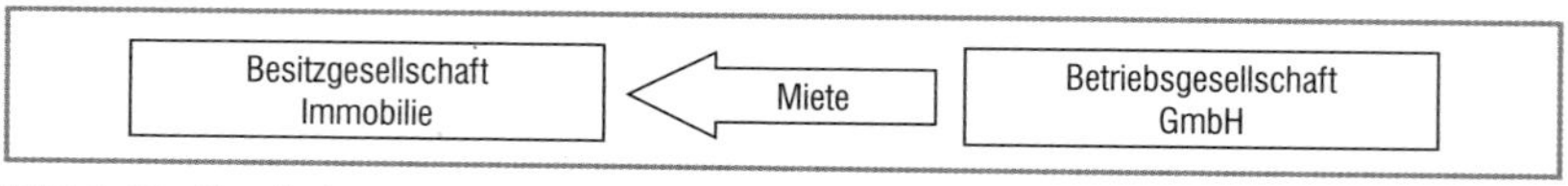

Bild 8.18 Klassische Betriebsaufspaltung

Ziel einer Unternehmensrechtsform mit beschränkter Haftung, also GmbH, ist es, das (Privat-)Vermögen zu schützen.

Konsequent wäre es deshalb, dass nicht die GmbH die Maschinen, Werkzeuge, EDV usw. einkauft, sondern diese Investitionen von der Besitzgesellschaft getätigt und in Form eines Leasingvertrages der GmbH zur Verfügung gestellt werden.

Wenn in so einer Konstellation die GmbH Insolvenz anmelden muss, sind alle für den Geschäftsbetrieb notwendigen Anlagegüter in der Besitzgesellschaft bilanziert und damit dem Zugriff des Insolvenzverwalters entzogen.

Sprechen Sie die hier beschriebene Konstellation mit Ihrem Steuerberater durch. Er wird noch weitere wichtige, individuelle Aspekte aufzeigen.

8.9 Projektbegleit- und Nachkalkulation

So mancher Elektrohandwerker macht sich nicht die Mühe, eine Begleit- oder Nachkalkulation durchzuführen. Dabei bietet sowohl die Begleitkalkulation als auch die Nachkalkulation die Möglichkeit, aus Fehlern zu lernen und neue Erkenntnisse für zukünftige Angebote zu gewinnen. Zudem können im Rahmen von Begleitkalkulationen Abweichungen noch während des Bauablaufs identifiziert werden und ggf. noch vor dem Abschluss gegengesteuert oder mit dem Kunden verhandelt werden.

Die Erträge aus einem Projekt resultieren aus zwei Bereichen:

- den Erlösen aus weiterverrechneten Arbeitsstunden,
- dem Deckungsbeitrag aus dem weiterverrechneten Material.

Dabei muss eine Richtlinie gelten: Je geringer der Materialanteil und damit auch die Gewinnspanne im Material, desto höher muss der Stundensatz kalkuliert werden, um Gewinne zu erzielen.

Das Elektroinstallationshandwerk an sich ist ein sehr lohnintensives Gewerk. Oft ist es so, dass ein Projekt nur Gewinne abwirft, weil ein hoher Materialanteil verbaut wird.

Tabelle 8.31 zeigt das Beispiel von zwei Projekten, die mit jeweils 250 Arbeitsstunden, aber unterschiedlichen Materialanteilen, kalkuliert sind.

Der Vergleich der Deckungsbeiträge (Verkaufspreis abzgl. Material-EK und abzgl. Selbstkosten der Stunden) macht deutlich, dass das Projekt II das attraktivere ist, obwohl der Unternehmer beim Stundensatz deutlich niedriger kalkuliert hat als im Projekt I.

	Projekt 1	Projekt 2
kalkulierte Stundensatz in EUR (ohne MwSt.)	61	55
Anzahl Stunden	250	250
Angebotspreis Arbeit in EUR	15.250	13.750
Selbstkosten Arbeit (bei 37 EUR/h Lohnselbstkosten)	9.250	9.250
Spanne aus Arbeit in EUR	6.000	4.500
EK-Preis Material in EUR	5.000	26.000
VK-Preis Material in EUR	6.500	31.200
Spanne auf Material in EUR	1.500	5.200
Deckungsbeitrag des Projektes gesamt in EUR	7.500	9.700

Tabelle 8.31 Muster Kalkulation mit unterschiedlichen Materialanteilen

Deckungsbeitrag (DB) pro Stunde

Unsere Empfehlung: Denken Sie nicht in Stundensätzen und prozentualen Materialaufschlägen, sondern denken Sie in „Deckungsbeitrag pro Stunde".

Die **Tabelle 8.32** zeigt, dass sich das Projekt II aufgrund des höheren Materialanteils deutlich besser rentiert als das Projekt I.

Nun stellt sich aber die Frage: Gelingt es tatsächlich, die kalkulierten Arbeitsstunden einzuhalten oder laufen die Stunden „aus dem Ruder"? Wenn deutlich mehr Zeit und/oder Material als kalkuliert verbraucht wurde, wird jedes Projekt Verluste schreiben.

Nachfolgend einige Vorschläge, wie der Überblick über Gewinne oder Verluste von Projekten erleichtert wird.

Die Basis für eine gute Projektüberwachung liegt in einem „guten Angebot". Ein solches Angebot ist mit Zeiten und Material hinterlegt. Denn nur damit kann der Handwerker kontrollieren, ob sein Aufmaß auch den tatsächlichen Zeit- und Materialaufwand widerspiegelt. Wir raten, während des Bauverlaufs fortlaufend eine Projektübersicht für kalkuliertes, aufgemessenes und tatsächlich verbrauchtes Material und eine Übersicht über die kalkulierte, aufgemessene und tatsächliche Arbeitszeit zu erstellen. Somit können die Kosten eines Projektes in der Planung mit der Durchführung sowie der Abrechnung verglichen werden. Jede gängige Branchensoftware bietet diese Möglichkeit.

Projekt	DB gesamt in EUR	kalkulierte Stunden	DB je Stunde in EUR
Projekt I	7.500,00	250,00	30,00
Projekt II	9.700,00	250,00	38,80

Tabelle 8.32 Deckungsbeitrag (DB) der Musterprojekte

Die Zuordnung des Materials zum Projekt wird erleichtert, wenn jede projektbezogene Materialbestellung mit der Kommissions-Nummer des Projektes erfolgt und bestenfalls direkt aus dem Handwerkerprogramm auf das Projekt bestellt wird. Materialrechnungen können zudem via ZUGFeRD-Schnittstelle projektbezogen im Auftrag erfasst und den Positionen zugeordnet werden.

Gewerbliche Mitarbeiter müssen täglich ihre Arbeitszeit erfassen. Diese Verpflichtung ergibt sich bereits aus dem Arbeitsrecht. Wenn dies nun noch projektbezogen geschieht und diese Zeiten in der EDV hinterlegt werden, können auch zeitliche Abweichungen schneller identifiziert werden. Im Projekt sollten alle Zeiten gebucht werden, bei den auch Leistungspostionen hinterlegt und kalkuliert wurden. Demnach können auch Zeiten für Planungsleistungen oder Dokumentationsarbeiten von Relevanz sein.

Grundsätzlich bietet es sich an, die Stunden des Monteurs zu erfassen, bevor das Aufmaß unterschrieben wird. Liegen die Stunden dann oberhalb der Stunden des zu unterschreibenden Aufmaßes, kann zeitnah nachvollzogen werden, woran das Mehr an geleisteten Stunden lag. Beispielsweise kann ein Gerüst aufgebaut worden sein, oder statt Mauerwerk musste eine Betonwand bearbeitet werden. Das alles kostet wertvolle Arbeitszeit, die auch entlohnt werden soll. Stellt sich bei diesem Vergleich heraus, dass zusätzliche Leistungen gegenüber der Ausschreibung erbracht wurden, können ggf. Zusatzarbeiten in Rechnung gestellt werden. Immer wieder werden dadurch aber auch Fehler im Aufmaß aufgedeckt.

Gelegentlich kann ein zeitlicher Mehrverbrauch aber auch auf Behinderungen durch andere Gewerke zurückgeführt werden. Hier hätte eigentlich mit Erkennung der Behinderung eine Behinderunganzeige erfolgen müssen (siehe auch Abschnitt 4.4), um Mehrkosten geltend machen zu können. Bei Erkennen der Zeitdifferenzen kann auch im Nachgang das Gespräch mit dem Kunden gesucht werden. Mindestens aber hilft es, die Mitarbeiter zu sensibilisieren und anhand solcher Beispiele auch zu lernen.

Wurde richtig kalkuliert?

Wenn nach der Analyse der benötigten Stunden erkannt wird, dass keine Sondereinflüsse – wie oben beschrieben – für die Zeitüberschreitung verantwortlich sind, dann bleibt nur die Erkenntnis, dass bei der Kalkulation die notwendige Zeit zu gering angesetzt wurde oder die Arbeitsorganisation war so schlecht, dass eine Zeitüberschreitung unausweichlich war.

Wir können Handwerksbetrieben unbedingt empfehlen, eine Begleitkalkulation mindestens wöchentlich durchzuführen und mit den Projektverantwortlichen (Bauleiter, Projektleiter) zu besprechen. Je aktueller die Begleitkalkulation, umso schneller kann erkannt werden, ob das Projekt aus dem Ruder läuft und Gegenmaßnahmen ergriffen werden. Die Begleitkalkulation stellt gleichzeitig die Basis der Nachkalkulation dar. Ist das Projekt abgeschlossen, sind die Daten der Begleitkalkulation identisch mit dem Ergebnis der Nachkalkulation.

Je früher die Mitarbeiter auf der Baustelle wissen, dass sie sich anstrengen müssen, um die kalkulierten Arbeitszeiten einzuhalten, umso effektiver und damit gewinnbringender wird auf der Baustelle gearbeitet. Die Begleitkalkulation hilft damit zur rechten Zeit, auch Druck auf alle Beteiligten auszuüben, damit die Verluste in einem schlecht laufenden Projekt nicht ausufern.

8.10 Kostenstellenrechnung

Im Elektrohandwerk gibt es häufig unterschiedliche Abteilungen, die als Kostenstelle betrachtet werden. Ziel der Kostenstellenrechnung ist es, herauszufinden, welche Gewinne oder Verluste in den einzelnen Unternehmensbereichen anfallen.

Beispiele, für die eine Kostenstellenrechnung sinnvoll erscheint:

- Laden,
- Kundendienst,
- Kunde, für den regelmäßig gearbeitet wird,
- bestimmte Kundengruppe, z. B. Landwirte oder eine Einzelhandelskette,
- regenerative Energien,
- Lichttechnik.

Voraussetzung zur Einführung einer Kostenstellenrechnung

Das Ergebnis einer Kostenstelle wird genauso wie der Gewinn des Unternehmens berechnet:

Umsatz (Leistung)
./. Wareneinsatz
= **Rohertrag**
./. Personalkosten
./. alle anderen Kosten
= **Ergebnis**

Der Wareneinkauf des Unternehmens muss nach Kostenstellen gegliedert sein, um den Aufwand zuordnen zu können. In manchen Fällen ist das nicht möglich, weil nicht nachvollziehbar ist, ob das eingekaufte Kabel in einem Neubau (Projektgeschäft) oder vom Kundendienstmonteur eingebaut wurde. Hier würde ein Warenwirtschaftssystem oder eine auftragsbezogene Bestellung helfen festzustellen, wie hoch der Materialeinkauf der in den Abteilungen verbauten/verkauften Materialien ist. Damit kann der Rohertrag pro Abteilung nachvollzogen werden.

Die Personalkosten sind der größte Block an Kosten – auch diese müssen der Kostenstelle genau zugeordnet werden. Die Prozentwerte der **Tabelle 8.33** zeigen beispielhaft, für welche Abteilung die jeweiligen Mitarbeiter tätig sind.

Die prozentualen Anteile müssen ermittelt werden, anhand z. B. einer Beobachtung über einen „typischen" Zeitraum. Anhand der prozentualen Verteilung werden die Personalkosten der einzelnen Mitarbeiter auf die einzelnen Abteilungen umgelegt. Alternativ buchen die gewerblichen Mitarbeiter ihre tatsächlichen Arbeitszeiten auf die den Kostenstellen zugeteilten Projekten.

Die in der Software hinterlegten Kosten des Mitarbeiters belasten das Projekt und damit die Kostenstelle. Die Verwaltungsmitarbeiter müssen dagegen weiterhin über prozentuale Umlagen auf die Kostenstellen verteilt werden.

Mitarbeiter	Lohnkosten pro Monat in EUR	Kostenstelle in %		
		Laden	Kundendienst	Installation
Sekretärin, Teilzeit	2.650	35	35	30
Meister	4.900	5	25	70
Monteur 1	3.850		10	90
Monteur 2	3.750		50	50
Monteur 3	3.750	10	20	70
Azubi	950			100

Tabelle 8.33 Zuordnung der Mitarbeiter nach Kostenstellen

Kostenverteilung

Alle anderen Kosten müssen ebenfalls der Abteilung zugeordnet werden. Die Verteilung erfolgt auf Grundlage eines Verteilungsschlüssels, wie in der **Tabelle 8.34** aufgeführt.

Welche Verteilungsschlüssel angewendet werden, muss individuell im Unternehmen festgelegt werden, um eine (bezogen auf das Unternehmen) weitgehend gerechte Verteilung zu erreichen.

Bei der Zuordnung von Umsätzen/Wareneinsätzen und Zeiten der Mitarbeiter sollte sorgfältig vorgegangen werden, da hier die mächtigsten Stellschrauben für die Aussagekraft der Kostenstellenrechnung liegen.

Kostenart	**Verteilungsschlüssel auf die Abteilungen**
Raumkosten	Nach genutzten m², die Verwaltungsräume werden nach den genutzten Flächen den Abteilungen zugeschlagen.
Steuern, Versicherungen, Beiträge	nach Leistung/Umsatz
Fahrzeugkosten	nach Rohertrag
Werbe-/Reisekosten	nach Leistung/Umsatz
Kosten der Warenabgabe	Kann in der Regel genau zugeordnet werden.
Instandhaltung/Werkzeuge	nach Rohertrag
Abschreibungen	direkt zuordnen oder nach Rohertrag
Zinskosten	Höhe des Lagerbestandes und der Forderungen der Abteilung oder nach Rohertrag
alle anderen Kosten	nach Leistung/Umsatz oder Rohertrag

Tabelle 8.34 Verteilungsschlüssel Kosten

Wer eine vereinfachte Form der Kostenstellenrechnung erstellen möchte, sollte zumindest die Personalkosten, neben den Umsätzen und dem Wareneinsatz, den Kostenstellen zurechnen. Damit können Sie erkennen, welche Deckungsbeiträge die Abteilung zur Deckung der Verwaltungskosten im Unternehmen liefert.

Die vereinfache Berechnung in **Tabelle 8.35** erbringt Hinweise auf die Rentabilität der Abteilungen.

Die Höhe des prozentualen Deckungsbeitrages (DB) zeigt den relativen Erfolg oder Misserfolg der Abteilung.

Monatsrechnung	**Kosten in EUR**			
	Gesamt	**Laden**	**Kundendienst**	**Installation**
Umsatz	94.000,00	44.000,00	10.000,00	40.000,00
./. Wareneinsatz	53.300,00	19.800,00	1.500,00	32.000,00
= Rohertrag	**40.700,00**	**24.200,00**	**8.500,00**	**8.000,00**
./. direkte Personalkosten	20.120,00	13.410,00	5.162,50	1.547,50
= Deckungsbeitrag	**20.580,00**	**10.790,00**	**3.337,50**	**6.425,50**
Deckungsbeitrag in %	21,98	24,52	33,38	16,13

Tabelle 8.35 Berechnung Deckungsbeitrag nach Abteilungen

Sprechen Sie mit Ihrem Steuerberater, wenn Sie eine Kostenstellenrechnung einführen wollen. Das System DATEV und andere Buchhaltungsprogramme bieten entsprechende Software-Bausteine an.

Eine sorgfältig erstellte Kostenstellenrechnung kann zudem hilfreich sein, den Mitarbeitern ein Prämiensystem anzubieten, das sich an den Erträgen der Abteilung orientiert.

Voraussetzung ist jedoch, dass den Mitarbeitern oder zumindest dem Verantwortlichen der Abteilung die Deckungsbeiträge der Abteilung und der Verteilungsschlüssel der Kosten offengelegt werden.

8.11 Planungsrechnung

Wie soll ein Elektrohandwerker seine zukünftigen Umsätze planen? Diese Frage stellt sich auch ein Unternehmer, der von seiner Hausbank aufgefordert wird, eine Planung zu erstellen.

Es ist schon richtig, dass ein Handwerker im Januar des Jahres nicht sagen kann, wie viel Umsatz er genau im Juni des Jahres erzielen wird. Trotzdem hat eine Unternehmensplanung in Form einer Planungsrechnung handfeste Vorteile:

- Der Unternehmer wechselt von der vergangenheitsorientierten zur zukunftsorientierten Unternehmensführung.
- Abweichungen vom Plan werden oft konsequenter nachverfolgt und Maßnahmen eingeleitet, als wenn die aktuellen Zahlen im Vorjahresvergleich analysiert werden.
- Bereits bei der Erstellung von Planungsrechnungen werden einzelne Einflussfaktoren auf den Unternehmenserfolg noch deutlicher. Fragen wie z. B. „Welcher Mehrumsatz muss erwirtschaftet werden, um höhere Personalkosten für einen weiteren Mitarbeiter zu decken?“ können konkret beantwortet werden.

Drehen wir bei der Erstellung einer Planung doch einmal eine Gewinnermittlung auf den Kopf und fangen bei Gewinnzielen an. Wer eine Planungsrechnung als Einzelunternehmen oder Personengesellschaft erstellt, sollte mit seinen Privatentnahmen beginnen. Zu diesen Privatentnahmen zählt auch die Einkommensteuer. Liegt diese Zahl vor, muss definiert werden, wie hoch der Unternehmensgewinn sein soll, um Kredite tilgen zu können, den privaten Lebensunterhalt abzudecken und ausreichend Geld für die Altersvorsorge beiseitezulegen.

Die Planung für die Familie eines Einzelunternehmers könnte der Aufstellung in **Tabelle 8.36** entsprechen:

Planen wir jetzt noch 25.000 EUR Einkommensteuer und die Tilgung von Geschäftskrediten ein, könnte eine Planung des Mindestzielgewinns wie in **Tabelle 8.37** aussehen. Kapitalgesellschaften planen ihren Zielgewinn auf Basis des Tilgungsbedarfs für betriebliche Kredite. Auch die Beantwortung der Fragen: "Welcher Zielgewinn erscheint für meine Betriebsgröße realistisch? Und welches Ergebnis muss erreicht werden, um auch Sicherheiten für die Zukunft zu bilden?", ist durchaus legitim.

In unserem Rechenbeispiel wird als Mindestgewinnziel der Betrag von 90.000 EUR festgelegt. In der Berechnung wird letztlich zur Ermittlung des notwendigen Zielgewinns „rückwärts" gerechnet.
Die AfA, das sind die Abschreibungen auf Wirtschaftsgüter, können als Kosten angesetzt werden und reduzieren damit den zu versteuernden Gewinn, fließen aber nicht vom Konto ab. Daher werden sie dem Gewinn wieder hinzuaddiert. An die Planung des notwendigen Gewinns schließt sich die Kostenplanung an.

Private Aufwendungen	**Aufwand in EUR**	
	monatlich	**pro Jahr**
Miete privat	1.500	18.000
Nebenkosten Wohnung	250	3.000
Kleidung	200	2.400
Krankenversicherung Unternehmer	400	4.800
Lebensmittel	500	6.000
Kultur	50	600
Kommunikation	90	1.080
Privatfahrzeug	400	4.800
Urlaub	200	2.400
Hobbys/Sport	150	1.800
Gesundheit	30	360
Versicherungen	50	600
Altersvorsorge Unternehmer	1.000	12.000
Sonstiges	200	2.400
Summe	**5.020**	**60.240**

Tabelle 8.36 Privater monatlicher/jährlicher Aufwand Unternehmerfamilie

Lebensunterhalt	**Aufwand in EUR**
Ziel-Gewinn	86.000
+ AfA	15.000
= Cash-Flow	**105.000**
./. Tilgungen	17.000
./. Einkommensteuer	25.000
= verbleibt zum Lebensunterhalt	**63.000**

Tabelle 8.37 Privater monatlicher/jährlicher Aufwand Unternehmerfamilie

Die Grundlage der Kostenplanung ist zunächst die Kostensituation im aktuellen Jahr. Dabei sind die einzelnen Kostenpositionen im Detail zu durchforsten und auch zu hinterfragen. In einer Planungsrechnung reicht es nicht, eine Zahl als Planwert zu notieren. Über die Summen- und Saldenliste (siehe **Tabelle 8.38**) ist jeweils nachzuvollziehen, welche Detailkosten hinter den einzelnen Rubriken stehen.

So kann z.B. in der Rubrik Kfz-Kosten hinterfragt werden, ob die Aufwendungen für die Versicherung nicht durch den Wechsel des Versicherers günstiger zu gestalten sind, und ob die Anzahl und die Größe der Firmenautos dem Bedarf des Unternehmens entsprechen.

Kostenart	**Kosten in EUR**	
	aktuelles Jahr	**Plan Folgejahr**
Miete, Pacht		
Abschreibungen		
geringwertige Wirtschaftsgüter		
Raumnebenkosten: Heizung, Strom, Gas, Wasser		
Versicherungen, Beiträge, Gebühren		
Firmenautos ohne Abschreibungen		
Werbeaufwendungen		
Reisekosten		
Kosten der Warenabgabe		
Garantiearbeiten		
Instandsetzung von Maschinen, Betriebs- und Geschäftsausstattung		
Leasing für Maschinen und Einrichtungen		
Porto, Telefon, Telefax		
Büromaterial, Zeitschriften		
Beratungskosten		
externe Buchführung		
Entsorgungskosten		
Werkzeuge und Kleingeräte		
Hilfs- und Betriebsstoffe		
Betriebsbedarf		
übriger Aufwand		
kurzfristige Zinsen		
Kosten des Geldverkehrs		
langfristige Darlehenszinsen		
betriebliche Steuern		
Summe		

Tabelle 8.38 Kostenplanung detailliert

Alle dargestellten Planungsrechnungen basieren auf den aktuellen Zahlen eines bestehenden Unternehmens. Somit sind bei Übernahme eines Unternehmens die vorher dargestellten Planungsrechnungen ebenfalls anwendbar. Denn wenn ein Betrieb übernommen wird, können die betrieblichen Zahlen des zu übernehmenden Betriebes in die Planungsrechnungen einfließen.

Auf der Basis des Zielgewinns und der geplanten Kosten kann ein notwendiger Rohertrag ermittelt werden (**Tabelle 8.39**). Die entsprechende Frage lautet: Welcher Rohertrag ist notwendig, um die geplanten Kosten zu decken und den notwendigen Gewinn zu erwirtschaften?

	Planung in EUR
notwendiger Gewinn	
+ geplante Gesamtkosten	
= **Planrohertrag**	

Tabelle 8.39 Rohertragsermittlung

Bis hierhin wurde zunächst die Planung von unten nach oben, d. h. vom Ergebnis zum notwendigen Planrohertrag betrachtet. Diese Planungen lassen sich nun mit den eigenen Zielen im Umsatz und Rohertrag vergleichen. Eine Umsatz- und Rohertragsplanung wird nachfolgend noch einmal näher erläutert.

Die Voraussetzung ist eine Umsatzgliederung nach Leistungsbereichen.

Grundsätzlich sollten die für das Unternehmen wichtigsten Segmente gegliedert werden. Je kleiner das Unternehmen, desto gröber die Aufgliederung, je größer das Unternehmen, umso feiner die Aufgliederung. Je einfacher die Leistungsbereichsabgrenzungen sind, umso geringer ist der Aufwand in der Erfassung der Zahlen.

Wie auch bei der Kostenplanung werden die Vorjahreswerte analysiert und auf dieser Basis überlegt, in welchem der Leistungsbereiche im Planjahr welche Umsätze erreicht werden sollen. Ein Beispiel für die Umsatzplanung zeigt **Tabelle 8.40**. Das Unternehmen plant in diesem Beispiel defensiv (weil kein Zuwachs beim Gesamtumsatz geplant ist), allerdings kann sich die Rentabilität des Unternehmens durch die Verschiebung der Umsätze verbessern. In der Tabelle 8.40 wurden neben dem Umsatz gleichzeitig die Roherträge geplant.

Für die einzelnen Leistungsbereiche können die in der Tabelle 8.40 aufgeführten Orientierungswerte zur Planung des Rohertrages herangezogen werden. Mit diesen Orientierungswerten können aus den geplanten Umsätzen auch die Roherträge geplant werden. Der auf diese Weise ermittelte Rohertrag kann nun mit dem rückwärts ermittelten Rohertrag auf der Basis des notwendigen Zielgewinns und der geplanten Kosten verglichen werden.

Leistungsbereich	Ist-Umsatz aktuelles Jahr in EUR	Plan-Umsatz Folgejahr in EUR	Plan-Rohertrag	
			In %	In EUR
Reparaturen, Instandhaltung Privatkunden	70.000	100.000	75	75.000
Reparaturen, Instandhaltung Gewerbekunden	80.000	70.000	80	56.000
Handelsumsätze	150.000	110.000	20	22.000
Telekommunikation, Datennetz-werktechnik	50.000	50.000	50	25.000
Elektroinstallation Neubauten	100.000	75.000	60	45.000
Elektroinstallation Renovierungen	50.000	75.000	65	48.750
Planung, Projektierung	10.000	20.000	100	20.000
Summe	**510.000**	**500.000**		**291.750**

Tabelle 8.40 Umsatzplanung

Ertragsplanung

Die Ertragsplanung eines Unternehmens erfolgt unter Bezugnahme auf die bisherigen Planungsschritte.

Umsatz
./. Wareneinsatz
= **Rohertrag**
./. geplante Kkosten
= **Plangewinn**

Für Einzelunternehmen- und Personengesellschaften gilt: Das geplante Betriebsergebnis muss höher sein als die geplanten Privatentnahmen des Unternehmers.

Die Planng sollte nach Quartalen oder sogar Monaten erfolgen. Demnach werden die Jahresplanungen dann auf Monats- oder Quartalszahlen heruntergebrochen. Somit ist eine Abweichung vom Plan jederzeit und frühzeitig erkennbar. Unternehmen, die ihre betriebswirtschaftlichen Auswertungen nach dem System der DATEV durchführen, können diesen Soll-Ist-Vergleich über ihre DATEV-Auswertung erhalten, siehe **Bild 8.19**.

Kanzlei-Rechnungswesen
Soll-/Ist-Vergleich Dezember 20..
SKR 3 BWA-Nr. 1 BWA-Form DATEV-BWA Wareneinsatz KG3

Bezeichnung	Monatswerte		Abweichung		kumulierte Werte		Abweichung	
	Vergleichsmonat	Plan	absolut	in %	Vergleichsmonat	Plan	absolut	in %
Umsatzerlöse	345.503,96	369.859,00	-24.355,04	-6,58	3.728.067,70	3.739.550,00	-11.482,30	-0,31
Best.Verdg. FE/UE	-8.727,00	0,00	-8.727,00		-8.727,00	0,00	-8.727,00	
Akt.Eigenleistungen	0,00	0,00	0,00		0,00	0,00	0,00	
Gesamtleistung	336.776,96	369.859,00	-33.082,04	-8,94	3.719.340,70	3.739.550,00	-20.209,30	-0,54
Mat./Wareneinkauf	130.181,73	159.700,00	-29.518,27	-18,48	1.522.842,92	1.520.857,00	1.985,92	0,13
Rohertrag	206.595,23	210.159,00	-3.563,77	-1,70	2.196.497,78	2.218.693,00	-22.195,22	-1,00
So. betr. Erlöse	0,00	0,00	0,00		7.300,80	7.200,00	100,80	1,40
Betriebl. Rohertrag	206.595,23	210.159,00	-3.563,77	-1,70	2.203.798,58	2.225.893,00	-22.094,42	-0,99
Kostenarten:								
Personalkosten	117.128,49	101.967,00	15.161,49	14,87	1.284.761,18	1.422.729,00	-137.967,82	-9,70
Raumkosten	5.576,71	5.374,00	202,71	3,77	75.064,48	68.297,00	6.767,48	9,91
Betriebl. Steuern	3.520,00	3.520,00	0,00	0,00	21.988,00	21.988,00	0,00	0,00
Versich./Beiträge	1.816,00	1.764,00	52,00	2,95	30.709,52	27.462,00	3.247,52	11,83
Besondere Kosten	0,00	0,00	0,00		0,00	0,00	0,00	
Kfz-Kosten (o. St.)	7.223,75	7.150,00	73,75	1,03	69.784,37	70.373,00	-588,63	-0,84
Werbe-/Reisekosten	2.403,08	2.355,00	48,08	2,04	16.765,54	16.260,00	505,54	3,11
Kosten Warenabgabe	10.963,16	1.705,00	9.258,16	543,00	26.825,39	25.852,00	973,39	3,77
Abschreibungen	15.520,42	15.811,00	-290,58	-1,84	183.387,66	182.229,00	1.158,66	0,64
Reparatur/Instandh.	1.088,90	1.074,00	14,90	1,39	11.776,15	11.735,00	41,15	0,35
Sonstige Kosten	11.839,46	6.594,00	5.245,46	79,55	56.570,22	51.727,00	4.843,22	9,36
Gesamtkosten	177.079,97	147.314,00	29.765,97	20,21	1.777.632,51	1.898.651,00	-121.018,49	-6,37
Betriebsergebnis	29.515,26	62.845,00	-33.329,74	-53,03	426.166,07	327.243,00	98.923,07	30,23
Zinsaufwand	11.832,76	13.080,00	-1.247,24	-9,54	151.209,87	148.755,00	2.454,87	1,65
Sonst. neutr. Aufw	350,00	400,00	-50,00	-12,50	8.883,46	4.726,00	4.157,46	87,97
Neutraler Aufwand	12.182,76	13.480,00	-1.297,24	-9,62	160.093,33	153.481,00	6.612,33	4,31
Zinserträge	3.124,08	3.917,00	-792,92	-20,24	3.280,53	4.138,00	-857,47	-20,72
Sonst. neutr. Ertr	1.699,00	0,00	1.699,00		1.927,00	28.980,00	-27.053,00	-93,35
Verr. kalk. Kosten	0,00	0,00	0,00		0,00	0,00	0,00	
Neutraler Ertrag	4.823,08	3.917,00	906,08	23,13	5.207,53	33.118,00	-27.910,47	-84,28
Kontenklasse 5/6	0,00	0,00	0,00		0,00	0,00	0,00	
Ergebnis vor Steuern	22.155,58	53.282,00	-31.126,42	-58,42	271.280,27	206.878,00	64.402,27	31,13
Steuern Eink.u.Ertr	14.717,40	8.440,00	6.277,40	74,38	86.647,40	98.760,00	-12.112,60	-12,26
Vorläufiges Ergebnis	7.438,18	44.842,00	-37.403,82	-83,41	184.632,87	108.118,00	76.514,87	70,77

Das vorläufige Ergebnis entspricht dem derzeitigen Stand der Buchführung. Abschluss-/ Abgrenzungsbuchungen können es noch verändern.

DATEV

Bild 8.19 Muster Soll-Ist-Vergleich (Plan-BWA), Quelle: DATEV eG, Nürnberg

Investitions- und Finanzierungsplanung

Neu- oder Ersatzinvestitionsvorhaben in einem bestehenden Unternehmen, für die eine Kreditfinanzierung nötig ist, sollten rechtzeitig mit der Hausbank besprochen werden, um zu zeigen, dass Investitionsentscheidungen nicht „aus dem Bauch heraus“, sondern sorgfältig geplant getroffen werden. Zudem fordert jedes Kreditinstitut einen Investitions- und Finanzierungsplan, der folgende Fragen beantworten sollte:

1. Welche Investitionshöhe ist für das Unternehmen notwendig?
2. Welche Auswirkungen auf die Rentabilität hat die Neuinvestition?
3. Welche Erlöse ergeben sich beim Verkauf des zu ersetzenden Anlagegutes?
4. Welcher Nutzungszeitraum wird erwartet?
5. Welche Finanzierungsart ist geplant?
6. Welche Laufzeit soll die Finanzierung haben?
7. Welche Gesamtkosten (einschließlich der berechneten Abschreibungen und Zinsen aus der Investitions- und Finanzierungsplanung) hat die Investition?

> Der gute Umgang und die richtige Argumentation gegenüber den Banken werden in den Abschnitten 2.6 und 9.4 dargelegt.
> Weitere Hinweise zur Erstellung von Planungen sind dem Abschnitt 2.4 zu entnehmen.

8.12 Fortbildung für Unternehmer

Die Person an der Spitze des Unternehmens wird oft mit dem Bild eines einsamen Wolfs verglichen. Von vielen gefürchtet und auf der anderen Seite auch isoliert, er hat kaum eine Möglichkeit, sich auszutauschen und ehrlich über seine Sorgen und Nöte zu sprechen. Doch es geht auch anders.

Wer sein Unternehmen umsichtig führen will, braucht geistigen Tapetenwechsel und muss sich mit Themen auseinandersetzen, für die im Tagesgeschäft keine Zeit bleibt.

Unternehmer, die sich fortbilden, sind ein gutes Beispiel für Mitarbeiter und Führungskräfte. Wer selbst Fortbildungen besucht, kann dies auch von seinen Mitarbeitern fordern. Auf welche Themenkreise sollte sich diese Fortbildung des Unternehmers konzentrieren? Auf die Technik, die Kundenpflege, Mitarbeiterführung oder andere Themen?

Eine spezielle Art der Fortbildung, die Unternehmer schätzen, ist der Besuch einer sogenannten „Erfahrungsaustauschgruppe“, besser bekannt als „ERFA-Gruppe“. Unternehmer ähnlicher Betriebstypen treffen sich zwei Mal im Jahr, meist für jeweils zwei Tage und diskutieren Themen, die ihnen am Herzen liegen.

Während einer ERFA-Tagung kann nicht nur der Moderator, der Experte des Faches sein muss, um Rat gefragt werden. Es können auch im Kreise der Kollegen Themen diskutiert werden, für die im Tagesgeschäft keine Zeit bleibt. Oft haben Kollegen Lösungen für Probleme parat, die anderen Teilnehmern schlaflose Nächte verursachen.

Damit die ERFA-Arbeit von Erfolg gekrönt ist, müssen Rahmenbedingungen gegeben sein.

Rahmenbedingungen und Spielregeln erfolgreicher ERFA-Arbeit

- Die Gruppe bestimmt die Themen – der Moderator bereitet diese vor.
- Die Teilnehmer dürfen nicht in unmittelbarem Wettbewerb zueinander stehen.
- Bestimmte betriebswirtschaftliche Zahlen werden immer besprochen und deshalb auch offengelegt.
- Ein neues Mitglied wird nur aufgenommen, wenn alle Mitglieder der Gruppe einverstanden sind.
- Die Tagung findet oft bei Kollegenbetrieben statt. Der Gastgeber ermöglicht den Kollegen einen Blick hinter die Kulissen seines Unternehmens.
- Die ERFA-Arbeit ist auf eine kontinierliche und langfristige Teilnahme ausgelegt.

Weitere Informationen zum Ablauf der ERFA- bzw. Netzwerkarbeit sind auf der Webseite der Unternehmensberatung Heckner www.heckner.com unter der Rubrik „Leistungen – Erfahrungsaustausch“ zu finden.

Wie Unternehmer ihre Teilnahme an solchen Gruppen Gleichgesinnter empfinden, kann den folgenden Beiträgen von Teilnehmern entnommen werden.

ERFA-Arbeit

Hierzu sagt *N.N.*, Geschäftsführer eines Elektrohandwerksbetriebes: *„Für uns sind es die Highlights. Regelmäßig haben wir die Möglichkeit an moderierten ERFA-Tagungen teilzunehmen. Jeweils zwei Tage geballte Kompetenz, die ihren Höhepunkt zweifelsohne in der Bearbeitung der Unternehmerfragen findet. Hilfreich für jeden Unternehmer, der die kritischen Augen der Kollegen bei seiner Betriebsbesichtigung über sich ergehen lässt. Die guten und schlechten Erfahrungen der Teilnehmer in allen Unternehmensbereichen werden offen und ehrlich diskutiert und helfen uns in unserem ständigen Verbesserungsprozess."*

Landesinnungsverbände, Einkaufskooperationen und Industriepartner bieten Plattformen zum Erfahrungsaustausch an.

Großkunden und Industriepartner bieten vielfältige Programme, bei denen die Weiterentwicklung ihrer Kunden im Zentrum steht.

Busch-Jaeger und ABB begleiten die Elektrohandwerker in der „Busch-Jaeger Akademie". Dieses Konzept ist langfristig ausgelegt.

Die Ziele der Partner des Elektrohandwerks bei Fortbildungsangeboten: Wächst der Betrieb, dann wachsen auch die Umsatzperspektiven von Industrie und Großhandel.

Coaching

Das Konzept „Coaching" hat bei Inhabern von Elektrohandwerksbetrieben in den letzten Jahren immer mehr Zuspruch gefunden. Im Grundsatz ist ein Coaching ein Beratungsansatz, in dem der Unternehmer zusammen mit dem Coach eigenverantwortlich in die Veränderung des Unternehmens und des Unternehmers investiert. Dementsprechend geht es neben der Vermittlung von Wissen und einer fachlichen Beratung auch um die Schritt-für-Schritt-Begleitung hin zu einem konkreten Resultat. Bei diesem Ansatz ist man nicht nur beschränkt auf geschäftliche Themen. Viele Unternehmer arbeiten in diesem Zuge auch Konflikte innerhalb der Familie oder mit Geschäftspartner auf; sie lernen, sich selbst weiterzuentwickeln, zum Beispiel mit ihren Glaubenssätzen und ihrer inneren Haltung.

Wer sich auf ein Coaching einlässt und damit bereit ist, an sich selbst zu arbeiten und die gemeinsam definierten Maßnahmen umzusetzen, hat enormes Potenzial, große Ziele zu erreichen. Die Reise des Wachstums beginnt immer beim Menschen, also beim Unternehmer selbst.

9 Risikobetrachtung

9.1 Bewertung der Unternehmensrisiken

In der Betrachtung der Unternehmensrisiken und der damit verbundenen Abwägung von Handlungen stecken viele Chancen zur Verbesserung.

Auch in der Überarbeitung der DIN ISO 9001 im Jahr 2015 wurde ein risikobasierter ganzheitlicher Ansatz gewählt.

Das sagt die neue Norm:

„Um sicherzustellen, dass das QM-System seine beabsichtigten Ergebnisse erzielt, um unerwünschte Auswirkungen zu verhindern oder zu verringern und um fortlaufende Verbesserung zu erreichen, betrachten wir Risiken und Chancen. Dabei berücksichtigen wir die Auswirkungen und Eintreffenswahrscheinlichkeiten. In die Systembewertung ist ein entsprechendes Werkzeug integriert, das für die Bewertung von Risiken und Chancen genutzt werden kann. Die Bewertungsergebnisse werden genutzt, um Maßnahmen abzuleiten, die nach Umsetzung erneut auf Auswirkung und Eintreffenswahrscheinlichkeit betrachtet werden können."

Zu den Möglichkeiten zum Umgang mit Risiken und Chancen kann Folgendes zählen:

- Vermeiden von Risiken,
- ein Risiko auf sich zu nehmen, um eine Chance wahrzunehmen,
- Beseitigen der Risikoquelle,
- Ändern der Wahrscheinlichkeit oder der Konsequenzen,
- Risikoteilung oder Beibehaltung des Risikos durch verantwortungsbewusste Entscheidung.

Zur Erstellung einer strukturierten Risikoanalyse ist es zunächst ratsam, in einem Brainstorming (dieses kann zusammen mit auserwählten Mitarbeitern erfolgen) alle möglichen Risiken des Unternehmens zu erfassen.

Anschließend empfiehlt es sich die Risiken in Hinblick auf Eintreffenswahrscheinlichkeit (z. B. 1 = gering, 2 = mittel und 3 = hoch) und Auswirkung (z. B. 1 = gering, 2 = mittel, 3 = kritisch, 4 = katastrophal) zu bewerten. Das Produkt der Multiplikation aus Eintreffenswahrscheinlichkeit und Auswirkung kann dann als Basis für das weitere Handeln herangezogen werden. Je höher der Wert, desto dringender der Handlungsbedarf und damit die Notwendigkeit, Maßnahmen einzuleiten (siehe **Tabelle 9.1**).

Bereich	Risiko	Eintreffens-wahrscheinlichkeit	Auswirkung	Multiplikation
Personal	Abwerbung von Mitarbeitern	2 = mittel	3 = kritisch	6
	Wissen nur in einem Kopf	3 = hoch	3 = kritisch	9
	Neue Mitarbeiter sind nicht passend	2 = mittel	2 = mittel	4
	schlechtes Arbeitsklima	2 = mittel	3 = kritisch	6
	...			

Tabelle 9.1 Auszug einer Risikoanalyse

In den folgenden Abschnitten wollen wir auf einige Risiken noch einmal näher eingehen.

9.2 Risiko Personal

Wegen der Personalknappheit muss das Unternehmen dem Erfolgsfaktor Nummer 1, nämlich den eigenen Mitarbeitern, besondere Aufmerksamkeit widmen.

Wenn ein Spezialist das Unternehmen verlässt, nimmt er oft sein Wissen mit und nicht selten auch die Kunden. Wie kann diesem Risiko entgegengesteuert werden?

Ein Grundsatz lautet: Das Wissen im Unternehmen in mindestens zwei Köpfen verankern. Dazu gehört auch das Wissen des Chefs. Wenn der Unternehmer sein Wissen auf mehrere Mitarbeiter verteilt, kann er Aufgaben delegieren und sich entlasten. Vertrauen ist gut – Kontrolle ist besser. Die Delegation von Aufgaben und Verantwortungsbereichen reicht nicht aus. Neben der Delegation ist auch Kontrolle erforderlich, wie die delegierten Aufgaben umgesetzt werden. Ein spontaner Besuch auf der Baustelle bringt oft interessante Erkenntnisse.

Wenn ein Mitarbeiter eine kostenintensive Ausbildung absolviert, wird mit ihm die Vereinbarung getroffen, dass die Firma die Kosten der Ausbildung übernimmt, der Mitarbeiter sich dafür aber mindestens 24 Monate nach Abschluss der Ausbildung an das Unternehmen bindet. Verlässt der Mitarbeiter das Unternehmen vor diesem Termin, muss er die anteiligen Kosten seiner Ausbildung tragen und diese zurückzahlen, siehe auch Abschnitt 8.3.6 „Personalorganisation“.

Wissen weitergeben

Lassen Sie Mitarbeitern, die ein Tagesseminar besuchen, ihren Kollegen innerhalb der nächsten drei Arbeitstage nach dem Seminar eine Zusammenfassung des Gelernten präsentieren. Er sorgt damit für die Verteilung seines Wissens auf mehrere Köpfe.

Sicherheitsunterweisungen

Gerade im Elektrohandwerk ist das Risiko von Unfällen hoch. Die Einhaltung der Unternehmerpflichten, die von der Berufsgenossenschaft gefordert werden, ist von großer Bedeutung. Schulungen gelten erst dann als durchgeführt, wenn die Mitarbeiter die Teilnahme durch ihre Unterschrift bestätigen.

Ergänzende Informationen sind dem Abschnitt 2.9 zu entnehmen.

9.3 Datenschutz und Datensicherung

Die Datenschutzgrundverordnung (DSGVO) in Kombination mit dem Bundesdatenschutzgesetz (BDSG) verpflichtet alle Unternehmer zum sorgfältigen Umgang mit personenbezogenen Daten. Entgegen manchen Gerüchten gelten diese Gesetze nicht nur für größere, sondern für alle Betriebe, die personenbezogene Daten erheben, verarbeiten oder nutzen. Dabei geht es um den Schutz personenbezogener Daten. Verstöße führen neben Imageverlust und Vertrauensschaden des Unternehmens zusätzlich zu Abmahnungen und Bußgeldern.

Datenschutz fängt bereits bei kleinen, scheinbar banalen Dingen an. So beginnen Verstöße bereits bei Auftragszetteln mit Kundendaten, die achtlos im Firmenfahrzeug unter der Windschutzscheibe „abgelegt“ werden oder auch „Papierabfall“ mit Kunden-, Lieferanten- oder auch Mitarbeiterdaten.

Vor allem folgende Bereiche sollten im Unternehmen in Hinblick auf datenschutzrechtliche Belange hinterfragt werden:

- Mitarbeiterdaten und Daten der Mitarbeitergewinnung (Bewerbungen),
- Daten von Kunden und Lieferanten, die im Rahmen von Geschäftsprozessen genutzt werden (z. B. Arbeitsergebnisse, Vorlagen, übergebene Unterlagen, Entwürfe, aber auch Korrespondenz via E-Mail etc.),

- Daten über den Kunden (sofern es sich um eine natürliche Person handelt), wie Anschrift, E-Mail-Adressen u. ä.,
- Daten, die im Rahmen von werblichen Maßnahmen (Messen) und Internetauftritten erhoben werden,
- interne Daten.

Nach den Richtlinien des Datenschutzes sollen Erhebung, Verarbeitung und Nutzung personenbezogener Daten sowie Auswahl und Gestaltung von Datenverarbeitungssystemen mit dem Ziel der Angemessenheit sowie der Datenminimierung ausgewählt und erhoben werden.

Welche Daten z. B. von Privatkunden erhoben werden dürfen, ist abhängig vom Ziel, jedoch dürfen die notwendigen Daten zur Vertragserfüllung durch das Unternehmen erhoben werden. Erhobene Daten dürfen jedoch ohne gesonderte Zustimmung des Kunden nicht für andere Zwecke als den ursprünglichen eingesetzt werden.

Die Datenschutzbestimmungen sind auf die Zusammenarbeit zwischen Privatkunden und Unternehmen ausgerichtet, jedoch sollte auch mit den Daten von gewerblichen Kunden sensibel umgegangen werden.

Achten Sie bei personenbezogenen Daten immer darauf, dass diese nicht für alle ersichtlich sind. Hier folgen schnell Vertrauensverluste des Unternehmens, Imageschäden und Bußgelder. Datenschutz ist ein ernstzunehmendes Thema geworden.

Beim Schutz der Mitarbeiterdaten prallen nicht selten die Interessen der Arbeitgeber und die der Arbeitnehmer aufeinander. So ergeben sich z. B. bei der Telefon-, E-Mail- oder Internetnutzung oder dem Einsatz von GPS-Systemen und Videoüberwachungsanlagen sowie bei der Veröffentlichung von Mitarbeiterfotos datenschutzrechtliche Aspekte.

Grundsätzlich gilt: Personenbezogene Daten der Mitarbeiter dürfen nur erhoben, verarbeitet und genutzt werden, wenn der Mitarbeiter sein Einverständnis erklärt. Dabei umfasst der Schutz nicht nur die Daten von aktiven Mitarbeitern, sondern auch von ausgeschiedenen Mitarbeitern und Bewerbern. Weitere Empfehlungen zum Datenschutz sind in **Tabelle 9.2** zusammenfasst.

Bereich	Empfehlung in Hinblick auf den Datenschutz
Telefonnutzung	Wichtig für Arbeitgeber und Arbeitnehmer ist dabei vor allem, dass geklärt ist, ob die private Telefonnutzung durch Mitarbeiter grundsätzlich erlaubt ist oder nicht. Hier gilt die klare Empfehlung: geschäftliche Kommunikation nur über geschäftliche Endgeräte und private Telefonate nur in Notfällen. Auch die Nutzung von Whatsapp und Co. sollte klar im Unternehmen geregelt sein.
E-Mail und Internetnutzung	Wie auch beim Telefon sollte vorher geklärt werden, ob eine private Nutzung grundsätzlich erlaubt ist oder verboten wird. Es ist empfehlenswert, die private Nutzung von geschäftlichen E-Mail-Accounts zu untersagen und die Nutzung des Internets für private Zwecke stark einzuschränken oder zu verbieten.
GPS	Die betroffenen Mitarbeiter müssen im Vorfeld unterrichtet werden, sofern die Montagefahrzeuge mit GPS ausgestattet sind. Bei möglichen Auswertungen ist unter anderem zu beachten, dass solche Auswertungen, die ausschließlich der persönlichen Überwachung von Beschäftigten dienen können (z. B. Aufzeichnung von Geschwindigkeit oder Fahrtunterbrechungen), technisch zu unterbinden sind.
Nutzung von Mitarbeiterfotos	Eine Einwilligung des betroffenen Arbeitnehmers ist immer erforderlich. Lassen Sie die Mitarbeiter eine Einverständniserklärung unterschreiben. Der Mitarbeiter kann diese jederzeit widerrufen.

Tabelle 9.2 Empfehlungen zum Datenschutz

Datenschutzbeauftragter

Ein Datenschutzbeauftragter ist dann zu bestellen, wenn mindestens 20 Mitarbeiter ständig mit der automatisierten Verarbeitung von personenbezogenen Daten beschäftigt sind. Hier kann ein interner Mitarbeiter zum Datenschutzbeauftragten ausgebildet werden. Es kann aber auch auf einen externen Datenschutzbeauftragten zurückgegriffen werden.

Datensicherung

Die Anzahl von Cyberangriffen auf kleine und mittelständige Unternehmen nimmt immer stärker zu.

Um auch im Falle eines Cyberangriffs weiterhin arbeiten zu können, rückt die IT-Sicherheit immer stärker in den Fokus. Zur IT-Sicherheit zählt nicht nur die tagesaktuelle Sicherung der Daten – diese sollte auch regelmäßig überprüft werden, sondern auch der Einsatz von aktuellen Firewalls, Antivirenprogrammen, die korrekte Verwendung von Passwörtern und vor allem die Sensibilisierung der Mitarbeiter spielen eine wichtige Rolle.

Zusätzlich sollte man einmal das folgende Szenario durchspielen: Was passiert, wenn meine EDV ausfällt? Können die Daten vom Vortag wiederhergestellt werden, funktionieren eingesetzte Backups, ist mein IT-Experte vorbereitet und erreichbar? Wer ist zu kontaktieren bei Datenverlusten/Datenschutzverstößen? Welche Schritte sind beim Feststellen eines Hackerangriffs zwingend notwendig?

Verschiedene Situationen sollten gedanklich durchgespielt und daraus ein IT-Notfallplan erstellt werden.

IT-Sicherheit ist längst zur Pflicht geworden. Wir müssen Daten dem aktuellen Stand der Technik entsprechend durch geeignete technische und organisatorische Maßnahmen schützen.

9.4 Rating und Reporting

Bis 1974 konnten Banken ohne Einschränkungen Kredite vergeben. Mit Einführung des Systems Basel I wurden zunehmend strengere Spielregeln festgelegt. Seit Basel II sind Kreditinstitute zur Einhaltung bestimmter Standards bei der Vergabe von Krediten verpflichtet. Mit der Einführung von Basel III und IV wurden die Anforderungen schrittweise weiter verschärft.

Diesen Standards müssen sich auch Elektrohandwerker unterwerfen, wenn sie einen Kredit von ihrer Hausbank beanspruchen wollen. Kreditnehmer müssen wissen, dass die Anforderungen, welche die Hausbank an sie stellt, nichts mit Schikane zu tun haben. Vielmehr müssen sich die Hausbanken an Bestimmungen zur Kreditvergabe halten und das spürt auch der Kunde, der einen Kredit benötigt.

Die Banken werden durch Basel IV gezwungen, für die Kredite, die sie gewähren, auch gewisses Eigenkapital zu hinterlegen. Dieses Eigenkapital liegt deutlich höher als in Basel II festgelegt. Die Folge daraus: Kreditinstitute werden sich genau überlegen, wem und in welcher Höhe sie Kredite gewähren.

Für den Mittelstand wurde es seither definitiv nicht leichter, an Kredite heranzukommen. Banken werden gezwungen, die Bonität ihrer Kunden einzuschätzen. Mithilfe des Ratings wird die zukünftige Zahlungsfähigkeit des Kreditnehmers unter die Lupe genommen. Die Zinsen, die ein Betrieb für seine Kredite zahlen muss, hängen von seinem Rating ab.

Während sich die Kreditinstitute früher auf Sicherheiten, Eigenkapitalquote usw. zur Einschätzung eines Unternehmens konzentrierten, haben heute Faktoren wie die folgenden Eingang in das Rating gefunden:

- Unternehmerpersönlichkeit,
- Strategie,
- Unternehmensziele,
- Unternehmensführung,
- Personalführung.

Wer seiner Hausbank keine Unternehmensziele nennen kann und gleichzeitig angemessene Umgangsformen vermissen lässt, wird beim Rating schlechter eingestuft und zahlt höhere Zinsen.

Tabelle 9.3 zeigt, wie sich das Rating durch die Hausbank auf den Kontokorrentzins auswirken kann. Der „angemessene Zinssatz" wird je nach Kreditinstitut variieren.

Ratingeinstufung	**Angemessener Zinssatz p.a. am Kontokorrentkonto in %**
Unternehmer erwirtschaftet gute Gewinne, Eigenkapitalsituation positiv, Privatentnahmen niedriger als Betriebsgewinn, Konto wird immer im Rahmen geführt, Bank wird laufend über die Lage des Unternehmens informiert. Der Unternehmer hat seine Kosten im Griff. Summe der Kredite sinkt laufend.	bis ca. 5
Unternehmen kommt seinen finanziellen Verpflichtungen nach, geringes Eigenkapital vorhanden, Gewinne liegen meist höher als Privatentnahmen, Informationspolitik der Bank gegenüber vorhanden, aber nur mäßig.	von 5,00 bis 8,75
Unternehmen weist Negativkapital aus, Gewinne niedriger als Privatentnahmen, schlechte Informationspolitik gegenüber der Hausbank, Unternehmer kennt sich mit seinen betriebswirtschaftlichen Zahlen und mit der Kalkulation nur bedingt aus.	von 8,75 bis 11,00
Unternehmen befindet sich in ersten wirtschaftlichen Schwierigkeiten, die Existenz des Gesamtbetriebes ist gefährdet, Unternehmer steckt lieber den Kopf in den Sand als aktiv anzupacken, um die Situation des Betriebes zu verbessern, wird als Risikokandidat von der Hausbank eingestuft.	über 11,00

Tabelle 9.3 Ratingeinstufung Hausbank (Stand Frühjahr 2025)

Die Rating-Checkliste (**Tabelle 9.4**) soll den Unternehmen aufzeigen, auf welche Kriterien Kreditinstitute beim Rating achten. Gleichzeitig bietet die Checkliste aber auch eine Hilfestellung, ob sich das Unternehmen auf die Bereiche konzentriert, die den Erfolg eines Unternehmens ausmachen.

Wer Kredite benötigt, sollte sich mit der Checkliste in Tabelle 9.4 auseinandersetzen.

Sprechen Sie den für Sie zuständigen Mitarbeiter der Kreditabteilung Ihrer Bank an und bitten Sie ihn um eine Rating-Checkliste. Lassen Sie sich erklären, worauf die Bank besonderen Wert legt.

Unter Reporting wird die regelmäßige Information der Hausbank zur Lage und den Zukunftsperspektiven des Unternehmens verstanden. Je nach Kreditbedarf kann ein solches Gespräch quartalsweise stattfinden oder nur einmal pro Jahr.

Solche Reportings sind für den Kreditverantwortlichen der Hausbank von größter Bedeutung, weil er dadurch die Kreditentscheidung untermauern kann. Je aktiver auf die Hausbank zugegangen wird, umso positiver das Rating. Ein Quartalsgespräch oder eine schriftliche Information könnte Folgendes umfassen:

- aktuelle BWA, in der halbfertige Aufträge und Abschreibungen gebucht sind,
- BWA-Vorjahresvergleich,
- Plan-BWA, aus der ein Soll-Ist-Vergleich ersichtlich ist,
- geplante Investitionen,
- Personalplanung,
- Auftragslage aktuell und -prognose,
- Prognose für den zukünftigen Ertrag.

I	Management und Markt	Anmerkungen
1	Gibt es eine nachvollziehbare, langfristig angelegte Unternehmenskonzeption?	
2	Findet eine Analyse des Markt- und Wettbewerbsumfelds statt und fließen die daraus gewonnenen Erkenntnisse in die Unternehmensplanung ein?	
3	Sind die wesentlichen Umsatzträger auf einem wachsenden und nicht auf einem rückläufigen Markt?	
4	Sind Kunden bzw. Lieferanten breit gestreut, so dass keine Abhängigkeiten bestehen?	
5	Sind der Unternehmensaufbau und die Verantwortlichkeitsbereiche klar und nachvollziehbar?	
6	Ist ein Qualitätsmanagement organisatorisch verankert?	
7	Ist die Unternehmensnachfolge geregelt für Unternehmer, die ihren 50. Geburtstag hinter sich haben?	
8	Sind Abhängigkeiten von maßgeblichen Mitarbeitern ausgeschlossen?	
9	Sind Risiken erkannt und ausreichend über Versicherungen abgedeckt?	
II	**Planung, Controlling und Rechnungswesen**	**Anmerkungen**
10	Gibt es für das Unternehmen angemessene Planungsunterlagen für die nächsten drei Jahre?	
11	Enthalten Planungen auch eine Szenarienbetrachtung?	
12	Werden Unternehmensziele auch dem Stellvertreter des Chefs und ggf. Führungskräften mitgeteilt?	
13	Wird die Kalkulation auf Basis aktueller betrieblicher Zahlen durchgeführt?	
14	Findet Vor- und Nachkalkulation statt?	
15	Besteht eine zeitnahe Rechnungserstellung und ein systematisches Mahnwesen?	
III	**Jahresabschluss, Kontoführung und Informationsverhalten**	**Anmerkungen**
16	Ist aus den vorgelegten Unterlagen eine nachhaltige Kapitaldienstfähigkeit erkennbar?	
17	Verfügt das Unternehmen über ausreichende Haftungspuffer, z. B. in Form von Eigenkapital?	
18	Wird das Konto im vereinbarten Limit geführt?	
19	Werden getroffene Vereinbarungen mit der Bank strikt eingehalten?	
20	Erhält das Kreditinstitut regelmäßig zeitnahe Informationen über die wirtschaftliche Lage des Unternehmens? (Reporting)	
21	Werden der Bank die wesentlichen Unternehmensentscheidungen mitgeteilt?	

Quelle: Bundesverband der Deutschen Volksbanken und Raiffeisenbanken e.V.

Tabelle 9.4 Rating-Checkliste

> In den Abschnitten 6.3.4 und 6.3.5 sind Auswertungsarten dargestellt, in denen wesentliche Informationen enthalten sind, die der Hausbank im Zuge des Reportings zur Verfügung gestellt werden.

Eine Frage an die Hausbank ist immer zulässig: „Was kann ich tun, um beim Rating besser eingestuft zu werden und dadurch niedrigere Zinsen zu erhalten?"

> Im Abschnitt 2.6.2 des vorliegenden Buches sind Hinweise zum Umgang mit der Bank aufgeführt.

> Wirtschaftsauskunfteien und deren Rating gewinnen zunehmend an Bedeutung. Im Abschnitt 10.2 wird dargestellt, welche Rolle das Rating durch Auskunfteien wie z. B. Creditreform für Unternehmen spielt und wie dieses verbessert werden kann.

9.5 Was tun, wenn der Chef ausfällt?

Auf die Frage, wofür der Unternehmer die Verantwortung trägt, lautet die Antwort häufig: „Dafür, dass die Firma läuft".

Und auf die Frage, was die Übernahme der Verantwortung konkret bedeutet, bleiben die meisten Unternehmer eine Antwort schuldig. Um sich dem Thema „Verantwortung" zu nähern, solle überlegt werden, was passiert, wenn der Chef ausfällt. Ein Stichwort dazu lautet „Probesterben".

Unter „Probesterben" wird die Antwort auf die Frage verstanden, was mit dem Unternehmen passiert, wenn die Person an der Spitze des Betriebes von heute auf morgen ausfällt. Beim Probesterben müssen zwei Themenkreise beleuchtet werden.

- Wie geht es in der Firma weiter?
- Was passiert in der Familie?

Diese Fragestellungen sollen dem Unternehmer helfen, konkrete Maßnahmen einzuleiten, die das Überleben des Unternehmens sichern, wenn der Chef ausfällt. Jeder Existenzgründer sollte sich zu Beginn seiner Selbstständigkeit mit diesen Fragen auseinandersetzen.

Selbstverständlich gehört auch eine testamentarische Regelung zu einer guten Vorbereitung, vor allem wenn mehrere Kinder erben werden. Wenn in einem Familienunternehmen ein Sohn oder eine Tochter als Unternehmensnachfolger bestimmt ist, empfehlen wir, denjenigen, der den elterlichen Betrieb übernimmt, testamentarisch in Bezug auf das Unternehmen besser zu stellen als die anderen Geschwister, die nicht im Unternehmen tätig sind.

So sollte überlegt werden, dem designierten Unternehmensnachfolger testamentarisch die Immobilie, in der das Unternehmen ansässig ist, vorrangig zu vermachen, und die anderen nicht im Unternehmen tätigen Kinder durch andere Erbteile zu bedenken. Wer beim Probesterben eine gerechte und die Belange eines Unternehmens berücksichtigende Entscheidung trifft, wird alles daran setzen, eine Erbengemeinschaft zu vermeiden.

In vielen Fällen, in denen Familien aufgrund des plötzlichen Todes des Unternehmers mit einer Erbengemeinschaft konfrontiert sind, kann das den Exitus des Unternehmens bedeuten. Die Interessen innerhalb einer Erbengemeinschaft sind oft gegensätzlich. Diejenigen Geschwister, die nicht im Unternehmen arbeiten, vermuten meist ein erheblich höheres Einkommen bei dem Geschwisterteil, das die Firma führt. So können aus Geschwistern, die sich bisher vertrauten, erbitterte Feinde werden.

Die Problematik des plötzlichen Ausfalls des Chefs schlägt sich häufig in Kleinigkeiten nieder, die dazu führen, dass so manches Unternehmen nach dem Ausfall des Chefs nur wenige Wochen überlebt.

Wenn Mitarbeiter ihren Lohn nicht pünktlich erhalten, kann es durchaus sein, dass diese das Unternehmen kurzfristig verlassen. Oft gibt der Ehepartner des Mitarbeiters den Ausschlag für die Kündigung. Diese Frage und weitere werden in der Checkliste „Notfall Chef“ (**Tabellen 9.5** und **9.6**) behandelt.

Wer diese Fragen in seinem Unternehmen klärt, betreibt Risikovorsorge einerseits, und andererseits leistet er einen Beitrag zur Übergabefähigkeit seines Unternehmens. Ziel sollte es in beiden Fällen sein, das Unternehmen unabhängiger vom Inhaber zu machen. Schon bei der Gründung des Unternehmens sollen diese Fragen behandelt werden.

Die Abarbeitung der Checklisten (Tabellen 9.5 und 9.6) bringt dem Unternehmer zwei Ziele näher:

- mehr Zeit für die wichtigsten unternehmerischen Aufgaben,
- mehr Freizeit, auch für die Familie.

Die Tabelle 9.5 sollten auch Unternehmer bearbeiten, lange bevor der Tag der Betriebsübergabe in Sicht ist. Unterschieden wird zwischen kurzfristiger Notfallplanung und langfristiger Nachfolgeplanung.

Fragen zum Notfall Chef	Ja	Nein
Gibt es im Unternehmen eine weitere Person neben dem Unternehmer, die über eine Kontovollmacht „über den Tod hinaus" verfügt?		
Tätigt jemand im Unternehmen neben dem Chef Überweisungen und verfügt diese Person über die benötigten Zugangsdaten? Sind Anlass, Art und Höhe der Beiträge definiert und der Bank bekannt?		
Sind einer weiteren Person die Passwörter/Codes für den EDV-Zugang jedes Firmen-PCs bekannt?		
Gibt es im Unternehmen eine weitere Person, der die PIN-Nummer des Unternehmer-Mobiltelefons bekannt ist?		
Gibt es im Unternehmen noch Personen, die den Aufbewahrungsort der Lizenz/en der betrieblichen Software kennen?		
Ist ein Krisenstab eingerichtet, der in Aktion tritt? Ist eine schriftliche Vereinbarung mit den Mitgliedern dieses Krisenstabs zu ihren Aufgaben getroffen?		
Gibt es einen Stellvertreter des Chefs und ist diese Stellvertretung an Mitarbeiter, Kunden, Partner etc. kommuniziert?		
Gibt es Aufzeichnungen über die vereinbarten Lieferantenkonditionen, Verträge mit der Einkaufskooperation und Verträge mit Kunden, z. B. Wartungsverträge und hat zu diesen Vereinbarungen eine weitere Person Zugang?		
Ist im Unternehmen bekannt, wo der Gesellschaftervertrag niedergelegt ist und wer Zugang hat (nur Personen- und Kapitalgesellschaften, gilt nicht für Einzelunternehmen)?		
Sind die Leasingverträge, Mietverträge usw. bekannt sowie der Aufbewahrungsort dieser Dokumente?		
Gibt es für die Mitarbeiter inkl. der Aushilfen schriftliche Arbeitsverträge? Wo werden die Arbeitsverträge aufbewahrt? Ist geklärt, wer Zugang erhält?		
Ist bekannt, wo die Jahresabschlüsse und Steuererklärungen aufbewahrt werden und wer Zugang hat?		
Gibt es ein Verzeichnis zum Aufbewahrungsort der Kfz-Briefe und der Zweitschlüssel?		
In welchen Verbänden und Berufsorganisationen bestehen (Pflicht) Mitgliedschaften? Welche Rechte und Pflichten ergeben sich daraus? Ist dies einer weiteren Person bekannt?		
Welche Vertragserfüllungs- und Gewährleistungsbürgschaften bestehen? Ist festgelegt, wer Zugang zu den Verträgen und Bürgschaftsurkunden hat?		
Ist bekannt, welche geschäftlichen Darlehensverträge mit den Banken bestehen? Sind die Laufzeiten und vereinbarten Konditionen bekannt?		
Ist der eingeräumte Kreditrahmen am Girokonto bekannt?		
Ist bekannt, wo sich die Versicherungsunterlagen des Betriebes befinden?		
Sind die bei Banken hinterlegten Sicherheiten bekannt und alle Kreditverträge inkl. Girokonto?		
Liegt ein betriebliches Organigramm vor und ist dieses an alle Mitarbeiter kommuniziert?		
Liegen im Unternehmen Stellenbeschreibungen einschließlich der Stellenbeschreibung des Chefs vor und sind diese kommuniziert?		
Gibt es bei Handwerksunternehmen eine Regelung wer Konzessionsträger/Betriebsleiter nach dem Ausfall des Chefs werden soll?		

Tabelle 9.5 Checkliste Notfall Chef Geschäftliches

Fragen zum Notfall Chef	Ja	Nein
Gibt es eine Person, die neben dem Unternehmer für die privaten Bankkonten „über den Tod hinaus" zeichnungsberechtigt ist?		
Ist bei minderjährigen Kindern für den Tod eines Elternteils vorgesorgt, in dem die Erziehungsberechtigung von einer weiteren Person übernommen wird, und hat diese Person diese Vereinbarung unterschrieben?		
Wenn es ein Schließfach gibt: Gibt es im Unternehmen oder in der Familie Personen, die von diesem Kenntnis haben und über eine Vollmacht verfügen?		
Ist bekannt, welche laufenden privaten Zahlungsverpflichtungen bestehen und wofür?		
Ist bekannt, welche privaten Darlehensverträge bei welchen Banken bestehen und wo die entsprechenden Unterlagen dafür zu finden sind?		
Sind die für die Kredite hinterlegten Sicherheiten aufgelistet?		
Hat der Chef eine Vorsorgevollmacht ausgestellt?		
Gibt es eine Patientenverfügung/Patiententestament?		
Ist bekannt, wo sich die privaten Versicherungsunterlagen befinden?		
Ist der Aufbewahrungsort des (notariellen!) Testaments bekannt?		

Tabelle 9.6 Checkliste Notfall Chef Privates

Die Mitarbeiter werden Respekt vor ihrem Vorgesetzten haben, der an die Weiterführung des Unternehmens und damit die Sicherung der Arbeitsplätze im Notfall denkt.

Checklisten und Vordrucke zum Thema Notfall Chef finden sich auch in den Ordnern von Kreditinstituten, Kammern und Verbänden.

Notfallordner

In einem Notfallordner werden alle Informationen aus den Tabellen 9.5 und 9.6 zusammengefasst. Er gibt den Beteiligten damit einen Handlungsleitfaden (inkl. Vollmachten) und liefert alle notwendigen Informationen im Überblick.

> Eine regelmäßige, jährliche Überprüfung des Notfallordners unter Einbeziehung der wichtigsten Mitarbeiter wird empfohlen.

Der Unternehmer sollte nach der Fertigstellung des Notfallordners seine engsten Führungskräfte oder alle Mitarbeiter in einer Besprechung informieren:

„Ich habe einen Notfallplan an einer frei zugänglichen Stelle in meinem Büro aufbewahrt. Folgende Personen übernehmen wichtige Funktionen, wenn ich ausfalle" (hier sollten Stellvertreter und andere im Notfallordner genannte Mitarbeiter ihre Aufgabe erläutern).

Die Passagen des Notfallordners, die Mitarbeiter betreffen, sollte diesen übergeben werden. Die Mitarbeiter, die im Notfall Verantwortung überneh-

men, sollen ihr schriftliches Einverständnis erklären, dass sie die ihnen zugedachte Verantwortung auch übernehmen.
Bei einem Notfall sind weitere Aspekte zu beachten.

Kontovollmacht (immer „über den Tod hinaus")
Kontovollmachten können erlöschen, wenn der Vollmachtgeber verstirbt. Im Falle einer Kontovollmacht soll mit der Bank geklärt werden, dass diese auch über den Tod hinaus gilt.

Passwörter/Codes/PIN-Nummern
Jeder im Unternehmen (Chef und Mitarbeiter) muss für sein geschäftliches Mobiltelefon und für seinen PC/Laptop die Zugangsdaten zur Verfügung stellen. Diese werden zentral hinterlegt. Die Bereitstellung dieser Daten soll in den Arbeitsverträgen niedergelegt sein.

Stellvertreter des Chefs
Eine Stellvertreterregelung kann auch bei kleinen Betrieben äußerst wertvoll sein. Der Chef kann gewisse Aufgaben an seinen Stellvertreter delegieren. Dieser ist motiviert, da ihm Vertrauen und Verantwortung übergeben werden. Alle Mitarbeiter müssen über die Stellvertreterregelung informiert werden.

Bürgschaften
Viele Handwerksunternehmen wickeln ihre Gewährleistungs- oder Vertragserfüllungsbürgschaften schon heute über Versicherungen ab. Die Information, welche Gewährleistungsbürgschaften bestehen, muss zumindest dem Stellvertreter zugängig sein.

Arbeitsverträge
Mit allen Mitarbeitern müssen schriftliche Arbeitsverträge geschlossen werden, in denen alle Sonderleistungen definiert und ständig aktualisiert werden. Jede Nebenabrede über Leistungsprämie, Kfz-Nutzung usw. ist schriftlich niederzulegen.

Konzessionsträger
Für das Elektrohandwerk ist der Meistertitel Voraussetzung zur Führung des Unternehmens. Eine sorgfältige Zukunftsplanung beinhaltet auch Überlegungen, wer neben dem Unternehmer die geforderten Voraussetzungen erfüllt. Ein umsichtiger Unternehmer wird mindestens einen zweiten Konzessionsträger im Unternehmen installieren.

Vereinbarungen mit Kunden und Lieferanten

Nur wenn diese Vereinbarungen schriftlich dokumentiert werden, haben diese Wert für einen Nachfolger. In Kaufpreisverhandlungen mit dem Nachfolger kann kein Unternehmer punkten, der auf mündliche Abreden verweist.

Vorsorgevollmacht und Patientenverfügung

Beide Verfügungen können über die Stadt, Landratsämter, den Schreibwarenfachhandel oder im Internet bezogen werden.

Dennoch empfehlen wir auch hier, sich Tipps von einer fachkundigen Stelle einzuzuholen.

> Wenn Sie den Suchbegriff „Notfall Chef" bei einer Suchmaschine im Internet eingeben, erhalten Sie eine Fülle an Kontakten zu weiterführenden Informationen. Ein „Notfallordner" oder „Notfallkoffer" sollte in jedem Unternehmen vorhanden sein.

9.6 Die Stufen einer Unternehmenskrise und Maßnahmen zur Krisenbewältigung

Krisen kündigen sich langfristig an (**Tabelle 9.7**).

Die Liquiditätskrise ist immer die letzte Stufe in einem Zeitstrahl, der oft schon zehn Jahre davor seinen Anfang nahm.

Wenn die unternehmerische Kreativität erlahmt, wenn es nicht mehr „kribbelt", wenn keine neuen Aufträge mehr in Sicht sind, dann muss sich der Unternehmer die Frage nach seiner Motivation stellen.

Zeit vor der Insolvenz	Bezeichnung	Erläuterung
10 Jahre	strategische Krise	Der Unternehmer kann für seinen Betrieb keine strategischen Ziele nennen.
5 Jahre vorher	Zielkrise	Es werden keine Planungen erstellt, keine Umsatz-, Rohertrags-, Kosten- und Ertragsziele definiert.
1 Jahr vorher	Rentabilitätskrise	Die Gewinne reichen nicht aus, um die Privatentnahmen abzudecken. In der GmbH werden Verluste geschrieben. Die Bank wird nervös.
6 Monate vorher	Liquiditätskrise	Die Skontierfähigkeit geht verloren – es wird immer mehr Zeit in die Organisation der Liquidität investiert. Weit weniger als 50 % der Arbeitszeit des Chefs gehört der Unternehmensführung.
	Insolvenz	

Tabelle 9.7 Vorstufen einer Insolvenz

Kann der Unternehmer die Frage beantworten, wo sein Unternehmen in zehn Jahren stehen soll? Lautet die Antwort „Nein“, dann befindet sich das Unternehmen bereits in einer strategischen Krise.

Eine Zielkrise kann nur erkannt werden, wenn im Unternehmen betriebswirtschaftliche Ziele formuliert werden. Dazu gehören:

- Umsatz/Leistung, ggf. nach Abteilungen/Leistungsbereichen,
- Roherträge,
- Kosten,
- Ergebnis.

Wer diese Ziele nicht definiert, erkennt die Krise nicht und handelt auch nicht. Er ist Unterlasser statt Unternehmer.

Die Vorstufen einer Rentabilitätskrise werden nicht erkannt, wenn keine Ziele für Gewinn, Erträge und Kosten definiert sind.

> Im Abschnitt 8.11 wird dargestellt, wie eine betriebswirtschaftliche Planung aufgebaut ist.

Je schwammiger das Ziel formuliert wird, desto eher neigen manche Unternehmer zu Selbstbetrug. Ein „etwa ausgeglichenes Ergebnis“ als formuliertes Ziel führt schnell dazu, dass ein Verlust von 10.000 EUR „ungefähr ausgeglichen ist“.

Die **Tabelle 9.8** kann helfen, Risiken für das Unternehmen zu erkennen – sie dient zur Analyse der betrieblichen Lage.

Die Ergebnisse sind wie folgt zu interpretieren: Wenn mehr als 50 % der Kreuze in der Rubrik „trifft voll zu“ stehen, handelt es sich bereits um einen Unternehmer, der seine betrieblichen Zahlen mit der notwendigen Ernsthaftigkeit bearbeitet. Das ist eine wichtige Eigenschaft zur Erfolgssicherung.

Wenn weniger als drei Kreuze in der Rubrik „trifft voll zu“ vorhanden sind, befindet sich das Unternehmen „im Blindflug“. Dadurch wird die Möglichkeit verbaut, realistische Ziele zu formulieren, und es bestehen kaum Chancen, Erfolge wahrzunehmen. Da die betrieblichen Zahlen nicht richtig gelesen werden können, bleibt unbemerkt, wann dringend Nachhilfeunterricht benötigt wird.

Wer glaubt, anhand der Bankkonten sein Unternehmen zu führen, kann ein böses Erwachen erleben. Wenn das Bankkonto zwar im Plus geführt wird, aber gleichzeitig Lieferantenverbindlichkeiten steigen, Vorauszahlungen durch Kunden eingehen oder gar Bestände an Forderungen sinken, zeigt sich, dass diese reine Kontenbetrachtung zu einer falschen Beurtei-

Checkliste zur Risikoanalyse	**Diese Aussage trifft auf mich … zu**		
	voll	**zum Teil**	**weniger/ nicht**
Ich kenne den Jahresumsatz, den ich zur Kostendeckung benötige.	❑	❑	❑
Ich habe meinen Zielgewinn für dieses Geschäftsjahr geplant.	❑	❑	❑
Ich analysiere meine betriebswirtschaftliche Auswertung (BWA) monatlich im Vergleich zum Vorjahr.	❑	❑	❑
Ich kann die Leistung nach meinen wichtigsten Leistungsbereichen trennen. Diese Zahlen analysiere ich regelmäßig.	❑	❑	❑
Ich kalkuliere alle Aufträge ab 3.000 EUR Auftragswert und kalkuliere konsequent nach.	❑	❑	❑
Ich ermittele regelmäßig den Stundensatz, den ich zur Kostendeckung benötige.	❑	❑	❑
Ich kenne meine Bankverbindlichkeiten und weiß auch, wann ich alle meine Schulden getilgt habe.	❑	❑	❑
Ich kenne den Rohertrag pro Kopf meines Unternehmens (Produktivität) und analysiere ihn regelmäßig im Vergleich zur Branche.	❑	❑	❑
Ich weiß, in welchen Bereichen meine Kosten über/unter dem Branchendurchschnitt liegen.	❑	❑	❑
Ich kenne meinen Kontostand und mein Kreditlimit am Kontokorrent-konto.	❑	❑	❑
Das Ergebnis des Jahres kenne ich spätestens drei Monate nach Abschluss des Geschäftsjahres.	❑	❑	❑
Ich habe einen Investitionsplan und weiß, in welchem der folgenden drei Jahre, wie viel Geld investiert werden muss.	❑	❑	❑
Wir skontieren alle Lieferantenrechnungen.	❑	❑	❑
Mit den Lohnzahlungen bin ich immer auf dem Laufenden.	❑	❑	❑
Anzahl der Kreuze			

Tabelle 9.8 Risikoeinschätzung zur Analyse der betrieblichen Lage

lung der Lage führt. Jeder Betrieb benötigt eine wöchentliche Übersicht zu den Kundenforderungen und Lieferantenverbindlichkeiten.

Wenn dann noch die teilfertigen Arbeiten (HF) monatlich erfasst werden, kann der Status als wichtiges Chef-Informationssystem herangezogen werden.

> Die Instrumente der Liquiditätsüberwachung sind dem Abschnitt 8.6 zu entnehmen.

Maßnahmen zur Krisenbewältigung

Zentrale Aufgabe in unseren Sanierungsberatungen ist es, herauszufinden, was die Ursachen für eine Unternehmenskrise sind. Diese liegen leider dann häufig schon weit zurück – Anzeichen einer Schieflage in Strategie und Rentabilität wurden nicht wahrgenommen.

In **Tabelle 9.9** ist eine Übersicht zu drei Krisenanzeichen, deren Ursachen und wie sie bekämpft werden können, zu sehen. Mit diesen Ansatzpunkten können wir nur einen kleinen Auszug der Möglichkeiten zur Krisenbewältigung darstellen.

Unternehmer, die sich mit ihren betriebswirtschaftlichen Zahlen beschäftigen und nicht sagen: „Darum kümmert sich meine Frau, der Steuerberater oder die Buchhaltung ...“, haben weitaus bessere Chancen eine Krise zu bewältigen als diejenigen, die sich nicht für ihre Zahlen interessieren.

Gerade in kleineren Unternehmen mit bis zu acht Mitarbeitern muss der Chef den Kontakt zu den Kunden suchen und auf der Baustelle mithelfen, wenn Not am Mann ist. Dann wird er schneller erkennen, wo die Ursachen eventueller Schwierigkeiten verborgen sind.

So wird die Krise sichtbar	Mögliche Ursachen der Krise	Maßnahmen zur Bekämpfung der Krise
Es kann nicht mehr konsequent skontiert werden. Die Liquidität ist angespannt.	Kundenrechnungen werden zu spät bezahlt, die Höhe der Kundenrechnungen liegt über den Branchenrichtwerten.	Die noch schwebenden Aufträge schnell zum Abschluss bringen und eine Abnahme durchführen. Konsequentes Mahnwesen einführen. Forderungsmanagement auf den Prüfstand stellen. Eigenes Abrechnungsverhalten hinterfragen, da oftmals Abrechnungen auch zu spät erstellt werden. Auftragsbearbeitung prüfen in Hinblick auf saubere Angebotserstellung und Auftragserteilung, Dokumentationsprobleme während der Bearbeitung oder auch vermehrte Mängel. Verkauf der Forderungen an eine Factoringgesellschaft.
Die Motivation der Mitarbeiter für die Arbeit ist schlecht.	Es fehlen klare Zielvorgaben der Mitarbeiter: Chef zieht sich zurück und spricht keine klaren Worte zur Zukunft des Unternehmens und was er von den Mitarbeitern fordert.	Das Gespräch mit den Mitarbeitern suchen. Aufzeigen, was die Ursachen der Krise sind und wie der Chef gegensteuern wird. Mitarbeiter in die Analysen einbinden und Hilfe der Mitarbeiter einfordern.
Die prozentualen Personalkosten steigen kontinuierlich und die Gewinne gehen zurück.	Aufträge ohne Material wurden an Land gezogen: Der Deckungsbeitrag aus dem Material fehlt. Die Mitarbeiter dokumentieren zu wenig ihre Leistungen oder sind zu langsam.	Bei jedem Angebot den realisierbaren Deckungsbeitrag pro Stunde ermitteln und so rentable Aufträge selektieren. Fortlaufende Erstellung von Begleit- und Nachkalkulation. Klare Vorgaben an die Mitarbeiter: Ziel ist, dass jede Anwesenheitsstunde dokumentiert und verrechnet wird. Stärkere tägliche Kontrolle der Rapporte.
	Der Aufwand für die betriebliche Verwaltung ist zu hoch (Ziel: 75 % produktiv, 25 % Verwaltung).	Abläufe im Unternehmen unter die Lupe nehmen und produktive Mitarbeiter müssen ihre Arbeit genau dokumentieren.

Tabelle 9.9 Krisenanzeichen, Ursachen und Maßnahmen

Und schließlich: Je kleiner das Unternehmen, umso wichtiger ist die Vorbildfunktion des Chefs für seine Mitarbeiter. Gerade in Krisensituationen muss der Chef auch zeigen, dass er bereit ist, mehr zu leisten und private Abstriche hinzunehmen. Wenn der Chef den Mitarbeitern den Lohn kürzt, selbst aber in der Krise mit einer Luxuskarosse auf der Baustelle aufkreuzt, muss er sich nicht wundern, wenn die Leistungsbereitschaft der Mitarbeiter schnell erlahmt.

In Krisensituationen, die sich in der Endphase immer in Form einer Liquiditätskrise ausdrücken, wird die Hausbank den Unternehmer zu einem Gespräch bitten. In diesem Gespräch werden immer Maßnahmen diskutiert, mit denen der Krise begegnet werden kann.

Wer glaubt, alleine durch eine Ausweitung des Kreditrahmens sein Problem zu lösen, wird durch seine Hausbank schnell augebremst und ist auch unternehmerisch „auf dem Holzweg".

- Zuerst wird die Bank einen Maßnahmenkatalog fordern, um der Krise zu begegnen.
- Auch einen Beitrag aus dem privaten Bereich wird die Bank fordern: Verkauf von Vermögensgegenständen, Maßnahmen zur Reduzierung der Privatentnahmen, Reduzierung des Geschäftsführergehaltes etc.
- Erst dann können mit der Bank über Umschuldung, Konsolidierungskredite oder weitere Maßnahmen besprochen werden.

> Ohne Beiträge aus dem Privatbereich wird keine Bank bereit sein, ein Sanierungskonzept mitzutragen.

Die folgenden **Tabellen 9.10** und **9.11** sollen helfen, mögliche Problemfelder, die zu Krisen führen können, rechtzeitig zu erkennen.

Früherkennung von Krisen (Projekt)	immer	gelegentlich	nie
Ich lese mir die Vorbemerkungen bei Ausschreibungen genau durch und weiß, was mich erwartet.	❑	❑	❑
Aufmaße erstellen wir grundsätzlich wöchentlich und sind mit unseren Abschlagsrechnungen auf dem Laufenden.	❑	❑	❑
Die Grundlagen der VOB sind mir und meinen Obermonteuren bekannt und werden auch eingesetzt.	❑	❑	❑
Aufträge ab 5.000 EUR werden grundsätzlich nachkalkuliert, um aus Fehlern zu lernen.	❑	❑	❑
Bei jedem größeren Projekt gibt es einen Projektverantwortlichen, der von Anfang bis Ende das Projekt führt.	❑	❑	❑
Bei größeren Projekten holen wir immer eine Auskunft über die Bonität des Auftragsgebers ein.	❑	❑	❑
Mitarbeiter erkennen Störungen (Behinderungen) im Bauablauf und dokumentieren diese oder melden sie an den Projektleiter.	❑	❑	❑
Mitarbeiter erfassen alle Zusatzarbeiten und lassen diese unterschreiben. Nachträge werden erst nach schriftlicher Beauftragung bearbeitet.	❑	❑	❑

Tabelle 9.10 Risikoanalyse Projektgeschäft

Früherkennung von Krisen (Kleinaufträge)	immer	gelegentlich	nie
Wir arbeiten mit Teil-/Vorauszahlungen, die mit dem Kunden abgestimmt und zum Vertragsbestandteil werden.	❑	❑	❑
Unser Mahnwesen ist klar strukturiert und wird konsequent bei jedem Kunden eingesetzt.	❑	❑	❑
Die Rechnung wird spätestens eine Woche nach Abschluss der Arbeit verschickt.	❑	❑	❑
Bei Regie- und Serviceaufträgen lassen die Mitarbeiter sofort die erbrachten Leistungen durch den Auftraggeber gegenzeichnen.	❑	❑	❑
Die Mitarbeiter liefern alle Daten von der Baustelle, so dass ohne Rückfragen eine Rechnung gestellt werden kann.	❑	❑	❑

Tabelle 9.11 Risikoanalyse Privat- und Gewerbekunden

Auswertung für jede der beiden Gruppen Projekt- und Kleinaufträge

5- bis 6-mal „gelegentlich oder nie"

So wird Geld mit offenen Händen zum Fenster hinausgeworfen, oder die Kunden sind regelrechte Engel, die nicht auf das Geld schauen. Das Potenzial für den Betrieb, deutlich mehr Geld zu verdienen, ist sehr groß.

3- bis 4-mal „gelegentlich oder nie"

Es sind bereits erste Ansätze einer professionellen Unternehmensführung erkennbar. Wenn konsequent weitergemacht wird, ist der Aufstieg in die „unternehmerische Bundesliga" erreichbar.

1- bis 2-mal „gelegentlich oder nie"

Das Unternehmen ist schon fast ein Vorzeigeunternehmen. Die Mitarbeiter können sich glücklich schätzen, in diesem Unternehmen zu arbeiten. Es lohnt sich, weiterhin an den klaren Spielregeln festzuhalten.

0-mal „gelegentlich oder nie“

Kaum zu glauben, Respekt, perfekt!

9.7 Der außergerichtliche Vergleich zur Sanierung

In Phasen der Unternehmenskrise kann es sein, dass sich extrem hohe Lieferantenverbindlichkeiten aufgebaut haben und die Lieferanten nun auf Rückzahlung drängen.

Das folgende Beispiel (**Tabelle 9.12**) zeigt den Aufbau einer verkürzten Bilanz eines in Schieflage geratenen Unternehmens, einer GmbH mit einem Jahresumsatz von 1,2 Mio. EUR.

Für eine Umsatzgröße von 1,2 Mio. EUR liegen die Lieferantenverbindlichkeiten weit über dem Branchendurchschnitt.

Ein außergerichtlicher Vergleich bedeutet eine Vereinbarung mit den Gläubigern zu suchen, um diese zu einem (teilweisen) Verzicht auf ihre Forderungen gegenüber dem Unternehmen zu bewegen. Kreditinstitute sind meist gut abgesichert, sodass diese selten auf einen Teilverzicht eingehen.

Anders bei den Lieferanten. Wenn diese ein tragfähiges Zukunftskonzept sehen, sind sie oft bereit, einem Teilverzicht zuzustimmen. Aus Erfahrung kann von einer Quote von 50 % und mehr ausgegangen werden, nach Abschluss aller Verhandlungen.

Wenn Lieferanten einem Teilverzicht zustimmen, pochen sie jedoch auf eine kurzfristige Zahlung der Restschuld.

Die Finanzierung dieser Zahlung muss durch frisches Geld, das in das Unternehmen fließt, sichergestellt werden.

Aktiva	**EUR**	**Passiva**	**EUR**
Anlagevermögen	80.000	Stammkapital	25.000
Rohmaterial	50.000	Rückstellungen	40.000
Halbfertige	120.000	Kurzfristige Bankschulden	170.000
Kundenforderungen	210.000	Darlehen	100.000
Flüssige Mittel	1.000	Erhaltene Anzahlungen	100.000
Sonstiges Vermögen	20.000	Lieferantenverbindlichkeiten	276.000
Negativkapital = Verlustvortrag	250.000	Sonstige Verbindlichkeiten	20.000
Summe	**731.000**	**Summe**	**731.000**

Tabelle 9.12 Bilanz eines in Schieflage geratenen Unternehmens

> Bei einem außergerichtlichen Vergleich empfiehlt es sich, einen Expertenrat einzuholen, denn eine gründliche Prüfung der Lage und die Bereitschaft der Hausbank sind unverzichtbare Bestandteile eines solchen Vorgehens.

9.8 Was passiert, wenn das Unternehmen scheitert?

Um diese Frage zu beantworten, müssen wir zuerst hinterfragen, was scheitern bedeutet. Im Mannschaftssport bedeutet es eine Niederlage oder sogar den Abstieg aus der Liga.

Ein Unternehmen scheitert, wenn es nicht mehr gelingt, seinen Zahlungsverpflichtungen nachzukommen. Das ist ein schleichender Prozess, der damit beginnt, dass der verfügbare Kreditrahmen so weit ausgeschöpft ist, dass er nicht mehr skontiert werden kann. Der Verlust der Skontierfähigkeit ist ein erstes ernstes Krisenzeichen, auf das schnellstens reagiert werden muss.

Viele Unternehmer, die sich in dieser Situation befinden, beruhigen sich selbst mit der Ausrede, es handle sich um eine kurzfristige und nur vorübergehende Situation und treffen keine Entscheidungen, um gegenzusteuern.

Schließlich ist es die Regel, dass nicht mehr skontiert wird und immer öfter flattern Mahnungen ins Haus. Die Löhne werden immer später überwiesen, die Mitarbeiter diskutieren miteinander über die Lage des Unternehmens. Die Produktivität sinkt, ein erster Mahnbescheid wird zugestellt, die Krankenkassenbeiträge können nicht mehr pünktlich überwiesen werden, und letzten Endes wird der Unternehmer mit einem Vollstreckungsbescheid und sogar mit einem Insolvenzantrag konfrontiert.

Die Lieferanten liefern nur noch gegen Vorkasse, der Betrieb kann das Material, das er benötigt, um die bereits erteilten Aufträge abzuwickeln, nicht mehr einkaufen. Kunden werden vertröstet. Erst sind es 20 % der Arbeitszeit des Inhabers, die aufgewendet werden, um die Finanzen zu organisieren, später die Hälfte der Arbeitszeit. Es wird nur noch reagiert, man trifft keine Entscheidungen mehr und läuft nur noch dem Geld hinterher.

Der Unternehmer ist nervlich am Ende und dem Burn-out nah.

Der Gesetzgeber hat für Unternehmen in solchen Situationen die Möglichkeit der Insolvenz geschaffen. In den USA wird dieser Rechtsvorgang

„Gläubigerschutz" genannt. Im Rahmen eines Insolvenzverfahrens soll ausgelotet werden, ob das Unternehmen noch eine Chance hat oder geschlossen werden muss.

Viele Unternehmen, die Insolvenz anmelden mussten, sagen heute, sie hätten diesen Schritt viel früher machen sollen und sagen weiterhin, dass mit dem Insolvenzverfahren großer Druck von ihnen abgefallen sei.

Anita Süßenguth, unsere Expertin und Anwältin für Insolvenzrecht, sagt dazu Folgendes:

„Mancher ist schneller mit dieser Thematik konfrontiert, als er dachte. Sei es, dass ein Auftraggeber eines größeren Auftrages selbst insolvent ist und somit die Zahlung ausbleibt, sei es, dass ein größeres Projekt mit Mängeln behaftet ist. Wichtig ist, dass Sie schnellstmöglich bei Kenntnis von Umständen, die zum Scheitern des Unternehmens führen könnten, einen fachkundigen Berater aufsuchen. Die Erfahrung zeigt, dass Unternehmer zumeist der Auffassung sind, dass sie dies selbst in Griff bekommen. Der Gang zum Fachmann erfolgt oftmals viel zu spät. Insbesondere bei familiengeführten Unternehmen kann man immer wieder beobachten, dass bis zuletzt alleine gekämpft wird, obwohl die Sanierungschancen eines Unternehmens erheblich gesteigert sind, sofern der Unternehmer zügig kompetente Hilfe in Anspruch nimmt."

9.8.1 Wie definiert sich das Scheitern eines Unternehmens?

Vereinfacht kann von Scheitern gesprochen werden, wenn die Gewinne des Unternehmens über eine längere Zeit nicht ausreichen, den Privatbedarf der Unternehmerfamilie abzudecken.

Insbesondere bei Kapitalgesellschaften kommt dem Thema „Zahlungsunfähigkeit" in Zusammenhang mit der Verpflichtung des GmbH-Geschäftsführers eine große Bedeutung zu. *Anita Süßenguth* gibt folgende Definition ab:

„Zahlungsunfähigkeit liegt nach ständiger Rechtsprechung des Bundesgerichtshofes vor, wenn man nicht in der Lage ist, binnen drei Wochen 90% seiner fälligen Gesamtverbindlichkeiten auszugleichen oder, wenn wahrscheinlich ist, dass die Liquiditätslücke demnächst mehr als zehn Prozent erreichen wird. Maßgeblich sind die fälligen und ernstlich eingeforderten Verbindlichkeiten. Nicht berücksichtigt werden müssen gestundete Verbindlichkeiten. Vereinbarte Ratenzahlungen sind daher ebenfalls lediglich in Höhe der jeweiligen Ratenzahlungshöhe zu berücksichtigen."

9.8.2 Wer stellt einen Insolvenzantrag? Wo? Wie?

Expertin *Anita Süßenguth* beschreibt den Ablauf:

„In der Regel wird der Insolvenzantrag vom Schuldner selbst gestellt. Bei einem Einzelkaufmann führt die Insolvenzantragstellung dazu, dass über das Vermögen des Einzelkaufmanns an sich das Insolvenzverfahren eröffnet wird. Dies bedeutet, dass sowohl das Firmenvermögen als auch das Privatvermögen davon betroffen sind. Insbesondere bei einer GmbH ist man als Geschäftsführer verpflichtet, unverzüglich einen Insolvenzantrag zu stellen, sobald ein Insolvenzgrund vorliegt. § 15a GmbH-Gesetz normiert, dass der Insolvenzantrag ohne schuldhaftes Zögern spätestens nach drei Wochen nach Vorlage des Insolvenzgrundes zu stellen ist. Kommt man dieser Verpflichtung als Geschäftsführer nicht nach, so macht man sich strafbar wegen Insolvenzverschleppung und haftet auch gegebenenfalls mit seinem Privatvermögen für gewisse Verbindlichkeiten der GmbH. Dazu gehören z. B. nicht abgeführte Arbeitnehmerbeiträge zur Sozialversicherung, Verbindlichkeiten gegenüber dem Finanzamt oder Ähnliches.

Neben dem Schuldner ist es aber auch Gläubigern möglich, einen Insolvenzantrag zu stellen. Stellt ein Gläubiger einen Insolvenzantrag, so haftet er jedoch für die Verfahrenskosten, soweit diese nicht durch die Insolvenzmasse gedeckt sind. Daher wird in der Praxis zumeist lediglich von Finanzämtern oder Sozialversicherungsträgern ein Gläubigerantrag gestellt.

Der Insolvenzantrag ist beim örtlich zuständigen Insolvenzgericht einzureichen. Das Insolvenzgericht ist meistens am Sitz des Landgerichtes angesiedelt. Die Gerichte erteilen auch telefonisch Auskunft, wo das zuständige Insolvenzgericht liegt. Ferner kann man sich bei Gericht die entsprechenden Formulare zur Insolvenzantragstellung abholen.“

9.8.3 Was geschieht nach der Insolvenz-Antragstellung?

„Zunächst wird bei Selbständigen ein Gutachtensauftrag erteilt. Es wird ein Sachverständiger eingesetzt, der die Vorlage eines Insolvenzgrundes prüft sowie die Tatsache, ob die Verfahrenskosten durch die Insolvenzmasse gedeckt sind. Bei einem laufenden Geschäftsbetrieb wird zudem gegebenenfalls eine vorläufige Insolvenzverwaltung angeordnet. Diese ist zumeist als vorläufige schwache Insolvenzverwaltung ausgestaltet. Dies bedeutet, dass in dieser Zeit sämtliche Verfügungen nur mit Zustimmung des vorläufigen Insolvenzverwalters möglich sind. Der Geschäftsbetrieb läuft fort, Aufträge

werden abgearbeitet, jedoch unter der ‚Aufsicht‘ des vorläufigen Insolvenzverwalters. Nachdem das Gutachten erstellt wurde, wird bei Deckung der Verfahrenskosten das Insolvenzverfahren eröffnet. Im Rahmen des Insolvenzverfahrens besteht grundsätzlich die Möglichkeit, in Abstimmung mit dem Insolvenzverwalter das Gewerbe fortzuführen. Sofern eine Fortführung angedacht ist, ist es hilfreich, fachkundigen Rat einzuholen und sich hierbei vertreten zu lassen. Sodann kann in Kooperation mit dem Insolvenzverwalter ein Konzept erarbeitet werden, das den Fortbestand gewährleistet.

Grundsätzlich ist es Ziel des Insolvenzverfahrens, das vorhandene Vermögen bestmöglich zu verwerten und eine gleichmäßige Befriedigung der Gläubiger unter Berücksichtigung von Sonderrechten zu ermöglichen. Es ist jedoch auch der Insolvenzverwalter daran interessiert, einen Betrieb zu sanieren und Arbeitsplätze zu erhalten. Die Stellung des Insolvenzantrages bedeutet daher nicht zwingend das Ende eines Betriebes.

Im Insolvenzverfahren wird die sogenannte Insolvenzmasse verwertet. Darunter fallen offene Forderungen, Maschinen, Betriebsimmobilien etc. Selbständige bauen oftmals ihre Altersversorgung über Lebensversicherungen auf. Hierbei ist besonders darauf zu achten, dass die Altersversorgung ‚insolvenzfest‘ ist und im Insolvenzfall nicht zur Insolvenzmasse zählt. Dabei ist bei Lebensversicherungen insbesondere die Einräumung eines unwiderruflichen Bezugsrechtes zu prüfen.

Lassen Sie sich daher vor Abschluss einer entsprechenden Altersvorsorge eingehend über die Insolvenzfestigkeit beraten und sich hierzu bestmöglich schriftlich eine Stellungnahme der Versicherungsgesellschaft übergeben.

Das Vermögen des Ehepartners fällt grundsätzlich nicht in die Insolvenzmasse. Etwas anderes gilt, soweit der Ehepartner gebürgt hat oder als Darlehensnehmer bei Kreditinstituten mit unterschrieben hat.“

Die anhängigen Insolvenzverfahren werden nicht mehr in der lokalen Zeitung veröffentlicht, sondern lediglich im Internet. Laufende Insolvenzverfahren kann man auf der Webseite www.insolvenzbekanntmachungen.de einsehen.

9.8.4 Verfahrensdauer des Insolvenzverfahrens

„Bei einem Einzelkaufmann beträgt die Verfahrensdauer grundsätzlich sechs Jahre ab Eröffnung des Insolvenzverfahrens. Die Dauer des Verfahrens kann sich jedoch auf fünf bzw. drei Jahre verkürzen, soweit die Verfahrenskosten gedeckt sind und eine gewisse Insolvenzquote erreicht wird. Bei Gesellschaften ist die Verfahrensdauer abhängig von der Verwertung der Insolvenzmasse.

Sind diese Fristen verstrichen und erhält man am Ende die sogenannte Restschuldbefreiung, kann sich die betroffene Person wieder uneingeschränkt gewerblich betätigen und auch Vermögen erwerben, auf das die Gläubiger nicht mehr zugreifen können."

9.8.5 Haftung des GmbH-Geschäftsführers

„Als Geschäftsführer einer GmbH sollte man die Insolvenzantragspflicht sehr ernst nehmen. Zum einen macht man sich bei nicht rechtzeitiger Stellung des Insolvenzantrages wegen Insolvenzverschleppung strafbar, zum anderen führt eine verspätete Insolvenzantragsstellung aber auch zu einer zivilrechtlichen Haftung. Hinzu kommt, dass jede neue Bestellung bzw. jeder neue Auftrag den Tatbestand des Eingehungsbetruges erfüllen kann, soweit die sich daraus ergebenden Verpflichtungen nicht mehr erfüllt werden können. Hierfür haftet man als GmbH-Geschäftsführer sodann mit seinem Privatvermögen. Hierbei kann es zu erheblichen Haftungsproblemen kommen. Bestellt man z. B. bei einem Lieferanten Ware zum Zeitpunkt, als die Gesellschaft bereits zahlungsunfähig ist und bezahlt man die gelieferte Ware sodann nicht, kann der Lieferant eine Anzeige wegen Betruges gegen den Geschäftsführer stellen sowie den ihm entstandenen Schaden beim Geschäftsführer geltend machen. Zudem haftet man als Geschäftsführer für die Schmälerung der Insolvenzmasse seit dem Zeitpunkt des Eintritts der Zahlungsunfähigkeit. Stellt man daher den Insolvenzantrag zu spät, ergeben sich oft massive Forderungen im Rahmen der Geschäftsführerhaftung. Insbesondere führt eine Verurteilung wegen Insolvenzverschleppung dazu, dass man als Geschäftsführer einer GmbH zunächst ausgeschlossen wird.

In so einem Fall kann die betroffene Person oder das von ihr geführte Unternehmen sich nicht mehr an öffentlichen Ausschreibungen beteiligen."

10 Betriebsübergabe

10.1 Voraussetzungen, die der Übergeber schaffen muss

10.1.1 Persönliche Voraussetzungen

Viele Menschen sehen ihre Firma als „Lebensabschnittsgefährten“. Was bedeutet das?

Wenn ich meine Firma als Lebensabschnittsgefährten betrachte, gehe ich auf Distanz zu meinem Unternehmen und bin mir bewusst, dass dieser Lebensabschnitt auch einmal endet. Wer sein Unternehmen so betrachtet und bereits bei der Gründung des Unternehmens das Datum seines Ausstiegs definiert, wird sich auch ganz anders um seine Altersvorsorge kümmern als derjenige, der nach dem Motto lebt „Ich arbeite, solange es mir Spaß macht“. Unternehmern, die ihren Betrieb planen zu verkaufen, können wir nur dringend ans Herz legen, den geplanten Verkaufspreis des Unternehmens nicht in die Altersvorsorge einzurechnen.

Der „Lebensabschnittsgefährte“ soll also ein Teil des Lebens sein. Aber es muss auch Dinge neben der Firma geben, für die es sich zu leben lohnt. Wer die Firma als Lebensabschnittsgefährten bezeichnet, wird auch definieren, wann er nach Gründung des Unternehmens schuldenfrei sein möchte und welche Beträge er in seine Altersvorsorge stecken will.

Schon lange bevor ein Unternehmer an den Ausstieg aus dem aktiven Geschäftsleben denkt, sollte er alles daransetzen, sich mit dem „Probesterben“, d. h. mit dem „Notfall-Chef“ auseinanderzusetzen.

In Abschnitt 9.5 wird auf das Thema „Probesterben“ eingegangen. Dieses Kapitel muss ein Unternehmer bearbeiten, der sein Unternehmen übergabefähig machen möchte. Wer sich entbehrlich macht, kann sich leichter von seinem Unternehmen lösen.

Aus Erfahrung wissen wir, dass viele Unternehmer, die das Thema „Notfall-Chef“ einmal gründlich durchgespielt haben, den Betrieb so organisieren, dass er auch ohne den Unternehmer auskommt. Genau dies ist die Voraussetzung, um einen Käufer für den Betrieb zu finden; der Unternehmer hat sich entbehrlich gemacht.

Der erste Schritt des „sich-entbehrlich-Machens“ ist, eine Stellvertreterregelung für den Unternehmer selbst, aber auch für weitere Schlüsselpositionen des Betriebs zu installieren. Das Ziel muss sein, dass der Unternehmer drei Wochen in Urlaub fahren kann, ohne seine Zeit stundenlang am Handy oder Laptop zu verbringen, um seinen Mitarbeitern Anweisungen zu geben. Schließlich gelingt es nicht jedem Menschen, sich von seinem Unternehmen loszulösen. Die Bereitschaft, Verantwortung abzugeben und sich langsam zurückzuziehen, ist zwangsläufig die Forderung, die an Unternehmer gestellt werden muss, die ihr Unternehmen übergabefähig machen wollen.

Wenn sich Käufer für einen Betrieb interessieren, so muss dem Verkäufer bewusst sein, dass er nicht mit dem Datum des Unternehmensverkaufs verschwinden und den Betrieb dem Käufer überlassen kann. Ein aktueller Fall, der sich im Jahr 2024 ereignet hat: Der Verkäufer des Unternehmens teilte seinen Mitarbeitern vor dem Wochenende mit, dass es einen neuen Eigentümer gebe. Diesen stellte er vor und erklärte seinen Mitarbeitern gleichzeitig, dass er ab Montag nicht mehr da sein werde. Von den 30 Mitarbeitern blieben in Folge zehn übrig. Das Unternehmen ist nicht annähernd das wert, was dafür bezahlt wurde.

Unternehmer sollten sich darauf einstellen, noch ein bis zwei Jahre zur Verfügung zu stehen, um dem Käufer, aber auch den Mitarbeitern die Möglichkeit zu geben, den Wandel zu „verdauen“.

Unternehmer, die in der Lage sind, sich selbst Ziele zu setzen (und damit auch Prioritäten), werden erheblich effektiver und damit rentabler arbeiten. Je höher der Ertrag, desto höher der Wert des Unternehmens.

> In Abschnitt 2.12 gehen wir auf Prioritätensetzung ein. Unternehmer, die die in diesem Kapitel geschilderten Voraussetzungen erfüllen, werden schneller erfolgreich und gleichzeitig eine gesunde Work-Life-Balance erreichen.
> Wer sich neben der Firma und seiner Funktion als Führungskraft ein Leben neben dem Unternehmen aufbaut, wird erheblich besser loslassen können und ist eher bereit, Mitarbeiter und Führungskräfte in die Verantwortung einzubinden, und sich danach aber auch nicht mehr einzumischen, wenn diese Entscheidungen treffen.

10.1.2 Organisatorische Voraussetzungen

Eine vernünftige Betriebsorganisation, aber auch eine Organisation, bei der sich die Geschäftsleitung als Erstes konsequent an die organisatorischen Regeln hält, stellt die zentrale Voraussetzung dar, um das Unternehmen übergabefähig zu machen. Ein Organigramm sowie Aufgaben- und Stellenbeschreibungen sind im Unternehmen vorhanden. Die Mitarbeiter wissen, z.B. über eine Eingruppierungshilfe, was von ihnen verlangt wird und welche Leistungen sie erbringen müssen, um auf der Gehaltsleiter nach oben zu steigen.

> Grundlagen der Organisation wie Organigramm, Stellenbeschreibungen und weitere Eckpfeiler der Personalorganisation sind in Abschnitt 8.3.6 dargestellt.

Das Ziel ist, dass jeder Mitarbeiter weiß, wofür er zuständig ist, mit nachvollziehbaren Verantwortungs- und Zuständigkeitsbereichen, so dass bei Fragen nicht immer die Geschäftsleitung allein angesprochen wird.

Betrachten wir einmal den Werdegang eines Mitarbeiters im Unternehmen. Wir unterstellen, dass ein Azubi mit 17 Jahren seine Lehre beginnt und sich danach beruflich entwickelt. Wenn dieser Mitarbeiter dann mit 67 Jahren in den Ruhestand verabschiedet wird, hat er 50 Jahre im Unternehmen verbracht. Eine gesunde Altersstruktur des Unternehmens lässt sich also nach der folgenden Rechenformel ermitteln:

Einstiegsalter der Mitarbeiter 17 Jahre + 25 Jahre (die Hälfte der beruflichen Tätigkeit) = 42 Jahre. Wenn damit das Durchschnittsalter der Mitarbeiter im Unternehmen beschrieben ist oder die Mitarbeiter jünger sind, dann sind die Chancen, den Betrieb zu verkaufen, deutlich besser, als wenn die Hälfte der Mitarbeiter kurz vor dem Rentenalter steht. Auch hier gibt es genug Fälle, in denen das Durchschnittsalter im Unternehmen so hoch ist, dass sich Käufer für den Betrieb nicht interessieren, weil sich 50 % der Belegschaft in den nächsten Jahren in den Ruhestand verabschiedet.

Wer langfristig an die Zukunft denkt und auch überlegt, seinen Betrieb möglicherweise vor dem 55. Geburtstag zu verkaufen, der sollte sich für die Rechtsform der GmbH interessieren, denn beim Verkauf einer GmbH, auch vor dem 55. Lebensjahr des Unternehmers, sind deutlich weniger Steuern zu bezahlen, als wenn ein Einzelunternehmen zum gleichen Zeitpunkt verkauft wird.

In Abschnitt 10.7 finden sich die steuerlichen Aspekte des Unternehmensverkaufes der unterschiedlichen Rechtsformen.

10.2 Kriterien, die ein Unternehmen übergabefähig machen

10.2.1 Betriebsgröße

Die Erfahrungen zeigen: Je kleiner der Betrieb ist, umso problematischer. Überdenken wir folgende Situation: Der Betrieb verfügt als Einzelunternehmen über sechs Mitarbeiter und erzielt einen ausgezeichneten Gewinn von 300.000 EUR. Trotz guter Gewinne ist es schwierig, einen Käufer zu finden, denn dieser hat die Befürchtung, dass bei Kündigung von zwei Mitarbeitern das gesamte Konstrukt auseinanderfällt und der Kaufpreis damit schlecht investiert wäre.

10.2.2 Wirtschaftliche Eckdaten

Der Wert eines Unternehmens richtet sich im Wesentlichen nach den erzielten Gewinnen. Wie man beurteilt, welcher Gewinn vorhanden sein muss, damit ein Kaufinteressent sich für das Unternehmen interessiert, zeigt folgendes Beispiel:

Angenommen wird ein Einzelunternehmen und ein Gewinn dieses Unternehmens von 100.000 EUR p.a. vor Steuern. Der Unternehmer stellt sich einen Kaufpreis von 300.000 EUR vor. Der Käufer kalkuliert folgendermaßen: Er nimmt einen öffentlichen und zinsverbilligten Kredit auf, z. B. über die KfW oder Landesmittel, der in acht Jahren getilgt werden muss und nur einen Teil des Kaufpreises abdeckt. Zins- und Tilgungsleistungen belaufen sich dann für den Käufer auf jährlich etwa 35.000 EUR. Weiterhin muss ein Ersatz für den Unternehmer gefunden werden, der ja aussteigen möchte. Es wird ein Betriebsleiter eingestellt, ein Meister, der das Unternehmen führt. Wenn der Betriebsleiter nach Tarifvertrag bezahlt wird, fallen Bruttolöhne in Höhe von nahezu 75.000 EUR inkl. Sozialkosten (Arbeitgeberanteil zur Sozialversicherung) an.

Allein diese Rechnung macht deutlich (75.000 EUR + 35.000 EUR = 110.000 EUR), dass für den Kaufinteressenten ein Kaufpreis von 300.000 EUR keinesfalls zu stemmen ist. Diese Rechnung zeigt eine Lücke zwischen dem Ertrag des Unternehmens und den Kosten für den potenziellen Käufer in Höhe von 10.000 EUR.

Vereinfacht muss der Gewinn des zum Verkauf stehenden Unternehmens so hoch sein, dass der Kaufpreis samt Zinsen in acht Jahren getilgt wird. Ein Meister zur Betriebsführung kann finanziert werden und je Mitarbeiter bleiben mindestens noch 5.000 EUR an Gewinn übrig, damit für den Käufer das Vorhaben auch nur annähernd interessant wird.

Viele Unternehmen, die vergleichsweise geringe Gewinne aufweisen, sagen: „Wir haben einen hervorragenden Kundenstamm aufgebaut, das ist doch auch etwas wert und unsere Firma kennt in unserem Landkreis jeder." Die Antwort eines Kaufinteressenten wird lauten: „Wenn mit diesem guten Kundenstamm keine Gewinne erwirtschaftet werden, dann ist dieser Kundenstamm eben nichts wert."

Ein weiterer Hinweis auf eine gute Rentabilität im Unternehmen ist in der Regel die Relation zwischen Rohertrag und Personalkosten.

Die branchenübliche Relation zwischen Rohertrag und Personalkosten ist dem Abschnitt 8.2.3 zu entnehmen oder dem Busch-Jaeger-Betriebsvergleich, der auch über den Hüthig Verlag zu beziehen ist. Die Personalkosten inkl. Unternehmerlohn sollten unter 70 % des Rohertrags liegen.

Ein positives Eigenkapital

Das Eigenkapital des Unternehmens zeigt, wie hoch die Gewinne sind, die nicht aus dem Unternehmen entnommen wurden. Hier müssen wir unterscheiden zwischen Kapitalgesellschaften (z. B. GmbH) einerseits und Einzelunternehmen und Personengesellschaften andererseits. Das Eigenkapital letztgenannter Unternehmen besteht aus bereits versteuerten Gewinnen. Wenn der Betrieb verkauft wird und dieses Eigenkapital übrigbleibt, schlägt das Finanzamt kein zweites Mal zu.

Das Eigenkapital baut sich bei Einzelunternehmen und Personengesellschaften auch dann auf, wenn die Privatentnahmen niedriger waren als die Gewinne. Versteuert wird der Gewinn und nicht die Privatentnahme.

Wenn die Gewinnvorträge einer GmbH entnommen werden, muss Kapitalertragssteuer plus Soli und Kirchensteuer an die Finanzbehörden abgeführt werden. Dies sind in der Regel etwa 27,5 % der ausgeschütteten Gewinnvorträge.

Ein Käufer erwartet, wenn er einen Betrieb übernimmt, dass mit dem Kaufpreis auch eine gewisse Liquidität vorhanden ist. Wir finden in der Literatur den Betriff „cash-free & debt-free ". Dieser Begriff bedeutet, dass der aufgerufene Verkaufspreis frei von Barmitteln, aber auch frei von Verbindlichkeiten sein muss. Üblicherweise wird im Vorfeld des Verkaufs bereits definiert, wie hoch die Bankguthaben sind, die im Kaufpreis zum Stichtag des Verkaufs vorliegen. Sind die Bankguthaben niedriger, dann wird der Kaufpreis entsprechend reduziert. Sind die Bankguthaben höher, wird auch der Kaufpreis erhöht oder der Verkäufer entnimmt diese Guthaben vor der Transaktion.

Ein Käufer wird vom Verkäufer immer verlangen, dass das Unternehmen schuldenfrei übergeben wird. Wenn Schulden vorhanden sind, reduzieren diese den Kaufpreis des Unternehmens entsprechend. Die Höhe der Liquidität, die vorhanden sein sollte, liegt meistens in einer Größenordnung der Ausgaben, für laufende Kosten und den Wareneinkauf in einer Größenordnung von vier bis sechs Wochen.

„Die Braut hübsch machen"

Unternehmer, die ihren Betrieb auslaufen lassen und in den letzten Jahren ihrer beruflichen Tätigkeit Personal und Umsatz, aber auch Gewinn reduzieren, haben schlechte Chancen, einen Käufer zu finden. Um seinen Betrieb positiv darzustellen, müssen sich die Erträge positiv entwickeln:

- Die Leistung geht nicht zurück, sondern ist konstant oder steigt.
- Der Rohertrag ist stabil oder steigt.
- Die Personaleffizienz (Rohertrag pro Kopf) ist nicht rückläufig und branchenüblich.
- Die Gewinne reichen zur Deckung aller notwendigen Tilgungen.
- Der Personalstamm wird nicht abgebaut.

Und schließlich muss es ein vernünftiges Verhältnis zwischen den produktiv tätigen Mitarbeitern, deren Leistungen verrechenbar sind, und den Verwaltungsmitarbeitern, deren Leistungen nicht verrechenbar sind, vorhanden sein. Ein Richtwert für einen klassischen Elektrohandwerksbetrieb besagt, dass nicht mehr als 26 % der anfallenden Arbeitsstunden im Bereich der Verwaltung anfallen sollten. Bei spezialisierten Unternehmen, z. B. der

Sicherheitstechnik, liegt dieser Wert etwas über 30 %, weil die Dokumentationsaufwendungen und der Organisationsaufwand für diese Art von Aufträgen höher ist als im klassischen Elektrohandwerk.

Geringe Gewinne, niedriger Kaufpreis

Manche Unternehmer sind so „klug“, dass sie alle Maßnahmen ergreifen, um Steuern zu sparen und möglichst niedrige Gewinne auszuweisen. Steuern sparen ist einerseits klug, andererseits ist bekannt, dass sich ein hoher Verkaufspreis des Unternehmens nur dann erzielen lässt, wenn das Unternehmen gute Gewinne erwirtschaftet. Also ist es durchaus sinnvoll, gute Gewinne zu erzielen, Steuern zu bezahlen und damit den Verkaufspreis des Unternehmens deutlich zu erhöhen.

Immobilie im Betriebsvermögen

Wir werden immer wieder gefragt, ob es positiv oder negativ ist, wenn sich eine Immobilie im Betriebsvermögen befindet.

Unsere Antwort lautet: Ein Betrieb lässt sich leichter verkaufen, wenn keine Immobilie im Betriebsvermögen vorhanden ist. Manche Interessenten kaufen die Immobilie gerne mit, andererseits ergibt sich auch die folgende Problematik: Wenn sich die Immobilie im Betriebsvermögen oder in einer steuerlichen Verflechtung (Betriebsaufspaltung) befindet, ergibt sich bei der Aufgabe des Unternehmens ein massiver steuerlicher Nachteil, da die Differenz aus Buchwerten und Verkehrswerten (stille Reserven) aufgedeckt und versteuert werden müssen. Dies geschieht auch, wenn die Immobilie nicht mitverkauft, sondern im Zuge des Geschäftsverkaufs automatisch ins Private übertragen wird.

Wenn der Verkäufer seinen Betrieb nach dem 55. Lebensjahr verkauft, kann er einmal im Leben eine Steuerermäßigung in Anspruch nehmen.

Im Kapitel 8 dieses Buches sind die Branchenrichtwerte betriebswirtschaftlicher Zahlen dargestellt. So kann beurteilt werden, ob das zum Verkauf stehende Unternehmen die in der Branche üblichen Gewinne erzielt.

Ein Kaufinteressent wird sich auch mittels Auskufteien wie z. B. Creditreform über das zum Verkauf stehende Unternehmen erkundigen. Deshalb empfiehlt es sich, die eigene Bonitätsbeurteilung unter die Lupe zu nehmen.

Über die Webseite der Creditreform kann kostenlos die Selbstauskunft des Unternehmens eingeholt werden. An dieser Stelle empfehlen wir den Unternehmen, die betrieblichen Zahlen offenzulegen. Wenn Unternehmen dies verweigern, muss die Auskunftei eine negative Bewertung abgeben.

Im Abschnitt 2.9.4 finden sich weitere Informationen zum Umgang mit Auskunfteien wie die Creditreform.

Das **Bild 10.1** zeigt eine sehr gute Bonität. Unternehmen mit einer guten Bonität können damit bei Kaufinteressenten punkten.

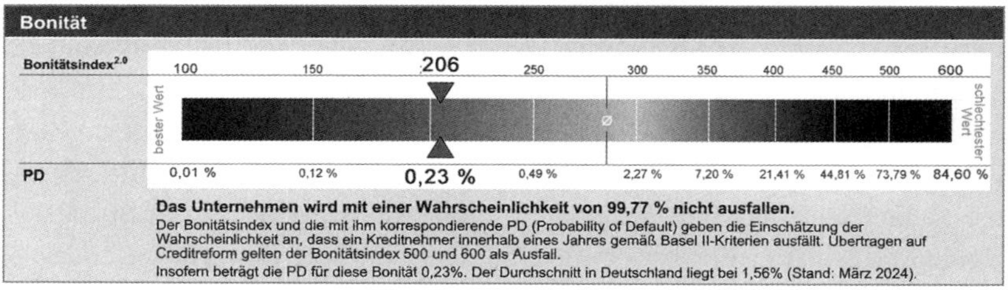

Quelle: Creditreform

Bild 10.1 Bonitätsdarstellung als Index

10.3 Wer kommt als Nachfolger/Käufer in Frage?

Immer weniger Kinder aus Handwerksbetrieben entscheiden sich, in die Fußstapfen der Eltern zu treten. Unternehmer, die ihren Betrieb im Familienkreis in die nächste Generation übergeben können, dürfen sich glücklich schätzen. Neben der Übergabe im Familienkreis kommt aber auch eine breite Palette an Interessenten in Frage (**Tabelle 10.1**).

Betriebsübernahmen durch andere Betriebe haben nicht vorrangig das Ziel, sich dem Kundenstamm des Verkäufers einzuverleiben, sondern haben immer auch den Personalstamm des Unternehmens als Ziel. Wie sieht es mit der Altersstruktur der Mitarbeiter aus? Bildet der Betrieb aus und verfügt deshalb über eine ausgewogene Altersstruktur? Wie gut ist das Unternehmen organisiert, verfügt das Unternehmen über eine moderne Softwarelösung und wird der Mobile Monteur eingesetzt?

Einen potenziellen Käufer aus der genannten Zielgruppe interessiert es nicht, wie lange das Unternehmen schon existiert und welche Kunden der-

Intressent	Motiv	Bemerkung
große Elektrounternehmen	Bundesweite Großprojekte nach Abschluss betreuen.	Auch kleinere Betriebe ab fünf Mitarbeitern können in Frage kommen.
	Betreuung größerer Industriekunden in Metropolregionen.	Meist Betriebe ab 20 Mitarbeitern.
Facility Management	Leistungspalette erweitern und Präsenz verbessern, Reaktionszeit verkürzen	Unternehmen ab etwa zehn Mitarbeitern, meist in Ballungsgebieten gesucht.
Spezialisten (meist Hersteller von Spezialtechnik)	Eigenes Montagenetzwerk aufbauen, um nicht von Elektrohandwerkern und Subunternehmern abhängig zu sein.	Zielunternehmen muss eine Spezialisierung, etwa in Sicherheitstechnik, Ladeinfrastruktur, Energieoptimierung usw. aufweisen. Wenn der regionale Einsatzbereich „passt“, werden die Mitarbeiter mitspielen.
Existenzgründer	Der Wunsch, sich selbstständig zu machen und sich zu entwickeln.	Eher kleinere Unternehmen kommen in Frage, ein stufenweiser Einstieg kann hilfreich sein.
regionale Wettbewerber	Zielt auf die Mitarbeiter und Kunden ab.	Für manche Unternehmer emotional nicht einfach, aber logisch und sinnvoll.
verwandte Handwerker (SHK, KK), aber auch Hochbauunternehmen	Schneller Zugriff auf elektrotechnische Leistungen. Synergieeffekte.	Erweiterung der Leistungspalette, Alleinstellungsmerkmal erreichen. Alles „aus einer Hand“ anbieten können.
Wohnbaugesellschaften	Kaufen Handwerksbetriebe, um durch kurze Reaktionszeiten den Ärger mit Mietern zu reduzieren.	Wenn der regionale Einsatzbereich „passt“, werden die Mitarbeiter mitspielen.
EVUs	Wollen zusätzlich zum Stromverkauf Einnahmenquellen sichern und bei Notfällen schnell reagieren können.	Werden vom Elektrohandwerk oft als Preisdrücker empfunden. Nachdem bei EVUs oft „Konzernstrukturen“ herrschen, kommt dies manchen Mitarbeitern sehr entgegen.
Investoren	Möglichst hohe Kapitalverzinsung.	Wollen oft alles so belassen wie gehabt, zumindest solange die Rendite passt. Wenn nicht, müssen sich alle Mitarbeiter auf Veränderungen einstellen.

Tabelle 10.1 Potenzielle Käufer von Elektrohandwerksbetrieben und deren Motivation

zeit bedient werden. Wenn also der Betrieb gut organisiert ist und über keinen Verwaltungs-Wasserkopf verfügt und der Altersschnitt unter 43 Jahren liegt, hat man gute Chancen, bei der Prüfung durch einen Käufer in die engere Wahl zu kommen.

Käufer werden gelegentlich auch für Unternehmen gesucht, die über maximal einen Monteur und eine Halbtagskraft im Büro (meist die der (Ehe-) Partner) verfügen. Wenn der Mitarbeiter in dieser Unternehmensgröße kein Interesse an der Übernahme des Betriebs hat, bestehen allerdings unserer Erfahrung nach kaum Chancen, einen Käufer zu finden. Jeder potenzielle Käufer weiß: Wenn der Monteur aussteigt, ist die Firma nichts wert und der Kaufpreis umsonst investiert.

Existenzgründer

Welche Unternehmensgröße für einen potenziellen Nachfolger von Interesse ist, hängt ganz von seinen Absichten ab. Der klassische junge Meister, der sich selbstständig machen möchte, ist immer schwerer zu finden. Der Grund dürfte darin liegen, dass Mitarbeiter, die über Führungsqualitäten verfügen, auch bei größeren Unternehmen ausgezeichnete Perspektiven und ein gutes Gehalt als Führungskraft vorfinden, ohne das Risiko der Selbstständigkeit eingehen zu müssen. Wenn aber der junge Meister sich für ein Unternehmen interessiert, kommen am ehesten Betriebe mit fünf bis zehn Mitarbeitern in Frage.

Großbetriebe des Elektrohandwerks

Die „Großen" der Branche sind bundesweit unterwegs und wickeln Projekte quer durch die ganze Republik ab. Sind diese Projekte abgeschlossen, werden Unternehmen gesucht, die die Wartung und Instandhaltung dieser Objekte übernehmen. Dabei liegen (meist in Ballungsgebieten) Betriebe mit fünf bis fünfzig Mitarbeitern im Fokus dieser Interessenten.

FM-Unternehmen

Facility-Management-Unternehmen (FM) suchen zur Ergänzung ihrer Leistungspalette und überwiegend in Ballungsgebieten meist Unternehmen ab ca. zwanzig Mitarbeitern.

Hersteller

Wir beobachten eine Tendenz, dass spezialisierte Hersteller erklärungsbedürftiger Produkte Interesse daran haben, Elektrohandwerksbetriebe als eigene Vertriebsstützpunkte zu kaufen und ihre Produkte gezielt über die „eigenen" Unternehmen zu vermarkten.

Der Pferdefuß dabei: Die Mitarbeiter müssen sich fachlich auf die Produkte des Herstellers konzentrieren und oft weit über die Grenzen des bisherigen Einzugsgebietes hinaus tätig werden.

Regional tätige Unternehmen

Der Verkauf des Unternehmens an einen regionalen Wettbewerber stößt beim Verkäufer meist auf emotionale Barrieren. Der ehemalige „Feind" soll jetzt der Partner der Zukunft werden? Interessant sind aber die regionalen Wettbewerber als potenzielle Käufer allemal.

Handwerker aus verwandten Gewerken wie SHK, Kälte-Klima aber auch Hochbauunternehmen sehen in der Übernahme eines Elektrohandwerksbetriebes die Chance eines schnellen Zugriffs auf elektrotechnische Leistungen.

Wohnbaugesellschaften

Diese wollen schnelle Hilfe bei Bedarf im eigenen Immobilienbestand sicherstellen. Hört man die Sorgen und Nöte der Wohnbaugesellschaften, wird deutlich, dass auch diese massive Probleme haben, schnell einen geeigneten Handwerksbetrieb zur Behebung von Defekten zu finden. Reaktion und Behebung eventueller Schäden oder Defekte dauern oft viel zu lange. Wir beobachten die Tendenz, dass auch Wohnbaugesellschaften oder Investoren, die Wohnungen verwalten, zunehmend Handwerksbetriebe zur Übernahme suchen.

Energieversorger

Auch Energieversorger interessieren sich für Elektrohandwerksbetriebe, aus den gleichen Gründen wie Wohnbaugesellschaften oder verwandte Handwerksbetriebe.

Investoren

Investoren wiederum suchen renditeträchtige Betriebe, zahlen oft überraschend hohe Kaufpreise und interessieren sich nur für die Verzinsung des eingesetzten Kapitals. Je größer das Zielunternehmen und je höher die Gewinne, desto größer das Interesse.

Wer mit seinem Betrieb seinen Standort auf dem flachen Land hat, etwa in einem Landkreis mit z.B. 80.000 Einwohnern, der noch dazu dünn besiedelt ist, wird schwerer einen Nachfolger finden als ein Unternehmen im Speckgürtel der deutschen Metropolen.

Um in qualifizierte Gespräche mit potenziellen Interessenten einzutreten, muss der Verkaufspreis mithilfe einer nachvollziehbaren Systematik ermittelt werden. Es muss im Vorfeld geklärt sein, auf welche Art und Weise ein Kauf oder eine Beteiligung stattfinden soll. Diese Informationen, inklusive einer Analyse anhand betriebswirtschaftlicher Zahlen und einer nachvollziehbaren Kaufpreisermittlung, können in einem Exposé zusammengefasst werden.

In Einzelfällen wartet ein Unternehmer, der seinen Betrieb verkaufen möchte, auf ein Kaufangebot eines Interessenten. Von dieser Strategie raten wir ab. Wer verkauft, soll festlegen, welchen Preis er erzielen möchte.

Im Abschnitt 10.4.3 werden Aufbau und Inhalte eines Verkaufsexposés vorgestellt.

Wer verkaufen möchte, benötigt einen Spezialisten, der ihn im Verkaufsprozess begleitet, über Kontakte in der Branche verfügt und eine fundierte Wertermittlung des Unternehmens erstellt. Nähere Informationen finden Sie in verschiedenen Artikeln zum Thema „Nachfolge“, in der Fachzeitschrift „de – das elektrohandwerk“.

Wer über einen klaren Plan und eine Kaufpreisvorstellung inklusive eines Exposés verfügt, in dem wichtige Informationen enthalten sind, verbessert seine Chancen erheblich.

Vor der in fünf bis zehn Jahren geplanten Übergabe können Unternehmen überlegen, ob vor der Übergabe ein Unternehmen gekauft werden soll. Wenn ein Kauf erfolgt, könnte das Unternehmen Umsatz, Ertrag und Personalstamm stärken und damit attraktiver für eine spätere eigene Nachfolgeregelung werden.

Wer sein Unternehmen verkaufen oder einen Betrieb übernehmen möchte, kann sich über den QR-Code kostenlos in der Datenbank der Unternehmensberatung Heckner registrieren lassen.

10.4 Wie finde ich einen Nachfolger?

Grundsätzlich bestehen für eine Nachfolgeregelung drei Alternativen. Der Nachfolger kommt

- aus dem Kreis der Familie,
- aus Reihen der Mitarbeiter oder
- von extern.

Ein zielgerichtetes Vorgehen wird beim Prozess der Nachfolgersuche nur dann möglich sein, wenn sich der Verkäufer über seine Ziele eindeutig im Klaren ist.

Er muss abwägen, welchen Nachfolger er für die Übergabe favorisiert. Trotzdem sollte sich der Verkäufer ein Hintertürchen offenlassen, seinen „Plan B“. Je stärker eine Zielvorstellung das Denken prägt, desto größer die Enttäuschung, wenn der Nachwuchs oder eine Schlüsselperson aus der Mitarbeiterschaft abspringt.

Je mehr Alternativen offengehalten werden, desto gelassener kann der Verkäufer reagieren, wenn sich die von ihm favorisierte Lösung zerschlägt. Wer sich nur auf eine Alternative konzentriert, wird darüber hinaus ein schlechter Verhandlungspartner sein.

10.4.1 Vorbereitung von Familienmitgliedern

Nach diversen Erhebungen des Institutes für Mittelstandsforschung (IfM, Bonn) werden im Zeitraum 2022 bis 2026 etwa 190.000 kleinere und mittlere Unternehmen zur Übergabe anstehen. Deshalb spielt die Übergabe bzw. Übernahme eines Unternehmens in dieser Zielgruppe eine ganz besondere Rolle.

Sollte man sich für einen Nachfolger aus dem Kreis der Familie entscheiden, muss ein ganz spezieller Aspekt berücksichtigt werden: Wie wird der Nachfolger auf seine Aufgabe als Führungskraft vorbereitet? Oder anders gesagt: Der Altgeselle hat den neuen Chef, nämlich den Nachfolger, bereits in Windeln erlebt und wird sich schwertun, von heute auf morgen umzuschalten und seinen neuen Chef zu akzeptieren.

Bei der Übergabe des Unternehmens im Familienkreis entstehen regelmäßig Gewissenskonflikte. Auf der einen Seite stehen Mitarbeiter, die das Unternehmen unter Umständen seit vielen Jahren begleiten, wodurch emotionale Bindungen entstehen. Auf der anderen Seite steht die Familie, aus deren Reihen der Nachfolger kommen soll. Dieser Nachfolger weist eventuell größere Erfahrungs- und Wissenslücken auf, soll aber dennoch an die Spitze des Unternehmens treten. Hieraus entstehen oftmals nachvollziehbare Akzeptanzprobleme.

Wer sein Unternehmen in der Familie übergibt, muss sich dieser emotionalen Situation bewusst sein. Nur wenn der Nachfolger schon lange vor der Übergabe Verantwortung übernehmen konnte, wird er in die Rolle des neuen Chefs hineinwachsen. In Familienunternehmen muss der Übergeber lernen, loszulassen. Wie schwer das fallen kann, zeigt folgendes Beispiel:

Der Unternehmer hatte bereits vier Jahre, bevor wir für sein Unternehmen tätig wurden, vom Steuerberater einen Geschäftsführervertrag für seinen Nachfolger erstellen lassen. In all den Jahren ging es mit der Übertragung von Verantwortung aber nicht recht voran – bis sich die Ehefrau schließlich mit folgender Begründung einen externen Berater ins Haus holte: „Mein Mann wird jetzt bald 70 und auch ich möchte mich aus dem Unternehmen zurückziehen. Jetzt brauchen wir jemanden, der diesen Übergabeprozess begleitet." Tatsächlich aber fühlte sich der 70-jährige frisch und munter und wollte alle Fäden in der Hand behalten.

Die Zusammenarbeit gestaltete sich äußerst schwierig. Die junge Generation scharrte mit den Hufen, erhielt vom Übergeber aber keine Entscheidung für das „Go". Als wir den Prozess der Übergabe in Einzelheiten ausdiskutierten und die Frage gestellt wurde, wer zukünftig im Büro des Übergebers seinen Arbeitsplatz einrichten soll, brach der 70-Jährige die Diskussionen ab. Seine Überzeugung: „Hier läuft einiges schief. Ich muss die Fäden in der Hand behalten. Das mit dem Übergabetermin habe ich mir anders überlegt."

In diesem Beispiel hat sich der Unternehmer noch nicht wirklich mit seinem Rückzug aus dem Unternehmen auseinandergesetzt. Der Betrieb schreibt ausgezeichnete Gewinne. Die finanzielle Situation der Familie kann als entspannt bezeichnet werden. Und trotzdem hat er in den vielen Jahren der Zusammenarbeit mit seinem Nachfolger kein Vertrauen in ihn entwickelt.

Die Prognose für dieses Unternehmen ist negativ: Der Nachfolger wird sich nicht mehr so wie in der Vergangenheit für das Unternehmen einsetzen. Der Übergeber trifft zunehmend die falschen Entscheidungen. Erste Leistungsträger kündigen und suchen sich einen neuen Arbeitsplatz. Der Übergeber hat den Nachfolger nicht in die Verantwortung gelassen und diesem keinen Einblick in die Jahresabschlüsse, geschweige denn in die Monatsauswertung des Unternehmens eröffnet.

Damit hat der Übergeber versäumt, Voraussetzungen zu schaffen, die es dem Nachfolger ermöglichen, seine Chancen und Risiken einzuschätzen und sich einzubringen. Auch den mehrfachen Bitten des Steuerberaters, sich doch wieder an einem Tisch zu setzen, hat der Übergeber nicht entsprochen.

Wenn Familienmitglieder im Unternehmen eigenverantwortlich Entscheidungen treffen, so muss der Übergeber lernen, diese Entscheidungen nicht nur zu akzeptieren, sondern sich hinter die vom Nachfolger getroffene Entscheidung zu stellen.

Die beste Methode, einem Nachfolger den Spaß an der Unternehmensübernahme zu verderben ist es, seine Entscheidungen vor allen Mitarbeitern in Frage zu stellen. Der Übergeber muss bei einer Übergabe im Familienkreis lernen, Verantwortung abzugeben und darf sich nicht in die Entscheidungen des Übernehmers einmischen. Erst wenn der Übergeber den Mitarbeitern gegenüber signalisiert, dass er hinter den Entscheidungen seines Nachfolgers steht, wird dieser von den Mitarbeitern als zukünftige Führungskraft akzeptiert und kann in die Rolle des Unternehmers hineinwachsen.

In einer weitsichtigen Planung der Betriebsübergabe im Familienkreis wird dem Nachfolger die Chance gegeben, auch außerhalb des elterlichen Betriebes Erfahrungen zu sammeln. Übergeber und Übernehmer sollten frühzeitig folgende Fragen klären:

- Ausbildung im elterlichen Betrieb oder in einem befreundeten Unternehmen?
- In welchem Unternehmen sollen nach der Ausbildung Erfahrungen gesammelt werden?
- Meisterschule – wie und wo?
- Erste Erfahrungen als Führungskraft in welchem Unternehmen?

Keinesfalls schaden kann es, wenn die Ausbildung in einem befreundeten Unternehmen erfolgt und danach mindestens ein Jahr nach der Meisterprüfung externe Erfahrungen gesammelt werden.

Privates und Geschäftliches regeln

Wenn in einer Familie mit mehreren Kindern eines in die Fußstapfen treten möchte, sind auch die testamentarischen Voraussetzungen zu schaffen, damit der Nachfolger über gute Startaussichten verfügt. So ist es z. B. notwendig, über die Geschäftsimmobilie, in der der Nachfolger die Geschäfte führt, testamentarisch so zu bestimmen, dass der Nachfolger über diese Immobilie verfügen kann, ohne sich mit seinen Geschwistern auseinandersetzen zu müssen. Anwälte, die Familienunternehmen beraten, warnen vor dem Risiko einer Erbengemeinschaft. So sagt ein Anwalt: „Im Zentrum des Wortes Erbengemeinschaft steht das Wort ‚gemein'".

Deshalb gilt es immer dann, wenn mehrere Kinder ihren Erbteil erhalten sollen, alles testamentarisch so zu regeln, so dass schon zu Lebzeiten des Übergebers klar ist, wie das anstehende Erbe verteilt wird – und nicht erst in einer Erbstreitigkeit. Diese endet allzu oft in einer Insolvenz des Unternehmens.

Grundlagen testamentarischer Möglichkeiten

Als Erblasser ist man meistens bestrebt, Erbstreitigkeiten in der Familie gar nicht erst aufkommen zu lassen. Aus diesem Grund wird regelmäßig auf das Instrument des Testaments zurückgegriffen. In diesem sprichwörtlichen „Letzten Willen" wird aufgenommen, wer was bzw. wie viel erben soll.

Allerdings gibt es dabei einige Fallstricke, die es zu beachten gibt. Aus diesem Grund ist es immer ein guter Rat, sich von einem spezialisierten Anwalt beraten und sein Testament über einen Notar beglaubigen zu lassen. Der Notar wird prüfen, ob der Letzte Wille den formalen Anforderungen entspricht und diesen beim örtlich zuständigen Amtsgericht bzw. Nachlassgericht hinterlegen.

Alternativ zum notariell beglaubigten Testament muss das Testament immer handschriftlich erstellt werden, mit Datum versehen und eigenhändig unterschrieben sein.

Um ein Testament aufzusetzen, hilft es, einige Begriffe zu erklären. Der interessierte Leser findet sie im Bürgerlichen Gesetzbuch, Buch 5, §§1922 bis 2385.

Wer plant, ein Testament zu erstellen, kann sich über die Broschüre „Erben und Vererben“ des Bundesministeriums der Justiz informieren. www.bmj.de und unter dem Stichwort „Erben und Vererben“ nach der Broschüre suchen.

Die gesetzliche Erbfolge bestimmt, wer auch ohne ein vorliegendes Testament automatisch Erbe wird. Dazu gehören primär die eigenen Kinder des Erblassers und der Ehepartner. In diesem Fall spricht man von Erben der ersten Ordnung.

Erben der zweiten Ordnung sind die Eltern der verstorbenen Person und deren Kinder, oder anders ausgedrückt, die Geschwister des Erblassers.

Erben der dritten Ordnung sind die Großeltern und deren Kinder. Entsprechend gehören der vierten Ordnung die Urgroßeltern und deren Kinder an.

Sind Erben der ersten Ordnung vorhanden, bekommen Erben der nachfolgenden Ordnung keinen Erbteil. In letzter Ordnung, also wenn keine direkten Abkömmlinge des Erblassers ausfindig gemacht werden können, steht übrigens der Staat. Das alles bedeutet aber auch, dass eheähnliche Verhältnisse oder gute Freundschaften nicht dazu führen, dass dieser Mensch ein Recht auf ein Erbe hätte. Will man jedoch Freunde und entfernte Verwandte oder vielleicht eine gemeinnützige Organisation bedenken, ist das Verfassen eines letzten Willens zwingend nötig.

Diese Bestimmungen des BGB, Buch 5, führen dazu, dass ein Erbe stark zersplittert wird und die Erbengemeinschaft sich über die Verwertung des Erbes uneins sein kann. Was geschieht zum Beispiel mit dem Elternhaus, wenn ein Teil der Erbengemeinschaft die Mieteinnahmen als laufende Einnahmen haben möchte und ein anderer Teil auf eine Auszahlung des Geldwertes der Immobilie besteht? Was, wenn das Haus schon seit Generationen im Familienbesitz ist? Und was, wenn der überlebende Ehepartner noch darin wohnen möchte?

Eine häufig genutzte Möglichkeit, um dem überlebenden Ehepartner möglichst viel Geld und Vermögen zu hinterlassen, liegt im so bezeichneten „Berliner Testament". Da der Ehepartner ohne Vorliegen eines Testaments das Erbe mit den Kindern bzw. anderen Verwandten teilen muss, führt dies oft dazu, dass der überlebende Ehepartner erhebliche finanzielle Abstriche hinnehmen muss. Evtl. muss ein vorhandenes Haus verkauft und Geldvermögen verteilt werden. Alles keine guten Umstände für jemanden, der in der Regel auch die gemeinsame Rente um mindestens die Hälfte reduziert sieht. Ein Einbruch des Lebensstandards ist dann programmiert.

Aus diesem Grund sieht das sogenannte „Berliner Testament" vor, dass der überlebende Ehepartner als Alleinerbe eingesetzt wird. Die aus dieser Ehe hervorgegangenen Kinder, erst recht alle weiteren Erben der zweiten und weiteren Ordnung, erhalten vorerst keinen Erbteil ausgezahlt bzw. verzichten darauf. So verbleibt das vorhandene Vermögen vorerst beim überlebenden Ehepartner. Natürlich ist es nicht möglich, einen Abkömmling vollständig zu enterben, so dass er keinerlei Ansprüche auf einen Teil des Vermögens hat. Allerdings kann durch das Berliner Testament bestimmt werden, dass das Kind, das auf sein Erbe besteht, nur den Pflichtteil ausgezahlt bekommt. Der Pflichtteil entspricht der Hälfte des regulären Erbanspruchs. Dann aber soll dieses Kind auch nur den Pflichtteil erhalten, wenn der überlebende Ehepartner verstirbt.

Der Nachteil des Berliner Testaments besteht darin, dass ein Erbe, mit Freibeträgen, der Erbschaftssteuer unterliegt. So kann es passieren, dass insgesamt zwei Mal Steuern zu zahlen sind. Einmal, wenn der überlebende Ehepartner sein Erbe antritt und zum zweiten Mal, wenn die Kinder ihr Erbe erhalten.

Wenn die Kinder eines Ehepaares volljährig sind, kann auch ein Erbvertrag geschlossen werden, in dem die Regelung niedergelegt ist, dass die Kinder ihren Erbanspruch erst dann geltend machen, wenn der zweite Elternteil verstorben ist. Zusätzlich empfiehlt es sich, bei Wiederverheiratung des überlebenden Elternteiles die Gütertrennung in dieser neuen Ehe zu vereinbaren.

Daher ist folgende Vorgehensweise denkbar: Gehen wir von einer Wohnimmobile und Barvermögen aus. Es wäre also möglich, testamentarisch zu verfügen, dass jeder einen gerechten Teil am Gesamtvermögen erhält. Dem überlebenden Ehepartner wird so viel Bargeld zugedacht, wie die Wohnimmobilie gemäß Verkehrswertgutachten wert ist. Gleichzeitig wird ihm oder ihr ein Wohnrecht eingeräumt, dessen geldwerter Vorteil von seinem oder ihrem ererbten Bargeldanteil abgezogen wird. Die Kinder erhalten als Erbe die Wohnimmobilie zur Verwertung und das evtl. übrige Barvermögen. Natürlich ist der Sachverhalt vereinfacht dargestellt. Deshalb ist immer vorab das Gespräch mit einem spezialisierten Anwalt zu suchen, bevor eigenhändig ein juristisch angreifbares Testament geschrieben wird.

Es ist auch immer hilfreich, einen Testamentsvollstrecker oder Nachlassverwalter einzusetzen (§1985 ff. BGB). Dieser stellt sicher, dass alle Punkte des Testaments umgesetzt, Gelder verteilt und Auflagen erfüllt werden. Gegebenenfalls kann er auch das Vermögen für minderjährige Erben bis zu deren Volljährigkeit verwalten. Sinnvollerweise bestellt man jemanden zum Nachlassverwalter, der kein eigenes Interesse am Erbe hat, also nicht unmittelbar bedacht wurde. Andernfalls könnte schnell ein Interessenkonflikt erwachsen. Die Höhe des Honorars eines Testamentsvollstreckers ist übrigens nicht vorgegeben, man kann also durchaus verhandeln.

Beispiel Testamentsregelung

Wenn Regelungen wie in **Tabelle 10.2** dargestellt abgeschlossen sind, werden alle Beteiligten aus dem Erbe einen größeren Nutzen ziehen als aus den Auseinandersetzungen einer Erbengemeinschaft.

Wenn der Nachfolger darüber hinaus den elterlichen Betrieb kauft und dieser nicht verschenkt wird, leistet der Übergeber einen weiteren Beitrag zur Wahrung des Familienfriedens.

Erbe	testamentarische Bestimmung
Kind 1	Erhält die Immobilie, in der das Geschäft geführt wird.
Kind 2	Erhält eine Wohnung und Barvermögen.
Kind 3	Erhält das private Elternhaus.

Tabelle 10.2 Testamentarische Regelung

Intensive Kommunikation im Familienkreis

Gerade in Familienunternehmen herrscht oft eine seltsame Sprachlosigkeit zwischen den Familienmitgliedern. Es wird zu selten über die Pläne des Übergebers gesprochen (wenn er denn welche hat) und die Diskussionen werden unter den Ehepartnern, nicht aber mit den betroffenen Kindern geführt. Ein harmonischer Übergang der Verantwortung in einem Familienbetrieb ist erst dann möglich, wenn der Übergeber rechtzeitig den Termin seines Ausscheidens definiert und in langen Gesprächen mit seinem Nachfolger über unternehmerische Verantwortung sowie Chancen und Risiken, Sorgen und Nöte des Unternehmertums spricht, um ihn auf diese Dinge vorzubereiten. Schweigen innerhalb der Familie („Ich habe den Betrieb ja auch von meinem Vater übernommen!") führt immer wieder zu bösen Überraschungen, wenn die Nachfolge zur Sprache kommt.

Beispiel: Ein über 60-jähriger Unternehmer will das Unternehmen an seinen 40-jährigen Sohn übergeben. Er beauftragt einen externen Berater, um den Prozess der Übergabe auf den Weg zu bringen. Schon am ersten Tag wird vom Berater die Frage an den Nachfolger gestellt: „Wie sehr wünschen Sie sich, den elterlichen Betrieb zu übernehmen und wie steht Ihre Familie dazu?"

Diese Frage löst bei allen Betroffenen erhebliche Emotionen aus, besonders als der Nachfolger unter Tränen berichtet, dass er seinen Kindern ein anderes Leben bieten möchte, als das, was er selbst in der Unternehmerfamilie erlebt hat. Er und seine Frau sind sich einig, dass der Betrieb nicht von ihm übernommen wird und dass er eine geregelte Arbeitszeit und eine Angestelltenbeschäftigung bevorzugt.

Man kann sich vorstellen, dass für den Übergeber eine Welt zusammenbricht. Die Ursache dafür war die Selbstverständlichkeit des Übergeber s zu glauben, dass der Nachfolger genau so denkt wie er vor 30 Jahren, als er den Betrieb von seinem Vater übernahm. Kommunikation ist in Familienunternehmen die zentrale Voraussetzung, um rechtzeitig die jeweiligen Wünsche, Einstellungen und Erwartungen auszutauschen. Der Übergeber muss über gute Nerven verfügen, denn er muss sich von seinem Nachfolger auch anhören, was dieser anders (und vielleicht auch besser!) machen möchte als der Vater.

10.4.2 Übernahme des Unternehmens durch Mitarbeiter

Diese Form der Übernahme bietet viele Vorteile, weil die Nachfolger wissen, worauf sie sich einlassen. Der Verkäufer kann seinen potenziellen Nachfolger vorbereiten und der Übernehmer kauft keine „Katze im Sack".

Je langfristiger eine Übergabe des Unternehmens im Mitarbeiterkreis vorbereitet wird, umso eher können der oder die Übernehmer das notwendige Eigenkapital ansparen, ohne das die Finanzierung des Unternehmenskaufes nicht möglich wäre. Um im Kreis der Mitarbeiter dem Ziel der Übernahme näher zu kommen, ist es ein erster Schritt, diese Zug um Zug am Unternehmen zu beteiligen. So können ein oder zwei Führungskräfte eine Erfolgsbeteiligung in Form einer Prämie erhalten, die in eine Beteiligung am Unternehmen umgewandelt wird, sei es als Anteil am Kapital oder als Darlehen, das vom Unternehmen verzinst wird.

Mit Hilfe einer Gewinnbeteiligung der Mitarbeiter kann der Unternehmer schon lange vor der Betriebsübergabe testen, wie viel unternehmerisches Denken und Handeln auf Seiten der Mitarbeiter vorhanden ist. Auch mit den infrage kommenden Mitarbeitern und deren Partnern sind ausführliche Gespräche zu führen, um herauszufinden, ob auch die Partner hinter der möglichen Selbstständigkeit des Mitarbeiters stehen. Wie beim Familienunternehmen gilt es auch hier, sich laufend auszutauschen und Ideen und Wünsche einzubringen. Mitarbeitern, die als Nachfolger in Frage kommen, müssen betriebswirtschaftliche Zahlen, den Jahresabschluss, Begleit- und Nachkalkulation, die monatliche BWA, die Verbindlichkeiten und Forderungen des Unternehmens kennen und sich betriebswirtschaftlich fortbilden.

Je früher der Unternehmer den Mitarbeitern die Karten offenlegt, umso mehr Zeit haben die Mitarbeiter, sich weiterzuentwickeln, Schulungen zu besuchen und ihr Know-how zu stärken. Aber auch Zeit, um innerhalb ihres Familienkreises zu klären, ob der Partner einer Selbstständigkeit zustimmt.

Selbst wenn ursprünglich geplant war, das Unternehmen an einen Externen zu verkaufen, sollte eine „interne Nachfolgerausschreibung" in Erwägung gezogen werden. Fruchtet dies nicht, sollte den Mitarbeitern ganz klar kommuniziert werden:

- Das Unternehmen wird in Zukunft weitergeführt.
- Der Chef wird sich innerhalb der nächsten Jahre zurückziehen.
- Angestrebt wird, einen Nachfolger zu suchen, damit das Unternehmen weitergeführt und die Arbeitsplätze erhalten werden.

Derart informierte Mitarbeiter kommen nicht plötzlich auf den Gedanken, sich einen neuen Arbeitgeber zu suchen, sondern werden voraussichtlich diesem Unternehmen und einem potenziellen Nachfolger die Treue halten.

10.4.3 Übernahme des Unternehmens durch einen Externen

Die Unternehmensbörse nexxt-change ist eine Plattform zur Kontaktanbahnung zwischen Verkäufern und Kaufinteressenten. In dieser Börse können sowohl Kaufinteressenten als auch Unternehmensübergeber inserieren. Die Formulierungen in der Anzeige müssen klar und informativ sein. Im folgenden **Bild 10.2** zeigen wir einen Ausschnitt einer Verkaufsanzeige eines Unternehmens aus der Börse nexxt-change.

Der Unternehmer, dessen Betrieb verkauft werden soll, tritt nicht in Erscheinung. Der Berater, in diesem Fall die Unternehmensberatung Heckner, selektiert die Interessenten. Diese werden dem Verkäufer vorgestellt und er entscheidet, mit wem er in Kontakt treten will. Oft werden Auskünfte über den Interessenten im Vorfeld eingeholt. Bevor ein Exposé übergeben wird, muss der Interessent eine Verschwiegenheitserklärung unterzeichnen. Erst dann erhält er das anonymisierte Exposé.

nexxt-change Unternehmensbörse

Vorschau

Rentabler Elektrohandwerksbetrieb in der Metropolregion München sucht Käufer

Chiffre:

Datum:

Inseratstyp:

Beschreibung

Standort: etwa 30 km vom Münchner Zentrum entfernt

13 Mitarbeiter inkl. Azubis und Aushilfen, dazu je nach Saison ca. 6-10 Leiharbeiter

Sehr schlanke und effiziente Organisation

Jahresleistung der letzten beiden Jahre ca. 2,7 Mio. € ohne MwSt.

Das Unternehmen erzielt trotz Geschäftsführergehältern von etwa 250.000 € immer noch Erträge vor Gewerbesteuer und vor Körperschaftssteuer (EBIT) zwischen 550.000 und 600.000 €.

Verkaufspreis 1,8 Mio. € zzgl. MwSt.

Bild 10.2 Ausschnitt Verkaufsanzeige nexxt-change

Die Begleitung durch einen branchenerfahrenen Berater verbessert die Verkaufschancen. Die meisten Berater schließen dazu einen Beratungsvertrag, der im Erfolgsfall eine prozentuale Erfolgsprovision beinhaltet. Diese liegt meist zwischen fünf und zehn Prozent des erzielten Verkaufspreises. Je kleiner das Unternehmen, desto höher die prozentuale Provision. Üblich ist, dass laufende Aufwendungen des Beraters monatlich abgerechnet werden. Oft werden diese laufenden Aufwendungen bei der Berechnung der Erfolgsprovision zum Abzug gebracht.

Für einen Verkauf eines Unternehmens an Externe kommen grundsätzlich folgende Personen in Frage:

- Finanzinvestor,
- Wettbewerber/Marktteilnehmer oder
- Existenzgründer.

Nachfolgend beschäftigen wir uns nur mit

- Wettbewerbern bzw. anderen Marktteilnehmern und
- Existenzgründern.

Für die Suche nach einem Nachfolger empfiehlt es sich, ein Exposé anzufertigen, in dem ein Bündel von Informationen und Fakten enthalten ist. Mit diesem professionellen Auftritt erhöhen sich die Chancen, einen ernsthaften Interessenten für das Unternehmen zu finden.

Firmenexposé als Entscheidungsgrundlage

Auch bei der Übergabe eines Unternehmens im Kreis der Mitarbeiter kann ein Unternehmensexposé (**Tabelle 10.3**) sehr hilfreich sein, um das Unternehmen professionell darzustellen. Im Unternehmensexposé werden u.a. auch Fragen beantwortet, die bei einer Due-Diligence-Prüfung üblicherweise gestellt werden.

> Eine Due Dilligence wird durchgeführt, um das zum Verkauf stehende Unternehmen gründlich wirtschaftlich zu durchleuchten. Hierzu erhält der Verkäufer eine Liste aller für den Käufer prüfungsrelevanten Daten (z.B. Arbeitsverträge, Auflistung der Versicherungen und Bürgschaften ...). Diese werden dem Käufer in einem Datenraum zur Verfügung gestellt.

Informationen	**Nutzen**
Leistungspalette, Standort, Zukunftsorientierung des Unternehmens	Der Unternehmer muss die Stärken seines Unternehmens klipp und klar auf dem Punkt bringen, darf sich aber auch nicht scheuen, mögliche Risiken offenzulegen. Der Käufer eines Unternehmens wird diese Risiken über kurz oder lang sowieso erfahren. Um zukünftige Rechtsstreitigkeiten zu vermeiden, empfiehlt sich absolute Ehrlichkeit.
Kundenstruktur	Ein potenzieller Käufer soll erkennen, welche Kundenstruktur das Unternehmen aufweist, um überprüfen zu können, ob er über Erfahrungen mit dieser Kundenstruktur verfügt. Die Einschätzung der Kundenstruktur ist auch für die finanzierende Bank eine notwendige Information für die Kreditentscheidung.
Die Erträge der letzten vier bis fünf Jahre	Bei Einzelunternehmen wird vor allem das Verhältnis zwischen Gewinn und Privatentnahmen und die Höhe des Eigenkapitals von Bedeutung sein. Der Käufer kann sehen, wie kontinuierlich sich das Unternehmen entwickelt hat und welche Erträge erwirtschaftet wurden.
Organigramm und Verantwortlichkeiten	Mit Hilfe des Organigramms kann der Käufer die betrieblichen Strukturen erkennen, anhand der Stellenbeschreibung die Verantwortlichkeiten und Aufgaben der einzelnen Mitarbeiter erfassen. Von einem externen Käufer kann ein Rückschluss von der Position auf die Tätigkeit des Mitarbeiters gezogen werden.
Vergleichsdaten zur Branche: – Rohertrag, – Einsatz von Sub- oder Nachunternehmern, – Kostenstruktur, – Leistungskennziffern wie Umsatz und Rohertrag je Kopf, – das Verhältnis der Produktiven zu den Verwaltungsmitarbeitern, – Personal: Dauer der Betriebszugehörigkeit, Funktion, Bruttolohn.	Durch den Vergleich des zum Verkauf stehenden Unternehmens mit Branchen-Orientierungswerten kann sich der Käufer einen Überblick über die Leistungsfähigkeit verschaffen und gleichzeitig Potenziale erkennen, die zu einer verbesserten Rentabilität führen. Die hier aufgeführten Eckdaten sollen auch Nachfolgern aus dem Familien- oder Mitarbeiterkreis zur Verfügung stehen, damit diese erkennen, wo im Unternehmen noch Hebel in Bewegung gesetzt werden können, um den Ertrag und die Zukunftsperspektiven zu verbessern.
Zeitplan der Übergabe	Mit dem Übergabe-Zeitplan verpflichtet sich der Verkäufer gegenüber dem Käufer. Gleichzeitig kennt der Käufer die Vorstellung des Verkäufers und kann mit diesem qualifiziert über eventuelle Veränderungen des Zeitplans oder die Einführung eines Stufenplans verhandeln. Vor dem Kaufvertrag wird die Struktur der Vorgehensweise in einem Term-Sheet oder LOI (Letter of Intent) niedergelegt. Dann folgt die Due Diligence, danach wird der Kaufvertrag geschlossen.
Planungsrechnung für den Existenzgründer/Übernehmer. Optionaler Bestand eines Exposés.	Wir kennen viele Fälle, in denen nicht im Unternehmen tätige Familienmitglieder auf der Gehaltsliste eines Unternehmens stehen und das eine oder andere Firmenauto nicht wirklich im Unternehmen, sondern im Familienkreis genutzt wird. Auch für so einen Fall empfehlen wir, eine Planungsrechnung für den Übernehmer zu erstellen, in dem diese Faktoren bereinigt sind. Diese Planungsrechnung über einen Zeitraum von drei Jahren wird auch von öffentlichen Kreditgebern gefordert, die eine Unternehmensübernahme finanzieren. Mit dieser Planungsrechnung bietet der Verkäufer dem potenziellen Käufer eine Dienstleistung an, aber gleichzeitig auch die Argumente, die helfen, die Übergabechancen deutlich zu verbessern.

Tabelle 10.3 Inhalte eines Unternehmensexposés

Der erste Kontakt – Aus Sicht des Verkäufers

Für den Verkäufer ist der erste Kontakt zu einem potenziellen Nachfolger ähnlich einem Vorstellungsgespräch mit einer zukünftigen Führungskraft. Für den Verkäufer hängt von seiner Entscheidung für den „richtigen" viel mehr ab als bei einem Einstellungsgespräch. Deshalb muss ein erster Kontakt sorgfältig vorbereitet werden. Unsere Checkliste (**Tabelle 10.4**) wird dem Verkäufer helfen, beim Interessenten einen professionellen Eindruck zu hinterlassen.

Frage	Anmerkung
Wie viel Zeit haben Sie sich für unser Gespräch eingeplant (wenn nicht bereits im Vorfeld im Schriftverkehr vereinbart)?	
Vorstellung der Gesprächspartner, wenn neben dem Interessenten und dem Verkäufer noch weitere Personen teilnehmen. Klärung der Rolle dieser Personen. Wer ist beim Interessenten der Entscheider?	
Sie haben das Exposé erhalten. Gibt es von Ihrer Seite noch Fragen dazu?	
Warum interessieren Sie sich gerade für unser Unternehmen?	
Worin sehen Sie die Risiken für den Fall der Übernahme unseres Betriebes?	
Welche Fragen haben Sie zur Ermittlung des Kaufpreises, der im Exposé aufgeführt ist?	
Wie lange soll ich als Verkäufer zur Verfügung stehen und in welcher Rolle?	
Welche unserer Produkte und Dienstleistungen sehen Sie als besonders zukunftsfähig?	
Und bei welchen sehen Sie Risiken?	
Wird sich der Tätigkeitsbereich der Mitarbeiter verändern und ggf. wie?	
Wie planen Sie den Verkaufspreis zu finanzieren?	
Welche weiteren Fragen gibt es noch?	

Tabelle 10.4 Gesprächsführung mit einem externen Interessenten

Der Verkäufer soll seine Interessenten auch in Sozialen Netzwerken recherchieren. Vor einer Kontaktaufnahme empfiehlt es sich zu überprüfen, wie sich der Interessent dort präsentiert. Ist er der seriöse potenzielle Nachfolger? Welche Hobbys pflegt er und was bewegt ihn? Präsentiert sich der Interessent dort als unkonventionelle Person mit ungewöhnlichen Ansichten? Sind diese Informationen negativ, kann die Geschäftspartnerschaft enden, bevor sie begonnen hat.

Tabelle 10.4 kann dem Interessenten (in angepasster Form) im Vorfeld zugesandt werden, so dass er sich gut auf dieses Gespräch vorbereiten kann. Drei ergänzende Fragen sollten im Gespräch und nicht im Vorfeld gestellt werden:

- Welche ganz besonderen Stärken haben Sie in Ihrer Person, die Sie zur selbstständigen Führung eines Unternehmens qualifizieren?
- Welche Schwächen bestehen, an denen noch gearbeitet werden muss, damit das Vorhaben erfolgreich umgesetzt werden kann?
- Wie steht der Lebenspartner zum Vorhaben der Selbstständigkeit?

Nach Abschluss dieses Gespräches muss klar vereinbart werden, wie es nun weitergehen sollte.

10.5 Ermittlung des Unternehmenswertes

Zur Wertermittlung des Unternehmens gibt es unterschiedliche Methoden.

Die zwei gängigen, praxisnahen Verfahren sind

- das Substanzwertverfahren und
- das Ertragswertverfahren.

In der Praxis wird die Kaufpreisermittlung immer in einem Kompromiss zwischen Verkäufer und Käufer münden. Ein stures Festhalten an der Ertragswertmethode wird eine Einigung zwischen Käufer und Verkäufer erschweren.

10.5.1 Substanzwertverfahren

Beim Substanzwertverfahren geht man davon aus, dass man den Unternehmenswert auf Basis der tatsächlich vorhandenen Werte des Unternehmens ermittelt. Zur Bewertung kann der Anlagenspiegel der Bilanz herangezogen werden. Im Anlagenspiegel werden die Werte des Anlagevermögens abzüglich der Abschreibungen aufgeführt. Dadurch kann es passieren, dass Werte im Unternehmen mit dem bilanziellen Erinnerungswert von 0,50 EUR enthalten sind, obwohl diese deutlich höher sind als der ausgewiesene Wert. Angenommen, die Kalkulationssoftware eines Handwerksunternehmens ist bereits im vollen Umfang abgeschrieben, die Software kann vom Nachfolger jedoch ab dem ersten Tag voll umfänglich genutzt werden. Der Verkäufer wird in diesem Fall einen Betrag für dieses Wirtschaftsgut ansetzen, der dem aktuellen Zeitwert entspricht.

Bei den Substanzwerten spricht man auch von sogenannten „Liquidationswerten“, d. h. dem Wert, den ein fremder Dritter bereit wäre, für dieses Wirtschaftsgut zu bezahlen.

In einigen Fällen ist es jedoch so, dass der Käufer nicht bereit ist, den bilanziellen Wert eines Wirtschaftsgutes zu bezahlen, sondern einen weit geringeren Wert dafür ansetzen will. Beispiel: Ein Unternehmen verfügt über ein Ladengeschäft mit einer neuen Ladeneinrichtung, die der Käufer jedoch in dieser Form nicht nutzen möchte, da er den Laden nicht betreiben will.

Die Grundlage des Substanzwertverfahrens ist immer der Anlagenspiegel des Unternehmens (**Bild 10.3**).

Um nicht jede einzelne Position des Anlagenspiegels bis hin zum Kleinwerkzeug bewerten zu müssen, werden lediglich Gruppen des Anlagevermögens bewertet.

Anlagenspiegel zum 31.12.2026

		Anschaffungs- Herstellungs- kosten 01.01.2025 Euro	Zugänge Abgänge- Euro	Umbuchungen Euro	kumulierte Abschreibungen 31.12.2025 Euro	Abschreibungen Zuschreibungen- vom 01.01.2025 bis 31.12.2025 Euro	Buchwert 31.12.2025 Euro	Buchwert 31.12.2024 Euro
I.	**Immaterielle Vermögens-gegenstände**							
1.	entgeltlich erworbene Konzessionen, gewerbliche Schutzrechte und ähnliche Rechte und Werte sowie Lizenzen an solchen Rechten und Werten	12.434,15			12.209,15	163,00	225,00	388,00
	Immaterielle Vermögens-gegenstände	**12.434,15**			**12.209,15**	**163,00**	**225,00**	**388,00**
II.	**Sachanlagen**							
1.	Grundstücke, grundstücksgleiche Rechte und Bauten einschließlich der Bauten auf fremden Grundstücken	461.816,82			79.181,62	10.185,00	382.635,20	392.820,20
2.	technische Anlagen und Maschinen	35.943,75			15.129,75	1.797,00	20.814,00	22.611,00
3.	andere Anlagen, Betriebs- und Geschäftsausstattung	380.761,14	28.163,42		336.307,56	31.888,42	72.617,00	76.342,00
	Sachanlagen	**878.521,71**	**28.163,42**		**430.618,93**	**43.870,42**	**476.066,20**	**491.773,20**
		890.955,86	**28.163,42**		**442.828,08**	**44.033,42**	**476.291,20**	**492.161,20**

Bild 10.3 Auszug aus einem Anlagenspiegel

Vor der Bewertung empfiehlt es sich dringend, den Anlagenspiegel um alle nicht mehr vorhandenen und die nicht zum Verkauf stehenden Wirtschaftsgüter zu bereinigen.

Ein Interessent wird stichprobenartig prüfen, ob die in der Detailaufstellung aufgeführten Wirtschaftsgüter vorhanden sind. Sollte es zu Diskrepanzen kommen, würde dies zu einem Vertrauensverlust führen.

Tabelle 10.5 zeigt beispielhaft ein zum Verkauf stehendes Unternehmen, dessen Immobilie nicht mitverkauft wird und deshalb nicht in die Bewertung einfließt.

Konto	Bezeichnung	AHK* in EUR	Buchwert in EUR	% der AHK	Verkaufspreis (= Zeitwert) in EUR
27	EDV-Software	12.434	225	60,0	7.460
61	Grundstück	150.444	150.444	0,0	0
80	Büro- und Geschäftshaus	274.477	211.078	0,0	0
111	Außenanlagen	36.896	21.113	0,0	0
280	Photovoltaikanlage	35.944	20.814	0,0	0
320	Pkw	203.549	57.347	40,0	81.420
350	Lkw und Anhänger	22.228	768	40,0	8.891
400	Betriebsausstattung	68.542	2.594	30,0	20.562
410	Geschäftsausstattung	12.459	2.830	30,0	3.738
420	Büroeinrichtung	25.973	4.401	60,0	15.584
440	Werkzeuge	35.184	4.615	50,0	17.592
480	Geringwertige Wirtschaftsgüter (GWG)	17.556	0	20,0	3.511
485	Wirtschaftsgüter Sammelposten	23.433	62	25,0	5.858
Summe		**919.119**	**476.291**		**164.617**

* Anschaffungs- bzw. Herstellungskosten

Tabelle 10.5 Bewertung nach Substanzwertverfahren

Die Differenz zwischen dem Buchwert des Anlagevermögens und dem ermittelten Substanz- bzw. Liquidationswert bezeichnen wir als „stille Reserve". Diese stillen Reserven können im Anlagevermögen aber auch im Umlaufvermögen, z. B. im Lagerbestand enthalten sein. Bei einer besonders niedrigen Bewertung des Lagerbestandes werden auch niedrigere Gewinne ausgewiesen. Viele Unternehmen, die gute Erträge erwirtschaften, haben das Ziel, den Lagerbestand des Rohmateriallagers, aber auch die halbfertigen Aufträge möglichst niedrig zu bewerten. Dies führt dann bei Verkaufsverhandlungen meist zu Argumentationsproblemen mit dem Käufer.

Bei der Bewertung der Lagerbestände gibt es folgende Grundsätze:

- Beim Verkauf eines Unternehmens wird der Lagerbestand in der Regel angesetzt mit einem Lagerbestand zum Anschaffungspreis oder zum aktuellen Zeitwert. So kann es sein, dass im Elektrohandwerk durch die Erhöhung der Rohstoffpreise das Kabellager des Unternehmens (wegen der gestiegenen Kupferpreise) deutlich höher anzusetzen ist, als in der Inventur bewertet.
- Andererseits findet sich in manchem Lager eines Unternehmens das eine oder andere „Schätzchen" oder „betriebstreue" Produkt, das schon viele Jahre im Lager liegt und nur mit großem Glück und Zufall verarbeitet werden kann. Diese Produkte werden vom Käufer in der Regel nicht zum angesetzten Wert erworben.

- Vom ermittelten Einkaufspreis sind Skonti und Boni abzuziehen, da diese der Verkäufer des Unternehmens in der Vergangenheit abgezogen hat; der Käufer des Unternehmens wird ebenfalls Skonti und Boni erhalten.

Der realistische Marktwert eines kleineren Unternehmens

Im vorliegenden Beispiel haben sich beide Parteien auf einen Zeitwert des Unternehmens von 255.000 EUR geeinigt. Zusätzlich wurde ein immaterieller Firmenwert von 45.000 EUR vereinbart. Dieser Wert wird für die Unternehmensmarke, die eingeführten Strukturen, Mitarbeiter, Wartungsverträge etc. zum Ansatz gebracht. Der ermittelte Kaufpreis liegt demnach bei 300.000 EUR.

Für die Vereinbarungen in einem Vorvertrag schlagen wir folgende Ermittlungsmethode vor:

Substanzwert/Zeitwert für Anlagevermögen in EUR	200.000
+ Warenlager bewertet in EUR	55.000
+ immaterieller Firmenwert in EUR	45.000
= Kaufpreis in EUR	**300.000**

10.5.2 Ertragswertverfahren

Die Ertragswert-Methode geht davon aus, dass der Ertragswert der Summe entspricht, die als Kapitalanlage eine bestimmte Verzinsung erbringen könnte.

$$\frac{\text{Überdeckung} \times 100}{\text{Zinssatz}} = \text{Unternehmenswert}$$

Die folgende Rechnung muss mit dem jeweils aktuellen Zinssatz für Bundesobligationen durchgeführt werden. In dieser Rechnung zeigen wir lediglich die Systematik zur Ermittlung des Ertragswertes auf.

Ermittlung des Zinssatzes:

- Risikoloser Zinssatz für Bundesobligationen: z. B. 3 %
- Risikozuschlag: 5 %

Ergibt im Schnitt einen Zinssatz von 8 %.

Die Überdeckung wird durch den vorher ermittelten Zinssatz geteilt. Überdeckung bedeutet dabei den erzielten Gewinn, der nach Abzug eines angemessenen Unternehmerlohnes bzw. Geschäftsführergehaltes verbleibt.

Im Beispiel in **Tabelle 10.6** verbleibt für die Jahre 2024 bis 2026 unter Berücksichtigung des kalkulatorischen Unternehmerlohnes eine durchschnittliche Überdeckung von 40.000 €.

In der Regel werden die aktuellen Gewinne höher gewichtet als die Gewinne der Vergangenheit.

Jahr	Unternehmensgewinn in EUR	minus kalkulierter Unternehmerlohn in EUR	Überdeckung in EUR
2024	130.000	– 90.000	40.000
2025	125.000	– 90.000	35.000
2026	135.000	– 90.000	45.000
		Summe	**120.000**
		Durchschnitt	**40.000**

Tabelle 10.6 Beispiel zur Ermittlung der Überdeckung bei einem Einzelunternehmen bzw. Personengesellschaft nach Gewinndurchschnitt der letzten drei Jahre

Käme die obenstehende Rechenformel zum Einsatz, würde der Unternehmenswert so berechnet werden:

Überdeckung/Zinssatz = 40.000 EUR / 8 % = 500.000 EUR

Dieser Wert wird bei Handwerksbetrieben in der Praxis nicht realisiert.

Falls Unternehmenswerte nach dieser Formel ermittelt werden, muss sich der Verkäufer bewusst sein, wie gering die Chancen sind, das Unternehmen zu diesem Betrag zu verkaufen. Sofern der Unternehmenswert nach dieser Rechenformel ermittelt wird, liegt der realistische Verkaufspreis beim vier- bis sechsfachen der durchschnittlichen Überdeckung. In diesem Kaufpreis wäre das Anlagevermögen und das Rohmateriallager enthalten. Der Verkäufer müsste seine Aufträge abwickeln, seine Forderungen eintreiben und seine Verbindlichkeiten abzahlen.

Das Beispiel der **Tabelle 10.7** zeigt einen negativen Durchschnittsertrag für einen angemessenen Unternehmerlohn.

Wenn dieser Betrieb einen Käufer finden sollte, kommt lediglich das Substanzwertverfahren zur Anwendung.

Jahr	Unternehmensgewinn in EUR	kalkulierter Unternehmerlohn bzw. Privatentnahme in EUR	Überdeckung in EUR
2022	70.000	80.000	– 10.000
2023	91.000	83.000	+ 8.000
2024	86.000	88.000	– 2.000
2025	89.000	90.000	– 1.000
2026	87.000	92.000	– 5.000
		Durchschnitt	**– 2.000**

Tabelle 10.7 Negative Überdeckung bei einem Einzelunternehmen

Nicht jedes Jahr muss der gleiche kalkulatorische Unternehmerlohn herangezogen werden. Auch eine Betrachtung der letzten fünf Geschäftsjahre mit entsprechender Gewichtung ist beim Ertragswertverfahren möglich.

Das Beispiel in **Tabelle 10.8** zeigt die Wertermittlung nach der AWH-Methode, die zu einem realistischen Unternehmenswert führt (AWH = Arbeitsgemeinschaft der Wertermittelnden Berater im Handwerk). Die Gewinne der letzten Jahre werden um externe Einflussfaktoren bereinigt und der branchenübliche Unternehmerlohn (Geschäftsführergehalt) berücksichtigt.

Neben dem sich ergebenden Betrag werden die Risikofaktoren des Unternehmenskaufs vom Ersteller des Gutachtens bewertet. Solche zu bewertende Risiken sind exemplarisch im Abschnitt 10.5.3 dargestellt.

Jahr	Gewinn in EUR	abzüglich GF-Gehalt in EUR	verbleibender Gewinn* in EUR	Multiplikationsfaktor	gewichteter Gewinn in EUR
2021	321.619	88.235	233.384	1	233.384
2022	282.353	90.000	192.353	2	384.706
2023	353.096	91.800	261.296	3	783.888
2024	138.738	93.636	45.102	4	180.408
2025	165.730	95.509	70.221	5	351.104
			Summe	**15**	**1.933.490**
			durchschnittlicher gewichteter Gewinn	**15**	**128.899**
* relevant zur Ermittlung des Firmenwertes					

Tabelle 10.8 Wertermittlung nach der AWH-Methode

Im Bewertungsgesetz § 200 ff. werden Wertermittlungsmethoden aufgeführt, die einen viel zu hohen Unternehmenswert ergeben, zu dem ein Handwerksunternehmen keinesfalls einen Käufer findet.

Die Reihenfolge, in denen die Schritte zum Unternehmensverkauf erfolgen sollen:

1. Termin des Ausstiegs ist definiert.
2. Firma wird vor dem Verkauf „auf Vordermann“ gebracht.
3. Ermittlung Unternehmenswert.
4. Recherche (auch unter den Mitarbeitern), wer infrage kommen könnte.
5. Über die Kontakte des Unternehmers, z. B. unter Einbeziehung der Vertriebsmitarbeiter des Großhandels, Fühler nach Interessenten ausstrecken.
6. Nutzung der Börse next-change.

In all diesen Schritten empfiehlt es sich, einen externen Nachfolgeberater zu Rate zu ziehen.

10.5.3 Werterhöhende und wertmindernde Faktoren

Liegt der Altersdurchschnitt der Mitarbeiter sehr hoch und steht ein großer Teil kurz vor dem Ruhestand, wirkt sich dies negativ auf den erzielbaren Kaufpreis aus. Ganz zu schweigen von den Kündigungsfristen, die sich diese Mitarbeiter zwischenzeitlich erworben haben und die sich auf bis zu sieben Monate belaufen können. Dieser Argumentation kann der Verkäufer entgegentreten, indem er folgende Aspekte aufführt:

- das Know-how der „alten Hasen“,
- die Kundenbeziehungen, die über den langjährigen Mitarbeiter aufgebaut und gepflegt werden,
- Zulassungen, die personenbezogen auf diesen Mitarbeiter ausgestellt sind (z. B. Sicherheitstechnik),
- regelmäßige interne Schulungen, in denen die erfahrenen Mitarbeiter ihr Wissen weitergeben.

Daneben können weitere Faktoren preiserhöhend oder -mindernd ins Feld geführt werden.

Eine Gegenüberstellung von Faktoren, die Einfluss auf die Bestimmung des Kaufpreises ausüben, findet sich in **Tabelle 10.9**.

werterhöhend	**wertmindernd**
Nachvollziehbare Organisationsstandards wie – Organigramm, – Stellenbeschreibung, – definierte Leistungsanforderungen an Mitarbeiter (Eingruppierungshilfe)	Gewährleistungsverpflichtungen in risikobehafteten Leistungsbereichen
	Abhängigkeit von wenigen Kunden sind als Risiko einzustufen, für den Fall, dass einer dieser Kunden ausfällt.
	Umsatz mit einem Kunden über 25 %.
	hoher Altersdurchschnitt des Personalstammes (über 45 Jahre)
	negatives Creditreform (Crefo)-Rating
Wartungsverträge, Kooperationsverträge	hohe Fluktuation im Personalstamm
moderne Marketingausrichtung, z. B. Einbindung des Unternehmens in entsprechende Netzwerke	Spezialisierung auf ein konjunkturabhängiges Segment. Leistungspalette, die von öffentlicher Förderung abhängt.
hoher Auftragsvorlauf	Betrieb bildet nicht aus.
positive Statements der Mitarbeiter zum Unternehmen (Kununu)	sehr hohe Rückstellungen für Gewährleistungen
Qualitätsmanagement (z. B. Betriebshandbuch) vorhanden	anhängige Gerichtsverfahren oder laufende Verfahren mit Finanzbehörden
viele Azubis werden übernommen	
Mitglied in einer Handwerkerkooperation	

Tabelle 10.9 Kaufpreiserhöhende und -mindernde Faktoren (Teil 1/2)

werterhöhend	wertmindernd
gutes Rating bei der Creditreform (Crefo)	
Wissen des Inhabers ist auf mehrere Köpfe verteilt / Stellvertreter ist im Unternehmen eingeführt.	
Digitalisierung ist im Unternehmen vorangetrieben (Mobiler Monteur, Schnittstellen zum GH, Dokumentenmanagement etc.)	

Tabelle 10.9 Kaufpreiserhöhende und -mindernde Faktoren (Teil 2/2)

10.5.4 Welche Form der Übergabe ist die richtige?

Jede Vorgehensweise birgt gleichermaßen Chancen und Risiken. Nach den Erfahrungen der Autoren wird die Übergabe kleinerer Unternehmen oft durch den Kauf der Sachwerte abgewickelt. Der Käufer übernimmt das Anlagevermögen (Fahrzeuge, Werkzeug, Messgeräte etc.) sowie den Lagerbestand in ein bereits bestehendes oder neu zu gründendes Unternehmen. Die Abwicklung oder Schließung des Altunternehmens erfolgt durch den Verkäufer. Er muss seine Forderungen eintreiben, seine Lieferanten bezahlen und seine Bankkredite zurückzahlen. Diese Vorgehensweise wird als „Asset-Deal“ bezeichnet.

Alternativ dazu wird beim sogenannten „Share-Deal“ das gesamte Unternehmen mit allen Inhalten verkauft. Hier kauft der Käufer das bestehende Unternehmen als komplette Einheit.

Darüber hinaus kann eine Beteiligung des Nachfolgers am Unternehmen als erster Schritt sinnvoll sein, auch wenn der Käufer aus dem Kreis der Mitarbeiter stammt. Diese anteilige Beteiligung an einer bestehenden Gesellschaft (z. B. GmbH oder GmbH & Co. KG) stellt immer einen Share-Deal dar.

10.6 Ablauf einer Übergabe – Rechtliche Aspekte

10.6.1 Haftungsübergang

Ein Grundsatz im deutschen Recht lautet, dass beim Verkauf einer Immobilie die Mietverträge genauso weiter gelten, wie sie mit dem Verkäufer abgeschlossen sind. Gleiches gilt für den Kauf eines Unternehmens oder in Form eines Share-Deals. Der Käufer übernimmt sämtliche Verträge (Mietverträge, Leasingverträge, Versicherungsverträge und Arbeitsverträge) und Verpflichtungen (z. B. Gewährleistungen).

Werden wesentliche Vermögensgegenstände im Rahmen eines Asset-Deals verkauft, regelt das deutsche Recht, dass die Arbeitsverträge ebenfalls übernommen werden müssen (die Mitarbeiter hat jedoch Widerspruchsrechte, siehe auch Abschnitt 10.6.3). Sollen weitere Verträge im Rahmen eines Asset-Deals ebenfalls übergeben werden, müssen diese explizit im Kaufvertrag aufgelistet und die Vertragspartner entsprechend informiert werden.

Im Bürgerlichen Gesetzbuch können die entsprechenden Bestimmungen eingesehen werden.

10.6.2 Prüfung vor Abschluss des Kaufvertrages

Verkäufer und Käufer haben sich auf wesentliche Eckdaten wie Kaufpreis bzw. Preisberechnungsmethode, Termin und Dauer des Verbleibs des Altunternehmers geeinigt.

Im nächsten Schritt wird eine Vereinbarung LOI (Letter of Intent, Absichtserklärung) oder ein Term-Sheet (Ablaufplan der Übertragung) aufgestellt.

Danach folgt die Due Diligence, eine Detailprüfung des Unternehmens.

Nach der Unterzeichnung des LOI oder Term-Sheets prüft der Kaufinteressent das Unternehmen auf Herz und Nieren im Rahmen einer Due Diligence. Wesentliche Aspekte dieser Prüfung sind der **Tabelle 10.10** zu entnehmen. Diese Checkliste stammt aus einem durch die Unternehmensberatung Heckner begleiteten Verkaufsprozess, der einen Verkaufspreis von über 1,0 Mio. EUR ergab.

Je nach Größe des zum Verkauf stehenden Unternehmens kann der Prüfungsumfang weit über die aufgeführten Punkte hinaus gehen.

Der Kaufinteressent wird die Daten, die im Rahmen der Due Diligence gefordert werden, in einem VDR (Virtual Data Room) prüfen. Werden in dieser Prüfung keine Problembereiche ermittelt, wird auf Grundlage der Absichtserklärungen der Kaufvertrag erstellt. Dem Verkäufer empfehlen wir dringend, zu prüfen, welche Risiken und finanziellen Verpflichtungen sich aus diesen bestehenden Verträgen ergeben und diese dem Käufer gegenüber offen zu kommunizieren.

Verkäufer und Käufer müssen darauf achten, alle vom Verkäufer geschlossenen Verträge aufzuführen und in ihrem Kaufvertrag einzeln aufzulisten, ob der Verkäufer die Verträge kündigt, und welche Verträge vom Käufer übernommen werden.

Lfd. Nr.	Unterlagen Financial	wer	bis wann	erledigt am
1.	Jahresabschlüsse (WP/StB.) der letzten drei Jahre sowie ggf. der entsprechenden Sonder- und Ergänzungsbilanzen			
2.	Summen- und Saldenliste des letzten Jahresabschlusses sowie aktuell vom letzten Monatsabschluss			
3.	Anlagegüter des letzten Jahresabschlusses sowie aktuell vom letzten Monatsabschluss			
4.	Bankkontoauszüge zum letzten Jahresabschluss sowie aktuell vom letzten Monatsabschluss			
5.	Debitoren: Offene-Posten-Liste des letzten Jahresabschlusses sowie aktuell vom letzten Monatsabschluss			
6.	Kreditoren: Offene-Posten-Liste des letzten Jahresabschlusses sowie aktuell vom letzten Monatsabschluss			
7.	Übersicht der in Arbeit befindlichen Aufträge (Vorräte) des letzten Jahresabschlusses sowie aktuell vom letzten Monatsabschluss			
8.	Übersicht der erhaltenen Anzahlungen des letzten Jahresabschlusses sowie aktuell vom letzten Monatsabschluss			
9.	Übersicht der in Arbeit befindlichen fertigen Erzeugnisse (Vorräte) des letzten Jahresabschlusses sowie aktuell vom letzten Monatsabschluss – Bewertungssystematik			
10.	Bewertungsmethode teilfertige Leistungen			
11.	Übersicht der sonstigen Forderungen/Verbindlichkeiten des letzten Jahresabschlusses sowie aktuell vom letzten Monatsabschluss			
12.	Übersicht der Rückstellungen des letzten Jahresabschlusses sowie aktuell vom letzten Monatsabschluss			
13.	Liste der Kundenstruktur nach Umsätzen			
14.	Liste Daueraufträge inkl. Laufzeiten und Kündigungsfristen			
15.	Liste der laufenden Einzelaufträge – Auftragsvorlauf			
16.	Kontoblatt mit Einzelposten zu den Verbindlichkeiten ggü. Gesellschafter			

Lfd. Nr.	Unterlagen Tax	wer	bis wann	erledigt am
1.	Steuererklärungen (gesonderte und einheitliche Feststellung, GewSt, USt sowie KSt/GewSt der Komplementärin) der letzten drei Jahre inkl. Anlagen/Erläuterung und USt-Verprobungen sowie Überleitungsrechnung gem. § 60 EStDV			
2.	Steuerbescheide der letzten drei Jahre			
3.	Darlegung von steuerlichen Sondersachverhalten bzw. in Anspruch genommenen Subventionen			
4.	Darlegen von (schuldrechtlichen) Verträgen zwischen Gesellschaftern und Gesellschaft			
5.	letzter Bericht über eine steuerliche Außenprüfung			
6.	letzter Bericht über eine Lohnsteuer-Außenprüfung			
7.	letzter Bericht über eine Sozialversicherungsprüfung			
8.	Angaben über Steuerschulden			
9.	Angaben zu steuerlichen Gestaltungen / vom der Verwaltungsauffassung abweichende Rechtsauffassung/Ansatz			
10.	in der Vergangenheit vorgenommene Teilwertabschreibungen			
11.	steuerliche Bewertung von bestimmten Rückstellungen (z. B. Pension, Jubiläum etc.)			

Tabelle 10.10 Due Diligence-Checkliste (Teil 1/2)

Lfd. Nr.	Unterlagen Legal	wer	bis wann	erledigt am
1.	alle Gesellschaftsverträge bis zur letzten Fassung			
2.	alle und die aktuelle Gesellschafterliste			
3.	alle Gesellschafterbeschlüsse			
4.	Miet-, Pacht- und Leasingverträge			
5.	Mitgliedschaften (Innungen, Arbeitgeberverbände, Einkaufsgenossenschaften etc.)			
6.	Nachunternehmerverträge			
7.	Lieferantenverträge (Versorger, EDV, Software, Web, Wareneinkauf etc.)			
8.	lfd. Einmal-/Projektverträge			
9.	Liste aller Aktiv- und Passivrechtsstreite der letzten drei Jahre			
10.	Liste aller Betriebshaftpflichtschäden der letzten drei Jahre			
11.	Liste aller Gewährleistungsfälle der letzten drei Jahre			
12.	aktuelle BHV-Versicherungsbescheinigung			
13.	Kopie der Eintragung bei der zuständigen Handwerkskammer			

Lfd. Nr.	Unterlagen HR	wer	bis wann	erledigt am
1.	anonymisierte Personalliste (Initialen, Alter, Betriebszugehörigkeit, Gehalt/Lohn, Funktion, Ausbildung, Wochenarbeitszeit)			
2.	wesentliche Arbeitsverträge (anonymisiert)			

Lfd. Nr.	HR Unterlagen Nach-Closing*	wer	bis wann	erledigt am
1.	Liste Accounts inkl. Zugangsdaten (Kundenportale, Web, Software etc.)			
2.	Liste Software (inkl. Version, Anzahl Lizenzen, Anwender, Endgerät)			
* Hinweis: Bitte bereits vor Signing/Closing vorbereiten. Vielen Dank!				

Tabelle 10.10 Due Diligence-Checkliste (Teil 2/2)

Das zum Verkauf stehende Unternehmen sollte zügig alle vom Kaufinteressenten geforderten Unterlagen zur Verfügung stellen. Verzögert sich die Bereitstellung der Unterlagen, könnte dies zum Abbruch der Due Diligence durch den Kaufinteressenten führen.

10.6.3 Arbeitsrechtliche Aspekte

Im Bürgerlichen Gesetzbuch steht:

„§ 613a – Rechte und Pflichten bei Betriebsübergang

(1) Geht ein Betrieb oder Betriebsteil durch Rechtsgeschäft auf einen anderen Inhaber über, so tritt dieser in die Rechte und Pflichten aus den im Zeitpunkt des Übergangs bestehenden Arbeitsverhältnissen ein. Sind diese Rechte und Pflichten durch Rechtsnormen eines Tarifvertrags oder durch ei-

ne Betriebsvereinbarung geregelt, so werden sie Inhalt des Arbeitsverhältnisses zwischen dem neuen Inhaber und dem Arbeitnehmer und dürfen nicht vor Ablauf eines Jahres nach dem Zeitpunkt des Übergangs zum Nachteil des Arbeitnehmers geändert werden. Satz 2 gilt nicht, wenn die Rechte und Pflichten bei dem neuen Inhaber durch Rechtsnormen eines anderen Tarifvertrags oder durch eine andere Betriebsvereinbarung geregelt werden.

Vor Ablauf der Frist nach Satz 2 können die Rechte und Pflichten geändert werden, wenn der Tarifvertrag oder die Betriebsvereinbarung nicht mehr gilt oder bei fehlender beiderseitiger Tarifgebundenheit im Geltungsbereich eines anderen Tarifvertrags dessen Anwendung zwischen dem neuen Inhaber und dem Arbeitnehmer vereinbart wird.

(2) Der bisherige Arbeitgeber haftet neben dem neuen Inhaber für Verpflichtungen nach Absatz 1, soweit sie vor dem Zeitpunkt des Übergangs entstanden sind und vor Ablauf von einem Jahr nach diesem Zeitpunkt fällig werden, als Gesamtschuldner. Werden solche Verpflichtungen nach dem Zeitpunkt des Übergangs fällig, so haftet der bisherige Arbeitgeber für sie jedoch nur in dem Umfang, der dem im Zeitpunkt des Übergangs abgelaufenen Teil ihres Bemessungszeitraums entspricht.

(3) Absatz 2 gilt nicht, wenn eine juristische Person oder eine Personenhandelsgesellschaft durch Umwandlung erlischt.

(4) Die Kündigung des Arbeitsverhältnisses eines Arbeitnehmers durch den bisherigen Arbeitgeber oder durch den neuen Inhaber wegen des Übergangs eines Betriebs oder eines Betriebsteils ist unwirksam. Das Recht zur Kündigung des Arbeitsverhältnisses aus anderen Gründen bleibt unberührt.

(5) Der bisherige Arbeitgeber oder der neue Inhaber hat die von einem Übergang betroffenen Arbeitnehmer vor dem Übergang in Textform zu unterrichten über:

1. *Den Zeitpunkt oder den geplanten Zeitpunkt des Übergangs,*
2. *Den Grund für den Übergang,*
3. *Die rechtlichen, wirtschaftlichen und sozialen Folgen des Übergangs für die Arbeitnehmer und*
4. *Die hinsichtlich der Arbeitnehmer in Aussicht genommenen Maßnahmen.*

(6) Der Arbeitnehmer kann dem Übergang des Arbeitsverhältnisses innerhalb eines Monats nach Zugang der Unterrichtung nach Absatz 5 schriftlich widersprechen. Der Widerspruch kann gegenüber dem bisherigen Arbeitgeber oder dem neuen Inhaber erklärt werden."

Zu beachten ist hier besonders die Unterrichtungspflicht nach § 613a, Abs. 5 sowie das Widerspruchsrecht § 613a, Abs. 6.

Der Verkäufer eines Unternehmens wird im Rahmen der Verkaufsverhandlungen argumentieren, dass die langjährige Belegschaft des Unternehmens ein Vorteil für den Käufer darstellt, da durch die Mitarbeiter langjährige Kundenbeziehungen mit übernommen werden können. Der Käufer eines Unternehmens wird die Sichtweise vertreten, dass ihm durch die Übernahme der bestehenden Arbeitsverträge überproportional hohe Kosten für Mitarbeiter entstehen, die möglicherweise in ihrer Produktivität und ihren Wissensstand nicht auf der Höhe der Zeit sind.

Wird das Unternehmen innerhalb der Familie oder an Mitarbeiter übergeben, so weiß der Käufer die Mitarbeiter sehr wohl einzuschätzen und damit, worauf er sich einlässt. Für einen externen Übernehmer kann die Übernahme aller Rechte und Pflichten aus dem Arbeitsvertrag zu einer hohen Belastung führen.

Sollte der Käufer eines Unternehmens im Laufe der Zeit merken, dass er mit einigen langjährigen Mitarbeitern nicht mehr zurechtkommt, so muss er sich darüber bewusst sein, dass er im Falle einer Kündigung möglicherweise Abfindungen zahlen muss, um langwierige Streitigkeiten zu vermeiden.

Ausbildungsverträge

Der Käufer des Betriebs muss die handwerksrechtlichen Voraussetzungen (Meisterprüfung oder Ausnahmegenehmigung) erfüllen, um weiter ausbilden zu können.

Keine Weiterbeschäftigung von Mitarbeitern gewollt

Was tun, wenn der Käufer/Übernehmer eines Betriebes bestimmte Mitarbeiter nicht weiter beschäftigen möchte?

Ein betroffener Arbeitnehmer kann durch den rechtzeitigen Widerspruch den Übergang seines Arbeitsverhältnisses verhindern. In diesem Fall bleibt das Arbeitsverhältnis mit seinem früheren Arbeitgeber bestehen. Der frühere Arbeitgeber kann diesen Mitarbeitern dann jedoch die betriebsbedingte Kündigung aussprechen. Eine Kündigung wegen Betriebsübergang ist dagegen unzulässig!

Kündigungsverbot nach § 613a, Abs. 4 BGB Kündigung wegen Betriebsübergang

Gemäß § 613a, Abs. 4 BGB ist eine Kündigung wegen Betriebsübergang, unabhängig, ob sie vom Erwerber oder Übergeber ausgesprochen wird, unwirksam. Auf die Anwendbarkeit des Kündigungsschutzgesetzes kommt es nicht an. Eine Kündigung wegen Betriebsübergang liegt nach der Rechtsprechung des Bundesarbeitsgerichts dann vor, wenn der Betriebsübergang wesentliches Motiv der Kündigung ist und kein anderer sachlicher Grund vorliegt, der die Kündigung rechtfertigen könnte.

Kündigung aus einem anderen Grund

Wird die Kündigung in einem engen zeitlichen Zusammenhang mit dem Betriebsübergang ausgesprochen, wird vermutet, dass die Kündigung wegen des Betriebsübergangs ausgesprochen wurde. § 613a Abs. 4 Satz 2 BGB stellt aber klar, dass eine Kündigung aus einem anderen Grund grundsätzlich möglich ist. Wie so oft im Arbeitsrecht kommt es daher auf den Einzelfall an!

Der Kündigungsschutz des § 613a Abs. 4 BGB gilt dann nicht, wenn der Betriebsübergang nur Anlass, nicht aber der eigentliche Grund ist. Personen- oder verhaltensbedingte Kündigungen bleiben daher möglich, ebenso grundsätzlich auch betriebsbedingte Kündigungen.

Um böse Überraschungen zu vermeiden, sollte der Veräußerer, falls er im Vorfeld des Übergangs Kündigungen plant, zum Beispiel im Rahmen einer den Betriebsübergang vorbereitenden Sanierung unbedingt Rechtsrat bei Innungen, Verbänden, Kammern oder Rechtsanwalt einholen. Gleiches gilt für den Erwerber, der nach der Übernahme kündigen will.

Der Käufer eines Unternehmens kann auch auf Basis des Betriebsübergangs keine neuen Arbeitsverträge mit den Mitarbeitern abschließen. Mitarbeiter werden es nicht akzeptieren, neue Arbeitsverträge zu schließen und den in langen Jahren erworbenen Kündigungsschutz zu verlieren. Der Käufer eines Unternehmens sollte sich vom Verkäufer deshalb die schriftlichen Arbeitsverträge vorlegen lassen. Liegen keine schriftlichen Arbeitsverträge vor, kann dies ein Grund sein, vom Kauf des Unternehmens abzusehen. Unternehmen sind verpflichtet, alle Arbeitsverträge schriftlich abzuschließen.

10.6.4 Gewährleistungsverpflichtungen

Die Gewährleistungsansprüche gegenüber dem Kunden eines Unternehmens müssen von demjenigen erfüllt werden, der ein Unternehmen als Ganzes übernimmt (Share-Deal). In der Regel wird der Käufer versuchen, die Risiken, die sich daraus ergeben, möglichst hoch anzusetzen, um eine entsprechende Kaufpreisminderung zu erreichen. In der Bilanz des Unternehmens findet sich hierzu eine Position „Rückstellung für Gewährleistungen".

Anhand dieser Position kann eingeschätzt werden, wie hoch die Risiken der Rückstellung für Gewährleistungen für den Käufer anzusetzen sind. Der Verkäufer wird argumentieren, dass in der Vergangenheit kaum Gewährleistungsfälle abgewickelt werden mussten. Der Käufer wird argumentieren, warum dann Rückstellungen für Gewährleistungsrisiken in der Bilanz aufgeführt sind.

Je höher die Gewährleistungsrückstellung in der Bilanz eines Unternehmens, desto geringer der Ertrag und damit die Steuerbelastung. Ein Verkäufer, der sehr hohe Gewährleistungs- oder Garantierückstellungen in seiner Bilanz aufweist, muss sich für die Verkaufsverhandlungen gute Argumente überlegen.

Die Aufstellung in **Bild 10.4** zeigt einen Auszug aus einer Bilanz, in der Gewährleistungsrückstellungen in EUR enthalten sind.

	Rückstellungen	
956	Gewerbesteuerrückstellung § 4 Abs. 5b	5.254,00
963	Körperschaftsteuerrückstellung	3.862,88
965	Rückstellungen für Personalkosten	4.057,00
970	Sonstige Rückstellungen	31.845,24
974	Rückstellungen f. Gewährleistungen	11.559,72

Bild 10.4 Beispiel für Rückstellungen in einer Bilanz

10.7 Steuerliche Aspekte beim Betriebsübergang

10.7.1 Steuern für den Übergeber

Die Bilanzübersicht in **Tabelle 10.11** zeigt die Situation eines bilanztechnisch gesunden Unternehmens. Angenommen, dieser Unternehmer würde

Bilanz zum 31.12.			
Aktiva	**EUR**	**Passiva**	**EUR**
Anlagevermögen	90.000	Eigenkapital	200.000
Forderungen	110.000	Kontokorrent	10.000
Lagerbestand	50.000	Darlehen	10.000
Halbfertige	50.000	Lieferantenverbindlichkeiten	70.000
sonstiges Vermögen	20.000	Sonst. Verbindlichkeiten	30.000
Bilanzsumme	**320.000**	**Bilanzsumme**	**320.000**

Tabelle 10.11 Bilanz mit positivem Eigenkapital

seine Vermögenswerte exakt zu den Bilanzwerten verkaufen, könnten mit dem Verkaufserlös seine Bankverbindlichkeiten, seine Lieferantenverbindlichkeiten und seine sonstigen Verbindlichkeiten getilgt werden. Es verbleibt ihm der Betrag an Barmittel übrig, der dem Eigenkapitalkonto entspricht.

Auf die Frage an den Unternehmer: „Und was macht jetzt das Finanzamt?“, antworten viele, dass das Finanzamt von ihnen wohl etwa die Hälfte dieses Betrages an Steuern fordern wird. Diese Befürchtung ist falsch!

Wenn wir uns das Wesen des Eigenkapitals von Einzelunternehmen und Personengesellschaften vor Augen führen, wird deutlich, dass dieses Eigenkapital entstanden ist, weil die Gewinne des Unternehmens höher waren als die Privatentnahmen. Das Eigenkapital besteht also aus den im Unternehmen belassenen und versteuerten Gewinnen.

So errechnet sich das Eigenkapital von Einzelunternehmen und Personengesellschaften:

Eigenkapital letzter Bilanzstichtag
+ Gewinn aktuelles Jahr
./. Privatentnahmen aktuelles Jahr
= Eigenkapital aktueller Bilanzstichtatg

Im Fall der Betriebsaufgabe muss unser Unternehmer dieses Eigenkapital, das ihm in bar verbleibt, nicht mehr versteuern. Dieses hat er bereits in den vergangenen Jahren seiner beruflichen Tätigkeit getan.

Versteuert werden müssen lediglich die Verkaufserlöse, die höher ausfallen als die Buchwerte in der Bilanz. Bei der Aufgabe des Unternehmens gibt es jedoch für den Verkäufer grundsätzliche Steuerermäßigungen, die der **Tabelle 10.12** zu entnehmen sind.

Angenommen, der Unternehmer übergibt seinen Geschäftsbetrieb am 31.12. im Alter von 60 Jahren an seinen langjährigen Mitarbeiter. Beide einigen sich auf den Verkaufspreis wie in **Tabelle 10.13** dargestellt.

Dieser Unternehmensverkauf wird als „Asset-Deal“ bezeichnet. Der Verkäufer treibt seine Forderungen ein, schließt ggf. seine teilfertigen Aufträge ab, zahlt seine Lieferanten- und sonstigen Verbindlichkeiten (**Tabelle 10.14**).

Tabelle 10.15 stellt die Berechnung der (überschaubaren) steuerlichen Belastung für den Verkäufer dar.

Einkommensteuer-Freibetrag	**Personenunternehmen**	**wesentliche Beteiligung an einer Kapitalgesellschaft**
Steuerfreibetrag	45.000 EUR	9.060 EUR
Freibetragsgrenzen	Gewinn < 136.000 EUR	Gewinn < 36.100 EUR
begünstigter Steuersatz	56 % des Normalsatzes	60 % Teileinkünfteverfahren
Voraussetzungen		
Anteil ab dem der Freibetrag gilt	keine Quotenregelung	1 %

Tabelle 10.12 Einkommensteuer-Freibeträge beim Unternehmensverkauf

Kaufpreisermittlung	**Bilanzwert = Buchwert in EUR**	**Verkaufspreis in EUR**
Anlagevermögen	90.000	130.000
Lagerbestand	50.000	60.000
Summe	**140.000**	**190.000**

Tabelle 10.13 Beispiel Verkauf des Anlagevermögens und des Lagerbestands

Verkaufspreis	190.000 EUR
Eintreiben der Forderungen	110.000 EUR
Abrechnung der Halbfertigen	50.000 EUR
Verkauf „sonstiges Vermögen“	20.000 EUR
Geldfluss	370.000 EUR
Zu zahlen sind:	
Rückführung Kontokorrent-Verbindlichkeiten	– 10.000 EUR
Rückführung Bankdarlehen	– 10.000 EUR
Zahlung Lieferanten	– 70.000 EUR
Zahlung „sonstige Verbindlichkeiten“	– 30.000 EUR
Summe Zahlungen	– 120.000 EUR
verbleibender Geldfluss	**250.000 EUR**

Tabelle 10.14 Beispiel Liquiditätsrechnung beim Unternehmensverkauf

Verkaufspreis Anlagevermögen/Lager	190.000 EUR
./. Buchwert	140.000 EUR
Veräußerungsgewinn	50.000 EUR
./. Freibetrag	– 45.000 EUR
steuerpflichtiger Veräußerungsgewinn	**5.000 EUR**

Tabelle 10.15 Beispiel Berechnung steuerliche Belastung

Wer in einer Kapitalgesellschaft Gesellschafterdarlehen in seiner Bilanz führt, wird vom Finanzamt nicht zur Steuerzahlung herangezogen, wenn im Zuge einer Betriebsaufgabe diese Gelder zurückbezahlt werden. Gesellschafterdarlehen einer GmbH sind wie das Eigenkapital eines Einzelunternehmens bereits versteuerte und im Unternehmen belassene Gewinne oder Gelder aus dem Privatvermögen des Gesellschafters. Wenn diese im Zuge des Unternehmensverkaufes ausgeschüttet werden, stehen keine Steuerzahlungen an.

Unter dem Aspekt der Altersvorsorge müsste es für verantwortungsvolle Unternehmer ein zentrales Ziel sein, ein positives Eigenkapitalkonto bei Einzelunternehmen bzw. in GmbHs Gesellschafterdarlehen oder Gewinnvorträge zu belassen. Diese Beträge sind ein wesentlicher Teil der persönlichen Altersvorsorge des Unternehmers.
Die steuerliche Behandlung von Gewinnen, die in einer GmbH belassen werden, unterscheidet sich erheblich von der Behandlung des Eigenkapitals eines Einzelunternehmens / einer Personengesellschaft.

Erzielt eine GmbH Gewinne, sind diese mit 15 % Körperschaftssteuer zuzüglich 5,5 % Solidaritätszuschlag (aus der Körperschaftssteuer) sowie einer Gewerbesteuer von bundesdurchschnittlich 14 % zu versteuern. Der Unternehmensgewinn nach Steuern ist bei Ausschüttung an die Gesellschafter dann mit der Abgeltungssteuer von 25 % sowie daraus 5,5 % Solidaritätszuschlag von der GmbH an das Finanzamt abzuführen (**Tabelle 10.16**).

Zu diesem Betrag wird ggfs. noch Kirchensteuer in Höhe von 9 % der Abgeltungssteuer (bzw. in Bayern 8 %) abgezogen.

Gewinnvortrag nach Steuern innerhalb der GmbH	100.000 EUR
./. 25 % Abgeltungssteuer	– 25.000 EUR
./. 5,5 % Solidaritätszuschlag aus Abgeltungssteuer	– 1.375 EUR
Auszahlung für den Gesellschafter	**73.625 EUR**

Tabelle 10.16 Ausschüttung von Gewinnvorträgen einer GmbH

Der Verkauf eines Unternehmens ruft immer das Finanzamt auf den Plan. Immerhin handelt es sich häufig um persönliche Einnahmen, die versteuert werden müssen. Da sich nur die wenigsten Gesetze so schnell ändern wie das Einkommenssteuergesetz, ist es unbedingt ratsam, wegen den steuerlichen Auswirkungen seinen Steuerberater zu befragen.

Eventuelle Freibeträge und ermäßigte Steuersätze für den Verkauf von Einzelunternehmen und Personengesellschaften gelten für Verkäufer, die das 55. Lebensjahr bereits überschritten haben oder dauernd erwerbsunfähig sind. Der Freibetrag von 45.000 EUR muss beim zuständigen Finanzamt beantragt werden und ist nur ein Mal im Leben nutzbar.

Es soll aber auch Fälle geben, in denen kein einmaliger Kaufpreis bezahlt wird, sondern man sich auf eine Leibrente einigt. Gerade ehemalige Chefs, die mit Übergang in den Ruhestand feststellen mussten, dass die eigene Rente sprichwörtlich zu viel zum Sterben und zu wenig zum Leben ist, wählen gerne die Alternative einer Leibrente.

Grundsätzlich raten wir von einer Verrentung oder Teilzahlung ab, da das „Loslassen" schwerer fällt, wenn die Altersvorsorge von einer erfolgreichen Unternehmensführung des Nachfolgers abhängt. Falls es jedoch soweit kommen sollte, hier ein paar Anmerkungen, was es zu beachten gilt.

Im Fall der Verrentung des Kaufpreises hat der Steuerpflichtige zwei Möglichkeiten: Entweder er wählt die Sofortversteuerung. Dann hat der Unternehmer einen privilegierten Veräußerungsgewinn aus der Differenz von Rentenbarwert und Buchkapital. Die erhaltenen Rentenzahlungen sind als Leibrente nur mit dem gleichbleibenden Ertragsanteil zu versteuern. Alternativ wählt der Unternehmer die Versteuerung nachträglicher Einkünfte. Hier hat der Veräußerer zunächst nichts zu versteuern. Erst wenn die Summe der Rentenzahlungen das Buchkapital übersteigt, versteuert der Unternehmer nachträgliche Einkünfte.

Will der ehemalige Chef „seiner" Firma weiterhin mit Rat und Tat zur Seite stehen, kann der Abschluss eines Beratervertrags mit dem Käufer ins Auge gefasst werden. Nur so kann nach Rechtsprechung des Bundesfinanzhofs verhindert werden, dass die „Fünftel-Regelung", Freibetrag und ermäßigter Steuersatz verloren gehen, da er sein Unternehmen weiterführt.

Wenn der Unternehmer als Berater sein bisheriges Unternehmen nach dem Verkauf von Anlage- und Umlaufvermögen weiterführt, kann er beim Verkauf keine Steuerfreibeträge nutzen, da er sein Unternehmen schließlich weiterführt. Würde er nach Auslaufen seines Beratervertrages seinen Betrieb endgültig schließen, könnte er Steuerfreibeträge nutzen. Damit könnte der Verkauf (Asset-Deal) des Unternehmens am Anfang des Jahres, die Weiterführung bis Ende des Jahres infrage kommen. Schließt der Unternehmer sein „Rest“-Unternehmen nach dem Asset-Deal im gleichen Jahr, in dem der Verkauf erfolgt, kann er die Steuerfreibeträge nutzen.

Verkauf eines Teilbetriebs

In vielen Betrieben wird nicht nur ein Produkt oder nur eine Dienstleistung verkauft. So könnte ein Unternehmen das angeschlossene Ladengeschäft oder die PV-Abteilung des Betriebs verkaufen; der Kernbetrieb würde dagegen weitergeführt.

Wichtig ist in solch einem Fall, dass der Betrieb in Teilbetriebe aufgegliedert wird. Man achte also auf eine räumliche Trennung vom Hauptbetrieb, eine gesonderte Buchführung, eigenes Personal, eigene Verwaltung, eigenes Anlagevermögen, eigener Kundenstamm etc.

„Gesonderte Buchführung“ heißt nicht eigene Buchführung, sondern nur, dass man die Leistungsbereiche unterscheiden kann. Eigenes Personal? Der eine arbeitet rein in der Photovoltaik, der andere rein im Verkauf und der bisherige Mitarbeiter in der Werkstatt geht nach der Übergabe in den Photovoltaikbereich. Es sollte mit dem Steuerberater besprochen werden, wie ein solcher Teilverkauf am besten gestaltet werden kann.

Verpachtung des Betriebs

Die Betriebsverpachtung ist – ebenso wie das Ruhen des Betriebs – ein von der Rechtsprechung geschaffenes und von der Steuerverwaltung anerkanntes Instrument, das es dem Betriebsinhaber ermöglicht, seinen Gewerbebetrieb mit der Absicht der späteren Wiederaufnahme zu unterbrechen, ohne dass ein Zwang zur Aufdeckung der im Betriebsvermögen stehenden stillen Reserven im Rahmen einer Betriebsaufgabe besteht. Dadurch kann eine Steuerzahlung zu einem Zeitpunkt vermieden werden, in dem hierfür möglicherweise keine ausreichenden Geldmittel zur Verfügung stehen.

10.7.2 Unternehmensübergang in der Familie – Erbschaftssteuer

Der meist plötzliche und überraschende Tod eines aktiven Unternehmers ist für die Angehörigen immer ein tragisches Ereignis. Um den Angehörigen deshalb nicht auch noch zusätzlichen Kummer wegen des Übergangs der Firma zu machen, haben wir im Abschnitt 9.5 das „Probesterben“ erläutert. Darin gingen wir unter anderem darauf ein, welche Unterlagen, Vollmachten und Verfügungen jeder Selbstständige auf jeden Fall erstellen und auf aktuellem Stand halten sollte. Dadurch wird es den Angehörigen ermöglicht, die Firma auch unmittelbar nach dem plötzlichen Ereignis zu erhalten. Irgendwann werden sich die Erben aber mit den steuerlichen Auswirkungen des Erbfalles beschäftigen müssen. Denn auch ein Erbe wird mit Steuerforderungen konfrontiert.

Hierbei spielen vor allem § 13a ErbStG (Steuerbefreiung für Betriebsvermögen) und § 13b ErbStG (Begünstigtes Vermögen) eine zentrale Rolle.

Der Gesetzgeber stand bei der rechtlichen Gestaltung im Spannungsverhältnis zwischen einem öffentlichen Gerechtigkeitsempfinden und der Frage, wie viele Arbeitsplätze durch eine moderate Besteuerung erhalten bleiben könnten. Denn dem Staat war klar, dass bei einer als „gerecht" empfundenen Erbschaftssteuer (also hohen Besteuerung) viele Betriebe liquidiert werden müssen, um die Steuerschuld zu bezahlen. Aus diesem Grund wurde nach dem Grundsatz verfahren: „Erhalte die Arbeitsplätze und die Steuer wird gering ausfallen."

Der erste wesentliche Punkt, den es zu klären gilt, ist die Frage nach dem Wert des Betriebsvermögens. Man sucht also den gemeinen Wert bzw. den Verkehrswert. Dabei darf der steuerpflichtige Erbe zur Bestimmung des Verkehrswertes ein vereinfachtes Ertragswertverfahren anwenden. Das heißt, dass man den Durchschnitt der Jahreserträge der letzten drei Jahre zugrunde legt. Der Kapitalisierungsfaktor wurde Ende 2015 auf 13,75 fixiert. Als Wertuntergrenze bzw. Mindestwert gilt der gemeine Wert aller Güter der Aktivseite der Bilanz, minus Rückstellungen und Verbindlichkeiten. In diesem Fall spricht man vom Substanzwert des Unternehmens. Sehr häufig holen sich die Erben hier professionelle Hilfe durch einen Steuer- oder Unternehmensberater.

Dem Abschnitt 10.5 können weitere Methoden zur Ermittlung eines Unternehmenswertes entnommen werden.

Begünstigtes Betriebsvermögen ist dabei von der Erbschaftsteuer zumindest teilweise verschont, wenn der Erbe das Unternehmen weder verkauft noch aufgibt oder wesentliche Betriebsgrundlagen veräußert. Auch Überentnahmen sind nur begrenzt erlaubt. Überentnahmen entstehen, wenn der Unternehmer mehr Geld entnimmt, als der Betrieb Gewinne abwirft. In der Regel darf über einen Zeitraum von fünf Jahren nicht mehr entnommen werden als das Unternehmen Gewinne erzielt. Allerdings werden Überentnahmen bis zu 150.000 EUR innerhalb dieser Frist noch akzeptiert.

Dabei ist auch die Frage sinnvoll, welches Vermögen als Betriebsvermögen gilt und welches ein sogenanntes „Verwaltungsvermögen“ ist. Verwaltungsvermögen wäre z. B. eine vermietete oder verpachtete Immobilie (mit Ausnahmen, bspw. bei Betriebsaufspaltung, Sonderbetriebsvermögen), Anteile an Kapitalgesellschaften von unter 25% des Nennbetrags dieser Gesellschaft, Wertpapiere und ähnliche Forderungen und, sofern damit nicht gewerblich gehandelt wird, Kunstgegenstände, Edelmetalle etc. Verwaltungsvermögen kann also als das Nicht-Produktivvermögen bezeichnet werden.

> Rechtzeitig vor Übergang des Unternehmens im Familienkreis muss geklärt werden, welche Vermögensgegenstände nicht steuerbegünstigt übertragen werden dürfen. Der Steuerberater kann dazu rechtssichere Auskünfte erteilen.

Damit verhindert wird, dass der Unternehmer sein Privatvermögen als Betriebsvermögen „tarnt“ und so der Erbschaftsteuer entzieht, hat der Gesetzgeber verfügt, dass das Verwaltungsvermögen der Firma definierte Grenzwerte nicht übersteigen darf. Entsprechend wird der Wert des begünstigungsfähigen Vermögens vollständig nicht begünstigt, wenn das Vermögen zu mindestens 90 % aus Verwaltungsvermögen besteht (übermäßiges Verwaltungsvermögen).

Um eine Optionsverschonung (siehe nachfolgende Erläuterungen) für das begünstigte Vermögen in Anspruch zu nehmen, darf das Verwaltungsvermögen nicht mehr als 20 % des Unternehmenswertes ausmachen. Auf der anderen Seite wurde definiert, dass Verwaltungsvermögen unter 10 % komplett dem begünstigtem Vermögen zugerechnet werden kann.

Nachdem der Wert des Unternehmens festgelegt wurde, hat der Erbe die Wahl zwischen zwei verschiedenen Modellen der Besteuerung. Zum einen kann er die sogenannte „Regelverschonung“ wählen, zum anderen die „Optionsverschonung“. Dabei ist wichtig, ob und wie lange der Erbe sich verpflichtet, das Unternehmen weiterzuführen und bestimmte Lohnsummen zu halten. Ein Wechsel der Modelle ist nach der Entscheidung für ein Modell nicht mehr möglich.

Die Regelverschonung und die Optionsverschonung gelten, wenn mehr als 25 % der Anteile übergeben werden und der Anteil 25 Mio. EUR an Wert nicht übersteigt.

Regelverschonung

Die Regelverschonung wird insbesondere bei kleineren Unternehmen gewählt. Der Erbe verpflichtet sich dabei, das Unternehmen mindestens fünf Jahre lang weiterzuführen und dabei, je nach Betriebsgröße, bestimmte Lohnsummen zu halten (**Tabelle 10.17**).

Anzahl Beschäftigte	bei Regelverschonung zu haltende Lohnsumme in den nächsten fünf Jahren
6 bis 10	250 %
11 bis 15	300 %
ab 16	400 %

Tabelle 10.17 Regelverschonung – zu haltende Lohnsummen nach Betriebsgrößen

Die Regelverschonung und die Optionsverschonung gelten, wenn mehr als 25 % der Anteile übergeben werden und wenn der Anteil 25 Mio. EUR an Wert nicht übersteigt.

Wenn ein Unternehmen in den ersten fünf Jahren nach Betriebsübergang die genannten Prozentwerte der Ausgangslohnsumme nicht unterschreitet, bleiben 85 % des zu versteuernden Betriebsvermögens nach fünf Jahren steuerfrei. Als Ausgangslohnsumme zählt hierbei der Durchschnitt der letzten fünf Jahre vor Betriebsübergang.

Berücksichtigt man zusätzlich den Freibetrag in Höhe von 400.000 EUR für den Nachfolger (Sohn/Tochter) wird gerade bei kleineren und mittleren Unternehmensgrößen keine Erbschafts- bzw. Schenkungssteuer fällig.

Bei jedem Betriebsübergang im Familienkreis oder einer kostenfreien Übertragung wird die Erstellung eines Wertgutachtens des Unternehmens empfohlen.

Der Wertgutachter wird, so zeigt es die Praxis, oft einen deutlich geringeren Wert des Unternehmens ermitteln als die Finanzbehörden, die sich meist auf das Bewertungsgesetz § 200 ff beziehen.

Optionsverschonung

Bei der Regelverschonung werden regelmäßig 85 % des Betriebsvermögens nicht der Steuer unterworfen. Im Umkehrschluss werden also 15 % versteuert. Der Erbe hat aber auch die Möglichkeit, dass 100 % des Betriebsvermögens nicht der Steuer unterliegen, also 0 % versteuert werden müssen.

In diesem Fall wählt er die sogenannte „Optionsverschonung“. Dabei muss er sich unwiderruflich verpflichten, den Betrieb sieben weitere Jahre fortzuführen. Außerdem wird die zu haltende Lohnsumme ab 16 Mitarbeitern auf 700 % in den nächsten sieben Jahre festgelegt (**Tabelle 10.18**).

Anzahl Beschäftigte	bei Optionsverschonung zu haltende Lohnsumme in den nächsten sieben Jahren
6 bis 10	500 %
11 bis 15	565 %
ab 16	700 %

Tabelle 10.18 Optionsverschonung: zu haltende Lohnsummen nach Betriebsgrößenklassen

Für den Sohn oder die Tochter des Unternehmers bedeutet diese Regelung für die nächsten sieben Jahre eine Fortführung des Unternehmens mit einem vergleichbaren Personalstamm oder mindestens der gleichen Lohnsumme wie im Durchschnitt der letzten fünf Jahre vor dem Unternehmensübergang. Das Risiko dabei: Wenn der Personalstamm oder die Lohnsumme in den Folgejahren reduziert werden, fordert das Finanzamt die Steuern nach.

Wie auch bei der Regelverschonung hängt die Höhe der zu haltenden Lohnsumme von der Betriebsgröße ab (Tabelle 10.18).

Stundung der Erbschaftssteuer bei besonderer Härte

Auch dem Gesetzgeber ist klar, dass die Höhe der Erbschaftssteuer auf Betriebsvermögen die finanziellen Möglichkeiten des Erben übersteigen kann. Um zu verhindern, dass Teile der Firma oder die Firma als Ganzes „nur“ wegen der Erbschaftssteuer aufgelöst werden muss, wurde die Möglichkeit der Stundung der Steuerschuld geschaffen. Stunden kann man seine Erbschaftsteuerlast auf Antrag und für maximal zehn Jahre. Voraussetzung ist, dass dies für die Erhaltung des Betriebs notwendig ist. Zinsen auf die gestundeten Beiträge sind nicht zu zahlen.

10.8 Die zukünftige Rolle des Übergebers

Der Übergeber wird wohl kaum eines Abends vor seine Mitarbeiter treten, ihnen kurz und knapp für die jahreslange Treue danken und anschließend für immer seinen Schreibtisch räumen.

Beim Abschied aus dem Unternehmerdasein handelt es sich um einen Prozess unterschiedlicher Dauer, der immer mit starken Emotionen verbunden ist. Dem Übergeber möchten wir dringend ans Herz legen, sich seine Rolle nach der Übergabe genau vor Augen zu führen und diese durchzuspielen. Das gilt vor allem bei Familienbetrieben, wo Wohnen und Arbeiten oft auf dem gleichen Grundstück stattfindet. An dieser Stelle kommt positiv zum Tragen, wenn der ausscheidende Unternehmer eine klare Vorstellung davon hat, wie sein Alltag im Ruhestand aussehen soll.

Ein Unternehmer wird umso motivierter in den Ruhestand gehen, wenn er weiß, worauf er sich freuen kann.

10.8.1 Beratervertrag mit dem Übergeber

Der Käufer kann mit dem Verkäufer einen Beratervertrag schließen und sich auch nach der Übergabe des Unternehmens das Know-how des Verkäufers sichern. Allerdings empfiehlt es sich genau schriftlich festzuhalten, für

- welche Aufgaben,
- zu welchem Stundensatz und
- in welchem Umfang (Stunden/Monat)

diese Dienstleistungen vom Käufer abgerufen werden können. In diesem Vertrag muss auch klar festgehalten werden, ob und in welchem Umfang der Verkäufer weiterhin Weisungsbefugnis gegenüber Mitarbeitern erhält. Zu empfehlen ist, keine Weisungsbefugnis einzuräumen, um bei den Mitarbeitern keine Verunsicherung entstehen zu lassen.

Sinn dieses Beratervertrags ist, den Nachfolger bei den wesentlichen Kunden einzuführen und gleichzeitig in diesem Zeitraum Aufträge nach klar definierten Kalkulationsgrundlagen zu akquirieren. Eine Befristung von Beraterverträgen auf etwa ein Jahr (und danach im Einzelfall auf Abruf) hat sich bewährt.

Der Verkäufer könnte ein technisches Planungsbüro gründen, auf diese Weise erfolgt der Ausstieg aus dem Berufsleben nicht von heute auf morgen und dem Käufer des Betriebs steht noch längere Zeit ein erfahrener Partner zur Seite. Wenn der Verkäufer nach einer steuerbegünstigten Betriebsübergabe ein neues Unternehmen gründet, kann er beim Verkauf dieses Unternehmens keine Steuerbegünstigung mehr in Anspruch nehmen.

10.8.2 Verhalten im Tagesgeschäft

Wenn der Übergeber nach erfolgter Übergabe weiter eine Rolle im Unternehmen spielt, müssen Regeln eingehalten werden, um Chaos zu vermeiden. Wenn ab dem Zeitpunkt der Übergabe zwischen Übernehmer und Übergeber genau reglementiert ist, welche Aufgaben und Verantwortungsbereiche fortan gelten, reduzieren sich die Reibungspunkte.

Anhand der **Tabelle 10.19** sollte geprüft werden, wie nach der Übergabe des Betriebes reagiert wird. Wir stellen hier nur einen kleinen Ausschnitt der im Tagesgeschäft auftretenden Ereignisse dar. Wer solche Situationen kennt, wird die Beispiele beliebig ergänzen können.

Weiterhin empfiehlt es sich, eine schriftliche Vereinbarung zu erstellen, in der die zukünftigen Aufgabenbereiche festgehalten werden und in der klargestellt wird, wem der Nachfolger und wem der Übergeber gegenüber weisungsbefugt sind.

Situation	So könnte man damit umgehen
Die Firmenautos sind nicht gerade in einem besonders gepflegten Zustand, weder innen, noch außen.	Der Übergeber könnte den Fahrer des Fahrzeugs direkt ansprechen und ihn darauf hinweisen, untergräbt damit jedoch die Position seines Nachfolgers. Besser: Nachfolger informieren und auf die Außenwirkung hinweisen. Der Nachfolger spricht den Mitarbeiter an.
Der Übergeber erfährt von einer Beschwerde eines Kunden über den Mitarbeiter XY.	Falsch wäre es, den betroffenen Mitarbeiter anzusprechen – die Information muss beim Nachfolger landen. Dem Kunden gegenüber reicht folgende Aussage: „Danke für die Information, ich kümmere mich darum."
Stammkunde des Übergebers ruft an und will einen Servicetermin vereinbaren.	Der Termin könnte vom Übergeber spontan und ohne Rücksprache vereinbart werden. Mitarbeiter kommen in Schwierigkeiten und sitzen zwischen den Stühlen. Sollen sie den Termin des Übergebers wahrnehmen und andere vereinbarte Termine zurückstellen? Besser: der Übergeber sagt zu seinem Stammkunden: „Den Termin kläre ich ab und Sie werden umgehend informiert". So zeigt der Übergeber , dass er die Betriebsorganisation seines Nachfolgers respektiert.

Tabelle 10.19 „Alltagssituationen" für den Übergeber

Wesentlich für eine erfolgreiche Übergabe sind auch die Klärung der Vollmachten und die Beantwortung folgender Fragen:

- Wer ist auf den Konten zeichnungsberechtigt – nach erfolgter Übergabe ausschließlich der Nachfolger und sein Stellvertreter und ggf. die Buchhaltungsabteilung.
- Welche Entlohnung erhält der Übergeber und in welcher Form, als sozial-versicherungspflichtiger Arbeitnehmer oder in Form eines Beratervertrags?
- Wie viele Stunden steht der Übergeber und wie lange noch zur Verfügung?

Der Übergeber benötigt auch einen Zeitplan und den endgültigen Termin, an dem er gänzlich aus dem Unternehmen ausscheidet.

Eine konfliktfreie Zusammenarbeit nach der Übergabe ist immer dann zu beobachten, wenn sich der Übergeber wie jeder andere Mitarbeiter dem neuen Chef gegenüber verhält.

Wenn der Übergeber bisher auf dem Betriebsgelände wohnte, muss er sich nach erfolgter Betriebsübergabe entscheiden, ob er seine privaten Zelte nicht an einem anderen Standort aufschlägt. Der Umzug könnte ihm erleichtern loszulassen und der Nachfolger kann seine Geschäfte freier führen.

10.8.3 Strukturen respektieren

Wenn der Übergeber weiter im Unternehmen in einem begrenzten Aufgabenbereich tätig ist, muss er sich an die Strukturen des Unternehmens halten, um insbesondere dem Nachfolger aus dem Familienkreis seinen Start zu erleichtern.

Wenn der Übergeber nach erfolgter Betriebsübergabe weiter im Unternehmen tätig ist, muss sein Platz im Unternehmen klar und in Absprache mit ihm definiert sein. Er erhält einen Aufgabenbereich, in dem er ausschließlich gegenüber den ihm zugeordneten Mitarbeitern weisungsbefugt ist. Das könnte z. B. die Kundendienstabteilung sein (**Bild 10.5**). Die Kommunikation dieser Aufgabenzuordnung muss den Mitarbeitern gegenüber durch Übergeber und Übernehmer gemeinsam erfolgen.

In unserem Beispiel muss der Übergeber sich im Klaren sein, dass in dieser Struktur nur die beiden ihm direkt zugeordneten Mitarbeiter seine Anweisungen befolgen müssen. Anweisungen gegenüber den Mitarbeitern auf der Abteilungsleiterebene (Abteilung 1 bis 3) sind tabu. Deren direkter Chef ist der Nachfolger, und nur von diesem dürfen die Abteilungsleiter Anweisungen annehmen.

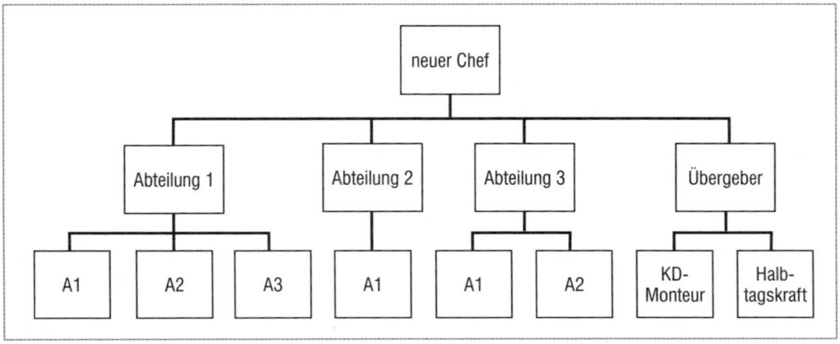

Bild 10.5 Position in der Organisationshierarchie

Durchgriff vermeiden

Unter „Durchgriff" versteht man das Überspringen einer Hierarchieebene. Wenn z.B. der Unternehmer direkt einem Mitarbeiter der dritten Ebene A1/A2/A3 Anweisungen gibt (vgl. Bild 10.5), übergeht der dabei den Verantwortlichen Abteilung 1. Dieser Durchgriff hat, wenn er sich ständig wiederholt, fatale Folgen für den Verantwortlichen der Abteilung 1. Er muss zwar den Kopf für die Leistung seiner Abteilung hinhalten, kann die Verantwortung aber nicht erfüllen, weil er übergangen wurde.

Führungskräfte, die häufig unter solchen Durchgriffen (manchmal von Übergebern und Nachfolgern gleichermaßen) leiden, übernehmen kaum noch Verantwortung. Die Motivation und Leistungsbereitschaft sinkt. Bei Unternehmen ab sechs Mitarbeitern kann die Aufstellung eines Organigramms mit den zukünftigen Aufgabenbereichen von Übergeber und Nachfolger helfen, solche Konflikte zu vermeiden und klare Spielregeln aufzuzeigen.

10.8.4 Stellenbeschreibungen in der Nachfolge

In einer Stellenbeschreibung (**Tabelle 10.20**) sind die Aufgaben einer jeden Position, die sich im Organigramm findet, auf etwa einer Seite niedergelegt. Auch für den Nachfolger und den Übergeber (sofern er weiter mitarbeitet) empfiehlt sich die Anfertigung einer Stellenbeschreibung, die wie alle anderen für die Mitarbeiter einsehbar ist.

> Im Abschnitt 8.3.6 sind weitere Spielregeln für eine reibungslose Personalorganisation beschrieben.

Die vorliegende Aufgabenverteilung muss auf die spezielle betriebliche Situation abgestimmt sein. Deshalb kann die Aufstellung nur Anregungen liefern. Zum Einsatz kann eine solche Aufgabenverteilung immer dann kommen, wenn Übernehmer und Übergeber eine gewisse Zeit parallel im Unternehmen tätig sind.

Diese zwischen Übergeber und Nachfolger abgestimmte Aufgabenverteilung muss den Mitarbeitern präsentiert werden und es muss erklärt werden, wie im Tagesgeschäft bei bestimmten Ereignissen vorgegangen werden muss.

Auf der Basis einer Aufgabenverteilung werden viele Punkte zwischen Übergeber und Nachfolger sachlicher zu diskutieren sein, Konflikte werden vermieden.

	Nachfolger	**Übergeber**
Bezeichnung der Stelle	Geschäftsführer	Leiter der Abteilung Kundendienst
Ziel der Stelle	– Sicherung der Rentabilität und Liquidität des Unternehmens – Pflege der Schlüsselkunden und Personalentscheidungen	– Sicherung der Leistungsfähigkeit und Rentabilität der Kundendienstabteilung; Monatsumsatzziel 20.000 EUR netto
Verantwortung für (sofern nicht schon oben beschrieben)	– Einholung von Aufträgen bei Schlüsselkunden. – Sicherstellung des notwendigen Wissensstands der Führungskräfte.	– reibungslose Organisation der Abteilung, schnelle Reaktion auf Kundenaufträge
Aufgaben (sofern nicht schon oben beschrieben)	– Abhaltung regelmäßiger Wochenbesprechungen mit den Führungskräften – Aufstellung des Jahres-Marketingplans – Jahres-Rentabilitätsplanung und monatlicher Soll-Ist-Vergleich – Liquiditätsverantwortung – Kontakt Steuerbüro – Investitionsentscheidungen Gesamtunternehmen – eigene Fortbildung (jährlich zehn Seminar- bzw. ERFA-Tage) – Entscheidung über Software- und Hardware-Investitionen	– Tages- und Wochenplanung der KD-Einsätze – regelmäßige Infogespräche mit den zugeordneten Mitarbeitern – Bei hohem Arbeitsanfall Abwicklung von KD-Aufträgen – Einkauf für Kundendienst – Kalkulation, Material und Stundensätze – Führerscheinkontrolle der zugeordneten Mitarbeiter quartalsweise – Akquise von Aufträgen aus KD-Einsätzen – Erstellung von Angeboten für die Abteilung KD
Informationsweitergabe	– Auftragsübergabe an die Projektabteilung	– Projektleiter über Kundenanfragen informieren
Informationsbeschaffung	– Mahnliste aus der kaufmännischen Abteilung – monatlicher Soll-Ist-Vergleich BWA	– Kostenstellenrechnung der Abteilung von der Buchhaltung – Analyse, welche einschlägigen Fortbildungen für den KD angeboten werden
Der Vorgesetzte des Stelleninhabers		– Geschäftsleitung (Nachfolger)
Stelleninhaber ist weisungsbefugt gegenüber	– allen Mitarbeitern der Abteilungsleiter-Ebene	– Dem zugeordneten Monteur und der Halbtagskraft
Auf folgende Ressourcen kann der Stelleninhaber zurückgreifen	– die Assistenz der Projektabteilung – alle EDV-Zugänge an allen Arbeitsplätzen der Mitarbeiter	– Auf Monteure der Projektabteilung, sofern Abteilungsleitung einverstanden ist
Der Stelleninhaber wird vertreten von	– Leiter Projektabteilung	– KD-Monteur
Der Stelleninhaber vertritt	– niemanden	– niemanden

Tabelle 10.20 Aufgabenverteilung Nachfolger – Übergeber

Anhang

Anhang 1 Wichtige betriebswirtschaftliche Grundbegriffe im Überblick

Mit den nachfolgenden Erläuterungen wollen wir einige im Buch verwendete Begriffe erklären.

Begriff	Erläuterung
Abgabenordnung (AO)	Grundlage für die Besteuerung von Einkommen und Gewinnen.
Abschreibungen	Die Abschreibungen umfassen den Werteverlust des Anlagevermögens. Die Investitionen in Anlagevermögen werden mithilfe der Abschreibungen auf eine gewisse Zeit (die durch Abschreibungstabellen definiert wird) als Kosten verteilt.
Anlagevermögen	Das Anlagevermögen steht auf der Aktivseite der Bilanz und umfasst alle Vermögensgegenstände, die dazu bestimmt sind, dem Geschäftsbetrieb dauernd zu dienen. Beispiele sind: Immobilie, Fahrzeuge, Maschinen oder auch Büroausstattung.
Avalkredit	Beim Avalkredit übernimmt das Kreditinstitut die Haftung für eine Verbindlichkeit eines Kunden gegenüber einem Dritten in Form einer Bürgschaft oder Garantie , z. B. für Gewährleistungsbürgschaften.
Betriebswirtschaftliche Auswertung (BWA)	Die BWA umfasst u. a. die kurzfristige Erfolgsrechnung (KER) und den Vorjahresvergleich und zeigt monatlich die betriebliche Lage des Unternehmens.
Bilanz	Die Gegenüberstellung von betrieblichem Vermögen und Verbindlichkeiten.
BWL	Kurzbezeichnung für „Betriebswirtschaftslehre". Bei der Ermittlung des Jahresergebnisses für Einzelunternehmen und Personengesellschaften zeigt das „BWL-Ergebnis" den Gewinn oder Verlust des Unternehmens unter Einbeziehung des kalkulatorischen Unternehmerlohns. Mit dieser Methode der Gewinnermittlung können die Ergebnisse von Kapitalgesellschaften mit denen von Einzelunternehmen und Personengesellschaften verglichen werden.
BWL-Ergebnis	Der Gewinn des Unternehmens, in dem die Kosten für das Geschäftsführergehalt bei Kapitalgesellschaften (GmbH) bzw. der kalkulatorische Unternehmerlohn (bei Einzelunternehmen) bereits berücksichtigt sind.
Corporate Identity (CI)	Die Corporate Identity ist das nach innen und außen in Einklang gebrachte Verhalten, die Kommunikation und die Darstellung des Unternehmens.
Deckungsbeitrag	In der Deckungsbeitragsrechnung wird zwischen den fixen und den variablen Kosten unterschieden. Der Deckungsbeitrag ist der Erlös abzgl. der variablen Kosten z. B. eines Projektes. Der Deckungsbeitrag zeigt, wie viel zur Deckung der fixen Kosten eines Unternehmens beigetragen wurde.
Einzelkosten	Einzelkosten sind Kosten, die im Gegensatz zu den Gemeinkosten, direkt einem Auftrag zugeordnet werden können.
Eigenkapital	Der Ausgleichsbetrag zwischen betrieblichem Vermögen und Verbindlichkeiten. Sind die Vermögensgegenstände höher als die Verbindlichkeiten, ist das Unternehmen „gesund". Das Eigenkapital sollte auf der rechten Bilanzseite „Passiva" stehen! Bei Kapitalgesellschaften versteht man unter Eigenkapital das Stammkapital und die im Unternehmen belassenen Gewinnrücklagen sowie mögliche Verlustvorträge.

Begriff	Erläuterung
Eigenkapitalquote	Diese wird in Prozent ermittelt, bezogen auf die Bilanzsumme. Der Wert zeigt, wie viel Prozent des Betriebes dem Unternehmer oder Gesellschafter gehören. Für Banken ein wichtiger Hinweis auf die „Gesundheit" eines Unternehmens. Berechnung: $\frac{\text{Eigenkapital x 100}}{\text{Gesamtkapital}}$
Ergebnis	Was unter dem Strich vor Steuern an Gewinn oder Verlust erzielt wird.
Erhaltene Anzahlungen	Nach den Bilanzrichtlinien dürfen Abschlagszahlungen (= erhaltene Anzahlungen) nicht dem Umsatz zugeschlagen werden, sondern werden in dieser gesonderten Position in der Bilanz aufgeführt. Saldiert man die erhaltenen Anzahlungen mit den Halbfertigen, reduziert sich die Bilanzsumme. Die Folge daraus ist eine prozentual höhere Eigenkapitalquote und ein höheres Rating (siehe auch Abschnitt 2.6.3).
Forderungen	Erbrachte betriebliche Leistungen, für die eine Rechnung erstellt, die aber noch nicht bezahlt wurde.
Fremdkapital	Gesamtheit der Schulden, die auf der Passivseite der Bilanz ausgewiesen werden. Das Fremdkapital dient neben dem Eigenkapital der Finanzierung des Vermögens des Unternehmens.
Gemeinkosten	Die Gemeinkosten sind Kosten, die anders als die Einzelkosten, nicht direkt einem Auftrag zugeordnet werden können. Diese Kosten werden z. B. über Zuschlagssätze auf die Projekte/Aufträge verteilt.
Gewinn- und Verlustrechnung (GuV)	Sie zeigt die Einnahmen und Ausgaben des Jahres. Unterjährig sind diese Informationen der KER zu entnehmen.
Halbfertige	Halbfertige oder teilfertige Leistungen müssen nach den Bilanzrichtlinien zum Niederstwertprinzip erfasst werden. Wenn z. B. ein Auftrag über 100.000 EUR genau zu 50 % abgeschlossen ist, darf dieser Auftrag keinesfalls zu 50.000 EUR in der Bilanz angesetzt werden. In der Regel werden die HF mit dem durchschnittlichen Satz der geleisteten Stunden (z. B. 12,00 EUR) und einem Aufschlag von ca. 70 % bewertet, d. h. in diesem Fall mit 20,40 EUR (Selbstkostensatz). Zusätzlich wird das verbaute Material zum Einkaufspreis zuzüglich 5 % bis 7 % Beschaffungskosten angesetzt.
Jahresabschluss	Die Erstellung des Jahresabschlusses ergibt sich aus der Buchhaltungspflicht. Der Jahresabschluss besteht aus den Elementen „Bilanz" und „Gewinn- und Verlustrechnung" (GuV). Kleinere Unternehmen müssen keinen Jahresabschluss, sondern nur eine Einnahmen-Überschussrechnung (§ 4/3-Rechnung) erstellen.
KER	Kurzfristige Erfolgsrechnung, also die GuV des Monats.
Kontokorrentkredit	Der Kontokorrentkredit ist ein kurzfristiger Geldkredit der Banken. Dabei wird ein Kreditrahmen in einer bestimmten Höhe eingeräumt, der vom Unternehmen beliebig in Anspruch genommen werden kann.
Kosten, fixe	Fixe Kosten fallen unabhängig von der Auslastung des Unternehmens in einem bestimmten Zeitraum an. Beispiele hierfür sind die Mieten, die Versicherungen und die Abschreibungen.
Kosten, variable	Im Gegensatz zu den fixen Kosten verändern sich diese Kosten mit der Auslastung des Unternehmens. So steigen z. B. die Materialkosten, wenn die Beschäftigung zunimmt.
Kosten, kalkulatorische	Kalkulatorische Kosten sind Kosten, denen kein Aufwand oder Aufwand in anderem Umfang gegenübersteht. Typische kalk. Kosten sind der kalkulierte Unternehmerlohn, kalk. Mieten oder die kalk. Abschreibungen. Diese werden in der Kostenrechnung berücksichtigt, um die Aussagekraft der Zahlen zu steigern und Unregelmäßigkeiten auszuschalten.

Begriff	Erläuterung
Lagerumschlag	Der Lagerumschlag wird zu Beurteilung der Angemessenheit des Lagerbestandes herangezogen und zeigt, wie oft sich der Materialbestand innerhalb eines Jahres im Lager dreht. Je höher der Umschlag, desto weniger Kapital wird im Lager gebunden. Berechnung: $\frac{\text{Materialeinsatz}}{\text{durchschnittlicher Lagerbestand}}$
Leistungsumsatz	Umsatz unter Berücksichtigung der Veränderung nach nicht abgerechneter, teilfertiger oder halbfertiger (HF) Aufträge. Umsatz ./. HF Anfangsbestand + HF Endbestand = **Leistung (Leistungsumsatz)**
Lieferantenverbindlichkeiten	Rechnungen für Lieferungen und Leistungen, die das Unternehmen erhalten hat und die noch nicht beglichen wurden.
Liquidität	Die Liquidität zeigt die Zahlungsfähigkeit eines Unternehmens. Mindestanforderung: Das Unternehmen ist in der Lage seine kurzfristigen Verbindlichkeiten fristgerecht erfüllen zu können.
Materialeinsatz	Der Materialverbrauch einer bestimmten Periode, oft sind in dieser Position auch Sub- und Nachunternehmer gebucht. Im Gegensatz zum Wareneinkauf werden beim Wareneinsatz die Bestandsveränderungen des Rohmaterials berücksichtigt. Materialeinkauf ./. Lagerbestand Endbestand + Lagerbestand Anfangsbestand = **Materialeinsatz**
Mitarbeiter bewertet	Um Vergleiche zur Pro-Kopf-Leistung und zum Pro-Kopf-Rohertrag ziehen zu können, werden die Mitarbeiter auf Vollzeitkräfte umgerechnet. Ein Betrieb mit fünf Vollzeitkräften und zwei Halbtagskräften (jeweils 20-Stunden-Woche) wird in den Vergleichen mit 6,0 Personen angesetzt.
Rating	Eine Risikobewertung des Unternehmens aus Sicht der Hausbank. Die Banken bewerten damit ihr Risiko eines Kreditausfalls. Je besser das Rating, desto günstiger die Zinskonditionen. Auch die Lieferanten interessieren sich für das Rating des Unternehmens und für die Bonitätseinstufung durch Wirtschafts-auskunfteien. Je besser das Rating, umso höher das Einkaufslimit und umso besser die Konditionen beim Lieferanten. Den Betrieben kann nur ans Herz gelegt werden, die Fragen von Wirtschaftsauskunfteien zu beantworten, denn diese bieten dem Großhandel die Grundlage, ob und in welchem Umfang Ware geliefert wird.
Raumkosten	Die Mietkosten der betrieblichen Räume, zzgl. der Raumnebenkosten wie Heizung, Öl, Strom, Wasser, Gas usw.
Rechnungsabgrenzungsposten (RAP)	Nach § 252 (1) Nr. 5 HGB muss eine periodengerechte Abgrenzung aller Erträge und Aufwendungen erfolgen. Aktive RAP beinhalten Zahlungen für Aufwendungen des nächsten Jahres, die im aktuellen Jahr bereits geleistet wurden. Passive RAP beinhalten erhaltene Zahlungen für Leistungen, die erst in der nächsten Periode erbracht werden.
Rohertrag	Der betriebliche Rohertrag ist die Differenz aus Leistungsumsatz und Wareneinsatz einer Periode. Er lässt sämtliche Kosten und sonstigen Erträge unberücksichtigt. Berechnet für ein Produkt spricht man auch von der Handelsspanne.

Begriff	Erläuterung
Rückstellungen	Rückstellungen stehen auf der Passivseite der Bilanz und sind Verbindlichkeiten, Verluste oder Aufwendungen, die hinsichtlich ihrer Entstehung oder Höhe ungewiss sind. Durch die Bildung der Rückstellungen sollen die später zu leistenden Ausgaben dem Jahr ihrer Verursachung zugerechnet werden.
Summen- und Saldenliste	In der Summen- und Saldenliste sind die Erlöse, Aufwendungen und Bilanzpositionen in unterschiedlichen Konten und Klassen eingeteilt. Aus ihr sind die Summe aller Bewegungen auf den jeweiligen Ertrags- oder Bestandskonten sowie die Anfangs- und Endsalden, ersichtlich.
Stundensatz, kostendeckender	Wird ermittelt, in dem die Jahreskosten des Unternehmens durch die Anzahl der verrechenbaren Stunden der produktiven Mitarbeiter geteilt wird. In den Kosten soll das Geschäftsführergehalt bzw. der kalkulatorische Unternehmerlohn enthalten sein. Dieser Wert zeigt, welcher Stundenverrechnungssatz notwendig ist, um am Ende des Jahres ein ausgeglichenes Ergebnis zu erzielen. Oder anders gesagt, würde der Betrieb (rein theoretisch) kein Material verbrauchen, müsste er jede Stunde der Mitarbeiter genau zu diesem Satz verrechnen, um die Kosten zu erwirtschaften.
Umsatzerlöse	Die geschriebenen Rechnungen (Schluss- und Teilschlussrechnungen) einer bestimmten Periode. Abschlagsrechnungen und Vorauszahlungen sind nicht enthalten.
Umlaufvermögen	Das Umlaufvermögen ist Bestandteil der Aktivseite der Bilanz. Hierbei handelt es sich um alle Vermögensgegenstände, die dem Geschäftsbetrieb eines Unternehmens nicht dauerhaft dienen und demnach im „Umlauf" sind.
Wareneinkauf	Das eingekaufte Material einer Periode
Wareneinsatz	Das verbrauchte Material (Einkauf inkl. Bestandsveränderungen Lager) einschließlich der Sub- und Nachunternehmerleistungen (siehe auch Material-einsatz).
Wertschöpfung	Darunter versteht man meist den Rohertrag. Von dieser Position werden die Kosten abgezogen, um das Ergebnis zu berechnen.
Zuschlagskalkulation	Mit ihrer Hilfe werden die Gemeinkosten eines Unternehmens auf einzelne Aufträge/Projekte verteilt.

Anhang 2 Die Experten, die an diesem Buch mitgewirkt haben

Die Autoren bedanken sich bei den folgenden Personen (in alphabetischer Reihenfolge) für die Unterstützung in Form von wertvollen Fachbeiträgen. Mit ihrer Hilfe konnten viele Themen vertieft werden, zum Nutzen unserer Leser.

	**Dominik Heckner** Nach seinem Studium an der London School of Economics war Dominik Heckner 15 Jahre international beratend im Bankensektor tätig. 2018 kehrte er in die Heimat zurück und schloss sich dem Familienunternehmen an. Sein Fokus liegt in den Bereichen Organisation, Marketing und Vertrieb. Mit dem ErfolgsCoaching hat er einen neuen Geschäftszweig mit 35 festangestellten Mitarbeitern und einen weiteren Standort aufgebaut.
	**Jonas Herrgott** Durch seine Erfahrungen im Projektmanagement eines großen Elektrounternehmens betreut er bei der Unternehmensberatung Heckner GmbH den Bereich Organisation und Projektabwicklung. Außerdem trainiert er Bau- und Projektleiter, unterstützt Unternehmen bei der Optimierung Ihrer Organisation und der strategischen Ausrichtung. Zudem referiert er als auf verschiedenen Seminaren, ERFA-Tagungen und weiteren Veranstaltungen wie zum Beispiel dem ErfolgsCoaching Live-Event.
	**Rasmus Kasprzyk** Als Unternehmensberater bei der Heckner GmbH ist er vor allem als Referent für ERFA-Gruppen, Seminare und Workshops sowie in der Einzelberatung tätig. Dabei liegt der Fokus seiner Arbeit auf der wirtschaftlichen Analyse von Unternehmen, der gezielten Weiterentwicklung von Mitarbeitern und der Stärkung von Führungskompetenzen. Ergänzend dazu deckt er auch die Bereiche Datenschutz und IT-Sicherheit ab.
	**Jochen Klooß** Bankkaufmann, Versicherungsfachwirt (IHK), Kreditspezialist für den Mittelstand. Studium zum Ratinganalyst (FH Nürnberg). Seit 1995 im Versicherungswesen für das Handwerk tätig. Geschäftsführer der Jochen Klooß Finanzplanung & Mittelstandsberatung GmbH in 91227 Leinburg sowie Gründer der KMU Assekuranzmakler JK GmbH. www.jk-finanzplan.de jk@jk-finanzplan.de
	**Katharina Königsbauer** Seit 2018 Senior Beraterin und Head of Analysis und Content bei der Unternehmensberatung Heckner GmbH. Leitung von ERFA-Gruppen, Workshops, und Seminaren sowie Expertin für Unternehmensberatungen mit dem Schwerpunkt betriebswirtschaftliche Analysen, Kalkulation und Controllingprozesse. Durch ihre umfangreichen Erfahrungen in gängigen ERP-Systemen des Handwerks unterstützt sie Unternehmen bei der Einstellung von Software und damit bei der Anpassung auf betriebsspezifische Besonderheiten.

	**Thomas Mayer** Der Trainer und Unternehmensberater referiert für die Unternehmensberatung Heckner GmbH in Seminaren, Workshops sowie in ERFA- und Netzwerkgruppen. Seine besondere Expertise liegt neben betriebswirtschaftlichen Analysen in den Bereichen Führungskompetenz, Selbst-Management, persönliche Entwicklung sowie Marketing und Vertrieb.
	**Anita Süßenguth** Rechtsanwältin und Fachanwältin für Insolvenzrecht. Seit 2006 als Insolvenzverwalterin bei Gericht bestellt. Vertretung von Unternehmen gegenüber Banken, Finanzämtern und sonstigen Gläubigern. Vertretung in Anfechtungsprozessen gegenüber Insolvenzverwaltern, Vertretung von GmbH-Geschäftsführern in Haftungs- und Strafprozessen. www.rechtsanwaelte-neuoetting.de as@rechtsanwalte-neuoetting.de
	**Simon Wittmann** Seit Anfang 2022 leitet er im Hause Heckner die Bereiche Außendarstellung und Vertrieb. Als Head of Business Development führt er aktuell ein Team von ca. zehn Personen und ist u. a. verantwortlich für knapp 1.000 qualifizierte Fachkräfte, die von Elektrounternehmern eingestellt werden konnten.

Anhang 3 Beispiele aus der Praxis

Bei den folgenden Personen bedanken wir uns für die Erlaubnis, Praxisbeispiele, die in deren Unternehmen eingesetzt werden, zu veröffentlichen und für weitere wertvolle Anregungen für dieses Buch.

Firma/Ort	Ansprechpartner
Elektro Saegmüller GmbH 82319 Starnberg	Martin Mettel
ETH Elektrotechnik Hacker & Hammerschmid GmbH 85447 Fraunberg	Stephan Hammerschmid
Elektrotechnik Tietz 53489 Sinzig	Dominik Tietz
Fischer – Technik im Haus GmbH & Co. KG 33129 Delbrück	Jens Fischer
Möhlmann Elektrotechnik GmbH 21224 Rosengarten	Oliver Möhlmann
ZAUSINGER GmbH & Co. KG 80333 München	Henry Szücs
Pittroff Elektrotechnik München GmbH 80999 München	Harald Pittroff
Koll Kälte- und Klimatechnik 24768 Rendsburg	Thorben Koll
Heinle Elektrotechnik 87600 Kaufbeuren	Ludwig Heinle
EP: Pahl 37412 Herzberg	Fred Pahl
Schmidt Elektro GmbH 95463 Bindlach	Werner Schmidt
Elektro Mauser 91336 Heroldsbach	Markus Mauser
Elektro Tippmann GmbH 09618 Brand-Erbisdorf	Andreas Tippmann
Dehn Instatec GmbH 92318 Neumarkt	Christian Hamann
Landesinnungsverband für das Bayrische Elektrohandwerk 80797 München	Reinhard Stiegler
Busch-Jaeger Elektro GmbH 58513 Lüdenscheid	Dieter Lautz
Deutscher Sparkassenverlag GmbH 70565 Stuttgart	Ralph Kiss
Bundesverband der Deutschen Volksbanken und Raiffeisenbanken 10785 Berlin	Dr. Gerit Vogt

Stichwortverzeichnis

Heinz-Dieter Fröse
Elektrofachkraft für festgelegte Tätigkeiten
Band 1
Grundlagen – Regeln – Betriebsmittel
WissensFächer
Markus Klar
Verantwortung und Haftung in der Elektrotechnik
K. Bödeker, M. Lochthofen, K. Rohlof
Wiederholungsprüfungen nach DIN VDE 0105
Elektrische Gebäudeinstallationen und ihre Betriebsmittel